普通高等教育规划教材

Gonglu Hangye Caiwu Guanlixu

公路行业财务管理学

（第三版）

周国光　倖　芳　卫　静　编著

人民交通出版社股份有限公司
China Communications Press Co.,Ltd.

内容提要

本书主要介绍我国公路行业财务管理的理论与方法,包括公路基本建设单位财务管理、公路经营企业财务管理和公路事业单位财务管理三部分内容。全书共分三篇十八章,分别探讨公路行业筹资管理、投资管理、资产管理、成本费用收入利润及其分配管理、企事业单位清算以及财务分析等财务管理的具体内容。

本书主要作为高等学校·财务管理、会计学、工程管理等相关专业的教学用书,也可作为公路交通系统在职财会人员继续教育的培训教材或者自学参考书,并可供相关领域科研人员参考。

图书在版编目(CIP)数据

公路行业财务管理学 / 周国光, 俸芳, 卫静编著. —3 版. — 北京 : 人民交通出版社股份有限公司, 2016.9

ISBN 978-7-114-13032-8

Ⅰ. ①公… Ⅱ. ①周… ②俸… ③卫… Ⅲ. ①公路运输企业—财务管理—研究—中国 Ⅳ. ①F542.6

中国版本图书馆 CIP 数据核字(2016)第 218345 号

普通高等教育规划教材

书　　名: 公路行业财务管理学(第三版)
著 作 者: 周国光　俸　芳　卫　静
责任编辑: 刘永超　贾秀珍
出版发行: 人民交通出版社股份有限公司
地　　址: (100011)北京市朝阳区安定门外外馆斜街 3 号
网　　址: http://www.ccpress.com.cn
销售电话: (010)59757973
总 经 销: 人民交通出版社股份有限公司发行部
经　　销: 各地新华书店
印　　刷: 北京盈盛恒通印刷有限公司
开　　本: 787×1092　1/16
印　　张: 23.25
字　　数: 558 千
版　　次: 2001 年 9 月　第 1 版　2005 年 2 月　第 2 版
　　　　　2016 年 9 月　第 3 版
印　　次: 2016 年 9 月　第 3 版　第 1 次印刷　累计第 4 次印刷
书　　号: ISBN 978-7-114-13032-8
定　　价: 46.00 元
(有印刷、装订质量问题的图书由本公司负责调换)

第三版前言

THE THIRD EDITION PREFACE

公路行业作为我国最具活力的行业之一,其发展长期以来受到国内外人士的高度关注。我国公路网建设事业的快速发展,特别是高速公路网规模在2013年超越了美国,第一次在世界上位居第一,极大地提高了公路行业的声誉,也为中国公路行业进一步提高公路服务质量和水平、促进全国国民经济与社会协调、可持续发展奠定了雄厚的物质基础。

伴随着我国公路建设事业的快速发展,社会各界对公路行业财务管理问题的关注也日益提升。我国公路行业财务管理的核心问题是收费公路发展中涉及的财务管理问题。十几年来,业内外人士对中国收费公路发展的评价,其观点无论是支持、赞扬,还是质疑和非议,都在一定程度上有助于促进我国公路行业财务管理学科的形成与发展。

《公路行业财务管理学》(第二版)于2005年1月问世以来,我国的公路建设事业又有了新的发展。到2015年底,我国公路网通车总里程达到457.73万公里,其中高速公路约12.35万公里,继续在世界上位居第一。根据2013年6月经国务院批准出台的《国家公路网规划(2013~2030)》的规定,到2030年全国高速公路网总里程有可能突破20万公里。

我国有关公路建设、养护与管理的政策导向伴随着有关法律法规和规章制度的出台和修订又有了新的进展。2009年开始的成品油价格与税费改革使得养路费、公路客货运附加费等交通规费及其征稽管理机构退出了历史舞台。按照国务院办公厅转发的《关于进一步完善投融资政策　促进普通公路持续健康发展的若干意见》,我国将加强"高速公路网"和"普通公路网"建设。普通公路是指除高速公路以外的、为公众出行提供基础性普遍服务的非收费公路,由普通国省干线公路和农村公路组成。这意味着今后只有高速公路才能够采用车辆通行费制度筹措建设资金。伴随着2014年8月31日对《中华人民共和国预算法》的修订和一系列新的政策导向的出台,新的政府预算管理体制不再允许地方政府直接或者通过企事业单位从银行等金融机构贷款来投资修建政府还贷公路;地方人民政府只能通过发行专项债券筹措的债务资金投资建设政府收费公路。新修订的《收费公路管理条例》主张将所有的经营性公路全部纳入政府特许经营管理的范畴,新的政府政策导向进一步加大了引进社会资本投资建设与经营公路基础设施的力度。

这些法律法规和政策制度的变化不仅对中国收费公路发展和公路交通投融资体制改革有重要的影响,也在一定程度上影响着公路行业财务管理理论与方法的构建与完善。

长期以来我们一直从事着公路行业财务管理的理论研究和教学工作,对公路行业财务管理学科建设有深厚的感情,并投入了较多的时间与精力。11年来,我们撰写了大量的涉及公路行业财务管理理论与方法的学术论文,通过《中国公路学报》《中国公路》《中外公路》《交通财会》《交通企业管理》等刊物发表,也从事了大量的有关这方面的科技项目研究,为本教材的进一步修改和完善奠定了良好的专业基础。

同时我们也密切关注到11年来业内专家和学者对公路行业财务管理学科建设所做出的新贡献。古尚宣先生、王树桐先生、汤永胜先生、徐海成先生、徐丽女士、杨建平先生等在有关著作、学术论文和报告中涉及的有关公路行业财务管理问题精辟的论述,给我们留下非常深刻的印象,使我们受益匪浅,也对本书的进一步修改和完善有重要的影响。

本次修改,是在第二版的基础上再次作出了较大的调整,进一步修正了第二版中明显的谬误和缺陷,并按照国家的最新政策导向和公路行业的最新发展对相关观点、思路和数据进行调整。另一个重大变化是,在进行案例分析时,除了引用了我国公路上市公司和一些非上市公路经营企业的财务管理资料以外,还程度不同地增加了越秀交通基建有限公司、和合公路基建有限公司、华昱高速集团有限公司等在海外注册并在香港证券交易所上市的公司以及法国南方高速公路公司(ASF)、法国巴黎—莱茵河—罗纳高速公路公司(APRR,上市公司)、意大利阿特兰蒂亚股份有限公司(atlantia SpA,上市公司)、意大利都灵米兰高速公路股份有限公司(ASTM,上市公司)、英国中部高速公路有限公司(Midlands Expressway

Limited)、美国印第安纳收费公路特许权公司(ITR Concession Company LLC, ITRCC)、美国收费公路投资人合伙企业(Toll Road Investors Partnership,IIL. P., TripII)、美国高架公路特许权有限责任公司(Skyway Concession Company, LLC, SCC)、加拿大 407 国际有限公司(407 International Inc)、西班牙阿伯蒂斯基础设施股份有限公司(Abertis Infraestructuras S. A,上市公司)、西班牙辛特拉基础设施股份有限公司(Cintra Infraestructuras SA,上市公司)、澳大利亚昆士兰高速公路有限公司(Queensland Motorway Pty Limited)、澳大利亚特兰斯尔本控股股份有限公司(Transurban Holdings Limited,上市公司)、澳大利亚麦考利阿特拉斯公路集团(Macquarie Atlas Roads,上市公司)等外国收费公路公司年度报告中体现的财务资料,为公路行业财务管理理论与方法的研究提供了有益的国际借鉴。

交通运输部于 2015 年 7 月 21 日印发了《收费公路管理条例》(修订征求意见稿),面向社会公开征求意见。鉴于其修订的内容已趋于完善,本书采取了该修订征求意见稿的表述作为《收费公路管理条例》的规范内容。

本书第一篇由周国光负责编著;第二篇由卫静负责编著;第三篇由俸芳负责编著。全书由周国光负责总纂定稿。

由于理论水平有限,加之公路行业财务管理仍属于新的研究领域,本书的修订成稿仓促,书中出现一些不足或者错误在所难免。因此特敬请广大读者赐教。

作　者

2016 年 6 月于长安大学

再版前言

REPRINT PREFACE

我国第一部全面论述公路行业(包括公路建设单位、公路经营企业和公路事业单位)财务管理理论与方法的论著——《公路行业财务管理学》(第一版)于2001年8月问世后,受到交通行业广大财会工作者的极大关注。三年来,该书不仅作为长安大学会计学专业和公路工程管理专业《行业财务管理学》课程的主要参考书,也被陕西交通会计学会、广西交通会计学会、江苏交通会计学会等单位举办的全国交通财会人员继续教育培训班选用;也曾作为一些交通行业研究人员从事相关问题研究的参考书。广大财会人员不仅对本书的理论体系与内容给予了很高的评价,也提出了许多进一步修改与完善公路行业财务管理理论与方法体系的宝贵建议。

三年来我国公路建设事业又取得了突飞猛进的发展。2001年、2002年和2003年我国公路建设总投资分别达到了2670亿元、3212亿元和3715亿元的新水平,使得2003年底我国公路网总里程达到180.98万公里,其中高速公路29745万公里,有效促进了国民经济的快速发展。

三年来我国路桥收费实践又进行了新的改革尝试。广州、重庆和武汉等城市先后实施了以路桥收费年票制为主要内容的路桥收费管理体制改革;根据深圳市政府于2002年6月做出的关于撤销普通公路收费站的决定,从2003年1月25日上午11时15分开始,深圳市7个非高速公路收费站停止收费;等等,必然会对公路收费经营产生重要影响。

三年来我国又出台了一些新的有关公路行业财务管理的规章制度和政策,包括国办发[2002]31号发布的《国务院办公厅关于治理向机动车辆乱收费和整顿道路站点有关问题的通知》、交通部印发的《交通部行业财务指标管理办法》等;2004年9月13日有关收费公路管理的重要行政法规——《收费公路管理条例》的出台,对公路行业财务管理产生了重要的影响。部门预算管理的推行,丰富了公路事业单位财务管理体系。

三年来有关公路行业财务管理理论与方法体系的研究也取得了新的进展。拜读了交通部规划研究院戴东昌先生、交通部公路科学研究所路成章先生、交通部规划研究院徐丽女士等专家完成的"收费公路研究"、"关于收费公路车辆通行费价格形成机制的研究"、"公路建设市场直接融资渠道与方式研究"等有重要影响的交通部软科学项目研究结果;江西省原交通厅副厅长、中国交通会计学会副会长、中国交通会计学会公路专业委员会主任委员刘文成高级会计师撰写的《论公路收费权是公路经营企业的无形资产》《公路事业单位财务管理特殊问题的探讨》等学术论文;河北交通厅陈国军、马德家编著的《公路工程项目财务管理》专著等,使笔者受益匪浅,对本书的修改有重要的影响。

本次修改,对第一版的内容作了较大幅度的调整,修正了第一版中明显的谬误和缺陷,引进新的数据、观点和方法,在第一版的基础上有新的深化和提高。为了适应交通行业财务管理和投融资管理学术研究的需要,本书引用了大量的公路建设投融资和公路经营企业财务管理案例。但要想真正形成有中国特色的公路行业财务管理理论与方法体系,还任重而道远,有待全国交通行业的广大理论工作者和实务工作者的共同努力来实现。

周国光

2004年10月于长安大学

序言
FOREWORD

改革开放以来的二十二年，是我国公路建设事业发展最快的时期。我国国民经济快速发展对加快公路基础设施建设的迫切需要，以及国家给予公路交通基础设施建设的若干优惠扶持政策，极大地促进了我国公路交通事业特别是收费公路事业的快速发展。1997年7月开始的东南亚金融危机，虽然对我国国民经济发展产生了一定的不利影响，但也为我国公路基础设施建设带来了难得的发展机遇。面对亚洲金融危机不断扩大的影响，党中央、国务院决定采取积极的财政政策，把加快包括公路在内的基础设施建设作为扩大内需的重点，以确保国民经济持续、快速与健康发展。1998年至2000年的三年中，我国对公路基础设施的投资高达6 500亿元人民币以上，使我国的公路基础设施在数量和质量方面都有了新的飞跃，对国民经济发展发挥了及其重要的促进作用。截至2000年底，我国已建成公路140万公里，其中高速公路16 300公里，在世界上排列第三；形成的资产价值达2万亿元人民币以上。根据我国公路建设规划，到2002年底，将投资建成“两纵两横”和三个重要路段，届时公路网总长度将达150万公里以上，其中高速公路将超过2万公里。

公路是国民经济重要的基础设施；公路资产是国有资产重要的组成部分。1988年6月28日交通部发布的《中华人民共和国公路管理条例实施细则》第二条规定：“‘公路’是指在中华人民共和国境内，按照国家规定的公路工程技术标准修建，并经公路主管部门验收认定的城间、城乡间、乡间可供汽车行驶的公共道路”。交通部对“公路”一词含义的进一步解释是：公路的概念“包括已经建成的由公路主管部门认定的公路,也包括按照国家公路工程技术标准进行设计,并经国家有关行政管理部门批准立项,由公路主管部门组织正在建设的公路”。公路包括公路的路基、路面、桥梁、涵洞和隧道。

我国公路按其在公路路网中的地位可分为国道、省道、县道和乡道;按技术等级可分为高速公路、一级公路、二级公路、三级公路和四级公路。1997 年底以前,二级公路分为二级汽车专用公路和二级普通公路;高速公路、一级公路和二级汽车专用公路又统称为汽车专用公路或高等级公路。1998 年 1 月 1 日起实施新的公路等级标准后,取消了汽车专用公路的概念。我国实行统一领导、分权管理的公路管理体制。国务院交通主管部门(交通部)主管全国公路工作;县级以上地方政府交通主管部门主管本行政区域内的公路工作;乡、民族乡、镇人民政府负责本行政区域内的乡道的建设和养护工作。县级以上地方人民政府交通主管部门对国道、省道的管理、监督职责,由省、自治区、直辖市人民政府确定。1987 年 10 月 13 日国务院发布、并于 1988 年 1 月 1 日起施行的《中华人民共和国公路管理条例》和 1997 年 7 月 3 日第八届全国人民代表大会常务委员会第二十六次会议通过、并于 1998 年 1 月 1 日起实施的《中华人民共和国公路法》,是规范公路建设、养护和管理的主要法规。此外,还有一些有关公路方面的法规对规范公路建设、养护和管理发挥了重要的作用。根据 1999 年 10 月 31 日九届人大第十二次会议做出的关于修改《中华人民共和国公路法》的决定,公路建设与养护所需的资金,将采取征税的方式筹集。

我国的公路单位,包括公路建设单位、公路施工企业、公路经营企业和公路事业单位。其中,公路施工企业执行《施工企业财务制度》,不包括在本书的研究范围内。

我国的公路建设单位是根据国家公路基本建设程序和有关规定要求组建、具体使用交通基本建设资金并承担国家干线公路建设任务、实行项目建设管理和项目业主责任制、独立核算的非营利性经济组织。

公路经营企业是公路车辆通行费制度发展的产物。《中华人民共和国公路法》规范的公路经营企业是指受让公路收费权和投资建设公路的国内外经济组织依法成立开发、经营公路的企业。公路经营企业负责约定的收费期限或经营期限内公路的养护工作,并按规定在收费期限或经营期限届满时将处于良好技术状态的公路交还出让方或国家。

我国的公路事业单位包括公路管理单位、公路养护单位、公路建设单位、公路交通规费征收单位、收费还贷公路管理单位、公路路政管理单位等,是执行国家公路事业发展计划的非营利性经济组织。

公路单位(包括公路建设单位、公路事业单位和公路经营企业)为从事公路建设、公路养护、公路管理和公路经营等工作,需涉及公路资金筹集、公路资金投放、资产购置与管理、资金耗费与成本费用管理等专项业务。这些专项业务构成了公路单位的财务与财务管理工作。

公路事业的快速发展给我们提出了一个新的研究课题:我们应当如何通过加强对公路建设、公路养护和公路经营方面的财务管理工作以促使公路投资效益的不断提高,为国民经济的进一步发展作出新的、更大的贡献?

公路交通行业的广大理论工作者为建立和不断完善公路行业财务管理理论付出了辛勤的劳动,也取得了可喜的研究成果,初步形成了公路行业财务管理的理论框架。但总的来看,公路行业财务管理理论研究还相对滞后;财务管理实践还具有一定程度的盲目性和主观随意性。这意味着加大对公路行业财务管理理论研究的力度,尽早建立与社会主义市场经济体制相适应的公路行业财务管理理论体系,以利于对财务管理实践发挥重要的指导与规范作用,已成为当务之急。

为了适应高校财经类专业《公路行业财务管理学》课程教学的需要,并为公路交通行业财务人员从事财务管理工作和进行继续教育培训提供理论参考资料,作者在认真总结包括作者本人在内的广大公路交通行业理论工作者研究成果的基础上编著了《公路行业财务管理学》。本书以国家现行法律、行政法规和规章为依据,主要研究公路基本建设财务管理、公路经营企业财务管理以及公路事业单位财务管理的一般理论基础、制度规范和方法。

本书是在充分吸收目前已取得的研究成果的基础上编著的。从这一意义上来说,本书所初步体现的公路行业财务管理理论体系应当是公路行业广大理论工作者共同智慧和研究成果的结晶。

本书由中国交通会计学会常务副会长张永康高级会计师主审。张永康同志逐字逐句认真审阅和推敲了本书初稿,提出了长达数千字有益的修改建议,为保证本书的编著质量发挥了重要的作用。本书根据修改建议修改后最终定稿。在此特表示最衷心的感谢!

由于理论水平有限,加之公路行业财务管理又属于新的研究领域,本书成稿仓促,书中出现一些不足或者错误在所难免,敬请广大读者批评指正。

周国光

2001年2月于长安大学

目录
CONTENTS

第一篇 公路基本建设单位财务管理

第二篇　公路经营企业财务管理

第三篇　公路事业单位财务管理

PART 1 第一篇
公路基本建设单位财务管理

公路基本建设财务管理是公路基本建设管理的重要组成部分。在社会主义市场经济条件下,加强公路基本建设管理的主要目的是为了促使有限经济资源投向效率最高的公路建设项目,最大限度地提高公路建设项目的投资效益。在这方面,公路基本建设财务管理具有重要的作用。

第一章

公路基本建设单位财务管理概论

第一节　公路基本建设单位财务的概念

一、公路基本建设单位资金运动及其特点

（一）公路基本建设单位

公路基本建设，是指利用国家交通基本建设资金、国内外公路基本建设贷款以及其他资金进行的、以扩大道路通过能力为目的的公路新建、扩建工程[1]以及对现有公路进行的技术改造工程。根据中国现行管理体制，公路建设工作一般可划分为三个层次。

1. 干线公路建设

国家干线公路和省级干线公路等重点公路工程建设，由省级交通运输主管部门负责采取以下两种方式进行：

(1)成立公路建设指挥部，具体组织公路建设项目的实施。

(2)实行项目法人制，即按照国家规定，通过成立公路经营企业承担项目法人的职责，负

[1] 不少文献认为，改建也属于基本建设的范畴。但依据交通运输部的规定，公路改建属于公路养护的范畴。

责公路建设项目的实施工作;或者将公路建设任务交给已成立的公路经营企业实施。

干线公路包括高速公路和普通干线公路。

2. 干线公路技术改造

国家干线公路和省级干线公路技术改造项目,列入国家和全省公路建设规划,一般由公路事业单位(省级公路管理局、市级公路管理局、公路分局或公路总段)负责组织实施。

3. 农村公路建设

农村公路建设,一般由省级交通运输主管部门统一规划,县级交通运输部门、乡镇政府和行政村分别负责组织实施。

公路基本建设单位包括具有法人资格的建设单位,虽不具有法人资格、但实行独立核算的建设单位以及实行基建财务与企业财务并轨的公路经营企业的基本建设单位。其中,具有法人资格的建设单位和虽不具有法人资格、但实行独立核算的建设单位在财务管理中应执行财政部2002年印发的《基本建设财务管理规定》;实行基建财务与企业财务并轨的企业基建单位在财务管理中执行相应的行业财务制度。目前,实行公路基本建设财务与企业财务并轨的公路经营企业基本建设财务应当执行财政部、交通运输部颁发的《高速公路公司财务管理办法》、企业财务通则、企业会计准则以及相应的《公路经营企业会计制度》中的有关财务规定。

(二)公路基本建设资金运动及其特点

公路基本建设需要大量的资金投入。与一般工商企业相比,通过筹措进入公路基本建设过程中的资金,其运动规律具有以下特征。

1. 不具有完整的资金循环与资金周转

一般工商企业的资金运动由资金筹集、资金投放、资金耗费、资金补偿、资金增值、资金分配等所构成,资金一般不退出再生产过程,形成完整的资金循环运动以及由周而复始的资金循环所构成的资金周转运动;相比较之下,公路基本建设资金运动由资金投放、资金耗费和资金退出所构成,资金循环过程不完整,没有资金补偿过程,无法形成由周而复始的资金循环所构成的资金周转运动。

2. 公路基本建设的资金运动过程不存在资金的补偿和资金增值现象

首先,公路基本建设过程的终结是向公路经营企业或者公路事业单位移交已建成的公路基础设施,而不是将公路基础设施作为商品出售。公路建设所需资金的一部分由国家或者投资者投入,无需偿还;另一部分从有关金融机构借入。公路建设单位将在移交已建成公路基础设施的同时,将债务也一并移交,由接收公路基础设施的公路经营企业或者公路事业单位负责债务的偿还。因而,公路建设单位无需资金补偿。其次,公路建设过程所耗费的资金构成公路基础设施的建设成本;而公路基础设施是根据其建设成本作为资产价值入账或者冲销的。这意味着,公路基础设施资产的记账价值,取决于资产的建设成本而不是资产的市场交换价值;决定资产记账价值的是为建设公路基础设施所耗费的个别劳动时间而不是社会必要劳动时间。所以,不存在资产的增值问题。

3. 公路工程具有建设周期长的特点

这一特点决定了公路建设资金完成一次循环需要较长的时间。为了提高投资的经济效益,有必要在保证工程质量的前提下严格控制并尽可能缩短工程建设周期。

4. 投入公路基本建设过程的资金也具有时间价值

公路基本建设投资也需要注重投资效益。根据这一要求,在保证必要的工程进度所需资金的前提下,除了缩短工程建设周期以外,公路基本建设过程中资金投放的时间应当越晚越好。应当根据工程进展的实际需要筹集和投放公路基本建设资金,尽量避免或减少资金闲置所造成的经济损失。

5. 公路建设成本具有不可比的特点

受地理、地质、周边环境等多种因素的影响,任何两条公路都不可能完全相同,这使得公路工程具有单件性的特点。受此影响,公路建设成本不具有可比性;应当按照不可比产品成本控制的要求管理与控制公路建设成本。

二、公路基本建设单位财务、公路经营企业财务以及公路事业单位财务的关系

1993 年我国曾通过发布《企业财务通则》,以后又相继颁布 10 个分行业财务制度,对企业财务制度体系进行了重大改革。1996 年至 1997 年我国又通过印发《事业单位财务规则》和行业事业单位财务制度,对事业单位的财务制度体系进行了相应改革。1998 年又进一步颁布《基本建设财务管理若干规定》(财基字[1998]4 号),形成了基建财务制度、企业财务制度和事业单位财务制度三者相对独立又相互联系的基本格局。2002 年 9 月 27 日,财政部印发《基本建设财务管理规定》(财建[2002]394 号),对《基本建设财务管理若干规定》的有关内容进行了修订,进一步完善了基本建设财务管理制度。2006 年 12 月 4 日财政部发布修订后的《企业财务通则》(财政部令第 41 号),从 2007 年 1 月 1 日起施行;2012 年 2 月 7 日财政部发布修订后的《事业单位财务规则》(财政部令第 68 号),从 2012 年 4 月 1 日起施行;并相应修订后印发《高等学校财务制度》《科学事业单位财务制度》等行业事业单位财务制度,这标志着企事业单位财务制度改革又取得了新的突破性进展。

总的来说,基建财务、企业财务和事业单位财务之间的关系具有以下四方面的特征。

1. 三个财务制度体系并驾齐驱

企业财务会计制度、行政事业单位财务会计制度和基本建设财务会计制度,构成了我国现行的三大既相互独立又相互联系的财务会计制度体系。

2. 改革趋势是并轨

为了适应建立社会主义市场经济体制的需要,我国财务会计制度体系改革的目标是实行基本建设财务与企业经营财务和行政事业单位财务的并轨;相对独立的基本建设财务会计制度体系将逐步退出历史舞台。

3. 现阶段仍有必要保留基建财务制度

基本建设财务的特点决定,现行企业财务制度在现阶段还很难有效规范基本建设财务行为,目前仍有必要单独设置基本建设财务制度,保持基本建设财务制度的相对独立地位,以利于对基本建设过程中的财务活动实行有效规范。

4. 国有企业基本不再施行基建财务制度

经财政部批准,部分企业试行基建财务与经营财务并轨,以利于总结经验,逐步推广。公

路经营企业属于实行基建财务与经营财务并轨的试点单位。目前公路经营企业基本是在企业财务框架内规范公路基本建设财务行为。

三、公路工程的分类

建设项目按照不同管理的要求,可采用不同的分类方法。

(一)按照项目性质分类

按建设项目性质分类,可分为新建项目、扩建项目、改建项目、恢复项目等。

1. 新建项目

新建公路项目是指在原来没有公路的区域内新开始建设的公路项目。如果在原有通过能力很小的公路基础上扩建,扩建后,其通过能力扩大了 3 倍以上的项目,也应当属于新建项目。

2. 扩建项目

扩建的公路项目是指在原有公路基础上以扩大公路通过能力为目标而进行的公路工程项目。

3. 改建项目

由于水毁等各种原因将公路按原有等级和规模异地改建的投资项目,属于改建项目。在改建过程中扩大了道路等级和规模的,应当属于扩建项目。

4. 恢复项目

由于水毁或者其他自然灾害原因毁坏而导致公路全部报废或者部分报废、以后又在原址上按原有等级和规模恢复的公路投资项目,属于恢复项目。在恢复过程中扩大了道路等级和规模的,应当属于扩建项目。

(二)按照项目投资规模分类

按照项目的建设总规模和总投资大小,基本建设项目可分为大型项目、中型项目和小型项目。一般习惯于将大型项目和中型项目合称为大中型项目。

按总投资划分,经营性公路建设项目投资额在 5 000 万元(含 5 000 万元)以上、非经营性公路建设项目投资额在 3 000 万元(含 3 000 万元)以上的为大中型项目;其他项目为小型项目。

(三)按工程构成分类

根据公路工程设计以及编审建设预算、计划、统计、会计核算的需要,一般公路建设项目可进一步划分为单项工程、单位工程、分部工程和分项工程。

1. 单项工程

单项工程是指具有独立设计文件、建成后能够独立发挥经济效益的建设工程。如公路项目中的独立大桥就是一个单项工程。

2. 单位工程

单位工程具备独立施工条件,能够独立编制概预算和进行经济核算。如路面工程、路基工程等就属于公路建设项目中的单位工程。

3. 分部工程

分部工程是单位工程的组成部分，是按建筑安装工程的结构、部位或者工序划分的，如公路建设工程中的基础工程、桥梁上下部工程、路面基层、路面面层、土方工程、砖石工程、钢筋混凝土工程等都属于分部工程。

4. 分项工程

分项工程是对分部工程的再分解，一般指通过较为简单的施工即可完成，并且用适当的计量单位进行计算的建筑安装工程。如基础工程可进一步划分为基槽开挖、灰土垫层、基础砌筑、防潮层等分项工程。

第二节　公路基本建设程序

基本建设程序是指基本建设全过程中各项工作必须遵循的先后程序，即一个建设项目从酝酿、规划决策、组织实施，直到建成投产（交付使用）的工作内容和次序。基本建设过程可进一步划分为前期准备、组织施工、竣工交付、维修保质四个阶段。

基本建设程序又可划分为工作程序和管理审批程序。通过层层把关，相互制约，来保证工作的深度和质量；通过采取一级管一级的监督检查，防止盲目建设，重复布点，有效解决建设随意性的问题。

按照国家现行规定，基本建设项目从立项到建成投产的基本操作程序是按照项目建议书、可行性研究、设计任务书（计划任务书）、选择建设地点、编制设计文件、计划安排、施工准备、组织施工、生产准备、竣工验收等步骤循序渐进的。

依据《公路建设监督管理办法》（交通部2006年第6号令）的规定，政府投资公路建设项目的实施，应按照下列程序进行：

（1）根据规划，编制项目建议书；

（2）根据批准的项目建议书，进行工程可行性研究，编制可行性研究报告；

（3）根据批准的可行性研究报告，编制初步设计文件；

（4）根据批准的初步设计文件，编制施工图设计文件；

（5）根据批准的施工图设计文件，组织项目招标；

（6）根据国家有关规定，进行征地拆迁等施工前准备工作，并向交通主管部门申报施工许可；

（7）根据批准的项目施工许可，组织项目实施；

（8）项目完工后，编制竣工图表、工程决算和竣工财务决算，办理项目交、竣工验收和财产移交手续；

（9）竣工验收合格后，组织项目后评价。

企业投资公路建设项目的实施，应按照下列程序进行：

（1）根据规划，编制工程可行性研究报告；

（2）组织投资人招标工作，依法确定投资人；

(3)投资人编制项目申请报告,按规定报项目审批部门核准;

(4)根据核准的项目申请报告,编制初步设计文件,其中涉及公共利益、公众安全、工程建设强制性标准的内容应当按项目隶属关系报交通主管部门审查;

(5)根据初步设计文件编制施工图设计文件;

(6)根据批准的施工图设计文件组织项目招标;

(7)根据国家有关规定,进行征地拆迁等施工前准备工作,并向交通主管部门申报施工许可;

(8)根据批准的项目施工许可,组织项目实施;

(9)项目完工后,编制竣工图表、工程决算和竣工财务决算,办理项目交、竣工验收;

(10)竣工验收合格后,组织项目后评价。

一般来说,一个基本建设项目从计划建设到竣工交付使用主要涉及以下工作。

一、项目建议书

项目建议书是项目建设筹建单位或者项目法人根据国民经济发展、国家和地方中长期发展规划、产业政策、生产力布局、国内外市场、所在地的内外部条件等,提出的某一项目的建设文件。项目建议书是对拟建项目的框架性总体设想,是国家选择项目的依据。

公路建设项目建议书应当由各级交通运输主管部门、交通运输主管部门委托的有关单位或者新组建的项目法人根据国民经济和社会发展的长远规划以及我国公路网建设的中长远规划,在调研、预测、分析的基础上编报。

项目建议书一般应当包括以下内容:

(1)项目提出的必要性和依据;

(2)拟建规模和建设地点的初步设想;

(3)资源情况、建设条件、协作关系和设备技术引进国别、厂商等初步分析;

(4)投资估算、资金筹措及还贷的设想;

(5)项目建设所需时间;

(6)项目的经济效益和社会效益的初步估计,包括初步的财务评价和国民经济评价;

(7)环境影响的初步评价;

(8)结论;

(9)有关附件。

项目建议书经批准后,应当做好以下工作:

(1)确定项目建设的机构、人员和法定代表人;

(2)选定项目建设的地址,申请规划设计条件,做好规划设计方案;

(3)落实筹措资金方案;

(4)落实建设项目所需的水、电、建设用材料供应等;

(5)编制可行性研究报告;

(6)其他工作。

二、编制项目的可行性研究报告

编制可行性研究报告的依据是经批准的项目建议书。可行性研究报告由项目负责人以委

托或者投招标的方式选择有资质和相应等级的设计或咨询单位承担。可行性研究报告主要涉及的财务内容有:

(1)确定建设项目的总投资额(投资估算);

(2)确定资金来源;

(3)进行建设项目的财务评价和国民经济评价。

可行性研究报告是项目决策的主要依据。因此,可行性研究报告中所涉及的各项资料,应当具有一定的准确性。

2010年4月12日,交通运输部印发《公路建设项目可行性研究报告编制办法》(交规划发[2010]178号),对公路建设项目编制可行性研究报告的行为进行了规范。

三、编制项目设计文件

可行性研究报告批准后,需要委托有关单位编制项目设计文件。项目设计文件所涉及的对项目投资额的测算一般包括项目的初步设计总概算、项目的技术设计修正概算和施工图设计预算。

(一)工程概预算的分类

1. 初步设计总概算

初步设计总概算是指设计单位根据工程项目初步设计,按照国家颁布的概算定额和编制办法等负责编制、总额控制在批准的建设项目可行性研究报告投资估算允许范围内的计算工程建设项目控制投资额的文件。

概算是初步设计文件的重要组成部分。概算应控制在批准的公路建设项目可行性研究报告投资估算允许浮动范围内。概算经批准后是公路基本建设项目投资最高限额,是编制公路建设项目投资计划、确定和控制公路建设项目投资的依据,是控制施工图设计和施工图预算的依据,是衡量设计方案经济合理性和选择最佳设计方案的依据,是考核公路建设项目投资效果的依据。

以批准的初步设计进行设计施工总承包招标的工程,其标底或造价控制值应在批准的总概算范围内。

2. 技术设计修正概算

技术设计修正概算是指设计单位根据工程项目技术设计,按照国家颁布的概算定额和编制办法等负责编制,总额控制在初步设计总概算金额允许范围内的计算工程修正控制投资额的文件。修正概算是技术设计文件的重要组成部分。

3. 施工图预算

施工图预算是指设计单位按照国家颁布的预算定额和编制办法等进行编制,总额控制在总概算或者修正概算范围内的计算工程项目全部建设费用的文件。

施工图预算是考核施工图设计合同经济合理性的依据。施工图预算应控制在批准的初步设计概算范围之内。如果工程预算突破了相应的概算,应分析原因,对施工图设计中的不合理部分进行修改;对其合理部分应在总概算投资范围内调整解决。

以施工图设计进行施工招标的工程,经审定后的施工图预算是编制标段清单预算、工程标底或造价控制值的依据,也是分析、考核施工企业投标报价合理性的参考;对不宜实行招标而采用施工图预算加调整价结算的工程,经审定后的施工图预算可作为确定合同价款的基础或作为审查施工企业提出的施工预算的依据。

4. 施工预算

施工预算由施工单位在施工前根据工程项目的工程量和单位内部施工定额和编制办法负责编制,作为施工单位工程成本控制的依据。

(二)工程概预算的内容

依据建设部、财政部发布的《建筑安装工程费用组成》(建标[2003]206 号)和交通部发布的《公路工程基本建设项目概算预算编制办法》(JTG B06—2007),工程概预算包括四方面的内容:建筑安装工程费;设备、工具、器具及家具购置费;工程建设其他费用和预备费。

1. 建筑安装工程费

公路建筑安装工程费是由直接工程费、其他工程费、规费、企业管理费、利润和税金构成。其中,直接工程费和其他工程费构成直接费;规费和企业管理费构成间接费。有关费用的具体构成如下。

(1)直接工程费是指在施工过程中耗费的构成工程实体或有助于工程实体形成的各类费用,包括材料费、人工费和施工机械使用费。

(2)其他工程费包括冬季施工增加费、雨季施工增加费、夜间施工增加费、特殊地区施工增加费、行车干扰工程施工增加费、安全及文明施工措施费、临时设施费、施工辅助费、工地转移费等。

(3)规费是指法律、法规、规章、规程规定施工企业必须缴纳的费用,包括养老保险费、失业保险费、医疗保险费、住房公积金、工伤保险费等。

(4)企业管理费由基本费用、主副食运费补贴、职工探亲路费、职工取暖补贴、财务费用等五项构成。其中基本费用是指施工企业为组织施工生产和经营管理所需的费用,包括管理人员工资、办公费、差旅交通费、固定资产使用费、工具用具使用费、劳动保险费、工会经费、职工教育经费、保险费、工程维修费、工程排污费、房产税等税金和其他费用。

(5)税金是指按照国家规定应当缴纳的、并可以计入建筑安装工程造价内的营业税、城市维护建设税和教育费附加。

(6)利润是指按照规定应当计入建筑安装工程造价内的施工企业完成承包工程应获得的盈利。利润一般按照直接费和间接费之和扣除规费的 7% 计算。

2. 设备、工具、器具及家具购置费

设备、工具、器具及家具购置费是指按照工程设计要求所购置的各类机械、设备、工具器具、仪器、办公用家具等所发生的支出。

(1)设备购置费是指为满足公路的营运、管理、养护需要,购置的达到固定资产标准的设备和虽低于固定资产标准但属于设计明确列入设备清单的设备费用,包括渡口设备,隧道照明、消防、通风的动力设备,高等级公路的收费、监控、通信、供电设备,养护用的机械、设备和工具、器具等的购置费用。

(2)工器具及生产家具(简称工器具)购置费是指建设项目交付使用后为满足初期正常营

运必须购置的第一套不构成固定资产的设备、仪器、仪表、工卡模具、器具、工作台(框、架、柜)等的费用。该费用不包括构成固定资产的设备、工器具和备品、备件,以及已列入设备购置费中的专用工具和备品、备件。

(3)办公和生活用家具购置费是指为保证新建、改建项目初期正常生产、使用和管理所必须购置的办公和生活用家具、用具的费用,包括行政、生产部门的办公室、会议室、资料档案室、阅览室、单身宿舍及生活福利设施等的家具、用具。

3. 工程建设其他费用

工程建设其他费用是指除了建筑安装工程费和设备购置费以外的其他应当计入工程成本的费用,包括土地征用及拆迁补偿费、建设项目管理费、研究试验费、前期工作费、专项评价(估)费、施工机构迁移费、供电贴费、联合试运转费、生产人员培训费、固定资产投资方向调节税、建设期贷款利息等。这些费用在核算时需根据一定的标准或者要求摊入各工程项目成本。

(1)土地征用及拆迁补偿费是指按照《中华人民共和国土地管理法》《中华人民共和国土地管理法实施条例》《中华人民共和国基本农田保护条例》等法律、法规的规定,为进行公路建设需征用土地支付的土地征用及拆迁补偿等费用,包括土地补偿费、征用耕地安置补助费、拆迁补偿费、复耕费、耕地开垦费、森林植被恢复费等。

(2)建设项目管理费包括建设单位(业主)管理费、工程质量监督费、工程监理费、工程定额测定费、设计文件审查费和竣(交)工验收试验检测费。

(3)研究试验费是指为本建设项目提供或验证设计数据、资料进行必要的研究试验和按照设计规定在施工过程中必须进行试验、验证所需的费用,以及支付科技成果、先进技术的一次性技术转让费。

(4)前期工作费是指委托勘察设计、咨询单位对建设项目进行可行性研究、工程勘察设计,以及设计、监理、施工招标文件及招标标底或造价控制值文件编制时,按规定应支付的费用。该费用包括编制项目建议书(或预可行性研究报告)、可行性研究报告、投资估算,以及相应的勘察、设计、专题研究等所需的费用;初步设计和施工图设计的勘察费(包括测量、水文调查、地质勘探等)、设计费、概(预)算及调整概算编制费等;设计、监理、施工招标文件及招标标底(或造价控制值或清单预算)文件编制费等。

(5)专项评价(估)费是指依据国家法律、法规规定须进行评价(评估)、咨询,按规定应支付的费用。该费用包括环境影响评价费、水土保持评估费、地震安全性评价费、地质灾害危险性评价费、压覆重要矿床评估费、文物勘察费、通航论证费、行洪论证(评估)费、使用林地可行性研究报告编制费、用地预审报告编制费等费用。

(6)施工机构迁移费是指施工机构根据建设任务的需要,经有关部门决定成建制地(指工程处等)由原驻地迁移到另一地区所发生的一次性搬迁费用。该费用不包括:应由施工企业自行负担的,在规定距离范围内调动施工力量以及内部平衡施工力量所发生的迁移费用;由于违反基建程序,盲目调迁队伍所发生的迁移费;因中标而引起施工机构迁移所发生的迁移费。

(7)供电贴费是指按照国家规定,建设项目应交付的供电工程贴费、施工临时用电贴费。

(8)联合试运转费是指新建、改(扩)建工程项目,在竣工验收前按照设计规定的工程质量标准,进行动(静)载荷试验所需的费用,或进行整套设备带负荷联合试运转期间所需的全部费用抵扣试车期间收入的差额。

(9)生产人员培训费是指新建、改(扩)建工程项目,为保证生产正常运行,在工程竣工验收交付使用前对运营部门生产人员和管理人员进行培训所必需的费用,包括培训人员的工资、工资性补贴、职工福利费、差旅交通费、劳动保护费、培训及教学实习费等。

(10)固定资产投资方向调节税是指为了贯彻国家产业政策,控制投资规模,引导投资方向,调整投资结构,加强重点建设,促进国民经济持续稳定协调发展,依照《中华人民共和国固定资产投资方向调节税暂行条例》规定,公路建设项目应缴纳的固定资产投资方向调节税。

按照国务院的规定,固定资产投资方向调节税从2000年1月1日起暂行征收。该税种被2012年11月9日公布的国务院令第628号废止。

(11)建设期贷款利息是指建设项目中分年度使用国内贷款或国外贷款部分,在建设期内应归还的贷款利息,包括各种金融机构贷款、企业集资、建设债券和外汇贷款等利息。

4.预备费

预备费是指在工程设计和概算中难以预料的工程费用,一般包括价差预备费和基本预备费。

(1)价差预备费是指设计文件编制年至工程竣工年期间,不包括税金和利润在内的工程建筑安装工程费、设备工器具及家具购置费和工程建设其他费用由于政策、价格变化可能发生的上浮而预留的费用及外资贷款汇率变动部分的费用。

(2)基本预备费是指在初步设计和概算中难以预料的工程和费用。该费用包括:在进行技术设计、施工图设计和施工过程中,在批准的初步设计和概算范围内所增加的费用;在设备订货时,由于规格、型号改变的价差;材料货源变更、运输距离或方式的改变以及因规格不同而代换使用等原因发生的价差;由于一般自然灾害所造成的损失和预防自然灾害所采取的措施费用;在项目主管部门组织竣(交)工验收时,验收委员会(或小组)为鉴定工程质量必须开挖和修复隐蔽工程的费用;投保的工程根据工程特点和保险合同发生的工程保险费用。

四、进行建设项目的招投标工作

建设工程的招投标管理是我国基本建设管理体制改革的重要内容。实施招投标管理,有助于缩短建设工期,保证工程质量,降低工程造价,提高投资效益。

根据我国现行规定,国家重点项目和大、中型项目都要创造条件试行招投标管理。确有特殊原因不宜招标的,要提前报有关部门备案。

根据2000年1月1日开始施行的《中华人民共和国招标投标法》的规定,招标分为公开招标和邀请招标两种形式。公开招标,是指招标人以招标公告的方式邀请不特定的法人或者其他组织投标。邀请招标,是指投标人以投标邀请书的方式邀请特定的法人或者其他组织投标。招标人采取邀请招标方式的,应当向三个以上具备承担招标项目能力、资信良好的特定法人或者其他组织发出投标邀请书。

进入21世纪以后,国务院有关部门陆续发布了《工程建设项目勘察设计招标投标办法》(国家发展和改革委员会令2003年第2号)《工程建设项目施工招标投标办法》(七部委令2003年第30号)《公路工程施工招标投标管理办法》(交通部令2006年第7号)《公路工程施工监理招标投标管理办法》(交通部令2006年第5号)《公路工程勘察设计招标投标管理办法》(交通运输部令2013年第3号)等部门规章,为加强公路建设项目的招标投标管理提供了重要的法规依据。

建设单位应当为进行投招标做好编制标底的工作。标底由招标单位编制或者由招标单位委托具有编制标底资格的单位编制。

以批准的初步设计进行施工招标的工程，其标底应在批准的总概算范围内；以施工图设计进行施工招标的工程，施工图预算经审定后是编制工程标底的依据。

五、落实年度投资计划

公路建设项目的初步设计或者技术设计经有关部门批准后，建设单位应当向主管部门申请将本项目列入年度投资计划。同时，应当做好以下准备工作：

(1)安排公路建设项目施工；

(2)进行公路工程监理组织的招投标工作。

六、开工报告

建设项目完成各项准备工作，具备开工条件，建设单位应当及时向主管部门和有关部门提出开工报告。开工报告经批准后即可进行项目施工。

开工报告一般应当具有以下内容。

1. 工程概述

在工程概述部分需要简明介绍工程的地理位置、工程性质与特点、建设依据、工程规模与总投资、单项工程名称与估算工程量、地形地貌及气候条件。

2. 陈述具备开工的具体条件

开工应具备的基本条件有：

(1)项目法人已经设立；

(2)项目初步设计及总概算已经批复；

(3)项目资本金和其他建设资金已经落实；资金来源符合国家规定并且已经审计部门认可；

(4)项目施工大纲已经编制完成；

(5)项目主体工程的施工单位已经通过招投标选定；

(6)施工承包合同已经签订；

(7)项目法人与项目设计单位已签订设计图纸交付协议且能够满足施工的需要；

(8)项目施工监理单位已通过招标选定；

(9)其他应具备的条件。

七、交工和竣工验收

根据国家有关规定，建设项目按批准的内容完成后，符合验收标准，需及时组织验收，办理交付使用资产移交手续。

依据《公路工程竣(交)工验收办法》(交通部令 2004 年第 3 号)的规定，公路工程验收分为交工验收和竣工验收两个阶段。

交工验收是检查施工合同的执行情况，评价工程质量是否符合技术标准及设计要求，是否可以移交下一阶段施工或者是否满足通车要求，对各参建单位工作进行初步评价。

竣工验收是综合评价工程建设成果，对工程质量、参建单位和建设项目进行综合评价。

公路工程交工验收合格后,进入试运营期。

公路工程应当在具备以下条件组织竣工验收:

(1)通车试运营2年后;

(2)交工验收提出的工程质量缺陷等遗留问题已处理完毕,并经项目法人验收合格;

(3)工程决算已按交通运输部规定的办法编制完成,竣工决算已经审计,并经交通主管部门或其授权单位认定;

(4)竣工文件已按交通部规定的内容完成;

(5)对需进行档案、环保等单项验收的项目,已经有关部门验收合格;

(6)各参建单位已按交通运输部规定的内容完成各自的工作报告;

(7)质量监督机构已按交通部规定的公路工程质量鉴定办法对工程质量检测鉴定合格,并形成工程质量鉴定报告。

对通过验收的工程,由项目法人按照国家规定,分别向档案管理部门和公路管理机构、接管养护单位办理有关档案资料和资产移交手续。

【案例1-1】 杭州湾跨海大桥建设项目

宁波市杭州湾跨海大桥(以下简称"杭州湾大桥")是一座横跨我国杭州湾海域的跨海大桥,北起嘉兴市海盐郑家埭,跨越宽阔的杭州湾海域后止于宁波市慈溪水路湾,是国道主干线——同三线跨越杭州湾的便捷通道。

大桥全长36km,其中桥长35.7km,双向六车道高速公路,设计时速100km,通过能力每天10万辆,使用寿命100年以上。

2000年6月21日,浙江省人民政府作出建设杭州湾大桥的决定。

2001年4月30日,杭州湾大桥工程指挥部成立。

本项目通过吸引民间资本的方式投资建造和经营。2001年10月17日,杭州湾跨海大桥的项目业主——宁波市杭州湾大桥发展有限公司在宁波市工商行政管理局注册设立,注册资本2.40亿元。宁波杭州湾大桥投资开发有限公司和嘉兴市杭州湾大桥投资开发有限责任公司分别拥有项目公司股权的90%和10%。后经多次增资扩股,到2012年3月底,公司的注册资本增加至49.35亿元。

2002年5月29日,杭州湾大桥建设项目通过了国家发展和改革委的批复立项。项目建议书中测算的项目投资额为87亿元人民币。

2003年3月5日,国家发展和改革委批复了该项工程的可行性研究报告,杭州湾大桥项目的投资估算约107亿元。

2003年6月8日,杭州湾大桥举行奠基仪式。

2003年8月23日,交通部批复了杭州湾大桥建设项目的初步设计。批复的初步投资概算为117.62亿元。

2003年11月14日,杭州湾大桥正式开工建设。

2008年1月10日,杭州湾跨海大桥管理局挂牌。

2008年4月17日,杭州湾大桥通过了交工验收。

2008年5月1日,杭州湾大桥开始通车试运营;2008年10月11日开放货车通行。2008年实现通行费收入3.90亿元。

2011 年 3 月 8 日,交通运输部交公路[2011]85 号文批复的调整后概算总额为 136.22 亿元。

2011 年浙江省交通运输厅印发的《关于杭州湾跨海大桥工程竣工财务决算的批复》(浙交复[2011]75 号)中,核定杭州湾跨海大桥工程竣工决算总额为 134.54 亿元。

2011 年 7 月 29 日,交通运输部办公厅印发的《杭州湾跨海大桥竣工验收鉴定书》(厅公路验[2011]6 号),标志着杭州湾跨海大桥正式通过竣工验收。

该项目缩短了杭州至上海间的陆路行程 120km,具有重要的经济效益和社会效益。该项目在经营中存在的主要问题是由于实际交通量低于可行性研究报告中的预测数而导致实际投资收益低于原来的预计。按照可行性研究报告的预计,到 2010 年,大桥的车流量将达到 1 867.6万辆。但 2012 年的实际交通量只有 1 252.44 万辆,尚未达到可行性研究报告中预测的 2008 年通车当年的 1 415.2 万辆的交通量。

第三节 我国基本建设财务管理体制的改革与发展

新中国成立以来,我国基本建设财务管理体制的改革与发展经历了以社会主义计划经济体制为主要目标模式的基本建设财务管理体制发展时期、以计划经济与市场调节相结合为主要模式的基本建设财务管理体制发展时期和以社会主义市场经济体制为主要目标模式的基本建设财务管理体制发展时期。认真总结回顾我国基本建设财务管理体制改革与发展的历史进程,对完善与发展具有中国特色、与社会主义市场经济发展相适应的基本建设财务管理体制具有重要的借鉴意义。

一、以社会主义计划经济体制为主要目标模式的基本建设财务管理改革与发展

自新中国成立以来至改革开放前夕,我国传统的基本建设融投资管理体制在不同时期分别采取中央集权制和中央领导下的地方分权制两种形式,具体可以划分为以下四个阶段。

(一)1950 ~ 1957 年期间的基本建设财务管理体制

1950 ~ 1957 年期间,我国主要实行以中央集权管理为主要特征的基本建设财务管理体制,投资效益比较理想。新中国成立至"一五"期间,我国采取了高度集中的投资管理模式,与高度集中的计划经济管理体制相适应。这种管理模式在一定的条件下有利于集中有限的财力、物力和人力,保证重点建设,提高投资效益;不足之处在于中央统得过多,管得过死,不利于调动地方、部门和企业的积极性。这一阶段我国基本建设融投资管理的主要做法为:

(1)建立统一的投资管理制度。

(2)建立全国统一的基本建设计划。

(3)建立统一的投资管理机构,通过成立建设银行实行财政部门和建设银行对基本建设项目的共管。

(二)1958 ~ 1961 年期间的基本建设财务管理体制

1958 ~ 1961 年期间,主要实行以地方分权管理为主要特征的基本建设财务管理体制,有利于克服高度集中统一投资管理体制的弊端,调动中央和地方两个积极性;但削弱了中央对基

本建设管理的力度,导致计划外项目大增,基本建设战线拉长,投资额增加,投资效益大幅度下降。这一时期中国基本建设财务管理的具体做法是:

(1)改变投资计划决策、项目决策集中于中央的做法,下放投资计划和建设项目的审批管理权限,改变基本建设资金的供应办法,试行建设项目投资包干制度。

(2)改变投资管理的专业银行建制,将建设银行总行改为财政部基本建设财务司;全国绝大多数省、自治区、直辖市建设银行并入同级财政部门。

(3)通过将建设银行并入各级财政部门,实行由各级财政部门统一管理基本建设资金运动全过程的管理体制。

(三)1962~1965年期间的基本建设财务管理体制

1962~1965年国民经济全面调整期间,在基本建设上又恢复实行中央集权管理的财务管理体制,压缩基建规模,并开始进行"先集中,后分权"的投资管理体制改革的初步探索,促使了基本建设投资效益的回升。这一阶段基本建设财务的主要做法有:

(1)收回下放不适当的投资管理权限,恢复高度集中统一的投资管理体制。

(2)压缩基本建设规模,缩短基本建设战线。

(3)从1962年起恢复建设银行建制,建设银行与各级财政部门分别设置,充分发挥建设银行对基本建设投资的监督管理作用。

(4)继续进行投资管理体制的探索,适当扩大地方管理权限。

(四)"文化大革命"期间的基本建设财务管理体制

1966~1976年的"文化大革命"由于众所周知的原因,我国的基本建设融投资管理体制被搞乱,不适当地下放投资管理权限,实行地方分权管理的体制,致使盲目建设、投资规模膨胀等不良倾向出现,不可避免地导致了基本建设投资效益的下滑。

二、以计划经济与市场调节相结合为主要模式的基本建设财务管理改革与发展

1979~1984年期间,逐步推行"拨改贷"的政策。1979年,经国务院批准,一部分中央预算内投资开始进行由拨款改为贷款的试点工作。基本建设投资也开始由单一的国家拨款向多渠道、多元化发展。国务院规定,凡是实行独立核算、有还款能力的企业单位,基本建设资金除了利用企业自有资金外,还可以向银行贷款。1984年底,国家计委、财政部、中国人民建设银行联合发布了《国家预算内基本建设投资全部由拨款改为贷款的暂行规定》;1985年在全国范围推行"拨改贷"。

1985~1988年期间,全面实施"拨改贷"的政策。国家"拨改贷"政策的基本思路是:

(1)从1985年开始,国家停止对经营性建设项目的基建拨款;建设项目所需资金,除了自筹资金以外,一律通过基建银行贷款。"拨改贷"资金属于国家财政性资金。

(2)建设项目建成交付使用时,将基建借款一并交付企业,由企业负责偿还基建借款本金和利息。

(3)国家允许企业用建设项目投产后新增的税前利润偿还贷款本金和利息。此外,为了不影响因建设项目建成投产所新增职工的福利和奖金,国家允许企业从归还贷款的税前利润中提取职工福利基金和职工奖励基金。

1989～1994年期间，中央财政实行基本建设基金制，将基本建设基金分为经营性基金和非经营性基金两部分：通过成立能源、交通、原材料、机电轻纺、农业和林业六个国家专业投资公司从事固定资产投资开发和经营活动，管理经营性基金；国务院各部门管理非经营性基金。其中，邮电、交通、民航、林业、水利等行业实行部门基建基金借款制度，由财政部将部门基建基金借款安排给各主管部门，由各主管部门进一步将基建基金借款安排给各建设单位。

三、以社会主义市场经济体制为主要目标模式的基本建设财务管理改革与发展

为了适应建立与发展社会主义市场经济体制、提高投资效益的需要，国家从1992年开始在基本建设项目推行项目业主责任制。

1994年财政部成立基建财务管理司，收回了由建设银行代行多年的基本建设财政财务管理职能，建设银行成为商业银行。

1994年六大专业投资公司撤销，国务院正式批准组建国家开发银行，办理政策性贷款和贴息业务，实现商业性投资贷款和政策性投资贷款相分离。经营性基本建设基金借款实行主管部门统借统贷管理模式。

1996年国务院发布通知，决定从1996年开始，在经营性固定资产投资项目试行资本金制度。同年财政部发布《关于加强基本建设财务管理若干意见的通知》，要求通过落实建设项目法人责任制和项目资本金制度来加强基本建设项目资金管理。

1995～1998年期间，经国务院批准，为减轻企业的债务负担，国家计委、财政部先后发布有关文件将1979～1988年间由国家安排的中央级"拨改贷"资金以及1989～1996年间由国家财政安排的经营性基金借款本息余额相继转为国家资本金或者国家拨款。从此以后，财政部通过发布《基本建设财务管理若干规定》和《基本建设财务管理规定》，使中国的基本建设财务管理制度得到进一步发展、完善和规范。

为了进一步规范基本建设财务行为，加强基本建设财务管理和监督，提高财政资金使用效益，财政部于2016年4月26日颁布实施了《基本建设财务规则》(财政部令第81号)。

四、公路基本建设融投资体制的改革与发展

长期以来，我国的公路投资体制实行的是政府直接干预、决策并负责实施建设全过程的管理体制。在新中国成立初期，公路建设由中央和地方分工负责：中央政府负责国家干线公路的规划、投资与修建；各省、自治区、直辖市人民政府负责本行政管辖区域内公路的规划、投资和建设。1953～1957年，中央对公路交通的投资为6.05亿元，新建改建干线公路15.28万公里；各大行政区省、自治区、直辖市也投资5亿元，新建改建本地区工农业生产发展急需的一些经济干线和县乡公路。1958年下半年，国家对经济管理体制实行改革时，除了国防公路仍由中央政府专款投资建设以外，把公路建设中央计划投资体制下放到省、自治区，国家计划中取消了公路建设投资。从此，中央政府的基本建设投资中不再列公路建设项目；公路建设项目融投资、建设与管理完全由地方政府负责。

这一改革在实践中所产生的问题有：

(1)由于取消了公路建设的中央计划投资，使公路建设无法与国民经济发展同步；

(2)在综合运输体系的发展中，单独取消了公路建设中央计划投资，导致了各种运输方式

难以协调发展;

(3)国家无法在客货密集的全国性运输信道上集中资金修建高标准公路;

(4)省际、区际干线公路建设缺乏资金保证,造成国道、省道出现了一些断头路;

(5)由于机构下放、撤销,养护道班解散,使大量的公路建设人才流失。

根据政务院发布的关于"确立用路者养路原则,由主管机关按规定统一征收车辆养路费,发给收费执照,即可通行全国"的决定,1950 年 7 月,交通部颁发了《公路养路费征收暂行办法(草案)》,规定凡行驶公路的车辆,除了军用车、特种任务车、党政机关小汽车和人力车外,都要缴纳养路费。从此,公路养护有了稳定的资金来源。随着中央和地方财政对公路投资的逐步减少,公路养路费逐步成为中国公路建设资金的主要来源。在"文化大革命"期间,不少省、自治区用于公路建设的养路费,达到了养路费总额的 20% ~30% 。

根据国务院的决定,国家从 2009 年起实施成品油价格与税费改革,实施了将近 60 年的公路养路费制度退出了历史舞台。

新中国成立初期,为了发展新中国的公路事业,1950 年 3 月政务院决定实行"民工建勤"修路的方针。1951 年 5 月,政务院发布了《关于 1951 年民工修路的暂行规定》,明确了农村劳动力应承担的修路义务。从此,民工建勤修路养路制度以国家法令形式确定下来,一直沿用至今。到 2014 年 10 月底,"民工建勤"制度仍是我国农村公路建设的重要方式。

我国从新中国成立后就开始拟定国家干线公路网(简称国道网)方案,但由于投资、体制等多方面因素,一直没有作出决定。1981 年 11 月,国家计委、国家经委和交通部联合发出《关于划分国家干线公路网的通知》,第一次明确规定了我国的国家干线公路网。根据通知和所附发的《国家干线公路网(试行方案)路线分布图》,我国的国道网由 70 条线路组成,总长度 10.92 万公里。

1994 年交通部向国务院提交了国道网的调整方案,把国道网络线由原来的 70 条调整为 68 条;总长度由 10.92 万公里减至 10.62 万公里。

截至 2015 年底,我国已建成国道实际总长度为 18.53 万公里,其中普通国道 10.58 万公里;国家高速公路 7.96 万公里。

2013 年 6 月,经国务院批准出台的《国家公路网规划(2013 ~2030)》规定,到 2030 年我国将建成普通国家公路 26.5 万公里,国家高速公路 11.8 万公里,加上未来规划的 1.8 万公里国家高速公路,国家公路网总规模将达到 40.1 万公里。

1989 年交通部提出,在发展以综合运输体系为主轴的交通业的总方针指导下,从"八五"开始,用几个五年计划的时间,建设国道主干线系统,形成全国公路网主骨架。国道主干线是国道网的一部分,由"五纵七横"12 条路线组成,总里程约 3.50 万公里,贯通首都、各省省会、直辖市、经济特区、主要交通枢纽和重要的对外开放口岸。到 2007 年底,全长 3.5 万公里的"五纵七横"国道主干线基本建成,比原计划的时间提前了 13 年。3.5 万公里的国道主干线中,高速公路占 76% 。

改革开放促进了我国公路建设融投资体制的改革与发展。20 世纪 80 年代初期,广东省率先突破了传统的公路建设融投资体制,进行贷款修路、收费还贷的有效尝试,取得了巨大的成效。

根据国务院 1984 年第 54 次常务会议的精神和国务院于 1985 年 4 月发布的《车辆购置附加费征收办法》,我国从 1985 年 5 月 1 日开始对所有购置车辆的单位和个人征收车辆购置附加费,由交通部统一管理,作为国家干线公路和重要的省级干线公路建设资金的来源之一。

2001 年 1 月 1 日起,国家开始征收车辆购置税,取代了车辆购置附加费制度。

20 世纪 80 年代末期,各省级人民政府先后开征了客运附加费和货运附加费,成为地方公路基础设施建设新的资金来源。1986 年 6 月,福建省首先决定对在福建境内公路经营客运的车辆,按营业里程向旅客征收交通建设基金;1988 年国家正式开征客运附加费和货运附加费;为了解决特许经营公路建设项目实行资本金制度后出现的资本金短缺问题,经国务院批准,国家发展计划委员会、财政部、交通部计价管[1998]1104 号文件规定,各省、自治区、直辖市人民政府及有关部门已批准在公路运输环节征收的公路建设附加性质的收费,要统一规范为公路客货运附加费;从 1998 年 7 月 1 日起,已开征公路客运附加费的省份,征收标准可在现行基础上每人公里提高 0.01 元。

1993 年 12 月 19 日,海南省人民政府颁布第 39 号令,在全国率先创新交通规费征收体制,通过征收燃油附加费,取代公路养路费、公路运输管理费和车辆通行费。

我国从 1998 年开始进行交通与车辆税费改革的积极探索。经过多年的准备并抓住国际市场油价下跌的有利时机,国务院于 2008 年 12 月 18 日出台了《国务院关于实施成品油价格和税费改革的通知》(国发[2008]37 号),决定从 2009 年 1 月 1 日起实施成品油税费改革,通过提高成品油的消费税为交通事业发展提供专项资金,同时取消公路养路费、航道养护费、公路运输管理费、公路客货运附加费、水路运输管理费、水运客货运附加费等六项收费;逐步有序取消政府收费二级公路收费。这标志着酝酿了 10 年的交通税费改革取得了突破性进展。到 2014 年底,全国除了新疆、青海、甘肃、宁夏、内蒙古、广西六省区还拥有政府收费二级公路收费站以外,其他省市区已经全部撤销其境内政府收费二级公路收费,涉及收费公路里程达 12.41万公里。

20 世纪 80 年代末期,广东省率先通过组建公路经营企业进行公路收费经营的有效尝试,推动了经营性公路建设事业的发展。2014 年底全国共有经营性公路 5.85 万公里。

20 世纪 90 年代初期,在我国一些地区进行了公路经营权转让,为我国开辟了新的公路建设的融资渠道。

交通部于 1994 年 7 月发布了《关于转让公路经营权问题的通知》,首次提出"为了筹集公路建设资金,加快公路建设发展速度,国家允许外商或国内非交通管理部门独资、合资建设和经营公路,对已建成的收费公路允许有偿将经营权转让给外商或国内非交通管理部门"。1996 年 10 月 9 日公布的《公路经营权有偿转让管理办法》(交通部令[2006]第 9 号),对规范收费权转让行为发挥了重要的作用。2008 年 8 月 20 日国家出台了《收费公路权益转让办法》(中华人民共和国交通运输部、国家发展和改革委员会、中华人民共和国财政部令 2008 年第 11 号),取代了《公路经营权有偿转让管理办法》。据不完全统计,自 1994 年广东省 S268 中山岐江段第一个项目实施转让以来,我国收费公路权益转让工作取得了相当大的发展。截至 2010 年底,全国共有两百多个收费公路项目进行了收费权益转让,转让项目总里程接近 1 万公里,转让收入接近 900 亿元。通过收费公路权益转让,盘活了公路存量资产,有效地筹集了公路建设资金,为公路的快速发展注入了新的活力。

我国从 20 世纪 90 年代中期开始进行公路建设"BOT"融资的积极尝试。到 2015 年 7 月底,在全国福建、湖北、陕西、山西、四川、重庆、贵州、广西、湖南、内蒙古、河南等 20 多个省、直辖市、自治区的数百个公路建设项目中进行了"BOT"融资的积极尝试。其中包括:福建泉州市刺桐公路大桥建设项目;广西兴业至六景高速公路建设项目;陕西榆林至神木高速公路建设项目;湖北荆州至襄阳高速公路建设项目;河南焦作至温县高速公路建设项目;湖南长沙至湘潭西线高速公路项目;等等。

我国从 1979 年开始利用外资发展中国的公路网,包括世界银行、亚洲开发银行、日本协力银行等金融机构的贷款,以及国外经济组织对我国公路的直接投资和间接投资,成为中国公路建设资金的重要补充。

1986 年 12 月 13 日,福建厦门国际信托公司首家向社会发行厦门高集海峡大桥建设债券,为建设高崎至集美海峡大桥筹集资金,使公路基础设施建设增加了新的资金来源渠道。

进入 21 世纪以来,债务资金为中国公路建设事业的快速发展,特别是高速公路的发展发挥了非常重要的作用。到 2014 年底,仅已建成收费公路利用贷款等债务资金余额就达到 3.85 万亿元。2014 年底我国 16.26 万公里的收费公路总量中,利用贷款等债务资金建设的政府收费公路 10.40 万公里,占 63.96%。

伴随着我国预算体制改革的进展,国家不再允许地方政府直接或者通过企事业单位从银行借款建设发展政府还贷公路。新的预算管理体制下地方人民政府只能利用发行的地方政府专项债券投资建设政府收费公路。2015 年,全国地方政府专项债券的发行控制额度只有人民币 1 000 亿元。这将对公路建设筹融资产生重要的影响。

进入 21 世纪以来,我国公路建设资金来源构成情况如表 1-1 所示。

2001 年以来公路建设到位资金来源构成分析表 表 1-1

年度	总投资(亿元)	到位资金(亿元)	资金来源构成(%)			
			中央投资	国内贷款	利用外资	自筹资金
2001	2 670.37	2 547	15.69	40.63	2.94	40.83
2002	3 211.73	2 997	16.65	38.80	2.61	41.94
2003	3 714.9	3 443.6	15.3	41.6	2.2	40.9
2004	4 702.28	4 390.35	14.1	40.5	1.3	44.1
2005	5 484.97	4 880.65	12.7	38.2	1.3	47.8
2006	6 231.05	5 481.85	10.5	40.7	0.9	47.9
2007	6 589.91	5 744.92	13.5	38.0	0.8	47.7
2008	6 880.64	6 397.84	14.3	36.4	1.0	48.3
2009	9 668.75	8 768.09	14.9	38.5	0.6	46.0
2010	11 482.28	10 166.55	14.9	39.9	0.4	44.8
2011	12 596.36	10 648.94	20.2	35.5	0.5	43.8
2012	12 713.95	11 124.90	18.8	36.4	0.4	44.4

注:1. 以上统计资料来自交通运输部公布的 2001 ~ 2012 年公路水路交通运输行业发展统计公报。
2. 国家投资包括预算内资金和车购税资金;自筹资金中包括地方自筹资金、企事业单位资金、其他自筹资金和上年结余资金。
3. 2001 年和 2002 年的资金来源构成为投资构成;其余年份的资金来源构成为到位资金构成。
4. 2013 ~ 2015 年公路建设总投资分别为 13 692.20 亿元、15 460.94 亿元和 16 513.30 亿元。但交通运输部没有再公布到位资金及其构成情况。

第四节 公路基本建设财务管理的任务和基本内容

一、公路基本建设财务管理的任务

公路基本建设财务管理的核心是公路基本建设资金管理。公路基本建设资金是指纳入国家和地方公路基本建设投资计划、用于公路基本建设项目的资金，包括财政预算内基本建设资金、纳入财政预算管理的政府性基金和其他经国家和省级人民政府批准征收并用于公路基本建设项目的财政性资金。为了保证公路基本建设资金安全、合理有效使用，提高投资效益，应当加强对公路基本建设资金的监督与管理。

(一)公路基本建设资金监督管理的原则

根据《交通基本建设资金监督管理办法》(交财发[2009]782号)的规定，公路基本建设资金监督管理应当遵循以下原则。

1. 依法监管原则

交通运输主管部门和交通建设项目法人单位必须遵守《中华人民共和国会计法》《中华人民共和国招标投标法》和《国有建设单位会计制度》《基本建设财务管理规定》《会计基础工作规范》以及相关的财经法规、财会制度，加强财务管理与会计核算工作，严格实施财会监督和内部审计监督。

2. 统一管理、分级负责原则

按照交通基本建设资金来源渠道，采取"一级管一级"的监督管理方式，实行分级负责，分级监督管理。

3. 全过程、全方位监督控制原则

对建设资金的筹集、管理、使用进行全过程、全方位的监督检查，建立健全资金使用的内部控制制度，确保建设资金的安全、合理和有效使用。

4. 专款专用原则

交通基本建设资金必须用于经批准的交通基本建设项目。交通基本建设资金按规定专款专用，单独核算，任何单位或个人不得截留、挤占和挪用。

5. 效益原则

交通基本建设资金的筹集、调度、使用实行规范化管理，确保厉行节约，防止损失浪费，降低工程成本，提高资金使用效益。

(二)交通运输主管部门对交通基本建设资金监督管理的主要职责

(1)贯彻执行国家有关基本建设的法律、法规、规章，制定交通基本建设资金管理规章制度。

(2)按规定审核、汇总、编报、批复或转复年度交通建设项目支出预算、年度基本建设财务决算、工程竣工决算和项目竣工财务决算。

(3)合理安排资金,及时调度、拨付和使用交通基本建设资金。

(4)监督管理建设项目工程概预算、年度投资计划执行情况等。

(5)监督检查交通基本建设资金筹集、使用和管理情况,及时纠正发现的问题,对重大问题提出意见报上级交通运输主管部门处理。

(6)收集、汇总、报送交通基本建设资金管理信息,审查、编报交通基本建设项目投资效益分析报告。

(7)督促交通建设项目法人单位做好竣工验收准备工作,按规定编报项目竣工财务决算,项目验收后及时办理财产移交手续。

(三)公路基本建设项目法人对公路基本建设资金监督管理的主要职责

(1)贯彻执行国家有关基本建设法律法规和交通基本建设资金管理规章制度,制定本单位交通基本建设资金管理制度办法。

(2)按规定对本单位交通建设项目工程概预算的执行实行监督。

(3)按规定编报、审核年度基本建设支出预算、年度基本建设财务决算、工程竣工决算和项目竣工财务决算。

(4)依法筹集、使用和管理交通建设项目资金。

(5)及时做好竣工验收工作,办理财产移交手续。

(6)收集、汇总、报送交通基本建设资金管理信息,审查、编报交通建设项目投资效益分析报告。

二、公路基本建设财务管理的基本内容

公路基本建设财务管理的内容,可以概括为以下方面。

(一)项目财务预测与投资决策

公路建设单位应当在项目可行性研究过程中,根据国家现行财税制度、政策和价格体系,分析、计算项目的财务费用,分析、评价收费公路的财务效益、获利能力、偿债能力、财务状况等,对项目财务上的可行性作出判断,并在此基础上作出投资决策和筹资决策。

(二)基建财务计划管理

要在资金供应上保证公路基本建设的顺利进行,应当重视对公路基本建设财务的计划管理工作。公路建设单位财务部门应当在收集与建设项目有关的技术经济资料的基础上,编制建设单位的财务计划,作为资金调度的依据。

公路建设单位的财务计划主要包括以下内容。

1. 本年度投资所需资金计划

本年度投资资金计划是指国家批准的年度投资额的各种资金来源和运用计划,包括国家用拨款安排的投资、建设单位向银行和其他金融机构借入的用于项目投资的资金、建设单位自筹资金、利用结余资金扣除为以后年度储备资金的余额。专项资金投资还必须按专项用途编制使用计划。

2. 利用结余资金计划

结余资金是指建设单位上年度各种资金的结余,包括上年末储存的设备、材料、库存配件、银行存款和现金、应收款超过应付款的差额等,但不包括用建设银行设备储备存款或银行临时周转贷款采购的物资。建设单位应当将结余资金列入本年度资金使用计划。

3. 为以后年度储备计划

为以后年度储备是指建设单位根据批准的设计文件所附设备、材料清单、已签订的订货合同以及必须在本年内付款而为以后年度工程建设储备的大型、专用设备和特殊材料等。跨年度续建项目的通用设备、材料一般不得列入以后年度储备计划。为以后年度储备所需资金由建设银行提供专项贷款。

4. 按季分月用款计划

公路基本建设由于受多种因素影响,一年中不同的季节和月份对资金的需求呈现不均衡性。为了防止出现资金积压或者资金不足、影响工程进度的现象,应当通过编制按季分月用款计划来合理组织与供应建设资金。

(三)基本建设资金管理

公路建设单位的资金管理包括特许经营公路建设项目的资金管理、政府收费公路的资金管理和公益性公路建设项目的资金管理。应当根据各类型公路建设在建设资金管理上的不同要求做好这项工作。

(四)基本建设支出管理

为了有效地控制建设成本,提高公路投资效益,应当加强对公路建设项目基本建设支出和公路建设成本的管理工作。

(五)年度财务决算、建设项目竣工和财务决算

建设单位需要在年度终了通过编制年度财务决算来反映单位的财务状况、当年投资完成额、当年交付使用资产以及投资借款的偿还等情况。

建设项目完工后涉及财产交付使用和办理竣工财务决算手续两项重要的财务工作。

(六)基建收入、工程竣工结余及其分配管理

基建收入和工程竣工结余形成了建设单位的收入。对建设单位的收入进行管理涉及两方面的内容:

(1)各项收入应当按照有关基建财务管理的规定正确地形成;

(2)所形成的各类收入应当严格按照国家有关规定进行分配。

(七)基本建设项目投资效益评价

在建设项目完成交付使用并且办理了竣工财务决算手续后,应当根据财务决算所确定的各项财务资料并运用适当的财务评价指标对基本建设项目的投资效益进行科学评价。评价的

结果既可作为对当事人业绩考核的依据,也可以为以后建设项目投资管理和决策程序化、科学化并进一步提高投资效益服务。

【本章小结】

公路基本建设是指利用国家交通基本建设资金、国内外公路基本建设贷款以及其他资金所进行的、以扩大道路通行能力为目的的公路新建、扩建工程以及对现有公路进行的技术改造工程。

投入公路基本建设过程中的资金不形成完整的资金循环与周转运动,不存在资金的补偿和增值现象等,体现了公路基本建设资金运动的特点。公路基本建设单位应当根据这些特点正确处理好基本建设单位与其他各方面之间的财务关系,严格按公路基本建设程序管好用好资金,加强对工程概预算编制以及其他方面的财务管理,注重公路建设投资效益的不断提高。

我国公路基本建设财务管理体制改革与发展的历史进程表明,我国在不断完善与发展公路基本建设财务管理体制方面还任重而道远。

公路基本建设财务管理的核心是公路基本建设资金管理,应当根据我国《交通基本建设资金监督管理办法》的规范,加强这方面的管理工作。公路基本建设财务管理的基本内容主要包括对建设项目的财务预测和投资决策、对基本建设财务实行计划管理、加强对基本建设资金的科学管理和对基本建设支出的有效控制、编制好项目年度财务决算和项目竣工财务决算以及做好对基本建设项目的投资效益评价工作。

【复习思考题】

1. 目前公路建设单位执行的财务制度,是“基本建设财务管理规定”还是“高速公路公司财务管理办法”?为什么?

2. 与一般工商企业相比,公路基本建设过程中的资金运动有何特点?对公路建设单位财务管理有何影响?

3. 公路基本建设程序一般包括哪些内容?其中,编制工程可行性研究报告的依据是什么?

4. 以初步设计进行施工招标的工程,是否有必要编制工程施工图预算?为什么?

5. 为什么公路工程建设要采取投招标管理?投招标一般有哪几种形式?编制工程招标标底的依据是什么?

6. 在公路工程开始建设以前为什么要落实年度投资计划?为什么要提交开工报告?公路工程开工建设应具备哪些条件?

7. 在我国基本建设财务管理体制的改革与发展进程中,何时开始到何时为止有偿使用财政性基本建设资金用于项目投资?

8. 改革开放以前,我国公路建设的主要资金来源有哪些?改革开放以后新增加了哪些资金来源?

9. 为什么要对公路建设资金管理实行专款专用的原则?

10. 公路基本建设财务管理的主要内容有哪些?你认为财务管理的目的是什么?

第二章

公路建设前期工作阶段的财务管理

第一节 前期工作概述

一、前期工作和前期工作费

1. 前期工作

进入 21 世纪以后，伴随着政府部门预算改革和财政国库管理制度的逐步推进，中国开始在建设领域引入了前期工作和前期费用的概念。《中央预算内基建投资项目前期工作经费管理暂行办法》(财建[2006]689 号)第二条规定：前期工作是指从建设项目的立项申请、可行性研究、初步设计到项目开工前所进行的一系列工作，主要包括项目建议书、可行性研究报告、初步设计等工作环节的文件编制、招标、评估、审查、报批等相关工作。

可以认为，从建设项目立项申请、编制项目建议书开始，到取得施工许可、颁发建设开工令为止所需的一切建设前期工作，均属于前期工作的范畴。

2. 前期工作费

参照财建[2006]689 号文件第三条和第六条的规定，前期工作经费是指从中央预算内基建投资(含国债项目资金)中安排的用于项目前期工作的专项经费，包括勘察费、设计费、研究试验费、可行性研究费，前期工作的标底编制及招标管理费、概算审查费、咨询评审费、技术图书资料费、差旅交通费、业务招待费等管理费用以及经同级财政部门批准的与前期工作相关的其他费用。

参照《公路工程基本建设项目概算预算编制办法》(JTG B06—2007)第三章第三节的规定，前期工作费是指委托勘察设计、咨询单位对建设项目进行可行性研究、工程勘察设计，以及设计、监理、施工招标文件及招标标底或造价控制等文件编制时，按规定应支付的费用。包括：编制项目建议书(或预可行性研究报告)、可行性研究报告、投资估算，以及相应的勘察、设计、专题研究等所需的费用；初步设计和施工图设计的勘察费(包括测量、水文调查、地质勘探等)、设计费、概(预)算及调整概算编制费等；设计、监理、施工招标文件及招标标底文件编制费等。

可以认为，在前期工作阶段从事各项工作所需发生的支出，均可以归属于前期工作费。

按照国家的有关规定和建设方式的不同，前期工作费应当根据不同情况，分别列入政府部门预算，并计入项目建设成本。

3. 公路建设项目前期工作费与交通建设发展前期工作费

财政部 2003 年 8 月 29 日印发的《交通建设发展前期工作经费管理办法》(财建[2003]362 号)中规定：交通建设发展前期工作经费是指从车辆购置税和港口建设费中安排的用于交通建设发展前期工作的专项经费。

前期工作费的使用范围包括：

(1)用于研究制定公路、水运及其支持保障系统的发展规划，包括中长期规划及必要的交通流量调查。

(2)用于制定(修订)公路、水运工程建设和维护的标准、规范、规程与定额。

(3)用于与前期工作有关的招标、专家评审等支出。

公路、水运及其支持保障系统具体建设项目的前期论证、预可行性研究、工程可行性研究及初步设计等项支出，按《财政部关于印发〈基本建设财务管理规定〉的通知》(财建[2002]394 号)执行，不得从前期工作费中列支。

这应当是不同于“建设项目前期工作费”的另一种前期工作费的概念，不应当予以混淆。“建设项目前期工作费”属于任何建设项目在前期工作阶段都必须要发生的费用，这些费用应当依据《基本建设财务管理规定》的要求计入项目的建设成本；“交通建设发展前期工作费”属于从车辆购置税和港口建设费中安排的用于支持交通建设发展的专项经费。交通建设发展前期工作，不是针对某特定的建设项目，而是着眼于整个交通建设发展，所以发生的前期工作经费不能计入项目建设成本。

二、前期工作费管理

按照国家有关规定，对公路建设项目的前期工作费支出，有以下管理要求：

(1)公路建设项目的前期工作费应根据公路发展规划、项目建设内容等合理确定，并纳入交通运输主管部门预算。

(2)交通运输主管部门的财会部门应严格按照前期工作费预算、分月用款计划、前期工作进度、基本建设程序、合同等要求拨付资金；实行政府采购和国库集中支付的项目，其前期工作费的拨付应根据政府采购和国库集中支付相关规定办理。

(3)对批准建设的公路项目,其前期工作费应列入批准的项目概算内,按照相关规定计入公路建设成本;对没有被批准或批准后又被取消的建设项目,其发生的前期工作费由使用单位向主管部门提出申请,由项目主管部门报同级财政部门批准后作核销处理。

(4)企业采取BOT方式投资建设公路,其前期工作费应当按照企业财务管理有关规定处理。

(5)公路建设项目法人应当按照国家颁布的收费标准和有关规定与受托单位签订委托合同,明确前期工作费使用管理要求,对前期工作费实行有效监管。

(6)实行代建制的政府投资公路建设项目,公路建设项目法人自行确定代建单位并委托代建单位完成前期工作的,由公路建设项目法人负责对前期工作费的使用情况进行监管;交通运输主管部门设立、授权或招标产生的代建单位并委托代建单位完成前期工作的,由交通运输主管部门负责对前期工作费的使用情况进行监管。

三、前期工作阶段财务管理的主要任务

公路建设前期工作阶段财务管理的主要任务是:

(1)对项目建议书和可行性研究报告进行科学论证,保证工程项目的财务效益、经济效益和社会效益。

(2)科学筹措公路建设资金,保证经营性项目筹措的项目资本金达到国家规定的比例、非经营性项目筹措的非偿还性资金达到交通运输主管部门规定的比例、公路建设项目法人通过发行建设债券和公司债券等筹措有偿集资符合国家有关规定。

(3)监督、管理建设项目工程概预算和年度投资计划,保证建设资金及时到位。

第二节　公路建设项目投资效益管理

加强对公路建设项目财务管理的主要目的是为了提高投资效益。公路建设项目的投资效益主要表现为财务效益和经济效益。有关公路建设社会效益问题,不在本书中进行讨论。

一、公路建设项目的财务效益

公路建设项目的财务效益主要表现为收费公路建设项目的财务效益。由于收费公路包括政府收费公路和特许经营公路,所以需要划分政府收费公路和特许经营公路讨论财务效益。

1.政府收费公路的财务效益

政府收费公路是县级以上人民政府交通运输主管部门利用贷款和有偿集资建设的非经营性收费公路。政府收费公路建成后收取车辆通行费的主要目的是为了偿还建设贷款和有偿集资款本息,而不是为了收回投资并获得合理回报,对此政府收费公路建设项目的财务效益主要体现在按期还本付息的能力上,不存在追求投资财务效益的问题。

2.特许经营公路的财务效益

特许经营公路是国内外经济组织在我国境内注册设立的公路经营企业投资建设的收费公路。公路经营企业投资建设特许经营公路的投资效益问题在本书第二篇“公路经营企业财务

管理”中进行讨论。

二、公路建设项目的经济效益

(一)经济效益的概念

存在对经济效益概念不同的界定。站在项目评价的角度,建设项目的经济效益反映了建设项目对整个国民经济所做出的可以用货币计量的贡献。公路项目经济效益不是指经济活动的总成果,而是经济活动的净成果。因此可以认为,衡量项目经济效益的尺度,应当是用合理价格计算的国民收入的增长额。

(二)公路建设项目经济效益的特点

(1)从公路在整个国民经济发展中的地位和作用来看,公路建设项目的经济效益并不相对独立地存在,而是直接或者间接地影响着其他经济部门的经济效益。

(2)公路建设项目的直接经济效益主要表现为资源节约的效益而不是产出增加的效益。运行成本降低、运行里程缩短、运行时间节约、运输事故下降等效益构成了公路项目的主要直接效益。

(3)如果将交通系统内部所获得的效益视为内部效益,则不收费公路(公益性公路)建设项目的经济效益主要表现为外部效益。

(4)公路建设项目的经济效益与整个运输系统的经济效益密切相关。

(5)作为国民经济发展的先行官,公路建设应当先行一步,这决定了公路建设项目的经济效益主要表现为远期的经济效益。

(6)公路建设项目具有不可忽视、但难以用货币衡量的外部效益、间接效益、无形效益和社会效益。

(三)公路建设项目经济效益的种类

1. 内部效益和外部效益

建设项目的内部效益是指能够被项目本身“捕获”的效益。可以认为,能够通过收费等方式将其全部或者一部分转化为项目财务效益的经济效益,属于公路建设项目内部效益的范畴。建设项目的外部效益反映了被他人无偿地或者无意识地获得的效益。

收费公路的内部效益,是指公路用户通过使用收费公路所能够获得的效益。运行成本降低的效益、运行里程缩短的效益、运行时间节约的效益、运行拥挤缓解的效益等,是收费公路内部效益的重要组成部分。项目法人可以通过向公路用户收取车辆通行费的方式将内部效益的一部分或者全部转化为项目的财务效益。

收费公路的外部效益,包括旧路公路用户所获得的运行成本降低的效益,旧路养护成本减少的效益,促进公路沿线经济发展的效益,促进区域经济发展的效益以及其他效益等。显然,项目法人无法通过收费来将外部效益转化为项目的财务效益。

2. 直接效益和间接效益

公路建设项目的直接效益是指项目投入使用能够直接产生的经济效益;而间接效益则是

指由于项目的实施而间接引起或者产生的经济效益。例如,运煤专用公路建设项目的直接经济效益可表现为由于煤炭供应量增加所引发的国民收入的增长;其间接效益可表现为由于煤炭供应量增加所引起或者带动其他地区电力工业、机械制造业、化学工业、轻工业、物流业等国民经济部门快速发展的效益。

3. 有形效益和无形效益

建设项目的有形效益是指可以直接用货币计量的经济效益;而无形效益则是指难以用货币来计量的经济效益。

(四)公路建设项目经济效益的构成

1. 运行成本降低的效益

运行成本降低的效益是公路建设项目主要的内部效益。降低车辆在道路上运行的成本是提高道路等级和改善路面条件所追求的主要目标之一,因而有必要正确地衡量公路建设项目所产生的运行成本降低的效益。

运行成本降低的效益应当进一步包括新建公路由于道路等级提高、交通拥挤状况和路面状况改善而降低的运行成本,旧路由于交通拥挤状况改善而降低的车辆运行成本和旧路由于交通量减少而降低的公路养护成本。

(1)新建公路由于道路等级提高、交通拥挤状况和路面状况改善而降低的运行成本。公路建设项目完工投入使用后的交通量,包括正常交通量、转移交通量和诱增交通量三种类型。正常交通量是指无本项目时也会在现有公路网上发生和增长的交通量;转移交通量是指本项目建成投入使用后从其他公路或者其他运输方式转移过来的交通量;诱增交通量是指如果没有项目本不会发生的交通量。这三种不同类型交通量运行成本降低的效益需要分别计算确定。

正常交通量运行成本降低效益的计算公式如下:

$$B_{11} = \sum(AC_0 - AC_1) \times Q_{11} \times L_1$$

式中:B_{11}——正常交通量运行成本降低的效益,元;

AC_0——无本项目时某车型单位成本,元/车公里;

AC_1——新路的某车型单位车公里成本,元/车公里;

L_1——新路总长度,km;

Q_{11}——正常交通量,年辆次。

转移交通量运行成本降低效益的计算公式如下:

$$B_{12} = \sum(AC_0L_0 - AC_1L_1) \times Q_{12}$$

式中:B_{12}——转移交通量运行成本降低的效益,元;

AC_0——原线路的某车型单位车公里成本,元/车公里;

AC_1——新路的某车型单位车公里成本,元/车公里;

L_0——原线路总长度,km;

L_1——新路总长度,km;

Q_{12}——转移交通量,年辆次。

(2)旧路由于交通拥挤状况改善而降低的车辆运行成本和公路养护成本。由于新建公路项目投入使用,旧路上的交通量将有相当一部分分流到新路上去,拥挤的交通状况将大为改观,不仅车辆运行成本有所降低,公路的养护成本也会下降。该项成本降低效益的计算公式如下:

$$B_{13} = \sum(AC_0 - AC_2) \times L_0 \times Q_0 + (AC_{Y0} - AC_{Y1}) \times L_0$$

式中:B_{13}——运行成本降低的效益,元;

AC_0——旧路分流前的某车型单位成本,元/车公里;

AC_2——旧路分流后的某车型单位成本,元/车公里;

AC_{Y0}——旧路分流前平均养护成本,元/km;

AC_{Y1}——旧路分流后平均养护成本,元/km;

L_0——原线路总长度,km;

Q_0——旧路分流后的交通量,年辆次。

2. 运行里程缩短的效益

运行里程缩短具有减少运行成本和节约运行时间的双重作用。中国大多数高速公路建设项目都具有运行里程缩短的效益。例如,与旧路里程相比,沈大高速公路全长 375km,里程缩短了 47km;成渝高速公路全长 340km,里程缩短了 98km;京津塘高速公路全长 142.69km,里程缩短了 24km;等等。

运行里程缩短效益的计算公式如下:

$$B_2 = \sum(L_0 - L_1) \times Q_{11} \times AC_0$$

式中:B_2——运行里程缩短的效益,元;

AC_0——原线路的某车型单位成本,元/车公里;

L_0——原线路总长度,km;

L_1——新路总长度,km;

Q_{11}——正常交通量,年辆次。

3. 运行时间节约的效益

运行时间节约的效益是公路建设项目经济效益的重要组成部分。经济越发展,人们对节约时间的要求越迫切。在西方国家公路建设项目经济效益评估中,时间节约的效益往往要占全部效益的 70% ~80%。公路建设项目、特别是高速公路建设项目都具有明显的运行时间节约的效益。例如,沈大高速公路的建成使得沈阳至大连行车时间由于原来的 10 个多小时缩短为 4h;与京唐老路相比,京津塘高速公路的运行时间缩短了 3.5h;与并行的 312 国道(江苏段)相比,沪宁高速公路(江苏段)的运行时间减少了 2h;等等。

运行时间节约效益的计算公式如下:

$$B_3 = Q_{11} \times \Delta T \times V$$

式中:B_3——运行时间节约的效益,元;

Q_{11}——正常交通量,年辆次;

ΔT——全程节约时间,h;

V——平均时间价值,元/h。

运行时间节约效益确定的关键在于确定节约时间的价值。由于货运时间价值与客运时间价值计算的依据不同,有必要分别研究确定。

(1)货物单位时间价值的确定。就货物而言,无论是原材料、初级产品、中间产品还是最终消费品,都具有一定的价值;代表着一定金额的资金;货物运输过程中所占用的时间意味着资金的占用。可以认为,节约货物运输时间,意味着加速了资金的周转,减少了资金的占用。所以可以根据资金成本的概念来计算货运时间价值。在建设项目国民经济评价中,资金成本表现为经济折现率;因而可以根据经济折现率和货物的平均价值计算货物的单位时间价值。

(2)旅客单位时间价值的确定。旅客单位时间价值可采取“生产法”或者“费用法”确定。采取“生产法”的理论依据是旅客可以将运行途中节约的时间用于工作,创造新的价值,为国民经济增长做出贡献。依据这一理论,可根据所在地区人均国民收入来估计人员的单位时间价值。采取“费用法”的理论依据是旅客为节约在途时间“支付货币的意愿”(WTP)。采取费用法,旅客单位时间价值可按下列公式确定:

$$V_2 = \frac{\sum F}{\sum T}$$

式中:V_2——旅客单位时间价值,元;

F——旅客愿意支付的旅行费用,元;

T——旅客在途时间,h。

例如,2008 年 5 月 1 日建成通车的杭州湾跨海大桥建设项目,具有可观的运行里程缩短和运行时间节约的效益。大桥通车后,由于宁波的客车可以改线走杭州湾跨海大桥到上海,有关客运班线的运营里程将分别缩短 60 ~ 100km,在途时间将缩短 45 ~ 60min。以宁波到上海南站为例,改道前的运营里程为 316km;改道后的运营里程为 225km,运营里程缩短了 91km,路上时间也可减少大约 1h。对此客运票价也将适度下降,使旅客分享这些效益[1]。

由于杭州湾跨海大桥的建成,频繁来往于沪、温两地的美特斯邦威集团公司总裁周建成表示,温州到上海行车距离缩短了 120km,按照货车均速每小时 60km 计算,能够节约 2h,这就意味着信息流、物流的加速和成本的降低,对企业进一步完善生产网络、开拓销售市场、缩短产品上市周期起到积极作用[2]。

4. 运输事故减少的效益

公路建设使得道路状况得到了有效的改善,交通事故发生的次数减少,从而提高了公路交通的安全性。由于道路交通事故率下降而减少的经济损失,形成运输事故减少的经济效益。

运输事故减少效益的计算公式如下:

$$B_4 = \sum (S_0 - S_1) \times Q_{11} \times C$$

式中:B_4——运行时间节约的效益,元;

S_1——新路的事故率,次/百万车公里;

S_0——没有项目的事故率,次/百万车公里;

C——平均每次事故的经济损失,元;

Q_{11}——正常交通量,年百万车公里。

暨南大学医学院伤害预防控制中心的一项研究显示,中国道路交通伤害次数逐年上升,从 1951 年的 6 000 起增加到 2001 年的 75 万多起。2003 年,全国共发生道路交通事故 77 万多

[1] 李韬:宁波五十条客运线改走杭州湾跨海大桥,中国交通报,2008 年 5 月 8 日第 6 版。

[2] 刘洋、顾力:杭州湾跨海大桥效益快速显现[N],中国交通报,2008 年 5 月 9 日第 2 版。

起，死亡人数约11万人，56万多人受伤，直接经济损失超过33亿元。中国的万车死亡率是美国的8倍。2008年，中国共发生道路交通事故265 204起，造成73 484人死亡，304 919人受伤，直接财产损失10.1亿元。与2007年相比，2008年全国发生道路交通事故减少了62 005起，下降19%；死亡人数减少8 165人，下降10%；受伤人数减少75 523人，下降20%；直接财产损失减少1.9亿元，下降15.8%❶。可见，运输事故减少的效益非常明显。

高速公路具有行车快捷便利、安全舒适等优越性。据国外统计，高速公路交通事故的发生率和死亡率只有一般公路的30%～50%。我国从20世纪90年代中期开始进入高速公路高速发展的时期后，高速公路的交通事故经历了1996～2003年的快速上涨阶段、2004～2008年的持续快速回落阶段和2009～2011年的相对稳定阶段❷。2011～2014年，我国高速公路平均每年增加了9 000km，但交通事故相对稳定，高速公路的安全性正在逐步凸显。

法国由收费公路公司建设与管理的收费高速公路1980年以来交通事故死亡率变化情况如表2-1所示❸。

1980年以来法国收费高速公路交通死亡率一览表(单位:人数/亿车公里)　　表2-1

年份	1980	1985	1990	1995	2000	2005	2010	2014
死亡率	1.44	1.05	0.98	0.54	0.48	0.28	0.17	0.16

5. 交通量增加的效益

由于公路的兴建促进了国民经济的发展，将导致客货运输需求显著增加；或者由于公路的建成使得原来闲置的资源通过运输得到充分利用，产生了明显的经济效益。这些效益，可以归类为“交通量增加的效益”。

货运量增加效益的计算公式如下：

$$B_4 = \sum(P_1 - P_0) \times Q_5$$

式中：B_4——新增交通量的效益，元；

P_1——有项目货物的平均市场价格，元/t；

P_0——无项目货物的平均市场价格，元/t；

Q_5——新增某物品的年货运量，t。

计算货运量增加效益的理论依据是：如果没有项目，受有限需求的影响，物品的经济价值较低，社会上缺乏生产这种物品的积极性；当公路建成以后，扩大了社会对该种物品的需求量，使该物品由相对闲置的资源转变为稀缺资源，其经济价值增加，也提高了该物品的市场价格。所以，如果该物品的市场价格可以较好地反映支付意愿时，可以用市场价格的提高来反映增加货运量的效益。

6. 促进公路沿线经济发展的效益

公路建设项目、特别是高速公路建设项目对公路沿线经济的快速发展具有重要的促进作用。这方面的经济效益主要体现在以下方面。

(1)沿线工业拓展。高速公路沟通了沿线地区与大城市、交通枢纽、工业中心的联系，改

❶ 何春中：1.8亿中国人有执照[N]，中国青年报，2009年1月5日。

❷ 曹建军：中国高速公路交通事故分析及对策[J]，中国交通信息化，2013年第9期。

❸ 法国收费公路特许经营协会(ASFA)：高速公路统计2015，www.autoroutes.fr。

善了投资环境,增强了对投资者的吸引力,各种类型的开发区、工业区毗路而建。例如,沈大高速公路建成后,沿线5市建立了各种类型的经济开发区80多个;在京津塘高速公路天津段,已形成武清、逸仙园、宜兴埠、塘沽、程林庄、军粮城、民生村等9个相对独立、各具特色的高新技术产业区,成为天津市改造传统工业、调整产业结构、带动乡镇企业发展的新经济增长点。近年来,深圳市的一些三资企业、"三来一补"企业和"内联"企业开始沿广深高速公路向内地迁移,转移到高速公路两侧地区的企业已达600多家。新疆昌吉州近年来以乌奎高速公路、吐乌大高速公路、312国道和216国道为依托,充分接受乌鲁木齐的辐射,从经济和社会发展、产业布局、功能定位等方面主动与乌鲁木齐融合,形成呼图壁、玛纳斯增长极和吉木萨尔、奇台、木垒增长极的城市群。2002年,昌吉州GDP达到150.3亿元,实现旅游收入4.1亿元,比2000年增长1.7倍。

(2)沿线农业的发展。高速公路缩短了农产品的储运时间,保证了农用物资和救灾物资的及时调入,加速了农业信息的交流和市场供需之间的衔接,从而促使了农业产业结构的优化,促进了农业的规模经营和集约化生产。例如,京津塘高速公路建成后,京津两地之间的农副产品交流明显加快,保鲜蔬菜、名贵花卉的生产得以更好地发展;特别是塘沽的鲜活海产品经高速公路两小时即可运抵北京,丰富了京城的水产市场,也促进了沿海水产业的发展。

(3)沿线商业的繁荣。高速公路缩短了产销两地的时空距离,减少了商品交换的运输费用和运输时间,推动了商业的发展。莘松高速公路建成后,各地商业机构和个体经商户纷纷前来松江县投资办店,原有商业机构也加强了商业设施的扩建,装修了一批老店,优化了购物环境。当地政府还建造了松江招商市场和各类商品交易批发市场。1991~1993年,沿线社会商品零售总额比通车前三年增长了53%;同期集市贸易成交额比通车前提高了67.3%。

(4)沿线旅游业的开发。高速公路不仅促进了沿线旅游景点的开发建设,而且使旅游人数及旅游收入快速增加。京津塘高速公路建成后,北京到海滨旅游和天津到首都旅游,既方便又舒适。广深高速公路建成后,内地到香港旅游和从香港入境的游客明显增多,仅1994年就有内地游客190万人次到香港,比上年增加了33%。沈大高速公路建成后,旅游观光非常方便、舒适、安全,沿线5市旅游人数和旅游收入年均增长速度分别高于全省平均水平1.3和3.9个百分点。自1996年太旧高速公路建成通车到2013年底,山西省高速公路总里程达到5 011km,极大地推动了山西省旅游业大发展。

海南省高速公路的快速发展,为当地旅游事业提供了良好的发展机遇。《海南省旅游公路发展规划》提出了"打造一个体系、提升三类水平、突出五大特色、基本建成环岛滨海旅游公路"的发展目标,到2020年最终建成以环岛滨海观光为主的1 000km旅游公路,全面提升公路旅游设施服务、公路景观环保和公路旅游信息化水平❶。

7. 促进区域经济发展的效益

公路建设项目、特别是高速公路建设项目对所在区域经济的快速发展也具有重要的促进作用,其经济效益主要体现在以下方面。

(1)促进了沿线产业结构的变化和外向型经济的崛起。高速公路建成后劳动力由农村向城镇、由农业向工业、第二、三产业转移,促进了沿线地区产业结构的优化。高速公路改善了投

❶ 特约记者陈涛等:海南公路 文化表达[N],中国交通报,2014年12月28日第18-19版。

资环境，增强了对外资投资的吸引力。沈大高速公路通车后，沿线 5 市外商投资意向增强，实际利用外资规模不断扩大。上海市松江县利用莘松高速公路的优势，开辟了占地面积 20km^2 的松江工业区，很受外商的青睐，已吸引外资 8 亿多美元，瑞士雀巢、日本美能达和日立、美国福特等 20 多家著名跨国公司落户工业区。

湖北黄（石）黄（梅）高速公路建成后，武穴市于 1999 年 10 月设立了高新技术产业园区。当地政府通过巧借外力，多渠道招商引资来改造传统产业。近年来，该市 50 多家企业先后与香港富源、浙江东磁、四川彩虹、江苏环宇、北京中牧等国内外知名企业集团合作经营，高起点地引进价值 20 亿元的成套关键设备。2002 年该市实现工业总产值 19.65 亿元，比上年同期增加了 10.8%。

与沈大高速公路开建同时设立的营口市鲅鱼圈区因沈大高速公路建设与扩建改造而收益巨大。1994 ~ 2004 年，鲅鱼圈的财政收入由 0.66 亿元提高到 2.87 亿元；2004 ~ 2013 年，由 2.87 亿元提高到 59.26 亿元，增长了 20 倍❶。

（2）加快了农村城镇化的进程。高速公路的贯通有利于缩小城乡差别，对提高沿线地区农村城镇化的水平起到了不可忽视的促进作用。近年来，高速公路沿线相继出现一批不同类型、不同层次、不同风格的中小城市，非农业劳动人口的比重逐步上升。例如，东莞市原是一个以农业为主的县，随着广深高速公路的建设和使用，该市乡镇企业迅猛发展，打破了由城市向农村辐射的传统模式，通过农村工业化、农民进入乡镇企业，走出了一条城乡一体化的道路。高速公路投入使用，还带动了一批新的城市群体的出现。沈大高速公路的建成，把以沈阳为中心的辽宁中部城市群和以大连为中心的南部城市群连成一体，沿海与腹地的距离相对拉近，既促进了原有大中型城市的开发建设，也促进了郊区卫星城、小城镇的发展。

（3）沿线土地增值。高速公路对地价影响很大，并且往往在项目建成之前就产生了。以京津塘高速公路北京段为例，1989 年以前沿线地价较为平稳，因 1991 年 1 月高速公路要建成通车，1990 年的地价即比上一年上涨了 1 倍多，达到每亩 5.5 万元；1992 年进一步上升至每亩 10 万元。沪嘉、莘松高速公路建设以前，沿线土地价格低廉，当时合资企业占用土地付款仅每 5 元/m^2；高速公路建成后，大大改善了当地的交通状况和投资环境，使土地大幅度增值，价格超过了 25 美元/m^2。1992 ~ 1994 年松江土地出让金收入共 7 768 万美元。高速公路开通带来了便捷的交通环境，沿线房地产业从无到有，异军突起。目前，在广深、莘松、沪甲等高速公路入口处，一幢幢商品房和花园别墅已拔地而起。

综上所述，高速公路有力地推动和促进了沿线经济的发展，为国民经济和区域经济的持续发展，构筑了一系列新的经济增长点，显示了巨大的生命力。与此同时，高速公路还促进了社会进步和文明。因此，高速公路的效益远远超过了交通运输业自身，有着更广泛的经济效益和社会效益。

8. 其他效益

除了以上效益以外，公路建设项目还可以为国民经济提供以下方面的效益：

（1）提供就业机会。公路建设项目的实施可为社会提供大量的就业机会，具有提高全社会就业率的积极作用。从一定角度来说，提供就业机会不仅具有积极的经济意义，也具有重要

---

❶ 本报记者杨光等：辽宁高速公路：奋进 30 年 托起振兴梦[N]，中国交通报，2014 年 12 月 28 日第 1 版。

的维护国家安定团结的政治意义。按照有关专家的测算,每亿元公路建设投资可提供或保留6 835个就业岗位[1];则中国2014年超过15 000亿元的公路建设总投资可为10 253万人提供就业机会,为拉动经济增长可谓贡献巨大。

(2)节约能源消耗。能源危机是世界性重大问题。一种新型车辆能否在国际市场上打开销路,很关键的一点在于是否具有良好的节油效果。提高道路等级,改善路面条件,缩短道路里程,具有重要的节能作用。

(3)控制环境污染。环境污染包括大气污染、水源污染、噪声污染等。将砂土路面改造为黑色路面,可有效地减少尘土飞扬,有利于公路沿线居民的身心健康;公路沿线植树绿化,对控制大气污染,减少车辆噪声,降低公路沿线居民的洗涤费开支和医药费开支,作用十分明显。这些都是可以用货币计量的经济效益。

(4)提高运输信誉。通过建造全封闭、全立交的高等级公路,对保证客货运输时间,提高客货车辆运营准点率,促使公路运输业快速发展,意义十分重大。随着社会主义市场经济体制的建立与发展以及人民生活水平的逐步提高,社会各界人士对公路运输快速、准点的要求越来越高。从某种意义上说,准点比快速更为重要。由于高等级公路建设与使用使得提高客货车准点到达率成为可能,势必将促进公路运输业的进一步快速发展。

(5)提高公路运输的舒适性和方便性。使旅客能够安全、舒适、方便地乘车使货主能够方便地托运货物与取货,是一项不可忽视的经济效益。在中国,伴随着高速公路网络的逐步形成,高速客运、快件运输等业务已在全国各地逐步推广,成为公路交通业的一大亮点。

三、对公路建设项目投资效益管理的基本要求

各级交通运输主管部门和公路建设项目法人应当通过加强对项目建设书和可行性研究报告编制和报批环节的有效管理,来保证公路建设项目具有理想的财务效益和经济效益。

1. 对项目建议书编报与审批阶段的有效监管

按照国家的有关规定,公路建设项目建议书中需要采用财务评价和国民经济评价的方法,对项目的财务效益和经济效益作出初步估计,把好公路建设项目投资效益的第一关。依据《公路建设监督管理办法》的规定,公路建设项目建议书应当由县级以上交通运输主管部门或其指定单位根据国民经济发展规划和交通发展规划,根据国家有关规定,按照职责权限负责组织公路建设项目的项目建议书工作,并指定专门部门或委托具备相应资质的单位编报项目建议书。

项目建议书中涉及项目的投资需求以及对资金来源的建议。如果建设项目所需资金来源于政府财政性资金,应当主要分析投资的经济效益;如果建议利用银行贷款和社会资本投资建设公路,建设项目的财务效益将在很大程度上决定筹资建议是否可行。

2. 对工程可行性研究报告编报与审批阶段的有效监管

公路建设项目的可行性研究在保证投资效益方面发挥着重要作用。按照国家的规定,建设项目只有在经济上可行,才有可能通过立项评审;建设项目只有在财务上可行,才有可能作为向银行申请贷款或者面向社会招标选择特许经营公路投资人的依据。

---

[1] 刘南、周庆明:交通基础设施建设投资对国民经济拉动作用的定量分析[J],公路交通科技,2006年5月。

工程项目可行性研究报告一般由项目法人委托有资质的工程设计单位或者咨询公司负责编制。

由于各种原因的影响和制约，目前在编制与评审工程可行性研究报告过程中，“重技术、轻经济”的倾向尚未彻底扭转；经济与财务上的可行性分析被扭曲为“可批性”分析，是导致一些公路建设项目投资效益低下的重要原因之一。

交通运输主管部门应当加强对可行性研究报告审批阶段的有效管理，并对报告中投资估算编制和资金来源的合理性以及投资效益分析的真实性和完整性负责。

公路建设项目投资应当实行集体决策、科学决策，决策过程应有完整的书面记录，严禁任何个人单独决策公路建设项目投资或者擅自改变集体决策意见。

应当逐步建立与健全责任追究制度。如果某建设项目可行性研究报告中由于主观原因对投资效益的分析与评价与实际情况相差较大，从而导致投资效益低下的经济损失，应当依法追究可行性报告编报人的责任。

第三节　公路建设项目前期工作阶段的其他财务管理

一、设计阶段的财务管理

（一）公路工程勘察设计阶段的财务管理问题

工程设计文件包括初步设计文件、施工图文件等；初步设计概算和施工图预算时设计文件的重要组成部分，也是设计阶段财务监管的主要对象。

1. 初步设计概算

初步设计概算经批准后应当作为公路基本建设项目投资的最高限额，是编制公路建设项目投资计划、确定和控制公路建设项目投资的依据，是控制施工图设计和施工图预算的依据，是衡量设计方案经济合理性和选择最佳设计方案的依据，是考核公路建设项目投资效果的依据。

按照现行体制，国家干线公路建设项目的初步设计概算由交通运输部公路主管部门审核批复；省级干线公路建设项目的初步设计概算由省级发展和改革部门负责审核批复。

2. 施工图预算

施工图预算是考核施工图设计经济合理性的依据。施工图预算应控制在批准的初步设计概算范围之内。工程预算突破概算的，应分析原因，对施工图设计中的不合理部分进行修改；对其合理部分应在总概算投资范围内调整解决。

（二）加强对工程设计阶段财务监管的基本思路

在保证工程质量的前提下有效控制公路建设项目的投资，对工程设计阶段的财务工作实行有效监管显得非常必要。

在公路建设成本不断攀升的状况下，一个重要的理念需要树立，这就是“设计上的浪费是最大的浪费"。考虑对建设成本有效控制、提高公路投资效益的基本要求,应当尽量避免或纠正在工程设计中有可能出现的以下三方面的偏差。

1. 长官意志所导致的设计上的浪费

在一些公路建设项目中,由于一些地方人民政府为了突出政绩片面追求世界或亚洲第一等名头,不切合实际地增加了公路桥梁的跨度和高度,调整高速公路走向,导致施工难度大幅度增加,建设成本难以避免地出现大幅度攀升。

2. 设计单位保守理念所导致的设计上的浪费

在一些工程项目中,一些设计单位为了追求安全性,采取保守策略进行工程设计,难免会导致工程量的增加,以及工程成本的增加。这不仅导致了不必要的浪费,而且为一些施工单位靠偷工减料盈利提供了空间。

3. 超越时代要求和经济发展水平的设计所导致的浪费

公路工程设计不能脱离一定生产力和经济发展水平制约下的公路交通事业发展的客观需求。在这方面,价值工程理念具有非常重要的作用。

二、公路建设项目招标投标财务管理

公路建设招标投标工作,具体涉及勘察设计招标投标、工程施工招标投标、工程监理招标投标以及设备物资采购招标投标等事项。根据需要,还可以采取招标投标方式选择编制工程可行性研究报告的中介机构。在公路建设招标、投标过程中所涉及的财务事项,主要包括对标底或造价控制的管理、对投标人投标保证金收取和退还的管理以及对中标人履约保证金的收取和退还的管理。

(一)对标底或造价控制的管理

1. 标底设置

标底是采取招标方式控制工程造价的重要手段。按照《中华人民共和国招标投标法》(国家主席令九届第 21 号)的规定,招标人可以设置标底,也可以不设置标底。如果不设置标底,意味着采取最低标中标的原则。但由于《招投标法》不允许投标人以低于成本的报价竞标,对此如果有明显证据表明投标人的投标价格低于成本,应当按照废标处理。招标人也有必要设置最低投标价,来防范低于成本的报价。

2. 标底作用

标底可以作为投标的最高限价,即"拦标价"。这意味着,投标人的投标价格应当低于标底价格;如果投标人的投标价格超过标底价格,则属于废标。标底价格也可以作为投标的中间控制价格。这意味着,投标人的投标价格应当控制在标底价格一定区域范围之内,例如 10%;投标人的投标价格低于标底价格 10% 或者高于标底价格 10% 的,均属于废标。

3. 标底编制

招标人可自行编制标底或者委托具备相应资格的单位编制标底。标底编制应当符合国家有关工程造价管理的规定。

招标人应当采取措施,在开标前做好标底的保密工作。

4. 造价控制

工程招投标具有控制工程造价的重要作用。一些工程项目在招标时通过设置“拦标价”作为投标方竞标报价的最高限价。由于“拦标价”没有法律规定，只在一些中央政府和地方政府印发的规范性文件(例如2006年4月10日印发的《中央国家机关政府集中采购工作规程(试行)》、2007年3月22日印发的《北京市工程建设项目施工招标标底编制和使用的若干规定》等)中涉及拦标价的概念，所以是否应当设置拦标价来控制投标人竞标报价，在业内仍存在争议。一些人认为，用最高限价控制投标价格的最大弊端，就是不明智的招标人把自己项目资金不足问题，转嫁到投标人身上。而无经验的投标人一旦中标，就掉在招标人设下的“资金不足的风险陷阱”。而合同执行时，由于承包人亏损，不得不偷工减料或者拖延工期。最大的受害者仍然是招标人。也有人赞同控制最高报价。他们认为，设上限与国家有关规定不矛盾。《工程建设项目施工招标投标办法》(国家发展计划委员会令第30号)(以下简称《招投标法》第64条规定：合同中确定的建设规模、建设标准、建设内容、合同价格应当控制在批准的初步设计及概算文件范围内；确需超出规定范围的，应当在中标合同签订前，报原项目审批部门审查同意。另外，设上限可以有效防止串标、围标方式哄抬投标价现象。

(二)对投标保证金收付的管理

1. 投标保证金的概念

《招标投标法》第17条规定，招标人采用邀请招标方式的，应当向3个以上具备承担招标项目能力、资信良好的特定的法人或者其他组织发出投标邀请书。为了保证招标活动具有竞争性，招标单位往往也对采取公开招标方式的投标人的最低数量有限定。如果投标人承诺投标，但临场退出，有可能导致招标失败，给招标方带来经济、时间等方面的损失。为了维护招标方的合法权益，增强投标方的责任感，防范投标方投标行为的随意性，投标方往往在招标文件中明确要求投标方需要缴纳一定的投标保证金对投标行为进行经济担保。如果投标方在缴纳了投标保证金后临阵退出，招标方将依据招标文件中的约定不予退还其投标保证金。

【例2-1】 某公路建设项目招标文件规定：供应商应提交50万元投标保证金。为确保保证金安全递交和返还，请通过供应商的开户银行电汇或转账，并将汇出凭证复印件编入投标文件，不接受现金等其他方式。开标时，9家公司有7家按招标文件要求汇出了保证金，而B、C两公司却分别带来了现金，他们的投标代表认为这不是大问题，于是软磨硬泡、找人说情。项目业主按规定拒收现金，经评委初审，B、C两公司被作无效标处理。

由于国家有关法律法规中没有明确投标时必须缴纳投标保证金，所以缴纳投标保证金不属于法律义务。投标人有权拒绝缴纳投标保证金。但如果未响应投标文件有关缴纳投标保证金的约定，将无法参与竞标。

2. 投标保证金的收取

依据《工程建设项目勘察设计招标投标办法》(国家发展和改革委员会令2003年第2号)对公路建设项目勘察设计进行招标时，招标文件要求投标人提交投标保证金的，保证金数额一般不超过勘察设计费投标报价的2%，最多不超过10万元。

依据《工程建设项目施工招标投标办法》(七部委令2003年第30号)和《公路工程施工招标投标管理办法》(交通部令2006年第7号)的规定，对公路建设项目施工进行招标时，需要缴纳投标保证金的,投标保证金一般不得超过投标总价的2%,最高不得超过80万元人民币。投标保证金除现金外,可以是银行出具的银行保函、保兑支票、银行汇票或现金支票。投标保证金有效期应当超出投标有效期30天。

依据《公路工程施工监理招标投标管理办法》(交通部令2006年第5号)的规定,对公路建设项目监理进行招标时,招标人要求投标人提交投标担保的,投标人应当按照要求的金额和方式提交。投标保证金金额一般不得超过5万元人民币。

依据《政府采购货物和服务招标投标管理办法》(财政部令第18号)的规定,对采用政府采购方式购买设备的,招标采购单位应当在招标文件中明确投标保证金的数额及缴纳办法。招标采购单位规定的投标保证金数额,不得超过采购项目概算的1%。投标人投标时,应当按招标文件要求缴纳投标保证金。投标保证金可以采用现金支票、银行汇票、银行保函等形式缴纳。投标人未按招标文件要求缴纳投标保证金的,招标采购单位应当拒绝接收投标人的投标文件。

3. 投标保证金的退还

国家有关规定中对退还投标保证金的一般要求是:

(1)投标人应当在中标通知书发出后5个工作日内向未中标人一次性退还投标保证金。

(2)招标人与中标人签订合同后5个工作日内,应当向中标人一次性退还投标保证金。

(3)经中标人同意,可将其投标保证金抵作履约保证金。

(4)如果中标人由于自身原因放弃中标,招标文件约定放弃中标不予返还投标保证金的,中标人无权要求返还投标保证金。

(三)对履约保证金收付的管理

1. 履约保证金的概念

履约保证金是指中标方依据招标文件的约定对履行合同约定提供的经济担保。收取履约保证金的主要目的是为了由于防范投标方投标的主观随意性给招标单位带来经济损失。

例如,某投标方采取不适当的方式低价中标,中标后发现无法按照中标价格提供合同约定的服务,为此声明放弃中标资格。这意味着招标失败,招标方不得不再次组织招标活动,为此招标方将承受时间拖延、增加工作量等方面的经济损失。

【例2-2】 S公司在某公路大修项目招标中胜出,企业及时确认其中标并与之签订了合同,并严格按照规定,在买卖双方签订合同后的5个工作日内,返还了S公司10万元投标保证金。之后数日,S公司无声无息。企业多次催促S公司尽快施工后才被告知,因沥青涨价,S公司不干了。无奈之下,企业只好选择了第二中标候选人签订了合同,不仅多支出十多万元合同款,还影响了工期。

《中华人民共和国招标投标法》第47条规定:招标文件要求中标人提交履约保证金的,中标人应当提交。

2. 履约保证金的作用

履约保证金约束主体十分明确,就是项目中标人。履约保证金的主要作用是保证完全履行合同,保证按合同约定的质量、标准和工期条款履行合同。为了控制中标人合同履行过程中的折扣与水分问题,让中标人在合同执行前缴纳一定数额的履约保证金,根据合同随时考核验收,发现问题限时整改,否则将会没收或部分扣除履约保证金。在具体操作中,误期赔偿费也可从应付工程款或履约保证金中扣除。建立履约保证金制度对促使中标人履约、防止中标人违约,督促中标人履行合同义务,对违约者进行惩戒等具有重要的作用。

3. 履约保证金的收取

中标方一般应当依据招标文件的约定,在与招标方订立合同前缴纳。

履约保证金一般为合同价的10%。履约保证金的具体数额应当在招标文件中约定。

依据招标文件的约定,中标方缴纳的投标保证金,可以抵作履约保证金。

4. 履约保证金的退还

履约保证金一般应当在中标方依据招标文件的约定提供工程建造服务后退还。有关履约保证金的退还问题国家没有明确规定。

收取履约保证金的主要目的是为了要求中标方与招标方签订合同并履行合同的约定,提供工程建造服务;应当在中标的承包人签订合同后、开始履行合同的约定提供工程建造服务时退还履约保证金,还是在承包人将全部合同约定的工程建造服务全部提供完毕再退还履约保证金,还值得商榷。

在实务中有些单位提出在工程竣工验收合格后退还履约保证金,这也许是将履约保证金与工程质量保证金混为一谈。

5. 履约保证金管理

《中华人民共和国招标投标法》第60条规定:中标人不履行与招标人订立的合同的,履约保证金不予退还,给招标人造成的损失超过履约保证金数额的,还应当对超过部分予以赔偿;没有提交履约保证金的,应当对招标人的损失承担赔偿责任。

2003年3月8日,国家计委、建设部、铁道部、交通部、信息产业部、水利部、中国民用航空总局共同发布的《工程建设项目施工招标投标办法》(中华人民共和国国家发展计划委员会令第30号)中对履约保证金有以下规定:

(1)招标文件要求中标人提交履约保证金或者其他形式履约担保的,中标人应当提交;拒绝提交的,视为放弃中标项目。招标人要求中标人提供履约保证金或其他形式履约担保的,招标人应当同时向中标人提供工程款支付担保。

(2)中标人不履行与招标人订立的合同的,履约保证金不予退还,给招标人造成的损失超过履约保证金数额的,还应当对超过部分予以赔偿;没有提交履约保证金的,应当对招标人的损失承担赔偿责任。

(3)招标人不履行与中标人订立的合同的,应当双倍返还中标人的履约保证金;给中标人造成的损失超过返还的履约保证金的,还应当对超过部分予以赔偿;没有提交履约保证金的,应当对中标人的损失承担赔偿责任。

三、公路建设项目征地拆迁资金支付的管理

(一)征地拆迁概述

公路建设项目涉及征地拆迁时,应根据国家关于征地拆迁的相关法规制度规定,确定适当的补偿标准、征地安置途径、拆迁安置途径,按照规定的工作程序进行征地拆迁工作。在征地

补偿安置方案经市、县人民政府批准后，应按法律规定的时限向被征地农村集体经济组织拨付征地补偿安置费用。当地国土资源部门应配合农业、民政等有关部门对被征地集体经济组织内部征地补偿安置费用的分配和使用情况进行监督。

(二)土地征用及拆迁补偿费的内容

土地征用及拆迁补偿费系指按照《中华人民共和国土地管理法》《中华人民共和国土地管理法实施条例》《中华人民共和国基本农田保护条例》等法律、法规的规定，为进行公路建设需征用土地所支付的土地征用及拆迁补偿费等费用，主要包括如下内容。

(1)土地补偿费:指被征用土地地上、地下附着物及青苗补偿费，征用城市郊区的菜地等缴纳的菜地开发建设基金，租用土地费，耕地占用税，用地图编制费及勘界费，征地管理费等。

(2)征用耕地安置补助费:指征用耕地需要安置农业人口的补助费。

(3)拆迁补偿费:指被征用或占用土地上的房屋及附属构筑物、城市公用设施等拆除、迁建补偿费，拆迁管理费等。

(4)复耕费:指临时占用的耕地、鱼塘等，待工程竣工后将其恢复到原有标准所发生的费用。

(5)耕地开垦费:指建设项目占用耕地的，应由建设项目法人负责补充耕地所发生的费用;没有条件开垦或者开垦的耕地不符合要求的，按规定缴纳的耕地开垦费。

(6)森林植被恢复费:指建设项目需要占用、征用或者临时占用林地的，经县级以上林业主管部门审核同意或批准，建设项目法人单位按照有关规定向县级以上林业主管部门预缴的森林植被恢复费。

根据《公路工程基本建设项目概算预算编制办法》(JTG B06—2007)，土地征用及拆迁补偿费应根据审批单位批准的建设工程用地和临时用地面积及其附着物的情况，以及实际发生的费用项目，按国家有关规定及工程所在地的省(自治区、直辖市)人民政府颁发的有关规定和标准计算。

在征地拆迁补偿方案批准后的规定期限内，用地单位应按合同约定的比例支付各项补偿费用(如四川绵广高速公路建设项目，拟在划定“红线图”并办妥有关拆迁手续后，支付补偿总额的50%，待施工单位进场开工后，再支付补偿总额的25%，留下补偿总额的25%，待取得土地使用证和拆迁完毕后支付)。征地拆迁补偿费按规定分期支付后，被征用的单位和个人应当按时交付土地，进行拆迁;补偿费未按规定支付的，被征用单位和个人有权拒绝交付;被征用单位和个人领取补偿费后，拒不搬迁的，由县(区)政府依法申请人民法院强制执行，以保证国家建设用地和拆迁工作的顺利进行。

(三)对征地拆迁补偿资金支付的控制

为加强征地拆迁补偿资金的管理，应严格遵循“公开、公平、公正”的原则，按照基建程序拨付资金，以规范资金使用行为，堵塞漏洞，防止挤占、挪用行为的发生，确保“专款专用、封闭运行”，使资金的支付合理合法。对征地拆迁安置经费的使用和管理严格按照“专户存储、专款专用、封闭运行”的总要求，设立专门账户，单独核算，按照规定的范围和标准使用，兑付资金通过银行与单位、个人结算。

1. 公路建设项目法人应加强对征地资金支付的控制

负责征地的部门应根据有关批复和征地协议，审核并办理征地的审批手续，征地补偿标准应与有关规定相符。在签订征地合同后，应对征地补偿费用、管理费用等开支进行审计确认，根据完整、准确、有效的支付材料开具支付证书。

2. 公路建设项目法人应加强对拆迁资金支付的控制

负责拆迁的部门应根据有关批复，审核并办理拆迁合同，拆迁标准应与国家有关规定相符。在签订拆迁合同后，应对支付给拆迁单位和个人补偿金签收的原始单据、拆迁费用的支付标准是否符合政策规定进行审核，根据完整、准确、有效的支付材料开具支付证书。

3. 资金管理控制

公路建设项目法人的财会部门将支付证书报单位负责人审批后，应在规定的时间内办理资金支付手续，并在合同执行完毕后，审核各项原始资料的完整性并及时办理财务结转手续。

4. 资金支付控制

征地拆迁资金应当根据合同和协议，采取专户管理。在资金兑付过程中，任何单位或个人都不得以任何理由挤占、挪用、截留和克扣征地拆迁补偿经费。对应当发放给拆迁群众的补偿资金，必须一分不少地发放到群众手中，不得代扣代缴任何款项。在兑付过程中，实行民主监督，将兑付情况张榜公布，提高透明度，杜绝弄虚作假、违法乱纪现象的发生，并应注意考核概预算执行情况。

四、项目前期资金筹措管理

依据国务院的有关规定，公路项目建设资金的筹措管理，应当划分经营性项目建设资金筹措管理和非经营性项目建设资金筹措管理。

有关公路基本建设资金筹措的相关问题，在本书第三章中讨论。

第四节　公路建设代建制财务管理

一、公路建设代建制概述

（一）我国公路建设代建制的发展

代建制是我国深化政府投资体制改革的产物。虽然代建制不可能解决基本建设中存在的所有问题，但至少可以在转换政府职能、规范建设程序、加强政府对建设项目的有效监管，控制工程成本、保证工程质量和建设工期等方面发挥重要的作用。对此代建制自 20 世纪 90 年代开始试行以来，由于效果显著，体现了其巨大的发展生命力。

为加强政府投资项目的建设管理，改进政府投资项目建设实施方式，规范建设程序，提高项目管理效率和投资效益，厦门市从 1993 年开始试行把市级财政性投资、融资社会事业建设项目委托给一些有实力的专业公司，由这些公司代替业主对项目实施建设管理，这可以被看作是我国政府投资项目代建制的雏形。1999 年初，上海浦东咨询公司受原上海市计委委托组建了上海市收教收治综合基地筹建处,全过程代理建设上海市收教收治综合基地项目,开始了上海市财政投资项目以“代建制”形式委托中介机构进行建设的试点。2001 年 4 月,由上海隧道股份有限公司和上海市建设工程管理有限公司组建上海大连路隧道发展有限公司,按照 BOT 的方式负责对大连路隧道项目的实施。随后,在卢浦大桥工程、复兴路越江隧道工程、外环越江隧道工程等重大市政工程中也试点推行了代建制。2001 年 7 月,厦门市开始在重点工程建设项目上全面实施项目代建制;2002 年 3 月开始在土建投资总额 1500 万元以上的市级财政资金建设的社会公益性工程项目中实施项目代建制度。北京市从 2002 年 10 月开始,对全额使用政府投资的北京回龙观医院 1 号病房楼工程、北京市疾病预防控制中心防病业务楼、北京市残疾人职业技能培训体育训练中心建设工程等公益性建设项目进行了“代建制”试点。2003 年 2 月,重庆市人民政府印发了《重庆市政府公益性项目建设管理代理制暂行办法》,促进了重庆政府投资项目代建制的发展。2004 年 7 月 19 日国务院发布的《国务院关于投资体制改革的决定》(国发[2004]20 号)中,进一步明确了对非经营性政府投资项目实行“代建制”的要求。

公路建设项目是政府投资项目的重要组成部分。在公路建设项目推行代建制,有助于转变政府职能,加强政府对公路建设的市场监管,规范公路建设程序,提高公路建设的投资效益。对此,在我国越来越多的省市区,政府投资公路建设项目试行“代建制”有较快的发展,并取得了初步的成效。

按照北京市《政府工作报告》中提出的转变投资管理机制,对非经营性政府投资项目试行代建制的要求,北京市交通委、路政局决定在公路建设领域逐步推行代建制。北京市路政局本着先行试点、积极推进的原则,选择了北京道路和公路建设领域内最有实力、最有经验的两家公司——北京市首发公司、北京市公联公司分别与大兴区、昌平区签订了《北京市公路建设项目代建合同》。该次代建制合同的签订标志着北京市交通基础设施建设管理领域改革迈出了重要一步。公路建设实行代建制加强了公路建设的专业化管理,既有利于政府主管部门集中精力加强监管和服务,也有利于提高政府投资效益,提高建设管理服务水平。

2006 年 8 月,深圳市首条“代建制”公路——南坪快速路一期全线建成通车。南坪快速路是该市首条全封闭、全立交的免费通行快速干道,同时也是全国首条在市政工程中采用“代建制”修建的公路。深圳市交通局经深圳市人民政府授权作为委托方,将该项目的建设授予深圳高速公路股份有限公司。

为了顺应市场的发展,加快政府职能的转变,进一步推动宁波市建设管理体制的改革,建立健全科学的政府投资项目决策程序和组织实施程序,本着“投资、建设、管理、运营”四分开的原则,宁波市在 2001 年底提出了《关于进一步加强市本级政府投资项目管理的若干意见》(甬政发[2001]155 号),明确提出推行政府投资项目代建制。2002 年 4 月宁波市发改委确定 21 家单位为第一批具有政府投资项目代建资格的单位,其中交通工程建设行业共 4 家,从此,宁波市公路建设代建制逐步推行。宁波市通途路改建工程、杭州湾大桥南岸连接线工程、甬金高速公路里仁堂连接线工程、宁波市绕城高速公路西段工程、宁波大契疏港公路延伸段工程和宁波市绕城高速公路东段工程,都是实施代建制的公路建设项目。

2006 年 8 月,贵州公路局举行了习水县至桐梓新站二级公路工程实施项目代建合同签字仪式,标志着贵州省公路建设代建制试点工作拉开了序幕。该项目组织单位为贵州省公路局,采取委托方式确定的代建单位为贵州省桥梁工程总公司。贵州省公路局表示,由贵州省公路局管理的二级公路建设项目,今后都将实行代建制的管理模式进行建设。

2009 年 8 月 25 日,云南省怒江傈僳族自治州六库至保山潞江坝曼海桥高等级公路举行施工进场动员仪式。这是云南省首个由业主投资、委托管理公司代为建设的公路建设项目。受业主云南省公路开发投资公司的委托,云南云岭高速公路路桥公司作为项目代建人,对项目的设计、施工、物资招标和建设管理履行职责。按照代建责任书约定,云南云岭高速公路路桥公司对项目实行全额包干的风险代建管理模式。

2009 年 8 月 17 日,海南省中部地区首条高速公路——海口至屯昌高速公路采取代建制进行建设,分别由海南省路桥投资建设有限公司下属的海南公路建设项目管理有限公司和海南高速公路股份有限公司承担代建任务。

2015 年 5 月 7 日,交通运输部公布了《公路建设项目代建管理办法》(交通运输部令 2015 年第 3 号),自 2015 年 7 月 1 日起施行。从此中国公路代建制有了新的部门规章依据。

(二)对公路建设代建制的界定

《公路建设项目代建管理办法》公布以前,我国有关制度规范中对代建制的界定主要参照的是国发[2004]20 号文中的表述:“通过招标等方式,选择专业化的项目管理单位负责建设实施,严格控制项目投资、质量和工期,竣工验收后移交给使用单位。增强投资风险意识,建立和完善政府投资项目的风险管理机制”。

按照国务院的规定,《深圳市政府投资公路建设项目代建管理办法(试行)》(深交[2005]565 号)第 3 条中对公路建设代建制的表述是:“本办法所称的公路建设项目代建,是指公路建设项目按照规定的程序,通过招标的方式,委托具有相应资格和能力的专业工程管理单位,按照合同的约定代行项目法人职责,负责建设过程管理的制度”。

相比较之下,《北京市公路项目代建制实施办法(试行)》第 2 条的表述是:“本办法所称的公路项目代建制,是指政府投资的公路建设项目通过规定的程序,委托具有相应资格和能力的专业工程管理单位,按照合同约定代行项目建设的投资主体职责,全权负责建设过程管理的制度”。

地方人民政府对公路建设代建制定义的表述,与国务院的文件规定基本上是一致的;但地方政府的文件更突出了代建制是一种制度的本质特征,这就在制度规范上区别了代建制和建设项目管理。

但北京的制度规范中没有强调通过招标选择代建单位的要求,这与国务院的要求是不符的;这有可能在委托机制下,再次密切政府与代建单位之间的关系,违背通过推行代建制转换政府职能的初衷。

以上界定中普遍存在的缺陷是:只规定了要委托代建单位按照合同约定代行项目建设职责,这说明代建单位属于公路代建的受托方,但没有进一步说明谁是委托方;也没有明确政府在公路代建过程中的地位和作用。

《公路建设项目代建管理办法》中将公路代建定义为:“受公路建设项目的项目法人委托,由专业化的项目管理单位承担项目建设管理及相关工作的建设管理模式”。按照该办法的要求,与代建单位签订代建合同的主体是项目法人,代建单位应当依法通过招标等方式选择。

(三)代建单位产生的方式

在《财政部关于切实加强政府投资项目代建制财政财务管理有关问题的指导意见》(财建[2004]300号)中,将代建单位的产生方式划分为以下三种:

(1)建设单位自行确定的项目代建单位;

(2)政府设立(或者授权)的项目代建单位;

(3)政府招标产生的项目代建单位。

如果依据国务院的规定,建设单位(项目法人)不应当自行确定项目代建单位,也不应当由政府设立或者授权项目代建单位;只有招标产生的项目代建单位,才应当作为产生项目代建单位的规范行为。

如果政府直接招标选择项目代建单位,就有可能混淆建设单位(项目法人)与代建单位的界限。毕竟公路建设的部分前期工作应当由项目法人、而不是代建单位承担。政府部门如果越俎代庖替代建设单位成为代建单位的招标方,则代建合同中本应明确的项目法人与代建单位之间权限职责的划分,就有可能被混淆。

对此,公路代建的委托方,应当是项目建设单位或者项目法人。项目法人经政府授权或者受政府委托以招标方式选择具有相应资质的代建单位,并作为公路建设的委托方与代建单位签署代建合同,并按照合同确定的权利、职责和义务共同完成公路建设任务;政府部门依据法律法规的规定对代建市场进行有效监管,保证其行为合法、合规、有序,这才是公路代建的实质。

按照公路项目的特点,公路建设代建制可进一步划分为政府直接投资代建制、BOT代建制以及BT代建制三种模式。

二、政府直接投资代建制财务管理

政府直接投资代建制的基本特征如下。

1. 公路建设代建的委托方

公路代建的委托方应当是经政府授权、受政府委托或者经政府批准专门成立从事公路建设的项目法人,公路管理局、包括高速公路管理局,公路建设指挥部、国有企业以及其他形式的公路建设项目法人。

2. 公路建设代建的受托方

公路建设代建的受托方应当是具有相应资质的公司制企业。虽然青海省公路建设管理局等事业单位在代建试点中也曾经作为有关地区公路代建单位,但规范的代建单位不应当是事业单位,因为事业单位没有承担代建职责和代建风险的能力。

3. 公路建设代建期限

参照北京、深圳的有关规定,公路建设项目的代建期限从初步设计批复后开始至竣工验收完成或缺陷责任期结束时终止。

这意味着公路建设前期工作中的编制项目建设书、可行性研究报告和初步设计文件的工作,应当由政府部门指定或者委托的项目法人负责完成。

4. 代建项目的前期工作费

财建[2004]300 号文规定:政府设立(或授权)、政府招标产生项目代建单位的,其使用单位发生的项目前期费用由计划、财政部门按原渠道下达给项目使用单位。如前期工作委托代建单位完成,前期费可直接安排给代建单位,并按基建财务制度规定计入建设成本。

5. 代建管理费用

依据《基本建设财务管理规定》(财建[2002]393 号)的规定,建设单位发生的管理费用,应当计入建设单位管理费。

财建[2004]300 号文中有以下规定:

(1)建设单位自行确定项目代建单位和政府设立(或授权)产生的代建单位,其代建管理费由同级财政部门根据代建内容和要求,按不高于基建财务制度规定的项目建设单位管理费标准严格核定,并计入项目建设成本。

(2)政府招标产生的项目代建单位,其代建管理费标底由同级财政部门比照基建财务制度规定的建设单位管理费标准编制,实际发生的代建管理费计入项目建设成本。

这实际上把项目法人支付的代建管理费用与代建单位发生的代建管理费用混为一谈。

在市场经济条件下,代建单位从事公路代建业务,属于一种市场经营行为。所以,项目法人支付的代建管理费用,应当表现为代建单位为提供代建服务取得的营业收入,应当由代建单位提供代建服务发生的成本费用、应当缴纳的税金和应当获取的利润三部分构成。

三、BT 业务财务管理

与政府直接投资代建制不同,采取 BT 代建制模式需要由代建制企业垫资建设,待项目建成后由政府付款给予补偿。

(一)BT 代建制的特点

可以认为,BT 业务是政府投资项目中政府直接投资建设向先由代建企业垫资建设,然后由政府出资给予补偿转化的一种新型公路代建模式。根据我国路桥建设试行 BT 模式的实践探索,与政府直接投资项目代建模式相比,BT 代建模式有以下特点:

(1)政府直接投资代建项目所需资金,应当由项目法人通过编制项目预算向政府申请;在国库集中支付体制下,经批准的项目建设资金由财政国库按照预算的安排直接支付给代建企业用于项目建设。而 BT 代建项目所需资金,由代建企业垫付;待项目全部建成交付使用后,由项目法人通过编制项目预算向政府申请拨付,政府按照 BT 合同的约定和批准的项目预算的安排,采取一次支付或者分次支付的方式对代建企业的垫资给予补偿。

(2)政府直接投资代建项目应当支付的资金,一般应当在经批准项目概预算的基础上下调一定的百分比以反映代建行为应当达到的建设成本控制效率;而 BT 代建项目建成交付使用后政府应当支付的补偿资金,不仅包括在项目概预算基础上确定的项目建设资金,还应当考虑代建企业由于垫支资金应当获取的资金成本补偿。

(3)政府直接投资代建项目一般由代建企业通过招标方式选择项目施工企业,代建企业一般不直接承担项目建造施工的业务;与此不同,承担 BT 代建业务的代建企业往往期望同时承揽工程施工业务。如果不能靠承揽工程施工业务以获取工程施工利润,垫资代建路桥基础设施就失去了意义。

对此,项目法人在采取招标方式选择代建企业时,应当将从事工程施工业务应具备的资质一并考虑,并且需要承担招标选择工程监理单位的职责,以适应工程施工与工程监理相分离的管理要求。

(二)BT 代建财务管理的特点

将公路建设 BT 业务纳入公路建设代建制范畴的主要目的,是为了通过制定统一的公路建设代建制度规范来有效规范其项目建设管理行为。显然,BT 代建制具有不同于政府直接投资代建制的特点;在加强对 BT 代建业务财务管理中需要结合其业务特点。

1. 需要关注代建企业的筹资能力

针对 BT 代建业务由代建企业垫资建设的特点,项目法人在招标选择代建企业时,需要更注重投标方建设项目的筹资能力以及项目建设得以正常进行的资金保障能力。在我国一些地区利用民营资本建设公路的失败案例中发现,民营企业的筹资能力不强,在公路建设中出现资金供应链的断裂,是导致公路建设失败的主要原因。

2. 建立必要的垫支资金成本的补偿机制

针对 BT 代建业务需要考虑垫付资金的资金成本补偿的特点,应当在考虑以下思路的基础上建立科学的垫支资金成本补偿机制。

(1)为了维护代建企业的合法权益,需要将对代建企业垫付资金给予合理的资金成本补偿作为一项原则明确下来。

(2)依据《公路法》《收费公路管理条例》《收费公路权益转让办法》等国家法律法规的规定并参照现代企业财务管理的基本原理,应当以合理回报为尺度,来衡量应当补偿的代建企业垫支资金的资金成本。

站在代建企业的角度,需要补偿的资金成本应当反映企业投资希望获得的投资收益率;参照现代企业财务管理的基本原理,期望收益率可采取资本—资产定价模式进行测算。采用资本—资产定价模式,需要根据投资的无风险收益率以及风险投资所需的补偿率综合确定期望投资收益率。资本—资产定价模式如下:

$$R_j = i + (R_m - i)\beta_j$$

式中:R_j——j 项目投资所要求的收益率;

i——无风险收益率;

R_m——市场所有投资的平均收益率;

β_j——j 项投资的 β 系数。

代建企业从政府获取垫支资金的收益,可认为风险较小或者无风险,对此可以按照无风险收益率或有限度的风险补偿率计量需要补偿的资金成本。

站在政府角度,应当在充分研究的基础上,通过确定行业基准收益率参数来作为确定资金成本补偿标准的主要依据。

我国从 1987 年开始引入建设项目国民经济评价制度,并通过在 1988 年、1993 年和 2006 年三次颁布了相关经济参数,来作为国民经济评价的主要依据。经济参数中的社会折现率,可以作为确定交通行业基准收益率的参考依据。

但是,由于以下原因,这些参数还不能直接作为交通行业确定基准收益率的依据:首先,这些参数具有时效性差的局限性。例如当时的国家计委在 1987 年第一次发布经济参数时将社会折现率确定为 10%,很显然该参数很难适应 1988 年和 1989 年分别高达 18.5% 和 17.8% 物价上涨率下的评价需要。1993 年,根据当时的情况,国家计委和建设部修订经济参数时社会折现率调整为 12%❶,但我国 1994 年的物价上涨率则达到创纪录的 21.7%,1995 年仍具有 14.5% 较高的比率。随着国家宏观调控的加大,再加上 1997 年 7 月开始的东南亚金融危机对我国国民经济发展的不利影响,导致我国的物价趋于稳定,物价指数甚至低于 100%。在此形势下,国家发改委和建设部在 2006 年又将社会折现率调整为 8%❷,还是难以适应确定基准收益率的需要。其次,公路交通基础设施社会公益性强、政府投资或者政府担保付款条件下经营者风险较小的特点也使得我们无法直接使用社会折现率的参数。对此,通过研究来制定交通行业基准收益率的动态机制,已成为当务之急。

在市场经济条件下,合同中约定的补偿机制,既要体现政府投资的行业政策,在更大程度上也是市场交易中双方博弈结果的体现。因此本教材主张,应当以政府确定的基准收益率为依据,并考虑一定的浮动区域来确定对代建企业垫支资金的成本补偿。

四、BOT 业务财务管理

可以认为,BOT 业务也是代建企业垫资建设一种公路代建模式。与 BT 代建制不同,BOT 代建企业在完成代建任务后,既不需要政府出资给予补偿,也不需要将建成的路桥基础设施移交政府交通运输主管部门授权或委托的公路管理单位进行管理,而是通过转换 BOT 业务的身份,由代建企业转变为经营企业,在合同约定的期限内通过收取车辆通行费收回投资并获得合理回报。合同约定的收费期限届满,经营企业再按照合同约定将处于完好技术状态的公路基础设施办理移交手续。

(一)BOT 代建制的特点

根据我国路桥基础设施试行 BOT 代建的实践探索,与政府直接投资项目代建模式和 BT 模式相比,BOT 代建模式有以下特点。

1. BOT 项目由项目公司投资建设

政府直接投资代建项目所需资金,应当由项目法人通过编制项目预算向政府申请;在国库集中支付体制下,经批准的项目建设资金由财政国库按照预算的安排直接支付给代建企业用于项目建设。BT 代建项目所需资金,由代建企业垫付;待项目全部建成交付使用后,由项目法人通过编制项目预算向政府申请拨付,政府按照 BT 合同的约定和批准的项目预算的安排,采取一次支付或者分次支付的方式对代建企业的垫资给予补偿;BOT 代建项目所需资金由 BOT 业务负责筹措,并通过建成后的收费经营给予回收。这意味着,BOT 代建项目的建设不需要政府出资。

2. 项目公司对建设成本控制承担责任

政府对直接投资代建项目建设成本控制的要求,可体现为在经批准项目概预算的基础上

---

❶ 国家计划委员会、建设部发布:建设项目经济评价方法与参数[M],中国计划出版社,1993 年 7 月第 2 版第 120 页。
❷ 发改投资[2006]1325 号:建设项目经济评价方法与参数(第三版),国家发改委、建设部,2006 年 7 月 3 日印发。

下调一定的百分比;以反映代建行为应当达到的建设成本控制效率;对BT代建项目的建设成本控制可采取类似的做法。与此不同,对BOT代建项目成本控制的要求主要体现为对未来收费经营期限的约定。例如一个全长为80km的BOT高速公路建设项目经批准的投资概算为60亿元人民币;如果代建的效率表现为建设成本降低5%,则可以按照收回57亿元投资并有合理回报的原则确定经营年限。如果BOT合同能够得以严格实施,则实际建设成本的高低对政府部门来说也许并不重要。如果市场的力量能够较好地调动BOT业主在保证工程质量的前提下控制建设成本的积极性并增强其责任感,政府部门就没有必要在这方面再花费宝贵的时间和精力,而应当将主要时间和精力用于公路代建市场监管的关键领域。

3. 项目公司有可能承担建造任务

BOT业主也有可能让自己的工程分公司或者工程子公司承担项目建造施工的业务并获得委托方的认可。与BT代建项目不同,由于项目建成后还要经营一段时间,工程建造的质量会对未来的经营效益造成明显影响,对此BOT业主必然会关注项目建造的质量,由BOT业主承担招标选择工程监理企业的职责也许并没有什么不妥之处。

但公路的社会公益性质国家作为公路最终所有者的地位要求政府部门必须加强对项目业主招标选择BOT业主以及BOT业主履行招标选择工程监理单位以及其他相关职责的合法性、合规性和合理性的监管;要具有防范和处理可能出现问题的能力。这就对政府部门履行职责的能力提出了更高的要求。

(二)BOT代建业务财务管理的特点

BOT业务属于项目建设管理和项目经营管理的有机结合。将其纳入公路建设代建制范畴的主要目的,是为了通过制定统一的公路建设代建制度规范来有效规范其项目建设管理行为。显然,BOT代建制也具有不同于政府直接投资代建制的特点,与BT代建制也有明显的差异,这就需要在制定统一制度规范时考虑其业务特点。

1. 需要关注BOT代建企业的筹资能力

BOT代建项目的建设不需要政府出资,对此代建企业是否具有较强的筹资能力来保障公路项目顺利建成,就成为BOT代建制成功与否的一个关键因素。虽然BOT融资对于吸引社会资本进入高等级公路建设领域具有积极的意义,但不可否认,一些BOT项目公司自身的筹资能力不强,面对高等级公路建设所需的巨额资金筹措要求估计不足,在公路建设中容易出现资金链的断裂,又缺乏必要的应对措施,是导致BOT代建失败的重要原因之一。面临资金短缺的困境,BOT项目公司也许无法正常履行代建职责,有可能要求退出代建领域。

2. 需要为BOT代建行为建立必要的退出机制以及相应的补偿机制

与BT代建业务不同,BOT项目公司投入的建设资金,是需要通过合同约定的特许经营期内的收费经营活动来予以回收并取得期望的投资回报率。国内外形势等外部环境的变化,BOT项目所在地区经济的发展以及公路网的扩展,都将导致未来收回投资并获得合理回报的期望具有不确定性。如果社会资本预计未来形势的变化将导致无法通过正常经营获得合理回报甚至无法收回投资,将有可能成为退出公路代建领域的另一个重要原因。

针对社会资本的退出,政府是否需要对代建企业已经发生的相关支出给予相应的经济补偿,取决于BOT代建合同中签约双方权利、义务和责任的约定。按照国际惯例,如果由于代建企业自身管理上的原因主动要求或者由于违约而被要求退出代建,本应"颗粒无收";这也是对代建企业可能出现随意行为的一种有效的经济约束;如果是由于外部环境变化等客观原因或政府部门以及项目法人由于社会公众利益等原因提出的要求,则应当给予合理的经济补偿。合理补偿的衡量尺度应当包括代建企业实际发生的支出以及必要的资金成本。

【本章小结】

前期工作的范围包括从建设项目的立项申请、可行性研究、初步设计到项目开工前所需的一系列工作,主要包括项目建议书、可行性研究报告、初步设计等工作环节的文件编制、招标、评估、审查、报批等相关工作。

公路基本建设财务管理的主要目的是为了提高投资效益。公路建设项目的投资效益包括财务效益和经济效益。公路建设项目的经济效益包括运行成本降低的效益、运行里程缩短的效益、运行时间节约的效益、缓解拥挤的效益、运行事故减少的效益等。

公路建设项目的特点决定了公路代建制可以划分为政府直接投资代建制、BOT 代建制和 BT 代建制三种模式。

【复习思考题】

1. 什么是前期工作?公路建设前期工作都涉及哪些具体内容?

2. 什么是前期工作费?公路建设前期工作费都包括哪些内容?

3. 什么是公路建设项目的经济效益?公路建设项目经济效益与财务效益有何不同之处?

4. 区分内部效益和外部效益、直接效益和间接效益、有形效益和无形效益的依据是什么?有何实际意义?

5. 在评价公路建设项目经济效益时,应当如何计算运行成本降低、运行里程缩短、运行时间节约、减少交通事故、交通量增加等经济效益?

6. 如何正确看待加强公路建设项目前期工作阶段各项工作有效监管的重要性?

7. 什么是公路建设项目投资概算和预算?两者之间有何区别与联系?

8. 什么是公路建设代建制?你是否认为 BOT 建设模式和 BT 建设模式也属于公路代建制的一种模式?

9. 与政府直接投资代建制相比,公路建设项目 BT 代建制有何特点?

10. 与政府直接投资代建制相比,公路建设项目 BOT 代建制有何特点?

第三章

公路基本建设筹资管理

第一节 公路基本建设资金的筹集

投入公路基本建设项目中的公路基本建设资金，按照投资者的权利和义务分类，可划分为项目资本（或者非偿还资金）和负债资金两大类。

一、公路建设项目资本的筹集

按照中国现行公路融投资体制，特许经营公路建设所需的项目资本可采取以下方式筹集。

（一）直接吸收投资

公路建设项目资本又叫做非偿还性公路建设资金。根据《中华人民共和国公路法》及其有关规定，用于公路建设的非偿还性资金来源有：各级财政一般预算支出拨款；车辆购置税（2000 年底以前的车辆购置附加费）交通专项资金、成品油税费改革交通专项资金（2008 年底以前的公路货运附加费、公路客运附加费等交通规费）以及其他资金来源。

1. 一般预算支出拨款

一般预算支出拨款是指纳入中央财政一般预算支出中用于公路基本建设项目的资金和纳入地方财政一般预算支出中用于公路基本建设的资金。公路是国民经济重要的基础设施，公路建设所需资金应当主要靠财政拨款解决。但由于新中国成立以来中国的财政状况一直不够理想和一些其他方面的原因,财政对公路建设的拨款寥寥无几。除了少数对国防公路建设的拨款以及对扶贫公路的补助以外,新中国成立以来中国公路建设所需的资金,主要是靠公路交通规费来解决的。

2. 政府债券资金

为了实施积极的财政政策,我国从1998年开始发行长期建设特别国债,主要用于包括公路在内的基础设施建设,以期望发挥拉动国民经济增长的作用。1998~2008年,国家共发行了长期建设国债11 400亿元;1998~2001年,用于公路建设的国债资金693亿元人民币,占同期国债总额5 100亿元的13.59%。其中2001年国债资金投入256亿元,占2001年公路建设总投资2 670.4亿元的9.59%。

“十五”期间,我国用于公路建设的国债资金达到800多亿元。进入“十一五”期间以后,中国发行国债的力度在逐步减小;国债资金主要用于农村公路建设。2006~2009年,用于农村公路建设的国债资金为325亿元。

从2009年开始,中央政府不再发行特别建设国债,但开始允许地方政府通过发行地方政府债券筹措债务资金。地方政府债券资金也可用于公路建设。

从2015年开始,按照修订后的《中华人民共和国预算法》等法律法规的规定,地方政府债券划分为一般债券和专项债券。一般债券主要用于弥补地方政府财政收支差额;专项债券纳入政府性基金进行管理。2015年财政预算分别安排了5 000亿元的地方政府一般债券额度和1 000亿元的专项债券额度。

3. 车辆购置税(车辆购置附加费)

车辆购置税属于国家财政专项资金。在实施车辆购置税制度以前,根据国家有关加强对预算外资金管理的规定,车辆购置附加费应属于纳入财政预算管理的政府性基金项目。根据1984年12月国务院第54次常务会议的精神和国务院于1985年4月发布的《车辆购置附加费征收办法》,我国从1985年5月1日开始对所有购置车辆的单位和个人,包括国家机关和军队,一律征收车辆购置附加费。车辆购置附加费的全部收入作为国家公路建设的专项基金,由交通部按照国家的有关规定统一安排使用。车辆购置附加费的征收标准为:国内生产或组装的车辆,按销售收入的10%征收;国外进口的车辆,按计费组合价格(到岸价格加各种税收)的15%征收。

根据交通部、国家计委、财政部1986年7月颁发的《车辆购置附加费使用管理试行办法》,车辆购置附加费应当主要用于:

(1)国家重点补助纳入行业规划的国家干线公路、特大桥梁、隧道及重要的公、铁交叉路口的改建,以及具有重要意义的省级干线公路建设;

(2)适当安排补助与上述公路相配套的重点汽车客货场(站)的设施建设。

为了适应当时加入关贸总协议组织的需要,我国从1994年1月1日起改变了车辆购置附加费征收环节;统一了征费标准。主要的变动有:

(1)将从国内外购买的车辆统一按10%的比率征收车辆购置附加费;

(2)将车辆购置附加费由车辆生产(组装)厂和海关代征改为由车辆落籍地交通征管部门直接向义务缴费人征收。

1994年税制改革将增值税作为价外税以后,国产车的车辆购置附加费按照车主购车实际支付价款扣除增值税专用发票上注明的增值税额后余额的10%计征;进口车按照计算进口环节各项税后的组合价格的10%计征。其中,“进口环节各项税”是指关税、消费税和增值税。

国务院于2000年10月22日公布了《中华人民共和国车辆购置税暂行条例》,从2001年1月1日起施行。这标志着我国的车辆税费改革率先启动。

《中华人民共和国车辆购置税暂行条例》的主要规定如下:

(1)在中华人民共和国境内购置本条例规定的车辆(以下简称应税车辆)的单位和个人,为车辆购置税的纳税人,应当依照本条例缴纳车辆购置税。

(2)应税车辆包括购买、进口、自产、受赠、获奖或者以其他方式取得的汽车、摩托车、电车、挂车、农用运输车。

(3)车辆购置税的应纳税额的计算公式为:应纳税额 = 计税价格 × 税率。

(4)车辆购置税的税率为10%。

(5)纳税人购买自用应税车辆的计税价格,为纳税人购买应税车辆而支付给销售者的全部价款和价外费用,不包括增值税税款;纳税人进口自用应税车辆的计税价格,由关税完税价格、关税和消费税构成;纳税人自产、受赠、获奖或者以其他方式取得并自用应税车辆的计税价格,按国家税务总局参照应税车辆市场平均交易价格规定的最低计税价格确定。

(6)车辆购置税实行一次征收制度。购置已征收车辆购置税的车辆,不再征收车辆购置税。

(7)车辆购置税由国家税务局征收。

根据国务院2000年10月22日批转的《交通和车辆税费改革实施方案》,车辆购置税收入,除了分别提取一定比例的资金用于水利建设和老旧汽车改造以外,由中央财政根据交通部提出、国家计委审批下达的公路建设投资计划,统筹安排,主要用于国道、省道干线公路建设。

财政部、交通部于2000年12月27日印发的《车辆购置税交通专项资金管理暂行办法》(财建[2000]994号)规定,征收的车辆购置税收入扣除安排用于水利建设基金、老旧汽车更新补助和车购税征管人员经费等方面的资金后的部分,构成车辆购置税交通专项资金。交通专项资金具体支出范围包括:重点用于纳入行业规划的国家干线公路、特大桥梁、隧道建设,重要公路立交、公路与铁路交叉道口的改建,以及具有重要意义的省级干线公路建设;适当安排与上述公路相配套的重点汽车客货场、站设施建设;适当安排用于农村公路、扶贫公路、陆岛公路、边境口岸公路、断头路、国道标准化美化(GBM)工程、文明样板路、危桥改造和公路网技术结构升级改造等建设支出;适当安排西部交通科研试验费、前期工作费、在建公路自然灾害支出等;国务院和财政部批准的内河航运建设及其他支出。

进入21世纪以来,为了适应加强农村公路建设的需要,国家加大了车辆购置税用于农村公路建设的力度。2005年6月28日财政部、交通部印发了《车辆购置税用于一般公路建设项目交通专项资金管理暂行办法》(财建[2005]241号),提出了“车购税用于一般公路建设项目专项资金”的概念,并将此项资金作为中央补助地方专项资金,专项用于县际及农村公路、通达工程、国道标准化美化(GBM)工程、文明样板路、危桥改造、商品粮基地公路、革命圣地公路、安保工程、农村渡口及客运站等一般公路建设项目。

为进一步转变职能,改进和加强车辆购置税用于一般公路建设项目资金的预算管理,促进公路交通事业健康发展,财政部、交通运输部于2009年5月15日印发了《车辆购置税用于一般公路建设项目交通专项资金管理办法》(财建[2009]230号),进一步明确了车辆购置税用于一般公路建设项目专项资金是指中央财政车辆购置税收入中专项用于国家重点公路建设项目之外的一般公路建设项目资金。专项资金的使用范围包括:农村公路改造工程(通畅工程)、通达工程、渡口改造和渡改桥、乡镇客运站、危桥改造、安保工程、干线公路灾害防治工程及财政部、交通运输部批准的其他一般公路建设项目。

2011年3月28日,财政部、交通运输部印发的《车辆购置税用于交通运输重点项目专项资金管理暂行办法》(财建[2011]93号)中,该专项资金的适用范围调整为:纳入交通运输行业规划范围的公路(含桥梁、隧道)建设、公路客货运枢纽(含物流园区)建设、内河水运建设以及国务院和财政部批准的其他支出。

2014年全国车辆购置税收入2 885.11亿元;安排支出2 945.46亿元。其中,用于公路等基础设施建设支出1 823.19亿元;用于农村公路建设支出745.42亿元,用于老旧汽车报废更新补贴支出5.82亿元,其他支出371.03亿元。

财政部、交通运输部、商务部于2014年11月6日联合印发了《车辆购置税补助地方资金管理暂行办法》(财建[2014]654号),明确了车辆购置税补助地方资金(简称"车购税资金")的概念,是指中央财政从车辆购置税收入中安排地方用于交通运输行业发展的资金。车购税资金的适用范围包括交通运输重点项目、一般公路建设项目和其他项目。

财建[2014]654号废止了涉及车辆购置税用于交通运输重点项目的财建[2011]93号文、车辆购置税用于一般公路建设项目的财建[2009]230号文以及其他与车辆购置税使用有关的规范性文件,并要求《财政部交通部关于印发〈车辆购置税交通专项资金管理暂行办法〉的通知》(财建[2000]994号)与此文不符处,以此文为准。

4. 客货附加费

客运附加费和货运附加费属于地方性交通规费,是各省、自治区、直辖市人民政府为改善交通基础设施条件批准建立的发展交通的专项资金。根据国家有关加强对预算外资金管理的规定,从2002年开始,中国的货运附加费和货运附加费成为纳入财政预算管理的政府性基金项目。

根据国家有关规定,客货附加费主要用于:

(1)客运站的建设与改造;

(2)货运站、仓库、通信等基础设施的建设与改造;

(3)公路、桥梁等基础设施的建设与改造。

在征收客货附加费的初期,客运附加费和货运附加费的使用范围是有所区别的:客运附加费主要用于客运站、点的建设与改造;货运附加费主要用于公路、桥梁、货场、仓库、通信等基础设施的建设与改造。目前,大多数省市区已将客货附加费捆绑在一起使用,作为公路基础设施建设的专项基金。

依据《国务院关于实施成品油价格和税费改革的通知》,公路客货运附加费从2009年1月1日起停止征收;公路建设以及道路客货运站建设所需的专项资金,由成品油税费改革专项资金分配形成。

5. 其他资金来源

新中国成立以来很长一个时期内,公路养路费是主要的公路建设资金来源。但根据《中华人民共和国公路法》的规定,公路养路费只能用于公路养护与改建,不能用于新建、扩建公路和对公路进行技术改造。

许多省级人民政府交通运输主管部门在实务中也把车辆通行费作为公路建设的一项资金来源来安排。但按照国家现行规定,政府收费公路收取的车辆通行费,只能够用于偿还债券本息,不能用于修建新的公路。

财政部门用财政资金对特许经营公路建设项目投资,形成了公路建设项目的国家资本;财政部门用财政资金对非特许经营公路建设项目投资,形成了投入公路建设项目的非偿还性公路基本建设基金。

(二)股权筹资

在我国的改革实践中,有一部分公路(主要是高速公路)采取了先成立公路经营企业、然后按企业化管理的要求进行公路建设的做法,即实行企业财务与基建财务并轨的模式。由交通部门及其有关企事业单位发起设立公路股份有限公司或有限责任公司,可以在一定的条件下通过股权融资方式面向社会筹措公路建设资金。

【案例3-1】 浙江宁波杭州湾跨海大桥融资案例

浙江宁波杭州湾跨海大桥全长36km,双向六车道,设计时速100km,设计使用年限100年,设计通过能力每天10万辆。2003年11月14日开工建设;2008年4月17日通过交工验收;2008年5月1日通车试运营;2011年7月17日通过竣工验收。工程竣工财务决算成本134.54亿元。

为了采取市场融资方式筹措杭州湾跨海大桥建设所需资金,宁波杭州湾大桥投资开发有限公司和嘉兴市杭州湾大桥投资开发有限责任公司共同注资于2001年10月17日注册设立了杭州湾跨海大桥的项目业主:宁波市杭州湾大桥发展有限公司。

项目公司的最初注册资本为2.40亿元人民币。以后,根据工程建设的需要,分别于2004年3月30日、2005年4月25日、2005年10月27日、2006年4月27日、2006年11月21日和2007年4月21日和2008年1月28日增加注册资本,使得该公司的注册资本增至49.35亿元;投资主体和持股比例不变。

根据2008年5月第八次股东会决议,宁波杭州湾大桥投资开发有限公司将其持有的公司股权以各间接股东实际投入大桥项目的资金转让给各间接股东,具体情况如下:宁波杭州湾大桥投资开发有限公司将其持有的19.99亿元股权转让给宁波交通投资控股有限公司,将11.38亿元股权转让给中国中钢集团公司,将3.47亿元股权转让给慈溪建桥投资有限公司,将2.56亿元股权转让给慈溪北岸磁材应用技术开发有限公司,将1.56亿元股权转让给雅戈尔集团股份有限公司,将1.28亿元股权转让给宁波方太厨具有限公司,将0.65亿元股权转让给慈溪市吉桥投资有限公司,将0.64亿元股权转让给慈溪市华联显示器有限公司(后更名为宁波华联电子科技有限公司),将0.64亿元股权转让给宁波更大集团有限公司,将0.32亿元股权转让给慈溪市浒山镇工艺印刷有限公司,将0.32亿元股权转让给宁波科环新型建材股份有限公司,将0.26亿元股权转让给宁波舜大房地产开发有限公司,将0.064亿元股权转让给宁波燎原工业股份有限公司,将0.32亿元股权转让给宁波和森钢管有限公司,将0.98亿元股权转让给宁波德邦大桥投资有限公司。转让后,宁波杭州湾大桥投资开发有限公司拥有发行人的股权为0。

嘉兴市杭州湾大桥投资开发有限责任公司将其持有的其中1.08亿元股权转让给宁波德邦大桥投资有限公司，转让后嘉兴市杭州湾大桥投资开发有限责任公司拥有发行人的股权为3.85亿元。

股权结构改变后，国有资本占71.36%，民营资本占28.64%。

（三）转让公路收费权融资

通过转让公路收费权筹措公路建设资金，是我国深化公路建设融投资体制改革的有效尝试。1996年10月1日陕西西临高速公路收费权的成功转让，可以认为是我国比较规范的通过转让公路经营权融资的典型范例。1996年10月交通部颁布了《公路经营权有偿转让管理办法》，使我国的公路经营权转让有了规范其行为的法规依据。1997年7月发布的《中华人民共和国公路法》，进一步将公路经营权转让规范为“公路收费权”转让。

2004年9月13日公布的《收费公路管理条例》和2008年8月20日发布的《收费公路权益转让办法》中，明确了“收费公路权益”的概念，并将收费公路权益划分为收费公路的收费权、广告经营权和服务设施经营权三部分。

转让收费权融资的部分案例如下。

1. 陕西西临高速公路收费权转让

西临高速公路全长23.88km，建设投资为2.47亿元，1990年12月建成通车，其中高速公路16km，半幅高速公路约8km。西临高速公路建成初期，向西的西宝高速公路和向东的临渭高速公路均处于建设状态，西临高速公路交通量很有限。

为了有利于筹措公路建设资金，陕西省人民政府打算将全长20.1km的西临高速公路收费权转让。经评估，1995年底该项目的重置成本为4.3亿元人民币。

陕西省交通厅于1996年10月1日以3亿元的价格将20年的收费权转让给香港越秀企业（集团）有限公司在陕西注册成立的控股子公司——香港金秀交通有限公司。

由于西宝高速公路于1995年全线建成通车，临渭高速公路于是1996年12月建成通车，渭潼高速公路于1999年10月1日建成通车，使得西临高速公路的交通量大幅度增长。2000～2010年，西临高速公路通行费收入累计达到13.30亿元，其中2010年收取了1.74亿元；估计1997～1999年收取通行费1.5亿元。[1]

西临高速公路近年来的通行费收入情况见表3-1。

西临高速公路通行费收入情况一览表 表3-1

年度	2014	2013	2012	2011	2010	2009	2008	2007
通行费（万元）	25 981	25 069.6	2 4061.8	22 756.4	17 436.2	18 392.6	20 851.5	17 889.2
交通量	44 471	51 384	49 186	46 640	37 479	38 444	38 994	37 366

2. 武黄高速公路经营权转让

1995年6月，湖北省交通厅与马来西亚JEL公司签订协议，将武汉至黄石高速公路25年收费权转让给JEL公司于1995年独资设立的湖北马鄂高速公路经营有限公司。1997年交通

[1] 本报记者韩博强等：广东一公司20年将收20亿[N]，华商报，2011年5月13日B9版。

部和湖北省人民政府批准了该项经营权的转让。

但截至1997年9月22日,马鄂公司累计支付价款3.8亿元。对此1998年12月,湖北省交通厅发函表示该公司仅获得武黄高速公路65.517 24%的经营权。

2000年下半年,武黄高速公路收费标准上调,收入增加。这家公司随即多次向湖北省交通厅提出支付2亿元从而取得剩余34.482 76%的收费经营权。

经湖北省交通厅同意,2001年5月上旬,马鄂公司向湖北省交通厅再次支付了武黄公路收费经营权转让金2亿元人民币。至此,马鄂公司累计支付了全部转让金5.8亿元人民币,表明武黄公路转让收费经营权获圆满成功。

按照双方协议,马鄂公司支付全部转让金后即取得武黄公路全部收费经营权,并按照车辆通行费缴纳营业税后收入的25%支付湖北省交通部门该路段的委托养护与管理费用。转让期限从1997年9月23日开始计算。

2005年8月5日,深圳高速的全资子公司——美华实业(香港)有限公司以6.54亿港元(折合人民币6.81亿元)的价格,收购了马来西亚JEL公司55%的股权,间接拥有该公司的全资子公司——湖北马鄂高速公路经营有限公司55%的股权。

辉轮投资有限公司取得的马来西亚JEL公司45%的股权。辉轮投资有限公司是深圳国际控股有限公司(1989年11月22日在百慕大注册设立并在香港联交所上市的有限公司,该公司的实际控制人是深圳市国有资产管理委员会,通过其下属的深圳市投资管理公司拥有其40.92%的股权)的全资子公司,而深圳国际控股有限公司的第一大股东新通产实业开发(深圳)有限公司(拥有30.03%的股权)又属于深圳国际控股有限公司的全资子公司,所以马来西亚JEL公司就成为深圳高速与深圳国际共同控制的合营企业。

2008年2月27日国家审计署发布审计结果公告2008年第2号,认为“湖北省武汉至黄石高速公路对外转让时,由于少数领导插手,一名外商从中牟利14.5亿元”。

截至2001年3月31日,武黄高速公路评估价值为14.9亿余元。按照34.482 76%的权益计算,评估值为5.14亿元。而湖北省交通厅在转让该收费权只收取2亿元的价款,少收取转让费3.14亿元。对此,湖北省检察机关认为,负责该项工作的湖北省交通厅原领导×××有不可推卸的责任。因涉嫌在武黄高速公路经营权转让项目中滥用职权,导致国家遭受3.14亿元损失,2008年12月16日,×××在武汉市中级人民法院出庭受审。

2009年5月×××因渎职被开除党籍和公职。

近年来武黄高速公路通行费收入情况如表3-2所示。

武黄高速公路通行费收入情况一览表

表3-2

年　度	2014	2013	2012	2011	2010	2009
通行费(万元)	33 067.70	37 974.60	42 719.60	41 836.30	46 292.50	39 785.00

3. 成渝高速公路(重庆段)收费权转让

1999年9月,经交通部交财发[1999]522号文件批复,同意将全长114km的成渝高速公路重庆段49%的经营权有偿转让给上海中信基建投资有限公司,转让期限为25年。1999年11月,重庆高速公路发展有限公司与上海中信基建投资有限公司签订了共同经营成渝高速公路重庆段的正式合同,投资26.95亿元(注册资本4亿元)设立重庆成渝高速公路有限公司,重庆高速公路发展有限公司和上海中信基建投资有限公司分别出资51%和49%。1999年12

月23日，重庆成渝高速公路有限公司宣告成立，并与重庆市人民政府签订了《经营成渝高速公路重庆段特许权协议》。公司于2000年1月1日起正式开始运作。

重庆市人民政府通过本次转让共筹资13.2亿元人民币，用于国道319线黔江境内二级公路的改造工程和新开工的重庆双凤桥至四川广安高速公路，以及作为渝合、渝黔、梁万、上界等高速公路建设项目的资本金，对重庆地区公路交通事业的发展提供了重要的资金保证作用。

4. 转让收费权融资应关注的有关问题

转让公路收费权融资需注意解决好以下问题。

(1)由于转让的是政府收费公路的收费权，所以转让收费权所取得的收入应首先偿还贷款本息余额，其余部分才能用于新建公路。

(2)在界定所转让的收费年限时应当正确处理好公路融资与维护公路用户合法权益之间的关系。当将政府收费公路收费权转让后，该公路的性质由政府收费公路变为特许经营公路。《收费公路管理条例》规定，转让政府收费公路中的一级公路和独立桥梁、隧道的收费期限，在原来规定的收费期限的基础上，延长期限不得超过5年；转让特许经营公路的收费期限，不得延长原规定的收费期限。转让政府收费公路中的高速公路收费权，不得以转让为由提高车辆通行费标准，转让前的偿债期和受让后的经营期累计收费期限不得超过25年。

《收费公路权益转让办法》第13条进一步明确规定：转让政府收费公路收费权，可以向省级人民政府申请延长收费期限，但延长的期限不得超过5年，且累计收费期限的总和最长不得超过20年。国家确定的中西部省、自治区、直辖市政府收费公路累计收费期限的总和，最长不得超过25年。

转让特许经营公路收费权，不得延长经营期限和以转让为由提高车辆通行费标准。

(3)应当注重扭转"转让公路收费权就是卖路"以及"收费权转让成交价不得低于收费公路重置成本"的传统观念，树立"根据收费公路未来收益现值来确定收费权转让成交价"的新思想。否则，有一定效益、但效益不够理想的收费公路收费权转让就很难进行；靠转让公路收费权融资的设想将很难实现。

二、公路建设项目债务资金的筹集

公路建设项目的债务资金是指建设项目业主筹集的、需按期还本付息的有偿性公路建设资金，包括国内外金融机构借款、通过发行公路建设债券集资和向社会上单位和个人筹集需偿还的资金。公路建设项目的负债资金主要由以下项目构成。

1. 世界银行贷款

世界银行是目前世界上最具有影响力的国际金融组织之一，由国际复兴开发银行、国际开发协会、国际金融公司和多边投资担保机构组成。

国际复兴开发银行一般向发展中国家提供低于市场利率的中长期贷款，又叫做世界银行"硬贷款"。贷款期限一般为20年，宽限期为5年。宽限期是指只需付息、不用还本的贷款期间。借款人需要对已向世界银行承诺、但尚未支取部分的贷款支付承诺费，承诺费率一般为0.25%~0.75%。

我国从20世纪80年代中期开始利用世界银行贷款筹措公路建设资金，为发展我国的公路建设事业，特别是高等级公路和高速公路建设事业发挥了重要的作用。全长142.69km的

(北)京(天)津塘(沽)高速公路,是中国利用世界银行贷款进行国际公开招标建设的第一条高速公路。该公路1987年开工建设,1993年9月建成。陕西省西安至三原一级公路也是中国利用世界银行贷款建设的第一批公路项目。1995年新疆利用15 000万美元的世界银行贷款修建新疆第一条高速公路——全长283km的吐乌大高速公路;以后又利用世界银行贷款3亿美元修建了全长265.5km的乌奎高速公路,为发展新疆的高速公路事业做出了较大的贡献。

2003年6月利用2.16亿美元世界银行贷款开工建设的安徽铜黄高速公路铜汤段,由于严格执行了世界银行有关招标投标、资金运行、项目审计等规定,获得世界银行的尊重和好评,被世界银行官员视为"世界银行在中国最成功的公路项目"❶。

2008年2月12日世界银行执行董事会作出规定,从即日起世界银行批准的国际复兴开发银行贷款(即世界银行硬贷款)项目,其期限和宽限期将不再固定。在同时满足贷款平均期限不超过18年、整个贷款期限不超过30年的条件下,借款国与世界银行共同商定具体的贷款期限和宽限期。这意味着贷款期限最长可达30年❷。这对我国利用世界银行贷款发展公路建设事业有积极的影响。

2. 亚洲开发银行贷款

亚洲开发银行是由联合国所属亚太经济委员会1966年12月创办开业,亚洲、太平洋国家(地区)以及一些西方国家共同参加,行址设在菲律宾首都马尼拉的一个地区性的国际金融机构。亚洲开发银行的主要职能是:为亚太地区的发展中成员国的经济建设和资源开发筹措资金,发放贷款;为上述成员国的项目开发规划的准备、筹资和实施提供技术援助;促进成员国的国家和私人资本为其发展目标而投资;帮助成员国协调其经济、贸易和社会发展规划。我国于1986年3月10日成为亚洲开发银行的成员国。

亚洲开发银行的业务主要是向本地区成员国发放开发贷款。其中,普通贷款(硬贷款)用普通资金发放,期限为10~40年(含宽限期2~7年),利率每半年调整一次;软贷款则用"亚洲开发基金"发放,期限为35~40年(含宽限期10年),不计利息,每年只收10%的手续费。

我国第一条利用亚洲开发银行贷款修建的高速公路沈阳至本溪高速公路全长75km,总投资148亿元,其中利用亚洲开发银行贷款5 000万美元。1996年全部竣工通车❸。

1991~2005年底,亚洲开发银行共支持了32个公路建设项目,涉及4 455km的高速公路和8 366km的其他公路,贷款总额63.71亿美元❹。到2008年底,贷款项目达到38个,涉及金额72亿美元❺。

3. 其他国外金融组织贷款

其他国际金融组织贷款包括日本海外经济协力基金贷款、日本输出入银行贷款以及其他非政府性金融机构对中国公路建设项目的贷款。

---

❶ 丁莉娅:借助"雪中送炭" 点燃"燎原之势"—中国用好国际金融组织贷款促进经济发展纪实[N],中国财经报,2009年11月14日第4版。

❷ 贺斌:世行贷款将延长硬贷款期限[N],中国财经报,2008年2月28日第2版。

❸ 资料来源:中国交通报,2007年12月24日特9版。

❹ 亚洲开发银行项目组编:中国收费公路公司化发展战略[M],中国物资出版社,2009年2月第1版第127页。

❺ 蓝兰:中国高速公路建设利用外资情况[J],交通世界,2009年第21期第33-35页。

1995 年安徽省利用日本协力基金贷款,建成了安徽境内第一座长江公路大桥——铜陵长江公路大桥。

商丘至开封高速公路建设有限公司 2000 年利用日本输出入银行协力贷款转贷资金 2 亿美元,用于修建全长 203.28km、总投资 42.87 亿元人民币的河南商丘至开封高速公路。

4. 外国政府贷款

截至 2002 年底,我国公路建设有两个项目从国外引入政府贷款 11 930 万美元:陕西省在建设西宝高速公路期间,从科威特政府获得了利率为 3.5% 的政府贷款共计 3 000 万美元;江苏江阴长江大桥建设中利用英国政府贷款 8 930 万美元,用于引进工程所需关键设备和材料。贷款年利率为 3.658% ,还款期 25 年(包括 5 年宽限期)。这使得外国政府贷款也成为我国公路建设可以利用的重要资金来源之一。

2003 年 12 月 3 日,我国财政部与科威特阿拉伯经济发展基金会签订了贷款协定,由科方向广西钦州北海公路项目提供总额 930 万科威特第纳尔(大约折合 3 000 万美元)的政府贷款,用于公路土建、桥梁、电子计收费系统等建设工程。

5. 国内银行贷款

利用国家开发银行和国内商业银行贷款发展中国的公路建设事业,是加快公路事业发展的一个有效途径。据测算,我国公路建设所需资金中,大约 70% 需要靠银行贷款解决。到 2014 年底,仅全国已建成收费公路国内银行贷款余额就达到 3.85 万亿元。

目前在贷款融资方面所存在的主要问题是一些已建成的政府收费公路由于交通量偏低,缺乏按期还本付息的能力。国内商业银行为了降低信贷风险,对公路建设贷款提出了用公路收费权质押的要求。

《国务院关于收费公路项目贷款担保问题的批复》(国函[1999]28 号)中规定:公路建设项目法人可以用收费公路收费权质押方式向国内银行申请抵押贷款,以省级人民政府批准的收费文件作为公路收费权的权力证书,地市级以上交通主管部门作为公路收费权质押的登记部门。具体管理办法由交通部、人民银行联合制订。

2000 年出台的《关于适用〈中华人民共和国担保法〉若干问题的解释》第 97 条规定:公路桥梁、公路隧道等不动产收益权可以质押。自此,公路收费权质押有了法律依据。

2001 年起实施的《关于西部大开发若干政策措施的实施意见》中提出:扩大以基础设施项目收益权或收费权为质押发放贷款的范围,开展公路收费权质押贷款业务。

但 2007 年 10 月 1 日起施行的《中华人民共和国物权法》第 223 条列举的可用于质押担保的权利种类中没有公路收费权[1]。

2008 年 8 月出台的《收费公路权益转让办法》中允许管理政府收费公路的非营利经济组织依法转让政府收费公路收费权,为收费权质押贷款业务的开展提供了制度保障。

6. 发行企业债券融资

公路经营企业通过发行企业债券筹措公路建设资金,是公司融资的有效尝试。进入 21 世纪以来,我国公路行业加大了发行企业债券筹措公路建设资金的步伐。到 2014 年底为止,全国大多数省份都具有发行企业债券筹措公路建设资金的成功案例。与银行借款相比,企业债

[1] 刘峰:公路收费权质押贷款有关问题探讨[J],交通财会,2009 年第 2 期第 56 ~ 57 页。

券融资的特点是利率较低,有益于降低公司的融资成本。

按照我国现行管理体制,企业债券的监督管理机构是国家发展与改革委员会。

目前,发行企业债券融资所需遵循的规范有:

(1)《企业债券管理条例》;

(2)《中华人民共和国公司法》第七章"公司债券"中的规定;

(3)《中华人民共和国证券法》中的相关规定;等等。

根据《中华人民共和国证券法》的规定,公开发行企业债券,应当符合下列条件:

(1)股份有限公司的净资产不低于人民币3 000万元,有限责任公司的净资产不低于人民币6 000万元。

(2)累计债券余额不超过公司净资产的40%。

(3)最近3年平均可分配利润足以支付公司债券1年的利息。

(4)筹集的资金投向符合国家产业政策。

(5)债券的利率不超过国务院限定的利率水平。《企业债券管理条例》第18条规定:企业债券的利率不得高于银行相同期限居民储蓄定期存款利率的40%。但该规定目前已不再执行。

(6)国务院规定的其他条件。《企业债券管理条例》第21条规定:企业发行企业债券,应当由证券经营机构承销。

(7)公开发行公司债券筹集的资金,必须用于核准的用途,不得用于弥补亏损和非生产性支出。

7. 发行公司债券融资

伴随着2007年8月14日《公司债券发行试点办法》(中国证券监督管理委员会令第49号)的发布,中国开始进行发行公司债券的融资尝试。

发行公司债券的主体是上市公司;公司债券的监督管理机构是中国证券监督管理委员会。

2007年9月24日,长江电力公司债成功发行。经中国证监会核准,长江电力公司获准发行不超过80亿元人民币的公司债券,采取分期发行的方式,首期发行40亿元,成为中国第一家获准发行公司债券的公司[1]。

【案例3-2】 经中国证监会2014年7月18日证监许可〔2014〕714号核准,江西赣粤高速公路股份有限公司于2014年9月2日发布公告,宣布于2014年8月11日通过上网和网下平价发行面值为28亿元(每张面值100元)、利率为5.74%和6.09%、期限分别为7年和10年、每年付息一次的2014年公司债券(第一期),并于2014年9月3日在上海证券交易所上市交易。

与企业债券不同,发行公司债券筹措的资金可用于更多方面。这次赣粤高速发行公司债券筹措的资金主要用于偿还到期债务并用于补充流动资金。由于债券利率低于即期6%的基准贷款利率,有效降低了公司的加权平均债务利率。

2015年1月15日证监会公布了《公司债券发行与交易管理办法》(证监会令第113号),自公布之日起施行。《公司债券发行试点办法》(证监会令第49号)等同时废止。

---

[1] 资料来源:中国证券报,2007年10月12日第5版。

8. 发行可转换公司债券融资

2006 年 5 月 6 日发布的《上市公司证券发行管理办法》(中国证监会令第 30 号)规范了上市公司发行可转债筹资行为。

按照其规定,公路上市公司可以通过发行可转换公司债券,筹措公路建设所需资金。所谓可转换公司债券,是指发行公司依法发行、在一定期间内依据约定的条件可以转换成股份的公司债券。

可转换公司债券每张面值为 100 元,其期限最短为 1 年,最长为 6 年;一般附有可分离或不可分离的认股权证。

【案例 3-3】 广西五洲交通股份有限公司发行可转换公司债券

根据中国证监会《关于核准广西五洲交通股份有限公司公开发行可转换公司债券的批复》(证监许可[2008]161 号),公司于 2008 年 2 月公开发行面值为 54 000 万元可转换公司债券,每张面值 100 元,按面值发行,期限为 5 年。2008 年 3 月 6 日,募集资金全部到位。

2008 年 8 月 28 日,公司发布公告,公司可转债可从 2008 年 9 月 1 日 1 起至 2013 年 2 月 28 日止按照每股 10.07 元的价格转换为公司 A 股。

2008 年 10 月 16 日,公司发布公告,从 2008 年 10 月 17 日起,转股价格调整为每股4.73 元。

2009 年 5 月 26 日,公司发布公告,鉴于在连续 27 个交易日中已经有 20 个交易日的收盘价不低于转股价格的 30%,决定行使提前赎回权,对 2009 年 7 月 1 日仍未转股的可转债在 7 月 2 日以每张 103 元的价格(含当期利息)提前赎回。从 2009 年 7 月 2 日起,可转债停止市场交易和转股。

2009 年 6 月 4 日,公司发布公告,公司发行的 2.14 亿元的可转债已经转换为公司 A 股;3.26 亿元可转债仍在市场流通。

2009 年 7 月 3 日公司发布公告,提前赎回的可转债面值为 140.4 万元,占发行可转债 5.4 亿元的 0.26%。鉴于全部可转债已经转股或者提前赎回,上海证券交易所将于 2009 年 7 月 8 日终止其在该所市场的交易和转股。

由于转股,公司股权由转股前的 4.42 亿股增至 5.56 亿股。

9. 发行非金融企业债务融资工具融资

非金融企业债务融资工具,是指具有法人资格的非金融企业在银行间债券市场发行的,约定在一定期限内还本付息的有价证券。

非金融企业债务融资工具的监督管理机构是中国人民银行。

非金融企业债务融资工具包括短期融资券、中期票据和其他债务融资工具。

依据中国人民银行 2005 年 5 月发布的《短期融资券管理办法》(中国人民银行令[2005]第 2 号)的规定,从 2005 年 7 月开始,公路经营企业可以通过发行短期融资券筹措公路建设资金。短期融资券的发行期限为 1 年。

2008 年 4 月 9 日发布的《银行间债券市场非金融企业债务融资工具管理办法》(中国人民银行令[2008]第 1 号),取代了《短期融资券管理办法》。

中期票据是货币市场上一种比较特殊的债务工具,期限一般长于商业票据。据了解,美国是世界上最早发行中期票据的国家。1983 年美国通用汽车承兑公司推出了美国第一笔中期票据。随后,中期票据流动性高、信息透明、融资成本低、形式灵活等优点逐渐显现,中期票据市场迅速发展,成为除了银行贷款、企业贷款以外的又一种中期资金来源。

依据中国人民银行令[2005]第 2 号的规定,2011 年 4 月 29 日,中国银行间市场交易商协会出台了《银行间债券市场非金融企业债务融资工具非公开定向发行规则》,允许具有法人资格的非金融企业通过在银行间债券市场发行非公开定向债务融资工具筹措资金。

2010 年以来,陕西省交通建设集团公司、甘肃省公路航空旅游投资集团有限公司、广西交通投资集团有限公司等公路融资平台公司和深圳高速、皖通高速、山东高速等公路上市公司都在通过发行短期融资券、中期票据和非公开定向债务融资工具筹措公路建设资金。

三、其他公路建设融资方式

(一)项目融资

不仅公路经营企业,公路事业单位也可以采取项目融资方式筹措公路建设项目所需资金。广义上的项目融资包括股本融资和债务融资;狭义上的项目融资只是指债务融资。“项目融资”用于代表广泛的、但具有一个共同特征的融资方式。该共同特征是:融资不是主要依赖于项目发起人的信贷或所涉及的有形资产。国家计委 1997 年 4 月 16 日发布的《境外进行项目融资管理暂行办法》中将项目融资定义为“仅以项目自身预期收入和资产对外承担债务偿还责任的融资方式”。它所具有的基本特征是:

(1)债权人对于建设项目以外的资产和收入没有追索权;

(2)项目业主不以建设项目以外的资产、权益和收入进行抵押、质押或偿债;

(3)项目业主不提供任何形式的融资担保。

由于债权人承担了较大的项目风险,要求有较高的投资回报,因而项目融资成本一般较高。显然,微观效益不理想的公路建设项目,不具备项目融资的条件。

(二)BOT 融资

1. BOT 的概念

BOT(Build-Operate-Transfer)的含义是指建设—经营—转让。BOT 融资的基本思路是:政府根据本国的基础设施建设规划,特许某个体(一般为国内外的企业法人或金融财团)成为该建设项目的业主,自主筹措建设资金,并负责项目建设工作。该业主有权在特许期限内经营该项目,用所取得的收入弥补费用,收回项目投资,并获得风险利润。特许经营期限终了,业主应当将该基础设施无偿交还政府。

《企业会计准则解释第二号》(财会〔2008〕11 号)规定,BOT 业务应当同时满足以下条件:

(1)合同授予方为政府及其有关部门或政府授权进行招标的企业。

(2)合同投资方为按照有关程序取得该特许经营权合同的企业(以下简称合同投资方)。合同投资方按照规定设立项目公司(以下简称项目公司)进行项目建设和运营。项目公司除取得建造有关基础设施的权利以外,在基础设施建造完成以后的一定期间内负责提供后续经营服务。

(3)特许经营权合同中对所建造基础设施的质量标准、工期、开始经营后提供服务的对象、收费标准及后续调整作出约定，同时在合同期满，合同投资方负有将有关基础设施移交给合同授予方的义务，并对基础设施在移交时的性能、状态等作出明确规定。

为什么叫 BOT 融资？正常情况下的资金流程应当是：国家支付项目业主工程款；项目业主通过付款给政府有偿取得一定期限内该基础设施的经营权。如果国家通过确定适当的特许经营期限使得该项目经营权价格的现值等于该项目工程投资的现值，则意味着国家通过 BOT 方式不用花一文钱就可以将基础设施建成。BOT 方式发挥了重要的融资作用。

2. BOT 项目融资

BOT 是 20 世纪 70 年代以来国际基础设施建设市场上出现的一种带资承包方式，也是一种有效的融资方式。在西方国家，基础设施和公共项目属于政府垄断的资金密集型项目，这些项目对国民经济发展和社会进步有重要的促进作用。当政府希望加大基础设施建设和改造的力度以促进国民经济快速发展、而基础设施建设受到建设资金相对短缺的制约时，BOT 方式是引入私人资金和外资用于公共基础设施建设的有效途径。1984 年土耳其总理罗扎尔首先提出 BOT 的概念，以后诸多的国家在基础设施建设（包括公路基础设施建设）纷纷运用 BOT 融资方式，对提高建设项目的经济效益并取得理想的社会效益发挥了重要的作用。

在国际上，利用 BOT 方式建设公路基础设施的案例举不胜举。英法英吉利海峡隧道工程、澳大利亚悉尼港湾隧道工程、马来西亚南北高速公路工程、泰国曼谷高速公路工程等都是利用 BOT 方式建设成功范例。

1995 年 9 月美国弗吉尼亚州政府采取 BOT 方式建成的杜勒斯国际机场至里斯堡收费高速公路，是美国利用民营资本建设的第一个高速公路项目，对美国政府在进入 21 世纪以后启动利用民间资本发展本国高速公路建设事业的政策导向具有重要的引导作用。

近年来，国际上高速公路 BOT 业务又有了新的发展。在加拿大，西班牙辛特拉基础设施股份有限公司（Cintra InfraestructurasSA）和另一家企业 SNC-Lavalin 各拥有 50% 股权的项目公司——407 东部发展集团（407 East Development Group），取得了加拿大 407EDG 收费公路 30 年的特许经营权。该项目全长 35km，双向四车道（部分双向六车道），预计投资 7.106 亿欧元。该项目预计在 2015 年 12 月完工交付使用。特许经营期从项目完工交付使用之日起计算。该项目是加拿大于 1999 年将 407ETR 私有化以来最大的一个收费公路特许经营项目。

在美国，Cintra 和 Zachry American Infrastructure 分别拥有 65% 和 35% 股权的项目公司——SH130 特许经营有限公司（SH 130 Concession Company，LLC），于 2009 年取得了美国 SH130 高速公路中第 5 段和第 6 段的特许经营权。该项目位于德克萨斯州奥斯汀与圣安东尼奥之间，全长 40mile（64km），双向四车道，项目总投资 10.847 欧元，于 2012 年建成交付使用。该项目的特许经营期限为 55 年，截止于 2062 年。

由 Cintra（50%）、Meridiam（14%）、DPFPS（10%）以及 APG（26%）共同投资设立的项目公司——NTE Mobility Partners，于 2009 年取得了美国德克萨斯州运输部授予的 NTE 35W 高速公路 52 年的特许经营权。该项目位于德克萨斯州北部的沃斯堡（FortWorth），全长 16.4km，总投资 14 亿美元，将于 2018 年建成投入使用。该项目特许经营期截止于 2061 年。

在英国，由 Cintra（20%）、Amey（20%）、Meridiam（30%）以及 Scottish Widows Investment Partnership（20%）共同投资设立的项目公司——苏格兰公路合伙企业（Scottish Roads Partnership），于 2013 年 8 月取得了英国 M8、M73 和 M74 高速公路项目的特许经营权。该项目位于苏格兰格拉斯哥与爱丁堡之间，全长 28.6km，包括 12.4km 的新建项目和 16.2km 的升级改造项目。该项目已于 2014 年开工建设,预计在 2017 年春季完工,从 2014 年开始的特许经营期限 33 年,到 2047 年终止。该项目预计投资 5 亿英镑。

在印度,由意大利阿特兰蒂亚股份有限公司(atlantia SpA)通过其拥有 50% 股权的项目公司,取得了印度马哈拉施特拉邦(state of Maharashtra)普那(Pune)至绍拉布尔(Solapur)之间全长 110km 高速公路的特许经营权。2014 年底该高速公路处于建造中,特许经营期限截止于 2030 年。

20 世纪 90 年代以来,我国在利用 BOT 融资方面进行了积极的探索,也在电力基础设施建设等方面进行了一些实践上的尝试。我国广西来宾电厂和深圳沙角电厂就是采用 BOT 融资方式建设的典型范例。我国交通系统也很关注 BOT 融资方式,也曾经举办过多次有关 BOT 融资的学术研讨会。我国在公路建设项目上推行 BOT 融资也进行了积极的探索。

截至 2014 年底,四川省是全国各省市区中利用 BOT 融资力度最大的省份。到 2014 年底,四川省 BOT 项目 34 个,总投资 2 952 亿元。2015 年开始,四川省开始探索 BOT 加政府补贴模式,推进近期经济效益比较差、百姓有迫切需要,且具有战略意义和长远意义的重大项目建设❶。

2006 年以来,贵州省在利用特许经营方式下吸引社会资本投资建设与经营高速公路方面迈出了较快的步伐。伴随着贵匀高速公路等一批高速公路 BOT 项目的实施,到 2014 年底,贵州省已建成和在建的高速公路 BOT 项目达到 21 个,里程 1 580km,总投资达到 1 654 亿元,约占全省已建成和在建规模的 25%❷。

伴随着国务院的政策倡导,交通运输部也正在通过出台鼓励和支持社会资本利用 BOT 等特许经营方式进入公路基础设施建设领域的相关政策逐步改变其对全国公路事业的发展导向。

2015 年 4 月 25 日,国家发展改革委、财政部、住房城乡建设部、交通运输部、水利部、中国人民银行联合发布了《基础设施和公用事业特许经营管理办法》(六部委令第 25 号),我国公路采取 BOT 方式进行建设与运营管理有了新的部门规章依据。

(三)农村公路建设资金来源

农村公路包括县公路、乡镇公路和村公路。根据交通部公路局 1987 年 5 月 11 日发布的《县乡公路建设和养护管理办法》中的有关规定,县乡公路建设,执行“民工建勤”“民办公助”的政策,其公路建设资金来源主要靠征收的手扶拖拉机、畜力车养路费和地方财政附加收入。此外,还可以采取多方集资、群众投资等多种形式,广开资金渠道。贫困地区的公路建设投资不足部分,由省(自治区、直辖市、计划单列市)用养路费给予适当补贴。

1.“以工代赈”资金

“以工代赈”资金主要用于修建县乡公路。中国为了帮助贫困地区尽快改变落后面貌,国家决定利用库存的粮食、棉花和棉布等,采取“以工代赈”方式,资助贫困地区修建县乡公路。

1985 年,交通部利用国家拨给的粮食 63 亿斤、棉花 1.2 亿斤、棉布 3.3 亿米,折合人民币 17.8 亿元,计划用 3 年的时间新建公路 9.4 万公里;改建公路 1.8 万公里;修建桥梁 4 609 座。

---

❶ 本报记者吴丹:四川“新四大专项工程”成投资增长点[N],中国交通报,2015 年 5 月 5 日第 2 版。

❷ 贵州省交通运输厅:创新筹融资方式 确保大发展资金需求[J],交通财会,2015 年第 4 期第 34 页。

1987 年,国家安排 2 500 万元中低档工业品给四川、宁夏、江西三省(自治区)修建农村公路和农村引水工程。三省、区又从地方财政和养路费中筹集 1 527 万元作为配套资金,在 18 个贫困县进行试点。到 1988 年,共新建公路 200 多公里,改建公路 237km,修建桥梁 31 座、1 696延米,隧道 400m,为贫困地区的脱贫致富打下了基础。

1990 年国家动用价值 15 亿元的工业品在中西部地区和东部地区重点进行山、水、田、开发,共新建和改建公路 1.3 万公里,桥梁 1 000 座、3.8 万延米。

1997 年和 1998 年用于公路建设的"以工代赈"资金分别为 5.7 亿元和 11.7 亿元。

进入 21 世纪以来,中国还在继续利用"以工代赈"方式大力发展农村公路建设。2001 ~ 2006 年,内蒙古自治区用于公路建设的"以工代赈"资金达 4.8 亿元人民币。

为了规范和加强以工代赈管理,提高以工代赈资金的使用效益,2005 年 12 月 27 日国家发展和改革委员会令第 41 号发布了《国家以工代赈管理办法》,自发布之日起施行。

依据《国家以工代赈管理办法》的有关规定,以工代赈,是指政府投资建设基础设施工程,受赈济者参加工程建设获得劳务报酬,以此取代直接救济的一种扶持政策。现阶段,以工代赈是一项农村扶贫政策。国家安排以工代赈投入建设农村小型基础设施工程,贫困农民参加以工代赈工程建设,获得劳务报酬,直接增加收入。

以工代赈投入分为实物投入和资金投入。实物投入以实物折资形式核算。国家以工代赈投入纳入中央财政预算,地方各级以工代赈配套投入纳入地方本级财政预算。以工代赈投入可以通过市场机制引导社会投入,共同支持贫困地区发展。

以工代赈投入用于国家确定的扶持地区,并向贫困人口多、脱贫难度大、基础设施薄弱的革命老区、少数民族地区、边疆地区和特困地区倾斜。其他有关地区的以工代赈投入,按照国家有关要求安排。

以工代赈投入重点建设与贫困地区经济发展和农民脱贫致富相关的农村小型基础设施工程。建设内容是县乡村公路、农田水利、人畜饮水、基本农田、草场建设、小流域治理,以及根据国家要求安排的其他工程。

各级发展改革部门是以工代赈的行政主管部门,承担以工代赈工作的具体管理职责。

《国家以工代赈管理办法》的发布,意味着以工代赈资金还将在今后较长的一个阶段内作为中国农村公路建设的一项重要资金来源。

【案例 3-4】 2009 年 4 月,国家发展改革委下达兰西县长荣村至长富村公路建设项目财政预算内以工代赈补助资金 291 万元,连同地方投资 93 万元,计划新建四级水泥路 10.99km,解决 6 个村屯 2 400 人行路难问题,发放劳务报酬 30 万元。

2010 年 3 月,国家发展改革委下达安图县松江镇木条村至旭阳村道路中央预算内以工代赈补助资金 300 万元,连同地方投资 15 万元,计划建设四级乡村水泥路 10km 等,发放劳务报酬 31.5 万元❶。

2. 民工建勤

新中国成立以来我国县乡公路建设和养护主要依赖"民工建勤,民办公助"的模式,它同时也是加快农村道路发展的有效措施。民工建勤制度是指利用农村劳动力进行公路养护和修

❶ 资料来源:国家发改委网站,项目审批与核准。

建地方道路的建设勤务制度。我国早在新中国成立初期就提出民工建勤修建和养护农村公路的基本思路。1951 年 5 月 31 日,原政务院颁布《关于民工整修公路的暂行规定》中指出:为了完成 1951 年的筑路计划,整修、维持原有公路,促进城乡交流,并照顾目前国家的财政困难,在不误农时的情况下,适当地组织个别地方民工整修公路。

民工建勤整修公路的主要内容是:

(1)土方工程及简易的石方工程;

(2)普通桥涵工程及其他构造物;

(3)普通排水,防水措施;

(4)路面材料的采运;

(5)公路植树。

1955 年 10 月 29 日,国务院又颁布了关于改进民工建勤养护公路和修建道路的指示。在重申了 1951 年《暂行规定》的同时,对有些规定据实加以修定,从而进一步完善了民工建勤制度。

民工建勤的主要任务是:

(1)每年每个劳动力的义务建勤为 5 个工作日(1951 年为不少于 10 个工作日),车船运输工具及畜力的义务建勤每年为 2 个工作日;

(2)凡有劳动能力的年满 18 ~45 岁的男性农民和年满 18 ~40 岁女性农民有建勤义务;

(3)动员范围原则上在道路两侧 15km 内为限,由各省、自治区、直辖市人民政府根据实际情况具体规定;

(4)可以社或乡为单位,指定一定的人员或运输工具,代表全社或全乡完成规定的建勤工作日或车工日;

(5)动员民工建勤必须注意农时,不误生产;

(6)民工建勤,组织动员由各县、乡、村各级人民政府负责,业务和技术管理由各地交通部门负责。

民工建勤制度贯彻依靠地方、依靠群众、节约民力、节约建设资金、管好、养好、修建好地方道路的方针。它的推行为促进中国县乡公路建设及全国道路网的形成做出了重要贡献。十一届三中全会以后,工农业生产的迅速发展,特别是农村推行家庭联产承包责任制以后,农副产品增长很快,城乡间物资交流需求扩大,但是由于交通不便,不少县、乡道路处于瘫痪状态。因此,在 1985 年有关部门重新强调:修建县乡公路应继续推行"民工建勤,民办公助"的办法。1987 年国务院发布的《中华人民共和国公路管理条例》第 9 条中明确了"公路建设还可以采取民工建勤、民办公助和以工代赈的办法"。1997 年 7 月 3 日全国人大常委会通过、1999 年 10 月 31 日修改后公布的《中华人民共和国公路法》第 38 条规定:"县、乡级人民政府应当在农村义务工的范围内,按照国家有关规定组织公路两侧的农村居民履行为公路建设和养护提供劳务的义务"。

可见,民工建勤制度是我国农村公路建设重要的方式之一,新中国成立以来民工建勤制度为我国农村公路的建设做出了不可磨灭的贡献。实践证明,在我国这样一个人口众多、经济落后的发展中国家,建立民工建勤修路养路制度对解决行路难、运输难,对发展农村公路网,特别是对改变老、少、边、穷地区的落后面貌,具有十分重要的意义。"民工建勤"制度调动了广大农村群众建路、修路的积极性，有效地促进了农村公路网建设的快速发展。

目前，仍需要靠民工建勤制度为我国的农村公路建设发挥作用。但同时应当认识到，建勤义务是战争年代延续下来的办法，是一种无偿使用农村劳动力的公路建设用工制度。“民工建勤制度”实际上是另一种“大锅饭”形式，在市场经济条件下已经越来越难以适应劳动力市场化的要求。因此，伴随着农村税费改革的逐步实施，在现阶段可以考虑将民工建勤义务货币化，控制在农民收入5%的负担总额中统筹解决；随着我国国民经济的发展和财政状况的好转，应当逐步将财政资金作为农村公路建设资金的主要来源，使“民工建勤”制度逐步退出我国农村公路建设的历史舞台。

我国从2006年开始纳入统计范畴的村公路为153.2万公里。

截至2014年年底，我国农村公路总里程已经达到388.16万公里，其中县道55.20万公里，乡道110.51万公里，村道222.45万公里，占公路网总里程的86.96%。

第二节　特许经营公路建设项目筹资管理

一、特许经营公路概述

目前，我国对经营性建设项目实行“先有项目，后有企业”的管理模式。其基本特征是：第一，经营性建设项目实行项目资本金制度，国家基本建设资金是以项目资本金的形式投入建设项目的。第二，项目建成投入使用后，实行企业化经营管理，以盈利为目的；以利润最大化或价值最大化为经营目标。对此，项目业主或项目法人应对项目的合理筹资、科学投资以及建成后的经营管理承担主要责任。

我国公路收费经营实践是由广东省于1989年率先进行改革试点、然后迅速在全国范围内推广开来的。1989年成立的佛开高速公路有限责任公司是中国第一家承担高速公路建设与经营任务的公路经营企业。我国第一家高速公路股份有限公司，是于1992年8月1日成立的江苏宁沪高速公路股份有限公司；1993年6月30日由广佛高速公路有限公司、九江大桥公司与佛开高速公路股份有限公司一起重组的广东省高速公路发展股份有限公司，是我国第一家高速公路上市公司，也是中国第一家高速公路B股上市公司。安徽皖通高速公路股份有限公司是我国第一家H股上市公司。江苏宁沪高速公路股份有限公司是至今为止我国上市募股筹资额最多的公路上市公司。该公司1997年6月27日在香港成功募股12.22亿H股，筹资总额达40.69亿元人民币。截至2014年底，全国利用交通基本建设资金或已建成路产发起设立的19家公路上市公司通过发行股票筹措资金超过300亿元人民币。此外，在全国各省（市、区），还有更多的通过资产重组进入公路经营领域的上市公司（如东莞控股发展股份有限公司）、非上市公路股份有限公司（如江苏扬子大桥股份有限公司）和有限责任公司（例如广东省交通集团有限公司、浙江交通投资集团有限公司、河南交通投资集团有限公司等）经营着数千公里的高速公路和其他公路，为我国公路交通事业的快速发展做出了重要的贡献。

与一般经营性基本建设项目不同，我国特许经营公路项目一部分是通过先成立公路经营企业,然后按企业化管理的要求进行公路建设运作(如1992年8月1日成立的江苏宁沪高速公路股份有限公司,就是负责修建和经营沪宁高速公路江苏段的公路经营企业);另一部分是先按照收费还贷的模式建设的,建成后通过转让公路收费权或者将已建成路产投入新组建的公路经营企业来实行公路经营管理的(如京津塘高速公路)。

二、公路建设项目的资本管理

(一)特许经营公路建设项目资本的概念

资本一般是指企业在设立时必须向投资者筹集的、并在工商管理部门登记的注册资金。为了保证企业设立后正常运转,又具有承担经济责任的能力,国家还通过法律(例如《中华人民共和国公司法》)、行政法规等规定了企业筹措资本的最低限额,即法定资本。项目资本金是指实施建设项目资本金制度的建设单位为了项目建设所应当筹集的资本。根据1996年8月22日《国务院关于固定资产投资项目试行资本金制度的通知》(国发[1996]35号)中的规定,从1996年开始,对各种经营性投资项目,包括国有单位的基本建设、技术改造、房地产开发项目和集体投资项目,实行项目资本金制度。投资项目必须首先落实资本后才能开工建设。

按照国发[1996]35号文件的规定,投资项目资本金占总投资的比例,交通运输项目为35%及以上。

项目资本,是指在建设项目总投资中,由投资者认缴的出资额。项目资本对项目来说是非债务性资金,项目法人不承担这部分资金的任何利息和债务;投资者可按照其出资额的比例依法享有所有者权益,也可以转让其出资,但不得以任何方式抽回。

项目法定资本是指投资项目资本占总投资比例的最低界限。修订后的《特许经营公路建设项目投资人招标投标管理规定》(交通运输部令2015年第13号)第19条明确规定,特许经营公路建设项目的投标人应当具备以下基本条件:

(1)总资产6亿元人民币以上,净资产2亿5千万元人民币以上;

(2)最近连续3年每年均为盈利,且年度财务报告应当经具有法定资格的中介机构审计;

(3)具有不低于项目估算的投融资能力,其中净资产不低于项目估算投资的35%;

(4)商业信誉良好,无重大违法行为。

这意味着,交通部的规定和国务院的规定是一致的,公路基本建设项目的资本金应当不低于批准的动态概算总额的35%。

为应对国际金融危机,调动社会和企业的投资积极性,扩大投资需求,调整和优化投资结构,2009年4月29日国务院常务会议原则通过的《关于2009年深化经济体制改革工作的意见》中,决定调整固定资产投资项目资本金比例,降低城市轨道交通、煤炭、机场、港口、沿海及内河航运、铁路、公路、商品住房、邮政、信息产业、钾肥等项目资本金比例,同时适当提高属于"两高一资"的电石、铁合金、烧碱、焦炭、黄磷项目以及电解铝、玉米深加工项目的资本金比例。依据2009年5月25日发布的《国务院关于调整固定资产投资项目资本金比例的通知》(国发[2009]27号)精神,公路建设项目的最低资本金比例下调至25%。

(二)建设项目资本的构成

按投资主体划分,建设项目资本可划分为国家资本、法人资本、个人资本和外商资本。

1. 国家资本

国家资本是指有权代表国家投资的政府部门或者机构以国有资产投入建设单位形成的资本。公路建设项目国家资本的来源,包括中央和地方财政基本建设支出预算拨款;国债资金中用于公路基本建设的资金;由车购税分配形成的交通专项资金;投入公路建设项目的成品油税费改革专项资金;以及纳入财政预算管理的车辆通行费等交通基本建设资金。

2. 法人资本

法人资本为其他法人单位以其依法可以支配的财产投入建设单位形成的资本。政府设立的投资机构和其他投资主体按照法定形式对建设单位的资本投入,也应当作为法人资本管理。

3. 个人资本

个人资本为社会个人或者建设单位内部职工以个人合法资产投入建设单位形成的资本。由于公路建设项目投资巨大,除了公路上市公司通过发行股票筹措的个人资本以外,基本上不存在个人资本直接对公路建设项目的投入。

4. 外商资本

外商资本是指外国投资者以及中国香港、台湾、澳门地区投资者投入建设单位形成的资本。

在公路建设项目建成交付使用并办理竣工决算后,项目资本应当相应地转为公路经营企业的国家资本、法人资本、个人资本和外商资本。

(三)项目资本公积

资本公积主要是指投资者投入资本所引起的各种增值,也可以说是资本交易所带来的盈余,与经营行为没有直接关系。资本公积金是所有者权益构成的一部分,是一种准资本,可以按照规定程序转化为资本。建设单位的资本公积主要有资本溢价、法定财产评估增值、接受捐赠等来源。

1. 资本溢价

资本溢价一般是指投资者出资额超出资本的差额。投资者以高于资本的出资额出资的主要原因在于维护原有投资者的合法权益。例如,1992 年 8 月江苏宁沪高速公路股份有限公司成立时是按面值募集股本的。1994 年根据沪宁高速公路江苏段建设对资金的需求,公司在募集新的股本时,是按照每股 1.83 元的价格进行的。这是因为,原始股东 1992 年的出资额,到 1994 年时已产生了一定的增值额。如果进行资产评估,评估后公司的净资产将达到每股 1.83 元。为了维护原始股东的合法权益,新股东需要按每股 1.83 元的价格出资。每股 0.83 元的资本溢价,就形成了公司的资本公积。

2. 法定资产评估增值

按照国家的法律、行政法规的规定进行资产重估所产生的账面资产净值的增值额,以及由于产权变动进行资产评估所产生的账面净值的增值额,应当计入资本公积。建设单位无权自主进行资产重估入账。资产增值的主要原因是由于外部环境发生了变化(例如物价上涨),与生产经营无关。国有建设单位资产增值应当属于有资格的评估机构对资产评估所确认的价值,这是资产作价和确定投资额的依据。如果建设单位接受投资的合同协议中确认的价值与评估值不一致,应当按合同协议所确认价值与账面价值的差额确定为资本公积。

3. 接受捐赠

建设单位接受的个人、法人组织、政府以及其他社会机构和组织捐赠的财物,形成项目所有者共同的财产,应当计入项目资本公积。

(四)项目资本的管理

1. 项目资本应当及时筹集到位

项目资本能否及时到位是建设单位筹集资金的一个关键问题。没有资金,项目无法开工;资金到位不及时,工程进度就没有保证。一些工程项目拖延工期,干干停停,成为马拉松工程,一个很关键的原因,就是项目资金不能及时到位。我国有些特许经营高速公路建设项目,投资者承诺的资本由于种种原因不能到位,使得建设单位不得不利用银行贷款替代资本投入建设项目,不仅使项目的实收资本低于国家规定的界限,而且导致利息费用增加,使实际工程成本超概算。对此,应当加大管理力度,确保投资者承诺的资本都能够及时到位,保障工程建设所需。

考虑基本建设的特点和国家基本建设资金投入方式的制约,项目资本不可能、也没有必要一次筹集到位。对此,资本按批准的建设进度一次或者按比例分次到位,比较符合基本建设对资金的实际要求。我国基本建设财务制度规定,对于国家投入资本比例较大的大中型建设项目,国家资本应按照国家关于基本建设拨款的程序和有关管理规定及时到位。

公路建设项目投资各方的出资方式、出资数额、出资期限等都要通过投资合同、协议、章程予以明确,以保证建设项目能够及时、足额地筹集到资本金。如果投资者未按合同、协议、章程的规定履行出资义务,应当视为违约行为。一方面应当追究违约方的经济责任;另一方面,对于资本金未按规定进度和数额到位的建设项目,投资管理部门有权通过停发投资许可证予以制约。

2. 资本保全

资本保全原则是建立项目资本金制度的核心内容。实行资本保全,意味着建设单位筹集的资本金,投资者除了依法转让以外,不得以任何方式抽回。为了维护建设单位债权人的合法权益,在建的公路项目不能成为无投资者承担责任的项目;投资者应当以其出资额对项目建设和经营承担责任。

3. 公正验资

建设单位筹措的资本是否符合国家法律、行政法规和规章的规定,以实物、无形资产出资的作价是否公正合理,无形资产出资所占比重是否符合法规制度的规范要求,应当由注册会计师站在第三者的立场上,通过验资和签署验资报告做出客观、公正的评定。所以,中国基本建设财务制度规定,建设单位筹集的资本,必须聘请中国注册会计师验资并出具验资报告。这属于项目资本管理的另一重要内容。

三、特许经营公路建设项目筹资管理的基本要求

根据国家规定,经营性项目的建设,必须筹集一定的非偿还性资金作为项目资本,使基本建设财务能够适应市场经济发展的需要。设立建设项目的资本金制度,意味着建设项目的资金来源分为两类:一类属于投资者权益;一类属于债务资金。设立资本金制度的重要意义在于:

(1)从项目投资建设开始就确立了经营性项目的自主筹资、自主经营、自享收益、自担风险的地位。

(2)在投资建设阶段就界定了项目的产权关系。

(3)在投资建设阶段就有了较清晰的负债结构,为项目建成后投入经营奠定良好的基础。

(4)有利于建设阶段与生产经营阶段的衔接。

按此要求,对经营性基本建设项目在投资建设阶段就应当把产权归属、资产负债和投资收益纳入基本建设财务管理的重点内容。

特许经营公路建设项目负债资金的主要来源是国内外金融机构贷款,包括世界银行贷款、亚洲开发银行贷款、国内商业银行贷款等。

受特许经营公路建设项目资本金最低不应当少于投资动态概算总额25%的限制,特许经营公路建设项目筹集债务资金的最大限度为项目投资动态概算总额的75%。但在现实中,由于一些项目投资者承诺投入的资本金由于种种原因不能到位,为了在资金上保证工程正常进行,建设指挥部不得不加大了利用债务资金的力度,使得项目债务远远超过了75%。

由于特许经营公路建设项目完工交付使用后,项目资本金和债务将转变为企业的资本金和债务,所以加强特许经营公路建设项目筹资管理的目的是为了提高筹资效益。反映项目筹资效益的理想财务指标是动态股权收益率。

在筹资管理中应当充分利用财务杠杆的作用来提高股权收益率。财务杠杆是指在筹资总额中股权资金和债务资金的比例关系。在一定的条件下,提高负债比率有利于提高股权收益率;因此有必要在项目筹资时充分发挥债务资金的财务杠杆作用。

利用股权资金建设公路的优势是没有财务风险;主要缺陷是不利于提高股权收益率。利用债务资金建设公路的优势是"借鸡生蛋",在债务利率低于投资收益率的前提下提高负债比率有利于提高股权收益率;主要缺陷是借债建路将导致一定的财务风险。公路建设筹资决策分析的主要目的是选择合理的筹资结构——有利于促使股权收益率最大化的筹资结构。

【例3-1】 2016年1月1日某省交通运输主管部门计划通过设立深远高速公路有限公司,负责建设和经营全长150km的深远高速公路。该路概算总投资60亿元,2016年初动工建设;计划2017年底竣工。经营期限从2018年初开始至2037年底为止。按照规定,项目资本金投入21亿元,分别于2016年和2017年投入10亿元和11亿元;其余部分靠银行贷款解决,分别于2016年和2017年投入24亿元和15亿元。贷款年利率6%。

预计该公路建设后,平均交通量为每昼夜35 000标准车次,收费标准为每标准车公里0.60元。其他有关资料为:

营业税率3.30%;所得税率25%;公路养护与收费管理费用按照年通行费收入的20%估计;公路收费权价值按照平均年限法摊销。

问题:投资该路能否获得10%的股权收益率?

分析:收费经营项目偿还贷款的资金来源是收费经营所获得的投资收入(或:经营现金净流入)。不考虑利息费用免税的影响,年投资收入可计算如下:

年投资收入 = 净利润 + 折旧(摊销)

= [通行费收入×(1 - 营业税率) - 经营成本费用]×(1 - 所的税率) + 折旧费用

= [通行费收入×(1 - 营业税率 - 经营费率) - 折旧费用]×(1 - 所得税率) + 折旧费用

= 通行费收入×(1 - 营业税率 - 经营费率)×(1 - 所得税率) + 折旧费用×所得税率

$$=[35\ 000\times150\times0.60\times365\times(1-3.30\%-20\%)\times(1-25\%)+6\ 000\ 000\ 000\div20\times25\%]\div100\ 000\ 000=7.36(亿元)$$

分年度贷款偿还情况如表 3-3 所示。

分年度贷款偿还情况(单位:亿元)　　表 3-3

年　度	投资收入	利息费用	利息免税	还贷金额	贷款余额
2017					40.44
2018	7.36	2.43	0.61	5.54	34.90
2019	7.36	2.09	0.52	5.79	29.11
2020	7.36	1.75	0.44	6.05	23.06
2021	7.36	1.38	0.35	6.33	16.73
2022	7.36	1.00	0.25	6.61	10.02
2023	7.36	0.60	0.15	6.91	3.11
2024	7.36	0.19	0.05	7.22	0

其中:贷款余额 $=24\times(1+6\%)+15=40.44$(亿元)

这意味着,公路建成后第 7 年(2024 年)公司可以还清全部贷款本息,股东开始收益。第 7 年的收益额为 4.11 亿元(7.22 −3.11);第 8 年(2025 年)至第 20 年(2037 年)每年收益7.36亿元。

采用 10% 的折现率,该投资项目按 2016 年计算的净现值如下:

$$\begin{aligned}NPV&=4.11\times(P/F,10\%,8)+7.36\times[(P/A,10\%,21)-(P/A,10\%,8)]-[10+11\times(P/A,10\%,1)]\\&=4.11\times0.385\ 5+7.36\times(8.648\ 7-5.334\ 9)-10-11\times0.909\ 1\\&=1.58+24.39-10-10=5.97(亿元)\end{aligned}$$

对此可以说明,该投资项目获得了超过 10% 的股权收益率。

根据需要,可进一步测算该项目投资预期获得的股权收益率。

第三节　政府收费公路筹资管理

一、政府收费公路概述

(一)收费公路的产生与发展

在西方国家公路发展史上,收费制发挥着重要的作用。根据历史记载,在大约公元前 1950 年,就曾经出现过一条由亚述人建造的、从叙利亚通往巴比伦的收费公路。中世纪收费制逐渐在欧洲流行起来,并被广泛地用于为桥梁建设筹措资金。在英国,从 1281 年开始对通过伦敦桥的车辆和行人、船只收费;500 年后不列颠国会通过了一项法律允许各郡建收费亭征收费用用于公路养护。1706 年收费栅信托机构开始建立,负责收费公路的筹资、建设维护与经营。英国的工业革命使得收费制得到较快的发展。截至 1820 年,英国已拥有 32 000km 的收费公路,年收入超过 125 万英镑。然而由于铁路运输的较快发展以及对长途货物运输量强有力地竞争,使得经营收费公路无利可图。到 19 世纪中叶,地方政府逐渐替代了信托机构来行驶公路建设与养护的职能。在美国,第一条由私人建造的收费公路于1794年在宾夕法尼亚建成并投入使用。公路全长100km,建造成本465 000美元。19世纪的澳大利亚具有与英国相类似的公路收费制度。在澳大利亚新南威尔士州、维多利亚州、塔斯马尼亚州等地区陆续建造了一些收费公路和收费桥梁。与英国不同的是,私人经营收费公路并不成功,于是各级政府逐步替代了私人企业来建造与维护公路和桥梁。由于铁路运输对长途交通量的吸引、收费成本上升等诸多原因,收费制在澳大利亚从1860年至1890年缓慢地衰退;塔斯马尼亚洲甚至于1880年宣告废除了公路收费制。唯独在维多利亚州是个例外。到1870年为止,维多利亚州共建成收费亭123座,年收入90 680英镑。

公路建设资金的相对短缺是导致公路(桥梁)收费制度在20世纪又得以重新发展的根本原因。2014年底,欧洲收费公路桥梁隧道特许经营协会21个成员国的48 491.91km收费公路投入运营❶。与2000年底的19 492.1km相比,成员国增加了7个。2000年底和2014年底各国收费高速公路情况如表3-4所示。

欧洲收费公路情况一览表 表3-4

国家	收费公路(km)		国家	收费公路(km)	
	2000年	2014年		2000年	2014年
奥地利	373.5	2 183.9	挪威	380.0	911.0
比利时	1.4	0.0	荷兰	—	20.0
克罗地亚	558.6	1 289.4	波兰	61.0	468.0
丹麦	34.0	34.0	葡萄牙	932.6	2 942.9
西班牙	2 244.0	3 404.01	英国	—	42
法国	7 366.5	9 053.1	塞尔维亚	—	603.0
希腊	871.0	1 558.2	斯洛文尼亚	319.2	607.0
匈牙利	354.0	1 157.0	摩洛哥	407.0	1 511.0
爱尔兰	5.0	337.0	斯洛伐克	—	651.0
意大利	5 584.3	5 906.5	捷克	—	1 429.2
德国	0	14 136.0	俄罗斯	—	247.7

欧洲收费高速公路最多的国家之一是法国。到20世纪60年代末期,法国的收费高速公路只有1 010km。国民经济发展对高速公路的需求和建设资金的相对短缺,使得法国收费高速公路得以较快发展。1980年、1990年和2000年末,法国的收费高速公路总里程分别达到了3 733km、5 515km和7 366.5km。进入21世纪以来,法国的收费高速公路仍在以年均150km左右的速度稳步增加。到2014年底,法国收费高速公路总里程达到9 053.1km,约占高速公路总里程11 000km的82.3%。

与法国不同,欧洲收费高速公路规模居第三位的意大利,其高速公路和收费高速公路规模均无大的发展。2001年底,意大利收费高速公路5 593.3km,占当年高速公路总里程6 487.2km的86.22%;2014年底收费高速公路5 906.5km,占当年高速公路总里程6 844.2km的86.30%。

据有关资料反映,1924年通车的米兰至莱克斯高速公路长48km,是世界上第一条高速公路,也是世界上第一条收费高速公路。2014年底拥有奥地利、法国、意大利、西班牙、葡萄牙、德国等

❶ 资料来源:ASECAP,Statistical Bulletin 2014。

21 个成员国(包括 16 个正式成员国和 5 个联系成员国)的欧洲特许收费公路、桥梁与隧道协会(AESCAP),在有效促进成员国收费公路发展以及公路标准提高方面发挥了重要的作用。

英国从 20 世纪 90 年代初期开始重新认识到收费制在筹措公路建设资金方面的重要性,收费公路和桥梁开始发展。到 21 世纪初,英国已开始拥有数条由私人建造并经营的收费公路(例如由中部高速公路有限公司投资建设与经营的 M6 高速公路)和桥梁(例如由赛文河通道股份有限公司投资建设与经营的塞文河公路二桥)。

1794 年,美国建成了第一条收费公路——宾夕法尼亚州的费拉德尔菲亚至兰开斯特收费公路。到 1980 年初,美国拥有私人建造的收费公路超过 3 700km,此外还拥有一些收费桥梁和隧道。1995 年 9 月美国弗吉尼亚州政府采取 BOT 方式建成了全长 22km 的杜勒斯国际机场至里斯堡收费高速公路,特许经营期限截止于 2056 年。1956 年,全长 253km 的印第安纳收费公路建成通车。2006 年 6 月,美国印第安纳州政府以 38 亿美元的价格将该路租赁给澳大利亚 MIG 集团和西班牙 Cintra 集团组成的私人财团,经营期限截至 2081 年。2012 年底,美国拥有收费公路 9 245.54km,其中国道收费公路 8 939.94km❶。

20 世纪末期以前,按照其管理体制,日本道路公团等四家道路公团主要负责日本收费公路的建设与运营管理。到 1998 年 4 月,日本拥有收费公路约 9 200km,包括国家高速公路、城市高速公路、本州四国高速公路和一般收费公路。

进入 21 世纪以后,日本也在加速其市场化的步伐,开始对公路建设与运营管理机构进行民营化的改革。2005 年 10 月 1 日,日本道路公团改组为东日本高速道路株式会社等六家负责公路建设与运营管理的高速公路经营公司和一家独立行政法人。2013 年 3 月底,六家高速公路经营公司经营的收费公路为 9 706km。

2006 年初,俄罗斯第一条收费公路建设项目在圣彼得堡启动。公路全长 46km,静态投资预计超过 20 亿美元。俄罗斯政府将以此项目为实验基地,为全国各地收费公路建设、引资和运营积累经验❷。

2013 年 1 月 1 日俄罗斯成为 AESCAP 的第 21 个成员国。有关资料表明,俄罗斯的第一条收费高速公路在 2010 年建成通车。

台湾省是我国最早建设高速公路的地区。我国第一条收费高速公路——台湾省基隆至高雄高速公路全长 373.4km,每公里平均造价为 300 万美元;1968 年动工建设;1978 年 10 月建成通车。该路全线设 10 个收费站,采取人工收费、计算机辅助计算的半自动化收费管理系统。

1984 年由土耳其总理奥扎乐倡导的"BOT"融资方式对发展中国家利用外资修建收费公路产生了重要的影响。马来西亚以"BOT"方式修建的全长 772km、贯穿马来西亚半岛的南北高速公路,就是一个成功的范例。事实上,由于高等级公路投资巨大,所以采用"BOT"方式的不仅仅是发展中国家,且不少发达国家如美国、英国、澳大利亚、法国、意大利等也不同程度地利用"BOT"方式修建高等级公路。法国的高速公路由 1960 年的 120km 发展到 2014 年底的约 11 000km,特许经营制度发挥了重要的作用。在意大利,2014 年底收费高速公路在全国高速公路总里程中占 86.30%。这充分说明了收费制已成为国际上公路建设、特别是高等级公路建设的重要走向。

❶ 资料来源:2011 toll facilities in the United States http://www.fhwa.dot.gov/ohim/tollpage.htm。

❷ 资料来源:中国交通报,2006 年 2 月 14 日 A4 版。

2008年底,世界上有60多个国家采取收费公路的形式建设和发展高速公路❶。

2009年1月24日建成通车的北部出入口收费公路(TheNorthernGatewayTollRoad),使得新西兰成为国际收费公路俱乐部新的成员❷。

(二)我国公路(桥梁)通行收费制度的产生与发展

我国的公路(桥梁)通行收费制度是在不断深化公路管理体制改革的新形势下产生与发展起来的。以广东省为例,改革开放初期,广州连接各地级市的公路都是低等级的沙土路,不但路窄弯多,还被众多江河分割成段,从广州到珠海,汽车要过4个渡口,到深圳也要过3个渡口。落后的交通成了全省经济发展的"瓶颈"。为扭转公路交通严重滞后于国民经济发展的状况,广东省交通部门在省委、省政府支持下,于1981年在全国率先开创了"贷款修路、收费偿还""以桥养路、以路养路"的先河。广东省顺德市容奇镇公路桥等一批基础设施建设,突破了公路建设靠国家投资的传统体制,率先进行贷款建桥、收费还贷的改革尝试,并于1984年开始对过往车辆实行收费制度。据了解,1984年1月1日建成通车开始收费的广东107国道东莞中堂大桥,是我国第一个实行公路车辆通行费制度的路桥基础设施。国家充分肯定了这一改革尝试,并于1984年12月在国务院第54次常务会议上将"贷款修路、收费还贷"作为促进公路事业发展的四项优惠政策之一。1987年10月13日国务院发布的《中华人民共和国公路管理条例》第一次明确规定,公路主管部门对利用集资、贷款修建的高速公路、一级公路、二级公路和大型公路桥梁、隧道、轮渡码头,可以向过往车辆收取通行费,用于偿还集资和贷款。1988年元月5日,交通部、财政部、国家物价局联合发布了《贷款修建高等级公路和大型桥梁、隧道收取车辆通行费规定》(以下简称《规定》),使我国高等级收费公路的建设和使用有了法规依据。这部法规明确了公路收费的目的,收费公路的范围和条件,收费项目的审批,费率制定原则和收费标准、收费的期限等内容。根据上述《规定》,利用贷款新建、改建的高速公路、里程在10km以上的一级公路及里程在20km以上的二级公路;300m以上的大型独立桥梁和500m以上的大型独立隧道,报经省级人民政府批准,可对过往的车辆收取通行费。1994年7月18日,交通部、财政部、国家计委联合颁布的《关于在公路上设置通行收费站(点)的规定》又把收费条件进一步规范为封闭(包括部分封闭)型的汽车专用公路;平原微丘区超过40km和山岭重丘区超过20km的一般二级公路;长度超过300m的公路桥梁和长度超过500m的公路隧道。1997年7月3日发布的《中华人民共和国公路法》又进一步规定:由县级以上地方人民政府交通主管部门利用贷款或者向企业、个人集资建成的公路;由国内外经济组织依法受让政府还贷公路收费权的公路;由国内外经济组织依法投资建成的公路,符合国务院交通主管部门规定的技术等级和规模,可以依法收取车辆通行费。实行公路收费制度,扩大了公路建设的资金来源,调动了全国各地建路筑桥的积极性,加快了公路设施的发展步伐。截至2014年底,我国11.2万公里的高速公路基本上是利用车辆通行费制度建设的。2005年底,我国收费公路总量达到19.56万公里。

2008年12月18日发布了《国务院关于实施成品油价格和税费改革的通知》(国发[2008]

---

❶ 李盛霖:应对挑战 科学发展 为保持经济平稳较快发展做好交通运输保障——在2009年全国交通运输工作会议上的讲话[N],中国交通报,2009年1月16日第2-3版。

❷ NZTA:Northern Gateway Toll Road Operating Report for the Period ending 30 June 2009, www.tollroad.govt.nz。

37号),要求逐步有序取消政府还贷二级公路收费。2008年底我国收费公路总量中,60%以上为政府还贷二级公路。

2009年2月17日国务院办公厅批转的《逐步有序取消政府还贷二级公路收费实施方案》的规定,我国从2009年初到2012年底为止,四年内政府收费公路二级公路将减少60%。这意味着我国收费公路总量将进一步减少,得到有效控制。

到2013年1月1日,伴随着陕西和四川撤销其境内全部政府还贷二级公路收费站,全国只有青海、甘肃、新疆、宁夏、内蒙古和广西六省区保留了政府还贷二级公路收费站。

到2014年底为止,逐步撤销政府还贷二级公路收费站的政策实施使得全国的收费公路总量减少了12.41万公里。

按照《2014年全国收费公路统计公报》提供的数据,2014年底,除了西藏以外,全国30个省市自治区拥有收费公路总量为15.26万公里,其中政府还贷公路10.40万公里。

2015年修订的《收费公路管理条例》,将政府还贷公路和经营性公路的表述调整为"政府收费公路"和"特许经营公路"。

(三)政府收费公路

如果某公路是利用政府债务修建的,则收费目的是为了在规定的期限内(债务偿还期)筹措足够的资金以用于偿还债务本息。债务本金、债务利息、还债期限以及预期该公路未来的交通量对收费标准确定都具有重要的影响。为了维护公路使用者的合法权益,举债修建的一般应为高等级公路并具有明显的级差效益。级差效益越大,公路用户对收费的敏感性越小,因而收费对交通量的影响也就越小。由于修建公路所需的债务资金一般由政府出面筹措或政府担保并指定某事业单位进行,因而为偿债收费实质上属于行政事业性收费行为。在实施收费制度时需注意以下问题:

(1)非债务资金修建的公路(即使是高等级公路)不应实行收费制;

(2)利用债务资金修建的、但不具有明显级差效益的公路也不应实行收费制;

(3)所收取的通行费收入补偿收费公路所需的养护与收费管理开支后的余额只能用于偿还债务本息,一般不应当用于其他公路的建设与改造,更不应用于非公路项目,这是实行公平负担原则的需要。

因此偿债收费的时间应严格局限于债务资金偿还期以内。一旦还清全部债务资金本息,应立即停止偿债收费,转为养护管理收费或停止收费。

二、政府收费公路建设的资金来源

政府收费公路的资金来源一般由两部分构成:

(1)项目法人通过向国内外金融机构贷款发行债券或者向企业或者个人筹集的需偿还的资金所形成的项目债务资金。实施修订后的《收费公路管理条例》后,债务资金主要表现为地方政府发行专项债券筹措的资金。

(2)各级政府财政向政府收费公路建设项目投入的非偿还性资金。

三、政府收费公路资金管理的基本要求

与不收费公路建设项目资金管理相比较,政府收费公路资金管理的基本要求是根据公路

未来可能的财务效益合理选择筹资结构,应当在科学论证的基础上合理筹措公路建设资金。如果公路具有明显的国民经济效益,但财务效益不理想;或由于收费将导致交通量的大幅度分流从而使高等级收费公路相对闲置,则有必要使用国家财政资金修建不收费的公路。当财政资金有限、而公路建设又是必要的话,应根据该公路未来通过收费所形成的偿债能力来决定在投资总额中贷款筹资所占比重。

【例 3-2】 某政府收费公路建设项目预计每公里投资为 4 000 万元;建成后预计每公里通过收费可取得偿债收入 400 万元。如果专项债券的平均年利率为 8%,收费期限为 15 年,建设期为 3 年,为保证按期还本付息在总投资中债券资金比重的上限应为多少?

可作以下分析:

令债券资金所占比重的上限为 A,根据货币时间价值的基本原理和收费偿债的数学模式,可得到以下数学方程式:

$$\begin{aligned}4\,000A &= 400 \times [(P/A,8\%,15) - (P/A,8\%,3)] \\ &= 400 \times [8.559 - 2.577] = 2\,392.8\end{aligned}$$

所以:$A = 59.82\%$

偿债收入是指车辆通行费收入总额扣除公路养护支出和征收管理业务支出后的余额。在以上分析中的假定条件是:债券资金于建设初期一次性取得;年公里偿债收入总额不变。根据上述分析的原理可进一步明确,如果年公里现金净流入量只有 300 万元,则债券资金所占比重不应当超过 45%。

【例 3-3】 某政府收费公路建设项目预计每公里投资为 3 500 万元;在总投资中债务资金比重为 60%,如果债务资金的平均年利率为 8%,债务偿还期为 15 年,建设期为 3 年,公路养护与收费管理支出占总收入的 20%,为保证按期还本付息年通行费收入至少应为多少?

可作以下分析:

令年偿债收入的最低限度为 NCF,根据货币时间价值的基本原理和收费偿债的数学模式,可得到以下数学方程式:

$$\begin{aligned}3\,500 \times 60\% &= \mathrm{NCF} \times [(P/A,8\%,15) - (\mathrm{P/A},8\%,3)] \\ &= \mathrm{NCF} \times [8.559 - 2.577] = 6.002\mathrm{NCF}\end{aligned}$$

所以:NCF = 349.88(万元)

年度通行费收入的最低限度应当为 $349.88 \div (1 - 20\%) = 437.35$(万元)

在合理选择公路建设资金、提高公路建设资金的使用效益等方面,公路建设单位的财会人员应发挥重要的作用。

第四节 普通公路建设项目筹资管理

一、普通公路建设项目的资金来源

普通公路即不收费公路。普通公路包括普通国省公路和农村公路。普通国省公路建设项目的资金来源一般为国家预算内基本建设资金,包括纳入财政一般预算支出的资金、交通专项资金和其他财政性资金;农村公路建设资金除了一定的财政补助资金以外,主要靠县乡(镇)

人民政府和行政村组织利用各种方式筹措。

(一)纳入一般财政预算基建支出的公路基本建设资金

纳入一般财政一般预算支出的公路基本建设资金是指纳入中央和地方各级财政一般预算支出中用于公路建设的资金。

伴随着建设"两个路网"政策的实施以及各级财政状况的逐步好转,投入普通公路建设的一般预算支出资金正在逐年增加。

(二)用于公路基本建设的交通专项资金

用于公路建设的交通专项资金,包括车辆购置税交通专项资金和成品油税费改革专项资金。

1. 车辆购置税交通专项资金

车辆购置税分配形成的交通专项资金,是目前我国公路建设非偿还性资金的主要来源。

2008 年以来,伴随着我国汽车生产与销售量的快速增长,车流购置税收入在不断攀升。2011 ~2014 年,我国车辆购置税收入分别达到了 2 044. 89 亿元、2 228. 91 亿元、2 596. 34 亿元和 2 885. 11 亿元;车辆购置税支出分别为 2 314. 60 亿元、2 154. 52 亿元、2 505. 33 亿元和 2 945. 46亿元。2014 年车辆购置税支出中,用于干线公路和农村公路建设的资金分别为 1 823. 19亿元和 745. 42 亿元,分别占车辆购置税支出的 61. 90% 和 25. 31% 。

2. 成品油税费改革专项资金

2009 年以来,实行中央转移支付的成品油税费改革交通专项资金在逐步增加。2014 年中央成品油税费改革税收返还资金 1 531. 1 亿元;中央成品油税费改革转移支付资金 740 亿元。现阶段,通过中央财政转移支付到地方财政的成品油税费改革专项资金中,大约 20% 用于公路建设。包括一般预算支出资金在内,2014 年用于公路建设的资金 722. 73 亿元;用于公路改建的财政资金 477. 46 亿元。

(三)其他财政性资金

其他财政性资金主要包括发改委安排的以工代赈资金、用纳入财政预算管理的政府性基金和行政事业性收费等财政性资金安排的公路建设资金。

(四)其他非偿还性资金

1. 地方政府债券资金

2009 年开始发行的 2 000 亿元规模的地方政府债券为普通公路资金投入提供了一种新的资金来源。2015 年,政府预算安排了 5 000 亿元的地方政府一般债券和 1 000 亿元的地方政府专项债券。固然这些债券资金也需要偿还,但债务主体应当是地方政府,而不是公路建设单位。

2. 民工建勤资金

尽管随着社会主义市场经济体制的不断发展与完善以及逐步加大财政资金对农村公路的投资力度,民工建勤制度最终将退出历史舞台,但是在近期内,仍还需要依靠民工建勤制度建设部分农村公路。农村劳动力为建设公路付出劳动折算的资金投入,即民工建勤资金的投入。

3. 其他资金来源

地方人民政府还可利用其他方式为普通公路建设筹措资金。这些方式包括:用公路沿线土地的开发权置换民间资本对普通公路建设的投入;利用发行公路建设彩票的方式筹措普通公路建设资金;接受社会团体和个人对普通公路建设的捐赠;等等。利用社会资本投资建设与养护管理普通公路,是深化公路投融资体制改革的一个重要尝试。

二、普通公路建设项目资金管理的基本要求

1. 坚持资金管理的"三算"原则和效益原则

在基本建设资金管理中,应当坚持设计有概算(初步设计概算和技术修正概算)、施工有预算(施工图预算和施工预算)、竣工有决算的管理原则。设计概算是确定建设项目投资额的依据;施工图预算是实行经济核算、办理工程价款结算的依据;竣工决算是核定新增固定资产和流动资产价值、办理交付使用资产、考核建设成本、分析投资效果、核实结余物资、清理债权债务的依据。

加强基本建设资金管理是为了提高投资效益。因此,应当注重通过对建设资金运动(投资活动)全过程的有效管理来降低资源耗费,减少资金占用,缩短建设周期,提高有限资金的使用效果。

2. 按计划管理公路基本建设资金

按计划管理基本建设资金,就是按照国家确定的固定资产投资计划使用资金。这是由基本建设本身特点所决定的,也是社会主义国民经济持续、快速、健康发展的客观要求。按计划管理公路基本建设资金的基本要求是:

(1)国家计划内建设项目的资金,必须严格按照国家计划批准的建设内容使用,严禁挪作他用,不得随意扩大建设规模,增加建设面积,提高建设标准。

(2)年度建设资金使用量必须控制在国家计划和预算所确定的数额内。确需突破时要履行好原计划报批手续,不得擅自提高开支标准。

(3)工程竣工后的结余资金,除按照国家规定比例留成以外,其余的应按规定上交。

(4)对指导性计划建设项目的资金使用,必须符合国家规定的投资方向、产业结构、投资结构和产品结构等,不准用于国家限制发展的行业和产品。

3. 按程序管理公路基本建设资金

按照项目建设工作全过程的先后顺序管理基本建设资金是基本建设活动按程序办事的客观要求。基本建设必须分阶段、有秩序地进行。

4. 按基本建设支出预算管理公路基本建设资金

基本建设支出预算,使国家确定年度基本建设资金总额和对国民经济各部门、各地区分配基本建设资金的财政计划。它是国家预算的重要组成部分,反映国家预算内资金分配的方向、规模和范围,体现党和国家不同时期投资的方针和政策。

5. 按工程进度管理公路基本建设资金

按工程进度管理公路基本建设资金,是指交通主管部门按照完成多少工程拨多少款的原则使工程拨付款和工程进度相适应。按照工程建设进度拨款的具体要求是:

(1)必须准确及时拨付工程价款;

(2)对材料、设备和其他基本建设费用的拨款,要同工程进度相适应;

(3)甲乙双方工程财务结算进度要与实际进度相符;

(4)工程没有全面验收时,坚持留有一定比例的收尾工程款。

【本章小结】

项目的筹资能力在一定程度上影响和制约着公路的投资与建设。目前,公路建设项目的资金来源一般有财政一般预算支出;车辆购置税交通专项资金和成品油税费改革交通专项资金;金融企业信贷资金;利用公司融资平台发行企业债券、中期票据、短期融资券等。地方政府专项债券资金和民间集资是建设政府收费公路的重要资金来源;通过组建公路股份有限公司发行股票筹措公路建设资金,是公路基本建设资金的重要补充。除此以外,以工代赈资金、民工建勤制度等,都在当前中国公路建设事业发展中发挥了重要的作用。

我国的公路建设项目,可进一步划分为特许经营公路建设项目、政府收费公路建设项目和普通公路建设项目。各类公路建设项目在筹资上都具有一定的特点和专门的管理要求。

【复习思考题】

1. 现行体制下要筹措公路建设资金,都有哪些资金来源?能否利用民间资本建设普通公路?为什么?

2. 政府收费高速公路收取的车辆通行费属于什么性质的资金?按照现行规定,车辆通行费资金能否用于新路建设?为什么?

3. 成品油税费改革交通专项资金是否可用于公路建设?如何理解《公路法》有关依法征税筹集的公路养护资金必须专项用于公路的养护与改造的规定?

4. 公路股份有限公司通过发行股票筹措的资金是否属于公路基本建设资金的范畴?为什么?

5.. 转让公路收费权筹措的资金首先应当用于偿还债务本息还是用于新路建设?为什么?

6 世界银行所规定的贷款偿还期限中"宽限期"的含义是什么?如果某项贷款协议规定偿还期为20年,其中宽限期为5年,是否意味着取得贷款以后5年内不用支付利息;全部贷款本息可在20年终了时一并偿还?

7. 什么是项目融资和"BOT"融资?两者有何区别和联系?

8. 发行企业债券融资和发行公司债券融资有何区别和联系?与银行贷款相比,发行企业债券或公司债券融资有何优势和局限性?

9. "以工代赈"和"民工建勤"制度在我国公路建设与发展中有何作用?

10. 利用地方政府债券资金或民间集资建设收费公路应注重解决好哪些问题?

第四章

公路建设期间的财务管理

公路建设期间从公路动工建设之日开始，到公路建成交付使用为止。这一期间的财务管理，主要涉及公路建设资金筹措、公路建设成本管理、公路建设工程借款结算管理、公路试运营阶段财务管理等财务管理事项。

第一节　公路建设期间财务管理概述

一、公路建设期间的界定

公路建设一般涉及三个阶段的工作。

1. 公路建设前期阶段的工作

特定公路建设项目前期阶段的工作从编制项目建设书开始，到政府部门发布项目建设开工令为止。这个阶段涉及的财务管理工作已在本书前部分的讨论中涉及。

2. 公路建设期间的工作

本书所指的公路建设期间，涉及从公路建设项目发布开工令之日起开始、至公路建设项目全部建成并交付使用为止的期间。本章所讨论的财务管理问题，涉及在该期间发生的所有财务活动。

按照国家的有关规定,所有的公路项目的建设工作,应当全部完工后再办理交工验收,进入试运营阶段。但在实务中,绝大多数大中型公路建设项目是在主体工程完工后就办理交工验收,并开始进入试运营。进入试运营后还有可能存在大约20%左右的收尾工程量有待进一步完成。这意味着,公路项目的建设期间,有可能延伸至公路的试运营阶段。

3. 公路建设工程验收阶段的工作

公路建设项目的工程验收,包括交工验收和竣工验收。工程验收阶段一般从通过交工验收进入试运营开始,至通过竣工验收为止。此期间从事的工程竣工结算、编制工程竣工决算等财务活动,应当归属于竣工验收期间的财务活动。

不同行业或者建设领域的建设项目,也许具有不同的建设期间的界定。例如房屋建筑物建设项目由于不存在交工验收或者初步验收的管理环节,其建设期间,可以界定为从建设项目发布开工令之日起、到建设项目法人开始办理竣工验收之日为止的期间。

二、公路建设期间财务管理的主要内容

(一)合理安排年度资金预算,及时调度、拨付和使用建设资金

公路建设所需资金,按照投资预算的安排,应当分年度取得并投入建设项目。

公路建设项目、特别是高速公路建设项目具有建设期间长、投资额大的特点。对此,公路建设所需资金只能按照投资建设的需求分期筹措,不可能要求一次到位。公路建设单位是否能够按照工程进度的需要及时筹措所需资金,在一定程度上影响着公路建设的计划进度和质量。这就对公路建设期间资金的合理与及时筹措提出了要求。

(二)规范建设成本核算行为,控制和降低公路建设成本

1. 科学规范公路建设成本核算行为

公路建设项目成本的构成和开支范围,国家相关财务制度中有明确的规定和要求。应当严格执行国家的相关规定,正确核算公路建设成本,要防止两种倾向行为的发生。

(1)由于各种原因所致将本应进入公路建设成本的支出挂账处理。在实务中,一些高速公路建设项目由于地方政府承诺的项目资本金没有及时到位,导致建设单位不得不从银行大量贷款,以满足项目建设所需。但因此产生的利息费用大大超出了经批准的项目概算。为了人为控制建设成本不超概算而将超概算利息支出挂账处理的做法,不符合如实核算公路建设成本的原则要求。

(2)把本应计入当期损益的支出计入建设成本。高速公路建设项目主体工程通过交工验收后,公路建设单位通过移交已建成的公路和构筑物及其他资产给运营单位进行运营,其后发生的利息费用不应当计入建设成本,而是按照有关规定计入运营单位的损益。但由于国家有关规定不够明确,加上新投入使用的高速公路通行费收入较少,难以满足获取利润的需要,故一些公路经营企业内设的公路建设独立核算单位仍采取了将利息支出计入建设成本的不规范做法,不仅违反了收入与费用配比的质量要求,也导致建设成本出现虚增现象。

2. 努力控制公路建设成本

进入21世纪以来,高速公路建设成本居高不下,上升势头迅猛,一些西部地区的高速公路

建设成本已经突破每公里1亿元，2011～2013年全国新通车高速公路的平均建造成本分别达到了每公里5 067万元、6 543万元和9 082万元[1]，是导致新增高速公路项目效益普遍不理想的重要原因之一。努力控制高速公路建设成本已成为贯彻落实2013年6月修订后的国家公路网规划的当务之急。

（三）加强工程价款支付、工程物资和设备采购资金支付的管理与控制

加强工程（含设备、物资价款，下同）支付的管理与控制，需要注意解决好以下两方面的问题。

1. 应当按照有关规定及时支付工程价款

国家对工程价款支付有明确的规定。公路建设单位应当按照国家有关规定以及建造合同中的相关约定，合规、合理地预付工程价款和支付工程结算价款，尽可能避免不必要的工程结算价款的拖欠，有效维护签约双方各自的合法权益。

2. 应当如实核算尚未支付的工程价款

对于经审批应当支付、但由于各种原因暂时无法或难以支付的工程价款，需要按照权责发生制的要求确认工程成本以及相应形成的工程债务，避免由于按规定核算所导致的账外债务行为。

（四）加强建设期间形成资产的完整与完好管理，有效防范可能出现的资产流失现象

建设期间通过购买或者建造逐步形成的可移交资产，包括可立即移交的资产、由于各种原因暂时无法移交需要保留在建设单位的资产以及按照有关规定建设单位需要暂时使用的资产。

（五）科学规范公路试运营阶段的财务行为

公路试运营阶段的界定是由公路建设项目的特点及其相关制度规范的特殊要求所决定的。公路试运营阶段的财务工作，涉及公路试运营阶段取得收入和发生费用的财务处理。

第二节　公路建设成本管理

建设成本管理是建设单位财务管理的核心内容之一。加强建设单位的成本核算与管理对于强化基本建设单位投资管理，节约基本建设资金，提高投资效益，防止建设项目超规模、超概算，具有重要的作用。

一、建设成本的概念和构成

建设成本是指建设单位在投资活动中计入交付使用资产价值的各项投资支出，包括建筑安装工程投资支出、设备投资支出、待摊投资支出和其他投资支出。其中，建设项目的建筑安

---

[1] 交通运输部：2013年全国收费公路统计公报[N]，中国交通报，2014年12月23日第1版。

装工程投资支出、设备投资支出和分摊的待摊投资支出之和构成了该项目的建设工程成本;其他投资支出构成了不需要通过建筑安装工作即可形成交付使用资产的价值。

经营性建设项目发生的基本建设支出,均应当计入建设成本;非经营性项目发生的基本建设支出,包括计入建设成本的支出,以及待核销基建支出和转出投资支出。

(一)建筑安装工程投资支出

公路建设项目的建筑安装工程投资支出包括以下内容:

(1)公路及构筑物工程,包括路基、路面、桥梁、涵洞、隧道、防护工程等。

(2)房屋与建筑物工程,包括服务区房屋、收费站房屋、管理控制房屋、道班房、车库、油库工程以及列入房屋工程概预算内的暖气、卫生、通风、照明、煤气、消防等设备的价值及其装饰、油饰工程,列入建筑工程预算内的各种管道、电力、电讯、电缆导线的铺设工程。

(3)设备基础、支柱、工作台、梯子等建筑工程。

(4)为施工而进行的建筑场地布置,原有建筑物和障碍物的拆除,土地平整,设计中规定的为施工而进行的地质勘探,以及工程完工以后建筑场地的清理和绿化等。

(5)安全设施、通信设施、监控设施、收费设施等各种需要安装设备的装置、装配工程,与设备相连的工作台、梯子、栏杆的安装工程,被安装设备的绝缘、防腐、保温、油漆等工程。

(6)为测定安装工程质量,对单体设备、系统设备进行单机试行和系统联动无负荷运行所发生的支出。

其中第(1)~(4)项进一步构成建筑工程支出;第(5)、(6)项构成安装工程支出。

(二)设备投资支出

1.设备投资的概念

设备投资包括为购置需要安装设备、不需安装设备以及为生产准备的低于固定资产标准的工具、器具所发生的实际支出。

2.设备投资支出的确定

不需要安装的设备和工具、器具,购入时,无论是验收入库还是直接交付使用单位,都直接计入设备投资支出。

需要安装的设备购入后,无论验收入库还是直接交付安装,必须同时具备以下三项条件,才能计入设备投资支出:

(1)设备的基础和支架已经完成;

(2)安装所需的图纸已经具备;

(3)设备已经运到安装现场,验收完毕,吊装就位并继续安装。

对列入房屋、建筑物等建筑工程预算的附属设备,如暖气、通风、卫生、照明、煤气等设备,出库安装时,不能计入设备投资支出。

需要安装设备的基础、支柱等所发生建筑安装费用不能作为设备投资支出。

(三)待摊投资支出

待摊投资支出属于间接支出,不能够直接按工程项目归集,不构成建设项目实体。但其支出与项目建设密切相关，所以应当采取一定的方法将其支出摊入各建设项目工程成本。待摊投资支出按照其经济用途可进一步划分为不同的成本项目，具体说明如下。

1. 建设单位管理费

建设单位管理费是指建设单位从项目开工之日起至办理竣工财务决算之日止发生的管理性质的开支。建设单位管理费的开支范围包括：不在原单位发工资的工作人员工资、基本养老保险费、基本医疗保险费、失业保险费，办公费、差旅交通费、劳动保护费、工具用具使用费、固定资产使用费（基建用固定资产折旧费）、零星购置费、招募生产工人费、技术图书资料费、印花税、业务招待费、施工现场津贴、竣工验收费和其他管理性质的开支。

考虑不少建设项目前期筹建期间管理型开支没有渠道，财建［2003］724号《财政部关于解释〈基本建设财务管理规定〉执行中有关问题的通知》中将建设单位管理费的概念修改为："建设单位从筹建之日起至办理竣工财务决算之日止发生的管理性质开支"。

业务招待费支出不得超过建设单位管理费总额的10%；施工现场津贴标准比照当地财政部门制定的差旅费标准执行。

建设单位管理费实行总额控制，分年度据实列支：工程概算总额在1 000万元及其以下的，费率为1.5%；1 001万~5 000万元部分，费率为1.2%；5 001万~10 000万元部分，费率为1%；10 001万~50 000万元部分，费率为0.8%；50 001万~1 000 00万元部分，费率为0.5%；100 001万~200 000万元部分，费率为0.2%；200 000万元以上部分，费率为0.1%。

例如，如果某高速公路建设项目总概算为28亿元人民币，则建设单位管理费控制数为：

1 000×1.5% +(5 000 -1 000)×1.2% +(10 000 -5 000)×1% +(50 000 -10 000)×0.8% +(100 000 -50 000)×0.5% +(200 000 -100 000)×0.2% +(280 000 -200 000)×0.1% =963(万元)

业务招待费控制数=963×10% =96.3(万元)

特殊情况确需超过上述标准的，需要事前报同级财政部门审核批准。实行基建财务与经营财务并轨的公路经营企业，一般不设置独立核算的建设单位。企业为管理公路工程建设所发生的各项管理费用构成工程管理费。

2. 土地征用及迁移补偿费

土地征用及迁移补偿费包括通过划拨方式取得土地使用权而支付的土地补偿费、附着物和青苗补偿费、安置补偿费、迁移费等，以及行政事业单位的建设单位通过出让方式取得土地使用权而支付的出让金。

3. 勘察设计费

勘察设计费包括建设单位自行组织力量或者委托勘察设计单位进行水文地质勘查、设计，在规定的范围和内容中发生的各项费用。

4. 研究试验费

研究试验费包括为建设项目提供或验证设计资料进行必要的研究试验，以及按照设计规定在施工过程中必须要进行试验所发生的各项费用。

5. 可行性研究费

可行性研究费反映在项目建设前期进行可行性研究所发生的按规定计入建设成本的费用

性支出,不包括为科研购置的固定资产费用。

6. 临时设施费

临时设施费反映建设单位按规定拨付给施工单位购建临时设施的包干费用,包括临时设施的搭设、维修、拆除费或者摊销费,以及施工期间专用公路、铁路的养护费、维修费等。

7. 设备检验费

设备检验费反映建设单位按照规定付给商品检验部门对进口成套设备进行检验发生的费用。建设单位对进口成套设备自行组织检验所发生的费用不包括在本费用项目中。

8. 负荷联合试车费

负荷联合试车费是指单项工程(车间)在交付验收以前进行负荷联合试车发生的全部试车费用。单机试运或系统联动无负荷试运所发生的费用不能在该项目列支。

9. 坏账损失

坏账损失是指建设单位超过规定期限确实无法收回的、报经批准后列作损失处理的预付及应收款项。

10. 借款及债券利息

借款及债券利息包括银行借款利息、延期付款利息、企业债券利息以及使用部门统借统还基建基金借款发生的资金占用费等。其中延期付款利息是指建设单位按规定对进口成套设备采用分期付款的办法所支付的利息;借款及债券利息属于利息净支出;同期银行存款利息收入应当冲减利息支出。

11. 合同公证及工程质量监理费

合同公证及工程质量监理费反映建设单位在基建活动中签订有关合同经法定公证部门公正的费用,以及为了保证工程质量请工程监理部门进行质量监督的费用。

12. 土地使用税

土地使用税反映建设单位在建设期间按规定应缴纳的土地使用税。

13. 汇兑损益

汇兑损益是指建设单位使用国外借款,在建设期内按国家规定的外汇牌价将各种外币折合成记账本位币记账,由于汇率变动所发生的应计入建设成本的汇兑收益或汇兑损失。

14. 国外借款手续费及承诺费

国外借款手续费及承诺费是指建设单位使用国外借款所发生的按规定应计入建设成本的各种手续费和承诺费。

15. 报废工程损失

报废工程损失是指由于管理不善、设计方案变更以及自然灾害等原因造成单项工程或单位工程报废所发生的扣除残值后的净损失。

16. 耕地占用税

耕地占用税是指建设项目的建设地点占用了耕地而按国家规定应缴纳的耕地占用税。

17. 土地复垦及补偿费

土地复垦及补偿费是指建设单位在基本建设过程中因工程需要破坏土地,按规定支付的土地复垦费用和土地损失补偿费。

18. 固定资产投资方向调节税

固定资产投资方向调节税是指建设单位按照1991年国务院发布的《中华人民共和国固定资产投资方向调节税暂行条例》的规定应缴纳的固定资产投资方向调节税。基本建设项目按照实际完成的投资总额计税[1]。

19. 固定资产损失

固定资产损失是指建设单位清理固定资产所发生的净损失以及经批准转账的固定资产盘亏减盘盈的净损失。

20. 器材处理亏损

器材处理亏损是指建设单位处理积压器材所发生的亏损以及自用积压物资所发生的修理费用。如果处理积压物资发生盘盈,则应当冲减本项目。

21. 设备盘亏及毁损

设备盘亏及毁损是指建设单位发生的按规定报经批准处理的设备的盘亏和毁损。设备发生盘盈则应当冲减本项目。

22. 调整器材调拨价格折价

调整器材调拨价格折价是指建设单位按照国家规定调整器材调拨价格所发生的折价损失。如果调整器材调拨价格发生溢价,则应当冲减本项目。

23. 企业债券发行费用

企业债券发行费用是指建设单位因筹集债券资金而发生的债券发行费用,包括支付给银行或者金融机构的代理发行手续费和债券的设计、印刷等费用。

24. 概(预)算审查费

概(预)算审查费是指建设单位在项目建设前期编制的概(预)算经有关部门审查所支付的费用。

25. 项目评估费

项目评估费是指建设单位的项目贷款由贷款银行或金融机构进行评估论证所支付的费用。

26. 社会中介机构审计费

社会中介机构审计费是指有关部门委托社会中介机构对建设项目的资金、财务以及竣工决算等进行审计所发生的费用。

27. 车船使用税

车船使用税是指建设单位自用车辆、船舶等按照国家规定应缴纳的使用税。

28. 其他待摊投资支出

其他待摊投资支出是指除上述各种待摊投资以外的其他应计入建设成本的待摊支出,包

[1] 固定资产投资方向调节税从2000年暂停征收。按照国务院令第628号的规定,该税种已于2013年1月1日起被废止。

括国外设备及技术资料费、出国联络费、外国技术人员费、取消项目的可行性研究费、编外人员生活费、停缓建维护费、商业网点费、供电贴费以及行政事业单位建设项目发生的非常损失。

(四)其他投资支出

其他投资支出是指建设单位按项目概算的内容所发生的、构成不需通过建筑安装即可单独交付使用资产价值的支出。独立核算的公路建设单位的其他投资支出一般包括以下内容:

(1)房屋购置,指建设单位购置在建设期间使用的办公用房屋和为生产使用部门购置的各种现成房屋。

(2)办公生活用家具、器具购置费用。

(3)为可行性研究购置的固定资产的费用。

(4)购买或自行开发无形资产的费用,包括通过出让方式购置的土地使用权、购买的专利权和专有技术等。

(5)递延资产,指建设单位在基本建设过程中形成的不能计入交付使用资产价值的各种递延费用,主要包括生产职工培训费、样品样机购置费和生产经营性项目发生的非常损失。

实行基建财务与经营财务并轨的公路经营企业的上述支出,直接构成企业交付使用的相关资产(存货、固定资产、无形资产和递延资产)价值,不作为其他投资支出核算。

(五)待核销基建支出

待核销基建支出反映了非经营性项目投资中不能形成资产价值的投资支出。非特许经营公路建设项目的待核销基建支出包括取消项目可行性研究费、报废工程损失等。其中,报废工程损失是指项目的整体报废损失。单项工程、单位工程报废损失,计入待摊投资。

待核销基建支出应在项目完工后报同级财政部门审批,冲销相应的资金来源。

(六)转出投资支出

转出投资是指非经营性项目为项目配套的、但产权不属于本单位的专用设施投资,包括专用道路、专用通信设施、送变电站、地下管道等。

二、经营性建设项目与非经营性建设项目建设成本构成的比较

由于经营性建设项目实行资本保全原则,所以发生的全部基本建设支出均应计入建设成本,用项目建成交付使用后的经营收入予以补偿。与此不同,非经营性建设项目只产生交付使用的实物资产,不构成实物资产价值的支出需采取一定的方式处理。对此,经营性项目与非经营性项目的建设成本构成存在以下不同之处。

(1)计入经营性项目的建设成本、但不计入非经营性项目建设成本的基本建设支出。例如:建设项目取消可行性研究费,在非经营性项目中,形成待核销基建支出;在经营性项目中,计入待摊投资(其他待摊投资支出)。

建设项目为项目配套、但产权不属于本单位的专用设施投资所发生的支出,在非经营性项目中,形成转出投资;在经营性项目中,构成其他投资支出中的无形资产价值。

考虑资产重复计算等因素,财政部《关于解释〈基本建设财务管理规定〉执行中有关问题的通知》中将经营性项目为项目配套的专用设施投资,修改为:"产权不归属本单位的,经项目

主管部门及同级财政部门核准作转出投资处理”。

(2)经营性项目计入其他投资中的无形资产和递延资产、非经营性项目计入工程成本的基本建设支出。例如:建设项目所发生的非常损失,在非经营性项目中,计入待摊投资(其他待摊投资支出);在经营性项目中,构成其他投资支出中的递延资产价值。

建设项目通过出让方式取得的土地使用权,在非经营性项目中,计入待摊投资(土地征用及迁移补偿费);在经营性项目中,构成其他投资支出中的无形资产价值。

(3)其他。例如,建设项目整体报废所造成的损失,在非经营性项目中,形成待核销基建支出;在经营性项目中,应当比照企业破产清算的有关规定进行财务处理。

三、公路建设建设成本构成的特点

由于公路建设需要占用大量的土地,公路建设利用借款较多,利息支出较高,使得建筑安装工程投资支出和待摊投资支出成为公路建设成本的主要组成部分。

【案例 4-1】 某市绕城高速公路建设项目具有以下成本构成:建设总成本 50.63 亿元。其中:建筑安装工程投资支出 36.68 亿元,占 72.45%;设备投资支出 2 608 万元,占 0.51%;待摊投资和其他投资支出 13.69 亿元,占 27.04%。

【案例 4-2】 某长江公路大桥建设项目竣工决算 27.30 亿元;经审计后的建设成本为 27.28 亿元。在竣工决算 272 996 万元中,建筑安装工程投资支出 236 591 万元,占 86.66%;设备投资支出 6 728 万元,占 2.46%;待摊投资支出 29 356 万元,占 10.75%;其他投资支出 320 万元,占 0.12%。

【案例 4-3】 经某市发展和改革委员会批复的某长江大桥正桥建设项目初步设计概算总额为 231 157 万元人民币。其中,建筑安装工程费用 168 000 万元,占 72.68%;设备购置费 714.21 万元,占 0.31%;工程建设其他费用 52 528 万元,占 22.72%;预备费 9 945 万元,占 4.30%。工程建设其他费用中,征地拆迁费 21 195 万元,占工程建设其他费用的 40.35%;建设贷款利息 22 339 万元,占 42.53%。

这意味着,公路建设项目成本管理与控制的重点,应当是建筑安装工程投资支出和待摊投资支出;待摊投资支出管理的重点,应当是建设单位管理费、土地征用及补偿费和贷款利息支出。

第三节　公路工程价款结算管理

公路工程价款结算,是指对公路建设工程的发承包合同价款进行约定和依据合同约定进行工程预付款、工程进度款、工程竣工价款结算的活动。

公路工程结算管理的主要制度依据是《建设工程价款结算暂行办法》(财建[2004]369号)。该文第 3 条中对工程价款结算的界定是:工程价款结算“是指对建设工程的发承包合同价款进行约定和依据合同约定进行工程预付款、工程进度款、工程竣工价款结算的活动”。

一、工程价款结算管理的基本要求

在市场经济条件下,工程价款结算是一种市场行为。工程发包方与承包方应当依据合同的约定,进行工程价款的结算。交通运输主管部门应当加强对公路工程价款结算的监督管理。

1. 关于合同价款的约定

(1)如果公路建设法人采取招标方式选择工程承包人,则招标工程的合同价款应当在规定时间内,依据招标文件、中标人的投标文件,由发包人与承包人订立书面合同约定。

(2)如果公路建设法人采取非招标方式选择工程承包人,则合同价款需要依据审定的工程预(概)算书由发包人与承包人在合同中约定。

合同价款在合同中约定后,任何一方不得擅自改变。

2. 有关合同价款约定的内容

公路项目法人应当与承包人在合同条款中对涉及工程价款结算的下列事项进行约定:

(1)预付备料款、预付工程款的数额、支付时限及抵扣方式。

(2)工程进度款的支付方式、数额及时限。

(3)工程施工中发生变更时,工程价款的调整方法、索赔方式、时限要求及金额支付方式。

(4)发生工程价款纠纷的解决方法。

(5)约定承担风险的范围及幅度以及超出约定范围和幅度的调整办法。

在市场经济条件下,经常会发生钢材、水泥、木材等建材价格的变动,甚至是大幅度的变动。建材价格变动的损益应当由谁来承担,应当取决于合同的约定。应当本着"谁享收益、谁担风险"的原则处理价格变动问题。一般来说,可采取以下三种思路进行约定:

①建材价格下降的收益由承包人独享,建材价格上升的风险由承包人独担;

②建材价格下降的收益由项目法人独享,建材价格上升的风险由项目法人独担;

③约定范围内(例如10%)建设价格变动的收益或风险,由承包人独享或独担;超过该范围建材价格变动的收益或风险,由项目法人与承包人分享或分担。

市场运行机制要求承包人具有承担风险的能力;但考虑承包人的实际经济承担能力以及社会稳定的大局要求,也许第三种思路是比较现实、具有可操作性的选择。

(6)工程竣工价款的结算与支付方式、数额及时限。

(7)工程质量保证金的数额、预扣方式及时限。

(8)安全措施和意外伤害保险费用。

(9)工期及工期提前或延后的奖惩办法。

(10)与履行合同、支付价款相关的担保事项。

3. 合同价款约定的方式

公路建设法人与工程承包人在签订合同时对于工程价款的约定,可选用下列一种约定方式:

(1)固定总价。合同工期较短且工程合同总价较低的工程,可以采用固定总价合同方式。

(2)固定单价。双方在合同中约定综合单价包含的风险范围和风险费用的计算方法,在约定的风险范围内综合单价不再调整。风险范围以外的综合单价调整方法,应当在合同中约定。

(3)可调价格。可调价格包括可调综合单价和措施费等,双方应在合同中约定综合单价和措施费的调整方法。调整因素包括：

①法律、行政法规和国家有关政策变化影响合同价款；

②工程造价管理机构的价格调整；

③经批准的设计变更；

④发包人更改经审定批准的施工组织设计（修正错误除外）造成费用增加；

⑤双方约定的其他因素。

4. 工程设计变更价款调整

（1）施工中发生工程变更，承包人按照经发包人认可的变更设计文件，进行变更施工，其中，政府投资项目重大变更，需按基本建设程序报批后方可施工。

（2）在工程设计变更确定后14天内，设计变更涉及工程价款调整的，由承包人向发包人提出，经发包人审核同意后调整合同价款。变更合同价款按下列方法进行：

①合同中已有适用于变更工程的价格，按合同已有的价格变更合同价款。

②合同中只有类似于变更工程的价格，可以参照类似价格变更合同价款。

③合同中没有适用或类似于变更工程的价格，由承包人或发包人提出适当的变更价格，经对方确认后执行。如双方不能达成一致的，双方可提请工程所在地工程造价管理机构进行咨询或按合同约定的争议或纠纷解决程序办理。

（3）工程设计变更确定后14天内，如承包人未提出变更工程价款报告，则发包人可根据所掌握的资料决定是否调整合同价款和调整的具体金额。重大工程变更涉及工程价款变更报告和确认的时限由发、承包双方协商确定。

收到变更工程价款报告一方，应在收到之日起14天内予以确认或提出协商意见，自变更工程价款报告送达之日起14天内，对方未确认也未提出协商意见时，视为变更工程价款报告已被确认。

确认增（减）的工程变更价款作为追加（减）合同价款与工程进度款同期支付。

二、工程价款日常结算

1. 工程价款结算的依据

按照国家有关规定，工程价款结算应按合同约定办理；合同未作约定或约定不明的，公路项目法人与工程承包人双方应依照下列规定与文件协商处理。

（1）国家有关法律、法规和规章制度；

（2）国务院建设行政主管部门和交通运输行政主管部门，省、自治区、直辖市或有关部门发布的工程造价计价标准、计价办法等有关规定；

（3）建设项目的合同、补充协议、变更签证和现场签证，以及经发、承包人认可的其他有效文件；

（4）其他可依据的材料。

2. 工程预付款结算

工程预付款结算应符合下列规定：

（1）包工包料工程的预付款按合同约定拨付，原则上预付比例不低于合同金额的10%，不高于合同金额的30%；对重大工程项目，按年度工程计划逐年预付。

(2)在具备施工条件的前提下,发包人应在双方签订合同后的1个月内或不迟于约定的开工日期前的7天内预付工程款,发包人不按约定预付,承包人应在预付时间到期后10天内向发包人发出要求预付的通知,发包人收到通知后仍不按要求预付,承包人可在发出通知14天后停止施工,发包人应从约定应付之日起向承包人支付应付款的利息(利率按同期银行贷款利率计),并承担违约责任。

(3)预付的工程款必须在合同中约定抵扣方式,并在工程进度款中进行抵扣。

(4)凡是没有签订合同或不具备施工条件的工程,发包人不得预付工程款,不得以预付款为名转移资金。

3. 工程进度款结算

(1)工程进度款可采取以下方式进行结算:

①按月结算与支付。即实行按月支付进度款,竣工后清算的办法。合同工期在两个年度以上的工程,在年终进行工程盘点,办理年度结算。

②分段结算与支付。即当年开工、当年不能竣工的工程按照工程形象进度,划分不同阶段支付工程进度款。具体划分在合同中明确。

(2)工程量采取以下方式进行计算:

①承包人应当按照合同约定的方法和时间,向发包人提交已完工程量的报告。发包人接到报告后14天内核实已完工程量,并在核实前1天通知承包人,承包人应提供条件并派人参加核实;承包人收到通知后不参加核实,以发包人核实的工程量作为工程价款支付的依据。发包人不按约定时间通知承包人,致使承包人未能参加核实,核实结果无效。

②发包人收到承包人报告后14天内未核实完工程量,从第15天起,承包人报告的工程量即视为被确认,作为工程价款支付的依据;双方合同另有约定的,按合同执行。

③对承包人超出设计图纸(含设计变更)范围和因承包人原因造成返工的工程量,发包人不予计量。

(3)工程进度款可采取以下方式进行支付:

①根据确定的工程计量结果,承包人向发包人提出支付工程进度款申请,14天内,发包人应按不低于工程价款的60%,不高于工程价款的90%向承包人支付工程进度款。按约定时间发包人应扣回的预付款,与工程进度款同期结算抵扣。

②发包人超过约定的支付时间不支付工程进度款,承包人应及时向发包人发出要求付款的通知,发包人收到承包人通知后仍不能按要求付款,可与承包人协商签订延期付款协议,经承包人同意后可延期支付,协议应明确延期支付的时间和从工程计量结果确认后第15天起计算应付款的利息(利率按同期银行贷款利率计)。

③发包人不按合同约定支付工程进度款,双方又未达成延期付款协议,导致施工无法进行,承包人可停止施工,由发包人承担违约责任。

三、工程竣工结算

公路工程竣工结算,应当在通过公路工程交工验收后进行。

关于工程竣工结算管理问题,在本书第五章进行讨论。

第四节　建设期间形成资产和公路试运营阶段的财务管理

一、建设期间形成资产的管理

1. 建设期间形成资产的概念和内容

建设期间形成的资产包括：

(1)公路基本建设项目法人用基建投资购买的自用资产；

(2)公路基本建设项目法人用基建投资购买的不需要安装设备，由于各种原因，尚未交付使用单位；

(3)公路基本建设项目法人用基建投资建造完成、但需要暂时使用的资产。

2. 建设期间形成资产的管理

公路基本建设项目法人应加强对建设期间形成的资产的管理，建立相应的内控制度加强资产的实物管理，责任落实到人。

(1)用基建投资购建完成应当交付生产使用单位的已完工程，在未移交以前，因筹建工作需要，经批准暂时由公路基本建设项目法人使用的，不作为公路基本建设项目法人的固定资产，但需要设置“待交付使用资产备查簿”进行登记管理。

按照基本原理，如果由于公路基本建设项目法人较长时间地使用会导致已完工程出现陈旧，应当计提已完工程的折旧，并将折旧费计入建设单位管理费中的固定资产使用费。但目前的相关制度中并没有类似的规定。

(2)公路基本建设项目法人用基建投资购建的在建设期间自用的固定资产，应及时入账管理，落实使用管理责任。工程竣工后，必须按照有关规定编制竣工决算，办妥竣工验收、竣工财务决算和资产交接手续。

(3)公路基本建设项目法人用基建投资购建的不需安装即可交付使用的固定资产，在不具备交付使用条件的情况下，公路基本建设项目法人应指定专人负责管理，并在“待交付使用资产备查簿”中登记管理。

按照基本原理，如果公路基本建设项目法人由于长期保管本应交付使用的固定资产而导致该固定资产出现陈旧，也应当计提该固定资产的折旧，并将折旧费计入待摊支出。但目前的相关制度中同样并没有类似的规定。

二、公路试运营阶段的财务管理

(一)公路工程交工验收与试运营

依据《公路工程竣(交)工验收办法》(交通部令 2004 年第 3 号)的规定，公路基础设施主体通过交工验收后，即进入试运营阶段。

《公路工程竣(交)工验收办法》规定，交工验收是检查施工合同的执行情况，评价工程质量是否符合技术标准及设计要求，是否可以移交下一阶段施工或者是否满足通车要求，对各参建单位工作进行初步评价。

交工验收由项目法人负责组织实施。公路工程各合同段验收合格后,项目法人应按交通运输部规定的要求及时完成项目交工验收报告,并向交通运输主管部门备案。国家、部重点公路工程项目中100km以上的高速公路、独立特大型桥梁和特长隧道工程向省级人民政府交通运输主管部门备案,其他公路工程按省级人民政府交通运输主管部门的规定向相应的交通运输主管部门备案。

交通运输主管部门在15天内未对备案的项目交工验收报告提出异议,项目法人可开放交通进入试运营期。

公路建设项目的试运行期,是指公路主体工程交工验收合格后,至竣工验收之前,检验工程效果和运营能力的阶段。

公路建设工程试运行期自主体工程最后一个单位工程交工验收合格之日起开始计算。

公路建设项目进入试运营期,项目建设单位需要向运营管理单位移交通过交工验收的公路及附属设施。

当路桥基础设施主体竣工通过交工验收时,公路沿线防护工程、公路沿线绿化等工作也许尚未完成。这些工作还需在试运营阶段逐步完成并办理交工验收后移交运营管理单位。

公路建设项目的试运行期一般为二年,经批准可适当延长,但最长不得超过三年。

(二)基本建设收入管理

1.基本建设收入的概念

根据《基本建设财务管理规定》中对基本建设收入的规定,基建收入是指在基本建设过程中形成的各项工程建设副产品变价净收入、负荷试车和试运行以及其他收入。基本建设收入的基本特征为:

(1)基本建设收入是基本建设单位在基本建设过程(包括试运行阶段)中所取得的收入;

(2)基本建设收入是指各项收入扣除为取得收入所支付的各种费用(包括与取得收入有关的销售费用、销售税金以及其他费用)后的净收入。

2.基本建设收入的界定

基本建设收入一般包括以下内容:

(1)工程建设过程中副产品变价净收入,包括煤炭建设中的工程煤收入,矿山建设中的矿产品收入,油(汽)田钻井建设中的原油(汽)收入和森工建设中的路影材收入等。

(2)经营性项目为检验设备安装质量进行的负荷试车或按合同及国家规定进行试运行所实现的产品收入,包括水利、电力建设移交生产前的水、电、热费收入,原材料、机电轻纺、农林建设移交生产前的产品收入,铁路、交通临时运营收入等。

(3)各类建设项目总体建设尚未完成和移交生产,但其中部分工程简易投产而发生的营业性收入等。

(4)工程建设期间各项索赔以及违约金等其他收入。

各类副产品和负荷试车产品基建收入按实际销售收入扣除销售过程中所发生的费用和税金确定。负荷试车费用计入建设成本。试运行期间基建收入以产品实际销售收入减去销售费用及其他费用和销售税金后的纯收入确定。

3. 基建收入分配

根据《基本建设财务管理规定》，基本建设单位所取得的基建收入应当依法缴纳所得税，税后收入按照以下规定处理：

经营性项目基建收入的税后收入，相应转为生产经营企业的盈余公积金；

非经营项目基建收入的税后收入，相应转入行政事业单位的其他收入。

其中，工程建设期间的各项索赔和违约金等收入，首先弥补工程损失，其结余部分依法纳税后按照以上规定处理。

（三）公路建设项目试运营期间收取车辆通行费的管理

依据财政部《基本建设财务管理规定》第28条的规定，公路试运行期收取的通行费收入，应当按该收费公路在试运行期所取得的通行费收入扣除收费管理费用以及相关税费（包括特许经营公路应当缴纳的营业税金及附加，政府收费公路应当缴纳的水利建设基金等）后的余额界定为基建收入；在此期间所发生的道路养护费用、收费设施测试费用、借款利息费用等相关费用应计入建设成本。

但这不符合目前的行业规定以及中国收费公路试运行阶段的实际情况。

依据《高速公路公司财务管理办法》的规定，特许经营公路建设项目建成通车后收取的车辆通行费，作为公司的营业收入。

依据《收费公路管理条例》的规定，收费公路建成后，应当按照国家有关规定进行验收；验收合格的，方可收取车辆通行费。

政府收费公路的管理者收取的车辆通行费收入，应当全部纳入地方财政预算，严格实行收支两条线管理。

如果公路试运营阶段收取的车辆通行费不作为基建收入，则发生的借款利息费用也不应当计入建设成本。

这意味着收费公路建设项目试运营阶段收取车辆通行费的实际做法与财政部的规定是矛盾的，有必要通过进一步的研究在制度上进行协调。

【本章小结】

公路建设期间的财务管理，包括公路建设成本管理、公路工程价款结算管理、公路工程试运营阶段财务管理等内容。

特许经营公路基本建设支出由建筑安装工程投资支出、设备投资支出、待摊投资支出和其他投资支出四项构成。非特许经营公路基本建设支出由建筑安装工程投资支出、设备投资支出、待摊投资支出、其他投资支出、待核销基建支出和转出投资六项构成。其中，建筑安装工程投资支出、设备投资支出、待摊投资支出和其他投资支出构成项目建设成本；建筑安装工程投资支出、设备投资支出和待摊投资支出构成项目工程成本。

对公路基本建设成本管理与控制主要涉及公路建设工程可行性研究阶段的管理与控制；

公路工程设计、施工单位和监理单位选择过程中的管理与控制;公路工程施工阶段的管理与控制以及公路工程竣工决算阶段的管理与控制等内容。

公路工程结算包括日常结算和竣工决算。公路工程价款结算管理应当严格执行国家的有关规定。

公路工程试运营阶段的财务管理涉及基本收入的确认和收取车辆通行费的管理。

基本建设收入反映了基本建设单位在项目建设过程中形成的各类收入扣除与收入取得有关的销售费用、销售税金以及其他费用后的余额,应当按照国家有关规定依法纳税后形成单位的留成收入进行分配。

应当按照国家的有关规定确认收费公路试运营阶段收取的车辆通行费。

【复习思考题】

1. 什么是基本建设支出?什么是项目建设成本?什么是项目工程成本?他们之间有何区别和联系?

2. 特许经营公路项目的建设成本与非特许经营公路项目的建设成本在构成上有何区别?

3. 公路建设单位为取得土地使用权支付的出让金应当在何项目中列支?为什么?

4. 公路建设项目贷款利息计入工程成本的截止时间,应当是项目完工交付使用、还是办理项目竣工财务决算?为什么?

5. 要有效地控制公路项目的建筑与安装工程成本,有何有效措施?

6. 公路建设项目在建设期间的存款利息应当计入基建收入,还是冲减工程成本?

7. 什么是工程竣工结余?国家有关工程结余分配有何具体规定?

8. 什么是基建收入?如何科学界定公路建设项目的基建收入?

9. 如果某非经营性建设项目总投资概算为1 000万元,其中财政拨款800万元,单位自筹200万元;该项目出现了80万元的工程竣工结余。这80万元的工程竣工结余应当如何分配?为什么?

10. 既然基建收入是指基建单位在建设过程中取得的各类收入扣除有关费用和税金后的余额,是否可以认为它属于“利润”的范畴?为什么?

第五章

公路竣工验收阶段财务管理

第一节　竣工验收概述

一、竣工验收的概念

《公路工程竣(交)工验收办法》规定,公路工程竣工验收是综合评价工程建设成果,对工程质量、参建单位和建设项目进行综合评价。

公路工程进行竣工验收一般需要具备以下条件:

(1)通车试运营2年后;

(2)交工验收提出的工程质量缺陷等遗留问题已处理完毕,并经项目法人验收合格;

(3)工程决算已按交通运输部规定的办法编制完成,竣工决算已经审计,并经交通主管部门或其授权单位认定;

(4)竣工文件已按交通运输部规定的内容完成;

(5)对需进行档案、环保等单项验收的项目,已经有关部门验收合格;

(6)各参建单位已按交通运输部规定的内容完成各自的工作报告;

(7)质量监督机构已按交通运输部规定的公路工程质量鉴定办法对工程质量检测鉴定合格,并形成工程质量鉴定报告。

国家对不同的建筑工程项目的竣工验收,有不同的规定和要求。可以认为,2000 年 1 月 30 日发布的《建设工程质量管理条例》(国务院令第 279 号)中,主要规范的是房屋建筑物工程的竣工验收行为。2009 年 10 月 19 日发布的《房屋建筑和市政基础设施工程竣工验收备案管理办法》(住房和城乡建设部令第 2 号)进一步明确了房屋建筑物竣工验收的有关要求。

对具有明显行业特色的建筑工程项目的竣工验收,一般由国务院有关行政管理部门出台特别规定予以规范。

二、竣工验收阶段的财务管理工作

(一)工程竣工结算

工程竣工结算,是指施工企业承担的全部建设项目施工任务完成后项目法人与施工企业之间有关应当支付工程价款的结算。在《建设工程价款结算暂行办法》中对工程竣工结算有以下管理要求:

(1)工程完工后,发包与承包双方应按照约定的合同价款及合同价款调整内容以及索赔事项,进行工程竣工结算。

工程竣工结算分为单位工程竣工结算、单项工程竣工结算和建设项目竣工总结算。

(2)工程竣工结算由承包人编制。发包人可直接进行审查,也可以委托具有相应资质的工程造价咨询机构进行审查。

政府投资项目,由同级财政部门审查。

(3)单项工程竣工结算或建设项目竣工总结算经发包人、承包人签字盖章后有效。

(4)工程竣工后,发包、承包双方应及时办清工程竣工结算;否则,工程不得交付使用,有关部门不予办理权属登记。

(二)工程质量保证金的管理

目前,规范工程质量保证金事项最权威的规范性文件,是 2005 年 1 月 12 日建设部、财政部印发的《建设工程质量保证金管理暂行办法》(建质[2005]7 号)。虽然《基本建设财务管理规定》《建设工程价款结算暂行办法》等规范性文件中也有对质量保证金事项的规定,但按照"一般法从属特别法"的原则,当其表述与建质[2005]7 号文件不一致的,应当依据建质[2005]7 号的规定。

1. 工程质量保证金的概念

建质[2005]7 号文件中对工程质量保证金的界定是:建设工程质量保证金是指发包人与承包人在建设工程承包合同中约定,从应付的工程款中预留,用以保证承包人在缺陷责任期内对建设工程出现的缺陷进行维修的资金。

2. 工程质量保证金管理的基本要求

(1)工程质量保证金的预留。《建设工程质量保证金管理暂行办法》《建设工程价款结算暂行办法》《基本建设财务管理规定》等规范性文件中均规定,工程质量保证金一般为工程竣工结算价款的 5% 左右。一般采取发包人在根据确认的竣工结算报告向承包人支付工程竣工结算价款时预留,即发包人支付给承包人的工程价款一般应不超过工程竣工结算价款的95%。

(2)缺陷责任期及其计算。依据建质[2005]7号的规定,缺陷责任期一般为半年、一年或者两年;而依据《建设工程价款结算暂行办法》和《基本建设财务管理规定》中的表述,缺陷责任期一般为一年。公路、桥梁、港口、航道、民用建筑等不同行业的不同建筑工程,应当具有不同的缺陷责任期。缺陷责任期的具体期限可由发包方与承包方在施工合同中约定。

依据建质[2005]7号的规定,缺陷责任期从工程通过竣(交)工验收之日起计。由于承包人原因导致工程无法按规定期限进行竣(交)工验收的,缺陷责任期从实际通过竣(交)工验收之日起计。由于发包人原因导致工程无法按规定期限进行竣(交)工验收的,在承包人提交竣(交)工验收报告90天后,工程自动进入缺陷责任期。

这意味着,如果存在交工验收和初步验收阶段的工作,应当从通过交工验收或初步验收之日起计算缺陷责任期;如果只有竣工验收而没有初步验收或交工验收环节的工作,则应当从通过竣工验收之日起计算缺陷责任期。

(3)缺陷责任期内出现工程质量缺陷的维修责任。需要划分以下两种情况明确缺陷责任期内出现工程质量问题的维修责任:

由于承包人原因造成的工程质量缺陷,应当由承包人负责维修,并承担质量鉴定与维修费用。如果承包人不维修也不承担费用,发包人可按合同约定扣除保证金,并由承包人承担违约责任。承包人维修并承担相应费用后,不免除对工程的一般损失赔偿责任。

由于非承包人原因造成的工程质量缺陷,应当由发包人负责维修并承担相应的费用,不得将相关费用转嫁给承包人,也不得从质量保证金中扣除这些费用。

(4)质量保证金的退还。如果在缺陷责任期内承包人认真履行了合同约定的责任,缺陷责任期限届满后,承包人有权向发包人申请返还质量保证金。

发包人在接到承包人返还保证金申请后,应于14日内会同承包人按照合同约定的内容进行核实。如无异议,发包人应当在核实后14日内将保证金返还给承包人,逾期支付的,从逾期之日起,按照同期银行贷款利率计付利息,并承担违约责任。发包人在接到承包人返还保证金申请后14日内不予答复,经催告后14日内仍不予答复,视同认可承包人的返还保证金申请。

(三)工程竣工结余的界定与分配

1. 工程竣工结余的概念

建设项目在编制竣工财务决算以前,需要认真清理结余资金。首先,剩余的、应当变价处理的库存设备、材料和应处理的自用固定资产等要公开变价处理;应收、应付款项要及时清理,转变为货币资金。工程剩余库存设备和材料的变价净收入以及债权债务清理的净收入,形成建设项目的工程结余资金。按照规定,需要对工程结余资金进行分配。

2. 工程竣工结余分配

依据《基本建设财务管理规定》的规定,工程竣工结余分配应当分为两种情况进行:

(1)经营性项目的工程竣工结余,应当相应转入生产经营企业的有关资产。生产经营企业如何处理,取决于生产经营企业财务制度的规定。

(2)非经营性项目的工程竣工结余,首先用于归还项目贷款。如有结余,30%作为建设单位留成收入,主要用于项目配套设施建设、职工奖励和工程质量奖;70%按照投资来源比例归还投资方。

(四)建设单位留成收入的分配

建设单位从取得的基建收入、实现的工程包干结余和工程竣工结余中提取的留用收入,70%用于组织和管理项目建设方面的开支;30%用于建设单位职工的福利和奖励。在项目建成并办理竣工决算手续、建设单位完成建设任务撤销时留用收入仍有结余的,经营性项目转入企业盈余公积金;非经营性项目转入单位的其他收入。

(五)办理竣工决算、工程决算和竣工财务决算

关于竣工决算、工程决算和竣工财务决算的讨论,在本章以后部分进行。

(六)办理建设形成资产的移交手续

公路建设形成资产的移交,应当包括实物资产移交、资产维护责任移交和资产账簿移交三项内容。

1. 公路建设形成实物资产的移交

公路建设形成的实物资产,一般可采取以下三种方式进行移交:

(1)项目法人购置的列入项目概预算的不需安装的设备、工具器具等,具备移交条件的应当及时移交给公路管理单位。

(2)公路建设项目的主体工程,应当在完成交工验收后移交给公路管理单位试运营。

(3)公路项目的主体工程完成交工验收后,可能还存在一些辅助的工程尚未完工,包括公路沿线防护工程、公路沿线绿化工程等。这些工程也应当在完工并办理了交工验收手续后逐步移交给公路管理单位。

2. 资产维护责任的移交

虽然将实物资产逐步移交给公路管理单位,但项目法人仍需要在试运营或者缺陷责任期内承担维护实物资产的职责。在项目通过竣工验收或缺陷责任期结束后,项目法人才能够将维护实物资产的职责移交给公路管理单位。

3. 资产账簿的移交

在竣工验收期间编制和审核的竣工决算,是确定资产价值的依据。只有建设项目通过了竣工验收,才意味着最终确定了公路建设项目的财产价值。在此基础上项目法人有义务及时将确定价值的财产账簿移交公路管理单位。

第二节　竣 工 决 算

一、竣工决算概念的提出

财政部、原国家建委曾在1978年2月1日发布的《基本建设项目竣工决算编制办法》中采用了“竣工决算”的概念,并将竣工决算作为竣工验收报告的重要组成部分。该文已于2003

年 1 月 30 日被财政部废止。

1990 年 9 月 11 日原国家计委印发的《建设项目(工程)竣工验收办法》中要求在办理竣工验收手续前,先编制竣工决算;竣工项目(工程)经验收交接后,应及时办理固定资产移交手续,加强固定资产的管理。

根据财政部、国家建委联合发布的《基本建设项目竣工决算编制办法》和国家计委发布的《建设项目(工程)竣工验收办法》,1992 年 9 月 23 日原交通部发布了《公路基本建设项目竣工决算报告编制办法》(交通部令第 42 号)。该办法分别被《交通基本建设项目竣工决算报告编制办法》(交财发[2000]207 号)和交通部令 2003 年第 11 号废止。

1998 年 2 月 23 日财政部印发的《基本建设财务管理若干规定》(财基字[1998]4 号)中分别采用了竣工决算和竣工财务决算的概念,并在第 40 条规定"基本建设项目竣工财务决算是竣工决算的组成部分";但没有解释竣工决算。

2002 年 9 月 27 日财政部印发的《基本建设财务管理规定》替代了《基本建设财务管理若干规定》。其中主要规范了竣工财务决算编制与报批的行为,基本不再涉及竣工决算问题。

2000 年 4 月 21 日原交通部印发的《交通基本建设项目竣工决算报告编制办法》(交财发[2000]207 号)中对竣工决算的定义是:竣工决算报告是考核交通基本建设项目投资效益、反映建设成果的文件,是确定交付使用财产价值、办理交付使用手续的依据。按照该文第 4 条的规定,公路基本建设项目竣工后,应按照国家有关规定及本办法编制竣工决算报告。没有编制竣工决算报告的项目不得进行竣工验收。

二、竣工决算的内容

1. 竣工决算报告的构成

交财发[2000]207 号第 6 条规定:竣工决算报告由以下四部分组成:

(1)竣工决算报告的封面、目录;

(2)竣工工程平面示意图;

(3)竣工决算报告说明书;

(4)竣工决算表格。

2. 竣工决算报告说明书

竣工决算报告说明书是竣工决算报告的重要组成部分,主要内容包括:工程项目概况及组织管理情况;工程建设过程和工程管理工作中的重大事件、经验教训;工程投资支出和财务管理工作的基本情况(包括主要会计事项处理原则,财产物资清理及债权债务清偿情况;基建结余资金、基建收入等的上交分配情况;主要技术经济指标的分析、计算情况等);工程遗留问题等。

3. 竣工决算表格

竣工决算报告表式分为决算审批表、工程概况专用表和财务通用表。

(1)竣工决算审批表。

(2)工程概况专用表。

路桥基础设设施建设项目的工程概况专用表进一步划分为公路建设项目工程概况表和桥

梁隧道建设项目工程概况表。

(3)财务通用表。

①建设项目竣工财务决算总表;

②资金来源情况表;

③待核销基建支出及转出投资明细表;

④工程造价和概算执行情况表;

⑤外资使用情况表;

⑥基本建设项目交付使用资产总表;

⑦基本建设项目交付使用资产明细表。

三、竣工决算编制与管理的基本要求

(1)编制竣工决算报告时,必须填制工程概况专用表和全套财务通用表。

(2)建设项目完建时的收尾工程,建设单位可根据概算所列的投资额或收尾工程的实际情况测算投资支出列入竣工决算报告。但收尾工程投资额不得超过工程总投资的5%。

(3)对列入竣工决算报告的基本建设收入、基建结余资金等财务问题,建设单位应按国家规定进行相应处理。

(4)建设项目完建时,建设单位要认真做好各项账务、物资、财产、债权债务、投资资金到位情况和报废工程的清理工作,做到工完料清,账实相符。各种材料、物资、设备、施工机具等要逐项清点核实,妥善保管,按照国家规定处理,不准任意侵占。

(5)建设单位编制的竣工决算报告在审计部门提出审计意见后,方可组织竣工验收。未经竣工验收委员会认定的竣工决算报告不得上报。

(6)中央级大中型基本建设项目,其项目竣工决算报告经省级交通运输主管部门或部属一级单位签署意见后报交通运输部备案。

(7)竣工决算报告在竣工验收委员会审查同意后3个月内报出。

(8)竣工验收合格的基本建设项目其正式交付使用时间由竣工验收委员会确定。

第三节　工 程 决 算

一、工程决算概念的提出

工程决算是交通运输主管部门提出的概念。在交通部印发的《公路建设项目工程决算编制办法》(交公路发[2004]507号)中对“工程决算”概念的界定是:“公路建设项目工程决算是指项目实际完成的工程量、采用的单价和费用支出,以及与批准的概(预)算对比情况”。并指出:“工程决算是建设项目竣工验收工作的重要组成部分。未编制工程决算的建设项目,不得组织竣工验收”。

在《公路建设监督管理办法》中也将“项目完工后,编制竣工图表、工程决算和竣工财务决算,办理项目交、竣工验收”作为公路基本建设程序的组成部分。

二、工程决算的内容

工程决算文件包括工程决算编制说明和工程决算表。

1. 工程决算编制说明

工程决算编制说明应包括以下内容：

(1)工程决算概况；

(2)工程概(预)算执行情况说明，其中应说明招标方式、结果及重大设计变更情况；

(3)设备、工具、器具购置情况的说明；

(4)工程建设其他费用使用情况的说明(包括征地拆迁费、建设单位管理费、监理费等)；

(5)预留费用使用情况的说明；

(6)工程决算编制中有关问题处理的说明；

(7)造价控制的经验与教训总结；

(8)工程遗留问题；

(9)其他需要说明的事项。

2. 工程决算表

工程决算表包括：

(1)建设项目概况表；

(2)投资控制情况比较表；

(3)工程数量情况比较表；

(4)概(预)算分析表；

(5)标底及合同费用分析表；

(6)项目总决算(分析)表；

(7)建安工程决算汇总表；

(8)设备、工具及器具购置费用支出汇总表；

(9)工程建设其他费用支出汇总表。

三、工程决算编制与管理的基本要求

(1)工程决算文件由项目法人在交工验收后负责组织编制，竣工验收前编制完成，并将工程决算文件及工程决算数据软盘各1份上报交通运输主管部门，同时抄送工程造价管理部门。

(2)工程决算文件应简明扼要、字迹清晰、数据真实、计算正确、符合规定。

(3)工程决算数据软盘包括工程决算文件和基础数据表。基础数据表包括的内容有：

①合同段工程决算表；

②工程全同登记表；

③变更设计登记表；

④变更引起调整金额登记表；

⑤工程项目调价登记表；

⑥工程项目索赔登记表；

⑦计日工支出金额登记表；

⑧收尾工程登记表;

⑨报废工程登记表;

⑩工程支付情况登记表。

(4)工程决算总费用由建设安装工程费,设备、工具及器具购置费,工程建设其他费用三部分构成。对于概(预)算编制办法规定的项目及批准概(预)算文件中未列明且不能列入第一、二部分的费用列入第三部分。

第四节 竣工财务决算

一、竣工财务决算的概念

竣工财务决算是财政部提出的概念。依据《基本建设财务管理规定》,基本建设项目竣工时,应编制基本建设项目竣工财务决算。基本建设项目竣工财务决算是正确核定新增固定资产价值,反映竣工项目建设成果的文件,是办理固定资产交付使用手续的依据。作为对建设项目财务情况的最终总结,竣工财务决算在建设项目财务管理工作中占有重要的地位。

二、竣工财务决算的内容

基本建设竣工财务决算的内容主要包括:

(1)项目竣工财务决算报表,主要包括基本建设项目概况表,基本建设项目竣工财务决算表,基本建设项目交付使用资产总表,基本建设项目交付使用资产明细表。

基本建设项目竣工财务决算表的基本格式如表5-1所示。

基本建设项目竣工财务决算表(单位:元)　　表5-1

资金来源	金额	资金占用	金额
一、基建拨款		一、基本建设支出	
1. 预算拨款		1. 交付使用资产	
2. 基建基金拨款		2. 在建工程	
其中:国债专项资金拨款		3. 待核销基建支出	
3. 专项建设基金拨款		4. 非经营项目转出投资	
4. 进口设备转账拨款		二、应收生产单位投资借款	
5. 器材转账拨款		三、拨付所属投资借款	
6. 煤代油专用基金拨款		四、器材	
7. 自筹资金拨款		其中:待处理器材损失	
8. 其他拨款		五、货币资金	
二、项目资本		六、预付及应收款	
1. 国家资本		七、有价证券	
2. 法人资本		八、固定资产	
3. 个人资本		固定资产原价	

续上表

资金来源	金额	资金占用	金额
4. 外商资本		减:累计折旧	
三、项目资本公积		固定资产净值	
四、基建借款		固定资产清理	
其中:国债转贷		待处理固定资产损失	
五、上级拨入投资借款			
六、企业债券资金			
七、待冲基建支出			
八、应付款			
九、未交款			
1. 未交税金			
2. 其他未交款			
十、上级拨入资金			
十一、留成收入			
合计		合计	

基本建设项目交付使用资产总表的基本格式如表 5-2 所示。

基本建设项目交付使用资产总表

表 5-2

序号	单项工程项目名称	总计	固定资产				流动资产	无形资产	递延资产
			合计	建安工程	设备	其他			

(2)竣工财务决算说明书,主要反映的内容有:

①基本建设项目概况;

②会计账务的处理、财产物资清理以及债权债务的清偿情况;

③基建结余资金等分配情况;

④主要技术经济指标的分析、计算情况;

⑤基本建设项目管理及决算中存在的问题、建议;

⑥决算与概算的差异和原因分析;

⑦需要说明的其他事项。

三、竣工财务决算编制与管理的基本要求

(一)竣工财务决算编制管理的基本要求

(1)所有的基本建设项目,无论规模大小,凡是已完成建设活动,具备验收交付使用的条件,都要按规定编制基本建设项目竣工财务决算。对于包括两个或者两个以上单项工程的建设项目,单项工程完工需提前交付使用的,应先编制单项工程竣工财务决算;待建设项目全部

竣工后还应编制竣工财务总决算。

(2)建设单位应当加强对基本建设项目竣工财务决算的组织领导,组织专门人员,及时编制竣工财务决算。设计、施工、监理等单位应当积极配合建设单位做好竣工财务决算编制工作。建设单位应在项目竣工后3个月内完成竣工财务决算的编制工作。在竣工财务决算未经批复之前,原机构不得撤销,项目负责人及财务主管人员不得调离。

(3)基本建设竣工财务决算的依据,主要包括可行性研究报告、工程初步设计、修正总概算及其批复文件、经批准的施工图预算或者标底造价、承包合同、工程结算等资料;历年基建计划、历年财务决算及批复文件;有关财务制度、办法和会计核算资料;其他有关资料。

(4)已具备竣工验收条件的项目,3个月内不办理竣工验收和固定资产移交手续的,视同项目已正式投产,其费用不得从基建投资中支付,所实现的收入作为生产经营收入,不再作为基建收入管理。

(二)竣工财务决算审核与报批

1.竣工财务决算审核

基本建设项目竣工财务决算审核对提高竣工财务决算的质量,正确评价投资效益、改善建设项目管理有着重要的意义。

基本建设项目竣工财务决算审核一般可采取一级对一级审核的方式进行。主要内容包括:

(1)审阅建设项目的文件资料;

(2)审核建设项目的资金来源;

(3)审核建设项目的资金用途;

(4)审核建设项目的竣工财务决算。

基本建设项目竣工财务决算审核应当坚持“四结合”的原则进行。“四结合”审核工作方法是指:

(1)全面审核与突出重点相结合;

(2)查账与调查核实相结合;

(3)详查与抽查相结合;

(4)定量与定性相结合。

对财务决算重点审核应以国家有关基建方针、政策、设计文件和工程概(预)算为依据,审核历年来决算所列资料是否与竣工决算总列数相符;审核核对竣工项目是否属于批准的计划内基本建设项目,工程内容有无增减变动;修改变更设计等要附有批件。审核竣工项目中有无虚报工程量、提高取费标准、高套定额等现象;审核计划外项目和违反规定与兴建楼堂馆所等问题;等等。

2.竣工财务决算报批

按照《基本建设财务管理规定》的规定,基本建设项目的竣工财务决算,按下列要求报批:

(1)中央级的小型项目,属国家确定的重点项目,其竣工财务决算经主管部门审核后报财政部审批,或由财政部授权主管部门审批;其他项目竣工财务决算报主管部门审批。

(2)中央级大中型基本建设项目竣工财务决算,经主管部门审核后报财政部审批。

(3)地方级基本建设项目竣工财务决算的报批,由各省、自治区、直辖市、计划单列市财政厅(局)确定。

(4)财政部对中央级大中型项目、国家确定的重点小型项目竣工财务决算的审批实行“先审核、后审批”的办法,即先委托投资评审机构或经财政部认可的有资质的中介机构对项目单位编制的竣工财务决算进行审核,再按规定批复。对审核中审减的概算内投资,经财政部审核确认后,按投资来源比例归还投资方。

(5)基本建设项目竣工财务决算大中小型划分标准:经营性项目投资额在5 000万元(含5 000万元)以上、非经营性项目投资额在3 000万元(含3 000万元)以上的为大中型项目。其他项目为小型项目。

第五节　竣工决算、工程决算与竣工财务决算的比较

一、问题的提出

不可否认,不同的国务院业务主管部门、有关地方人民政府及其业务主管部门在不同时期的不同规章和规范性文件中提出的概念具有不同的界定和相互交叉的矛盾。例如《国家投资土地开发整理项目竣工验收暂行办法》(国土资发[2003]21号)第9条规定申请项目竣工验收应当提交的材料包括项目财务决算与审计报告;《邮电通信建设工程竣工验收办法》(邮部[1996]54号)规定:竣工验收前应组织有关部门,根据通信建设工程决算编制办法的规定,编制单项工程竣工决算和建设项目总决算。工程在竣工验收后的3个月内将决算报上级主管部门。竣工验收后的3个月内应办理固定资产交付使用的转账手续。

所以,从事不同领域的基本建设(例如交通基础设施建设、房屋建筑物建设、冶金工业建设、邮电通信建设等)财务管理需要执行相应的管理规定;财政主管部门需要关注并解决好各行业之间的协调问题;政府业务主管部门需要关注并解决好行业内部各项规章制度之间的协调问题。

二、关于决算报批规范的比较

《交通基本建设项目竣工决算报告编制办法》要求,竣工决算报告在竣工验收委员会审查同意后3个月内报出;中央级大中型基本建设项目,其项目竣工决算报告经省级交通运输主管部门或部属一级单位签署意见后报交通运输部备案;没有涉及其他项目竣工决算的报批。

《公路建设项目工程决算编制办法》规定,工程决算文件由项目法人在交工验收后负责组织编制,竣工验收前编制完成,并将工程决算文件及工程决算数据软盘各1份上报交通运输主管部门,同时抄送工程造价管理部门。

《基本建设财务管理规定》要求:

(1)中央级的小型项目,属国家确定的重点项目,其竣工财务决算经主管部门审核后报财政部审批,或由财政部授权主管部门审批;其他项目竣工财务决算报主管部门审批。

(2)中央级大中型基本建设项目竣工财务决算,经主管部门审核后报财政部审批。

(3)地方级基本建设项目竣工财务决算的报批,由各省、自治区、直辖市、计划单列市财政

厅(局)确定。

三、关于对项目验收规范的比较

1. 有关验收划分的比较

《公路工程竣(交)工验收办法》(交通部令2004年第3号)和《航道工程竣工验收管理办法》(交通部令2008年第1号)中均规定将工程验收划分为交工验收和竣工验收两个阶段。

《港口工程竣工验收办法》(交通部令2005年第2号)和《邮电通信建设工程竣工验收办法》中将工程验收划分为初步验收和竣工验收;初步验收合格后进入工程试运转期;试运转期一般为3个月到6个月。

1990年9月11日原国家计委印发的《建设项目(工程)竣工验收办法》中曾要求"根据建设项目(工程)的规模大小和复杂程度,整个建设项目(工程)的验收可分为初步验收和竣工验收两个阶段进行。规模较大、较复杂的建设项目(工程),应先进行初验,然后进行全部建设项目(工程)的竣工验收。规模较小、较简单的项目(工程),可以一次进行全部项目(工程)的竣工验收"。

但建设部出台的有关房屋建筑物建设项目的管理规定中没有涉及交工验收和初步验收的工作规范,这意味着这些规定中是将交工验收或初步验收和竣工验收合并进行的;房屋建筑物项目不存在试运营期的划定,只有质量保证期,从固定资产通过竣工验收交付使用开始计算。

2. 有关工程验收组织单位和报批的比较

《公路竣(交)工验收办法》规定:交工验收由项目法人负责;竣工验收由交通运输主管部门按项目管理权限负责。交通运输部负责国家、部重点公路工程项目中100km以上的高速公路、独立特大型桥梁和特长隧道工程的竣工验收工作;其他公路工程建设项目,由省级人民政府交通运输主管部门确定的相应交通运输主管部门负责竣工验收工作。负责组织竣工验收的交通运输主管部门对通过验收的建设项目按交通运输部规定的要求签发《公路工程竣工验收鉴定书》。

2000年1月30日发布的《建设工程质量管理条例》(国务院令第279号)规定,建设单位负责组织设计、施工工程监理等单位进行竣工验收。建设工程经验收合格的,方可交付使用。

2009年10月19日发布的《房屋建筑和市政基础设施工程竣工验收备案管理办法》(住房和城乡建设部令第2号)第4条规定:建设单位应当自工程竣工验收合格之日起15日内,依照本办法规定,向工程所在地的县级以上地方人民政府建设主管部门备案。

四、关于对决算编制时间规范的比较

在有关文件规定中,交通运输部均要求在项目交工验收后编制竣工决算或者工程决算,并将经过审计的竣工决算或工程决算作为竣工验收文件的组成部分。但财政部《基本建设财务管理规定》则要求在项目竣工后3个月内编制竣工财务决算;原邮电部的规定更明确要求在办理竣工验收后3个月内编制竣工财务决算;《建设工程质量管理条例》中没有将编制竣工决算作为竣工验收的前提条件。

五、有关建议

可以认为,不同行业的业务特点也许决定了编制竣工决算以及竣工验收的不同要求。如果存在交工验收或者初步竣工验收环节的工作规范,由于交工验收或者初步竣工验收合格意味着工程质量验收合格,则应当在此基础上办理与施工企业之间的工程竣工结算并编制工程竣工决算,并将编制竣工决算作为最终竣工验收的前提之一;如果不存在初步竣工验收或者交工验收的工作环节规范,则竣工验收是检验工程质量是否符合规定要求的依据,应当在竣工验收后办理工程竣工结算并编制竣工财务决算。

就公路建设项目而言,可按照以下程序规范工程验收期间的财务管理工作:

(1)自从主体工程通过交工验收之日起,进入试运营阶段。

(2)进入试运营阶段的收费公路经批准收取的车辆通行费,不作为基建收入,执行经营期间财务管理的相关规定;发生的借款利息费用,不再计入建设成本。

(3)建设形成的各类实物资产,采取以下方式进行移交:

①建设形成的公路基础设施,包括公路及构筑物和安全设施,在通过交工验收后,移交给使用单位。

②建设形成的需要安装、测试的各类设施,包括电子收费设施、通信设施、计重收费设施、监控设施等,可以在测试前移交给使用单位,但发生的负荷联合试车费应当由建设单位承担,并计入项目建设成本(待摊投资);也可以由建设单位负责测试,并在通过测试后移交给使用单位。

③为项目购置的不需要安装设备,应当在通过公路基础设施交工验收后由建设单位移交给使用单位。按照合同约定在交工验收后购置的不需要安装的设备应当直接移交给使用单位。

④建设形成的房屋建筑物,包括管理用房、员工宿舍、服务区房屋建筑物等,应当执行《建设工程质量管理条例》(国务院令第279号)和《房屋建筑和市政基础设施工程竣工验收备案管理办法》(住房和城乡建设部令第2号)的规定,在通过由建设单位组织的房屋建筑物单项工程竣工验收后,才能将其移交给使用单位。

(4)建设单位与施工企业就通过交工验收(房屋建筑物为竣工验收)后的工程项目进行工程竣工结算。

(5)在办理工程竣工结算的基础上,编制竣工决算报告,经审计后按照规定程序报批。

(6)各级交通运输主管部门按照《基本建设财务管理规定》的要求,将审核后的竣工决算(竣工财务决算)按照规定程序报财政部门审批。

(7)公路建设项目法人根据交通运输主管部门审核、财政部门审批后的竣工决算,办理建设形成资产的账目移交手续;根据竣工验收报告向使用单位办理建设形成资产管理责任移交手续。

第六节　公路基本建设项目投资效益评价

加强对公路基本建设项目财务管理的目的是为了提高建设项目的投资效益。对此,有必要在明确投资效益概念的基础上,设置一套科学合理的财务评价指标体系来全面评价公路建设项目投资的经济效益。

一、公路基本建设投资效益评价的概念与分类

为了保证公路建设投资获得最理想的经济效益,有必要对公路工程项目进行经济效益评价。

要评价公路建设项目的投资效益,通常的做法是,通过设置科学的投资效益评价指标体系来分析建设项目投资效益情况。

公路工程经济效益评价一般包括以下内容:

(1)通过设置共性投资效益评价指标对建设项目的投资效益进行评价;

(2)通过设置专门投资效益评价指标分别对普通公路、政府收费高速公路和特许经营高速公路的投资效益进行评价。

公路工程经济效益评价一般包括以下环节:

(1)在进行公路建设项目可行性研究中对其经济效益进行估算与评价;

(2)在编制建设项目年度财务决算时进行评价;

(3)在进行公路工程竣工决算的同时进行经济效益评价;

(4)在公路工程项目后评估中进行经济效益评价。

本节主要讨论公路工程年度财务决算和竣工财务决算期间的经济效益评价与分析。

二、建设项目投资效益的共性评价

可通过设置以下指标来评价所有建设项目的投资效益。

1. 建设工期

某建设项目的建设工期是指该项目自正式开工至工程全部竣工投入使用所经历的时间。缩短建设工期的效益可主要体现在以下两方面:

(1)降低建设资金的机会成本;

(2)提前为全社会提供经济效益。

分析建设工期时,一般将实际建设工期与计划工期进行对比,并在此基础上进一步分析导致差异出现的原因和解决问题的措施。

2. 建设成本

项目的建设成本反映了建设单位在投资活动中计入交付使用资产价值的各项基本建设支出。进行建设成本分析的主要目的是通过将实际建设成本与概预算建设成本进行比较,揭示可能存在的差异,分析导致差异出现的主客观原因,为评价建设单位和有关单位责任人的业绩以及寻找降低建设成本的途径提供依据。

3. 投资完成额

投资完成额是指根据现行规定已完成预算定额和设计所规定的全部工程内容、在本单元不需要再进行任何加工、按预算价格计算的已完工程的投资额。没有形成工程实体或者虽部分完成工程的设计程序、但没有完成工程预算定额和设计所规定的全部工程内容,其投入的人工、材料、尚未安装设备的价值,只能作为未完建设成本,不能作为投资完成额。

4. 工程完工率

工程完工率指标反映了到某一年度财务决算时，累计投资完成额与累计完成投资额的比例关系，其计算公式如下：

$$工程完工率=\frac{累计投资完成额}{累计完成投资总额}\times100\%$$

5. 投资完成率

投资完成率反映了到某一年度财务决算时，累计完成投资额与工程概预算投资总额的比例关系，其计算公式如下：

$$投资完成率=\frac{累计完成投资额}{工程概预算投资总额}\times100\%$$

6. 单位投资额

单位投资额指标反映了某等级公路平均每公里的实际投资额。单位投资额的计算公式如下：

$$单位投资额=\frac{某一等级的公路建设项目总投资}{该等级公路交付使用总里程}$$

三、普通公路投资效益评价

普通公路投资效益评价主要是根据建设项目国民经济评价的基本原理，在公路项目建成交付使用的基础上，根据公路建设项目的实际经济效益和经济成本以及成本效益分析的实际结果，站在国民经济角度来审计评价公路投资的科学合理性，对公路建设项目可行性研究中的国民经济评价结果进行再评价。

公路工程的经济效益，包括运行成本降低的效益、运行里程缩短的效益、运行时间节约的效益、运输量增加的效益、减少交通拥挤的效益、减少交通事故损失的效益等。公路工程的经济成本，一般包括投资成本、公路的养护成本与管理成本等。其中公路的投资成本是指用影子价格计算或用机会成本衡量的公路项目所耗费或占用的土地资源、人工资源、水泥、沥青、钢材、木材、砂石等原材料资源以及外汇资源的经济成本。分年度投资成本需根据经济折现率折算为投资成本现值。公路的养护与管理成本包括日常养护与管理成本和大修成本。

在此基础上，可采用净现值法、投资回收期法、内部收益率法、效益成本比率法等对公路工程经济效益与经济成本进行比较，较科学、如实地反映公路投资的经济效益以及预计效益和实际效益之间的差异。由于目前中国对建设项目的国民经济评价工作重视程度还不够，可行性研究的结果还难免有水分，有意识或者无意识地虚构经济效益或者缩小投资额的结果都有可能使得原本不可性的建设项目变成可行，从而导致国家有限经济资源的浪费。对此，对已完工交付使用后的公路建设项目进行国民经济再评价，具有非常重要的作用和深远的意义。

四、政府收费高速公路投资效益评价

政府收费高速公路投资效益评价包括财务评价和国民经济评价。政府收费高速公路的财务评价是站在项目业主的角度分析项目按期还本付息的能力。所采用的评价指标一般是反映项目偿债能力的财务指标,包括反映特定时期项目偿债能力的静态指标和反映偿还全部贷款本息所需年限的动态指标。

反映项目偿债能力的财务指标如下。

1.债务资金偿还期

债务资金偿还期反映了偿还全部债务资金本息所需的年限,其计算公式如下:

$$\sum_{t=0}^{n}\mathrm{NCF}_t(1+i)^{-t}-D=0$$

式中:NCF——偿债收入;

D——项目债务资金总额;

n——债务资金偿还期;

i——债务资金利率。

式中,假定债务资金一次性取得。如果分期取得债务资金,则 D 表现为以债务资金利率为折现率计算的债务资金现值。

2.债务—收益比率

债务—收益比率反映了特定年份用偿债收入偿还到期债务的能力,其计算公式如下:

$$\text{债务}-\text{收益比率}=\frac{\text{年偿债收入}}{\text{到期债务本金和利息}}\times 100\%$$

其中,偿债收入是指车辆通行费收入补偿全部政府收费高速公路的养护支出和收费管理支出后的余额。根据国家规定,这部分资金只能用于偿还政府收费高速公路的债务资金本息。

3.债务偿还比率

债务偿还比率反映了特定年末累计已偿还债务本金占全部债务本金的比例关系,其计算公式如下:

$$\text{债务偿还比率}=\frac{\text{累计已偿还债务本金}}{\text{全部债务本金}}\times 100\%$$

分析政府收费高速公路的还贷能力,主要从以下方面进行:

(1)政府收费高速公路建成投入使用后,是否有足够的交通量来保证用收取的车辆通行费补偿政府收费高速公路的养护开支、收费人员的经费开支以及其他有关支出后的余额,如期足额地还本付息;

(2)用公路车辆通行费所支付的债务资金本息是否合理;

(3)收费人员是否超编,收费人员经费支出是否超预算,是否存在因人员经费过高而影响按期还本付息等问题;

(4)公路还清债务资金本息后是否仍在继续收费;等等。

五、特许经营高速公路投资效益评价

特许经营高速公路投资效益评价也应当包括财务评价和国民经济评价两个层次。特许经营高速公路的财务评价是站在项目投资者的角度分析项目的还贷能力和获利能力是否达到了规定的要求。所采用的评价指标一般是反映项目偿债能力和投资收益的财务指标,包括反映特定时期项目偿债能力和投资收益率的静态指标和反映偿还全部贷款本息所需年限和项目收费经营期限内平均投资收益率的动态指标。

1. 静态投资收益率

静态投资收益率(ROI)反映了特定年份总投资与投资收益的比例关系。其中,投资收益又可以叫做息税前利润;投资收益率又可以叫做总资产报酬率。投资收益率的计算公式如下:

$$\text{投资收益率} = \frac{\text{投资收益}}{\text{投资总额}} \times 100\%$$

2. 动态投资收益率

动态投资收益率实际上就是项目的内部收益率(IRR),或者叫做财务内部收益率(FIRR)。内部收益率的计算公式如下:

$$\sum_{t=0}^{n} \mathrm{NCF}_t (1 + \mathrm{IRR})^{-t} - I = 0$$

式中:IRR——内部收益率;

NCF——投资收入(或现金净流入量);

I——投资总额(或投资现值);

n——特许经营期限。

特许经营高速公路的财务收入由车辆通行费收入构成。可根据预计的交通量、收费标准、公路总长度等来估算年度车辆通行费收入总额。收费公路的财务收入形成分年度的现金流入量;高速公路的财务成本包括建造高速公路和受让收费权的投资成本、公路养护成本、公路收费成本与管理成本等。高速公路的财务成本形成分年度的现金流出量。高速公路需缴纳营业税金及附加和所得税。营业税金及附加和所得税属于现金流出量的重要组成部分。高速公路的现金净流入量反映了现金流入量超出现金流出量的余额。经营年度的现金净流入量可表现为年度净利润与收费权价值(无形资产)摊销额之和,又可以叫做投资收入。

对特许经营高速公路的投资效益进行财务评价的主要目的,除了评价其还贷能力以外,是为了评价投资是否可以获得预期的收益率(基准收益率);分析投资行为是否合理。

【本章小结】

竣工验收阶段的财务管理工作一般涉及工程竣工结算、工程质量保证金的管理、竣工结余的处理、建设形成资产移交的管理、编制竣工决算和竣工财务决算和组织对公路建设项目投资效益评价等具体内容。

工程竣工结算涉及的是公路建设单位与公路工程施工企业之间的工程价款结算事项。工程竣工结算应当严格执行国家的相关规定,并在工程竣工结算时严格按照有关规定以及建造合同中的约定有效规范工程质量保证金的扣留和退还的财务事项。

公路建设形成资产的移交是一项重要的工作。资产移交具体包括实物资产的移交、资产账目的移交以及资产维护责任的移交等具体事项。

基建财务决算用特定的表格和文字说明来反映建设单位的财务状况及其经营成果。基建财务决算包括年度财务决算和项目竣工财务决算两部分。

应当在公路基本建设财务管理中正确处理好交通运输部规定的编制竣工决算、工程决算以及财政部规定的编制竣工财务决算之间的关系。

公路基本建设投资效益评价包括建设项目投资效益的共性评价、普通公路投资效益评价、政府收费高速公路投资效益评价和特许经营高速公路投资效益评价。投资效益评价是根据各类投资效益评价的特定要求通过设置专门财务评价指标来进行的。

【复习思考题】

1. 什么是公路工程验收? 公路工程验收划分为交工验收和竣工验收两个环节的工作对公路工程竣工验收阶段的财务管理有何影响?

2. 工程竣工结算和工程竣工决算有何区别和联系? 工程竣工结算和工程竣工决算应当分别由何方承担编制的职责?

3. 为什么要将建设项目形成资产的移交划分为实物资产移交、资产账目移交和资产维护责任移交三项内容? 三者之间有何区别与联系?

4. 什么是工程竣工结余? 国家对工程竣工结余有何管理要求? 对于非国有企业承担的公路建设项目,应当如何处理工程竣工结余?

5. 什么是基本建设年度财务决算和竣工财务决算? 两者各自的作用是什么? 基本建设年度财务决算和项目竣工财务决算有何区别和联系?

6. 你认为应当如何处理好编制竣工决算、工程决算和竣工财务决算之间的关系?

7. 为什么要对公路基本建设项目的投资效益进行评价? 通常采取的评价方法是什么?

8. 从财务角度观察,建设项目的建设工期是否越短越好? 为什么?

9. 评价政府收费高速公路投资效益最重要的财务指标应当是什么? 为什么?

10. 评价特许经营高速公路投资效益的主要财务指标是什么? 什么是投资收入? 如何计算投资收入?

PART 2 第二篇 公路经营企业财务管理

中国的公路经营企业是深化公路融、投资管理体制改革的产物。自20世纪80年代末期广东省率先进行公路收费经营的有效尝试以来，中国已建立了数百家公路经营企业。到2014年8月底，中国大陆利用交通基本建设资金或已建成路产先后发起设立的公路上市公司19家；通过IPO和增发股票方式筹措公路建设资金约312.86亿元人民币；数百家公路经营企业共经营着5.85万公里的收费公路(2014年底)。公路经营企业的兴起与快速发展以及公路经营企业显著的行业特色使得公路经营企业的财务管理成为中国企业财务管理的一个重要方面。

目前，中国公路经营企业执行的主要财务规章制度是《企业财务通则》以及财政部、交通部于1997年3月颁布的《高速公路公司财务管理办法》。由于《中华人民共和国公路法》《收费公路管理条例》等法律法规的发布对公路经营企业财务管理具有重要的影响，由于中国从1998年开始进行用会计准则和会计制度统一规范企业的财务行为和会计行为的改革尝试，由于中国从1999年开始关于特许经营公路的政策导向经常在发生较大的变动，对此可以认为，目前是由《中华人民共和国公司法》《中华人民共和国公路法》《收费公路管理条例》《企业财务通则》《高速公路公司财务管理办法》《企业会计准则》《公路经营企业会计制度》等法律法规和规章制度中的有关对企业财务行为的统一规范以及中国的现行公路特许经营政策等共同影响和规范着公路经营企业的财务行为。在本篇将以上述法律、行政法规和规章制度等为依据，探讨公路经营企业财务管理的基本理论和方法。

伴随着2011年国家提出了建设两个路网的理念，今后中国的收费公路，将由高速公路构成。其他公路被界定为普通公路，定义为不收取车辆通行费的公路。尽管2014年底5.85万公里特许经营公路总量中仍具有1.19万公里的一级公路和二级公路，但这些特许经营一级公路和二级公路在进一步深化公路投融资体制改革中将逐步退出历史舞台。对此本篇中涉及的公路经营企业建设与管理的特许经营公路，统一表述为特许经营高速公路。

第六章

公路经营企业财务管理概论

企业财务管理是企业管理的重要组成部分。在社会主义市场经济条件下,企业管理的核心是财务管理;财务管理的核心是资金管理。这一认识充分体现了财务管理在企业管理中的重要地位。公路经营企业是以公路收费经营为主营业务的法人实体和市场竞争主体;要有效地提高公路经营企业的经营效益,必须注重加强企业的财务管理工作。

第一节 企业财务的概念

一、公路经营企业的概念

在市场经济条件下,规范的公路经营企业的性质可至少从以下三方面来理解:首先,公路经营企业是以营利为目的、实行独立核算、政企分开的法人实体和市场竞争主体;其次,根据中国现行规定,公路经营企业应注册为有限责任公司或股份有限公司,因此可以认为公路经营企业是按照《中华人民共和国公司法》的要求组建的规范性公司制企业,实行有限责任制度和企业法人制度,具有股份有限公司和有限责任公司两种组织形式(国有独资公司是有限责任公司的一种特殊形式);第三,公路经营企业是经国家特别行政许可、在规定期限内以公路收费经营为主营业务的公司制企业,经营期限届满,公路需无偿移交国家有关部门。对此,可将公路经营企业定义为“设在中华人民共和国境内的、经国家特别行政许可从事公路建设并实行收费经营、以获利为目的的公司制企业”。

具体来讲,公路经营企业的组织形式主要包括以下几种。

1. 作为地方人民政府融资平台的国有公路经营企业

地方政府公路融资平台公司一般由省级人民政府、省级人民政府国有资产监督管理机构或者授权交通运输厅(委)履行出资人的职责。作为融资平台的国有公路经营企业管理的收费公路,部分属于特许经营公路(如云南省公路开发投资有限责任公司、河南交通投资集团有限公司、北京市首都公路发展集团有限公司、贵州高速公路集团有限公司等);部分属于政府还贷公路(如福建省高速公路有限责任公司、江西高速公路投资集团有限责任公司、宁夏交通投资有限公司、陕西省高速公路建设集团公司等)。截至2014年底,除了西藏、辽宁、新疆以外,全国28个省市自治区设立了31家省级公路融资平台公司,其中湖南高速公路建设开发总公司、福建省高速公路有限责任公司、甘肃省公路航空旅游投资集团有限公司、湖北省交通投资集团有限公司、陕西省高速公路建设集团公司等十五个省市自治区设立的16家融资平台公司,主要在建设与管理政府还贷高速公路。2013年底30家公路融资平台公司(不含上海沪申高速公路建设发展有限公司)管理的政府还贷高速公路总里程30 163.35km,占管理的高速公路总里程的48.85%。这些作为融资平台的国有独资公路经营企业虽然也计算和考核利润指标,但不以营利为目的。

伴随着政府预算管体制改革的逐步推进,地方政府难以再通过融资平台公司筹措基础设施和公用事业发展所需的债务资金,地方政府融资平台公司将逐步淡出。

2. 公路上市公司

本教材所称公路上市公司是指用交通基本建设资金或已建成政府还贷公路的收费权,作为投入资本发起设立的上市公司。按照该定义,通过资产重组进行路桥收费领域的上市公司(例如东莞控股股份有限公司等),不属于公路上市公司。截至2015年7月底,中国境内符合该定义的公路上市公司有18家,包括粤高速、皖通高速、深圳高速、沪杭甬高速、宁沪高速、成渝高速、海南高速、重庆路桥、华北高速、赣粤高速、现代投资、福建高速、中原高速、五洲交通、山东高速、楚天高速、龙江交通和吉林高速。

原来符合该定义的公路上市公司延边公路建设股份有限公司已于2010年2月5日与吉林敖东药业集团股份有限公司签订资产交割协议,并于2010年2月将所有资产和债务移交给吉林敖东,成为吉林敖东的全资子公司,延边公路建设有限责任公司不再属于公路上市公司。

按照该定义,以公路施工为主营业务的上市公司(例如中国交通建设股份有限公司、西藏天路股份有限公司、龙建股份有限公司等),不属于公路上市公司的范畴。

进入21世纪以来,由于海南高速公路股份有限公司推行多角化经营策略,除了经营管理高速公路以外,经营业务逐步扩展到房地产、旅游等服务行业。2011年营业收入中,来自海南省交通运输厅的车辆通行补偿费收入为主的交通运输业收入仅占17.60%,而来自房地产业的收入占到69.23%;虽然2012年交通运输业收入所占比重上升至25.43%,房地产业的收入的比重下降到53.34%,仍难体现公路上市公司的基本特征。2014年该公司交通运输业收入所占比重为27.47%。

广西五洲交通股份有限公司的多角化经营近年来也在快速发展。2013年公司的主营业务涵盖交通运输、物流地产和物流贸易三大领域，其中通行费收入仅占主营业务收入的15.55%，而物流贸易收入则达到了80.25%。由于房地产业收入和物流贸易收入大幅度下降，由于交通量的增长导致车辆通行费收入增长了16.62%，2014年通行费收入所占比率提高到34.4%，而物流贸易收入占比降至53.06%。

如果将经营高速公路的上市公司也界定为公路上市公司，则公路上市公司还包括湖南投资、深圳盐田港、悦达投资、东莞控股、中国交通建设等上市公司。

在香港上市的合和公路基建有限公司、越秀交通基建有限公司、华昱高速集团有限公司等，以及在都灵证券交易所和米兰证券交易所上市的意大利都灵米兰高速公路股份有限公司和意大利阿特兰蒂亚股份有限公司、在澳大利亚证券交易所上市特兰斯尔本集团、在西班牙马德里上市证券交易所上市的西班牙阿伯蒂斯基础设施股份有限公司和辛特拉基础设施股份有限公司等，属于在海外上市的公路上市公司。

3. 市场化的公路经营企业

除了公路上市公司以外，市场化的公路经营企业一般是按照“一路一公司”的经营模式设立的公路有限责任公司或股份有限公司，有时也可简称为路段经营企业。路段经营企业一般是由其他企业因投资建设或投资受让公路收费权而投资设立的。例如，经营西安至临潼高速公路的陕西金秀交通发展有限公司，建设与经营广西兴业至六景高速公路的广西新长江高速公路有限责任公司，负责建设和经营山西晋侯高速公路的山西中交翼侯高速公路有限公司等，都属于路段经营企业。

二、企业财务活动

财务管理是企业组织财务活动、协调和处理与各方面财务关系的一项经济管理工作。公路经营企业为从事道路收费经营活动必须要拥有一定数量的资金。企业的筹措资金、运用资金和分配资金等各项价值活动的总和形成了企业的财务活动。具体地说，企业财务活动由以下各项价值活动构成。

（一）企业的筹资活动

在市场经济条件下，企业的发起人需要通过筹措一定数量的资金，为企业设立以及从事经营活动提供基础条件。为了适应业务发展以及规模调整的要求，企业也需要相应地筹措经营资金和按期偿还债务资金。在市场经济条件下，公路经营企业一般可以通过直接向投资者募集资金（吸收直接投资）、发行股票、发行债券、向金融机构借款等方式筹措公路投资活动所需资金。

（二）企业的资金运用活动

企业的资金运用活动包括企业的投资活动以及生产经营过程中所涉及的资金使用、资金耗费、资金补偿以及资金增值等价值活动，包括经营资产的使用，公路经营成本费用的发生，通行费收入的取得以及利润的形成等。

1. 资金投放活动

企业筹措的资金需要按照投资决策的结果投放到具体的项目中去，以利于获取利润，增加企业的价值。公路经营企业的投资一般包括购买已建成政府收费公路收费权的投资、建设公路的投资以及对外投资活动。

2. 资金使用活动

企业投资活动的结果形成企业的各项经营性资产,包括固定资产、流动资产、无形资产等。如何维护好资产,不断提高资产的使用效率,是企业财务管理的一项重要任务。

3. 资金耗费活动

公路经营企业在从事公路收费经营活动中会发生一系列的资金耗费,包括支付企业员工工资的耗费;购买公路养护用材料物资等耗费;支付企业经营管理费用的耗费;等等。企业依法应当交纳的各种税费,也可以视为是一种资金耗费。企业既然要从事生产经营活动,就不可能不发生耗费;但如何在保证经营活动正常进行的前提下有效控制资金耗费,是资金耗费管理的主要目标。

4. 资金补偿活动

企业的资金耗费要通过收入的取得来予以补偿,才能保证再生产经营活动的持续进行。公路经营企业经营活动中的资金补偿,一般表现为通行费收入和其他营业收入的取得。这形成了公路经营企业财务活动的一个重要方面:公路经营企业的营业收入管理。

5. 资金增值活动

企业以营利为目的。所以企业在经营活动中不仅要求资金补偿,而且还要求资金增值。企业的资金增值主要表现为再生产经营活动终了所取得的经营利润。一般来说,经营利润越多,资金增值越大,企业经营效益越好。

(三)企业的资金分配活动

企业资金分配的主要内容是利润分配。企业在经营活动中所获取的利润,在弥补以前年度经营亏损后,首先需要依法计提盈余公积金,然后根据企业利润分配决策的结果决定向投资者分配利润或者将利润留存企业用于经营发展。企业利润分配所引发的资金运动,也是企业财务活动的重要组成部分。

三、企业财务管理

企业在从事财务活动中,为了注重于提高经济效益,需认真研究如何科学地筹措资金,依法监督经营资金的合理使用,降低成本费用,提高获利水平,以及合理分配资金等问题;需认真处理好企业同各方面的财务关系。这些工作,形成了企业的财务管理工作。财务管理区别于其他管理的特点,在于它是一种价值管理,是对企业再生产过程中的价值运动进行的管理,是一项综合性的管理工作。

四、财务关系

财务关系反映了企业为从事生产经营活动与社会各方面形成的经济关系。企业的财务关系可以概括为以下方面。

1. 企业与国家税务机关之间的财务关系

企业与国家税务机关之间的财务关系主要表现为企业需要根据税法和有关规定缴纳各种

税款,包括价外税(增值税)、价内税(例如营业税、消费税等)、计入成本费用的税款(例如印花税、土地使用税、车船使用税等)和企业所得税等。国家作为社会管理者向企业征收有关税金,这些税金形成了各级政府财政收入的主要来源。2015 年 7 月底,公路经营企业在从事公路收费经营活动和高速公路服务区经营活动中需要交纳的各种税费包括按通行费收入和其他营业收入一定比例征收的营业税、城市维护建设税、教育费附加和地方教育附加;为购买应税车辆依法缴纳的车辆购置税;计入成本费用中的印花税、房产税、车船使用税、土地使用税等;以及按照应纳税所得额一定比例依法缴纳的企业所得税等。依法及时足额地缴纳各种应交税费,是公路经营企业应尽的义务。

2. 企业与投资者、债权人之间的财务关系

根据从事公路收费经营活动的需要公路经营企业需要向投资者和债权人筹措经营资金。企业从投资者取得的资金形成了企业的所有者权益;企业需要定期向投资者分配经营获得的利润,维护投资者的合法权益。企业从债权人取得的资金形成了企业的债务;企业需要按照合同的规定按期向债权人还本付息。企业与银行等金融机构之间的财务关系属于企业与债权人之间财务关系的重要组成部分。

3. 企业与其他企事业单位之间的财务关系

公路经营企业由于购买或更换收费设备、通信设备、监控设备等固定资产以及公路养护用材料等流动资产以及向客户提供公路通行劳务将发生与其他企事业单位之间的财务关系。

4. 企业与内部单位之间的财务关系

在公路收费经营中,公路经营企业与所属分公司、收费处、收费站等基层单位之间将经常发生大量的有关缴拨款等经济事项;各基层单位之间也将因相互提供有关商品和劳务(维修车辆等)需要进行计价结算。

5. 企业与员工之间的财务关系

在市场经济条件下,企业与员工之间的财务关系主要表现为根据企业与员工签订的劳动合同以及员工所提供劳动的数量和质量向员工定期支付工资、津贴、奖金和提供劳保福利、社会保险等的经济行为。

第二节　公路经营企业的财务目标与社会责任

一、公路经营企业的财务目标

明确企业的财务目标,是搞好财务工作的前提。企业财务管理是企业管理的核心,因而企业的目标与企业财务的目标应具有一致性。在社会主义市场经济条件下,企业财务目标在不同时期、不同条件下有不同的表现形式。企业财务目标的不同表现形式可概括如下。

1. 企业价值最大化

价值最大化又可以表述为所有者财富最大化。对于公路上市公司来说,股东财富最大化意味着每股市价最大化。在现阶段,西方国家和中国的大多数理论工作者均赞同将价值最大

化作为企业理财的目标。这一目标的科学性在于企业价值综合考虑了企业盈利、经营与财务风险以及资金的时间价值问题,也充分体现了投资者对投入资本保值增值的要求,有利于制约企业追求短期利益行为的倾向。

企业价值最大化也可以理解为是企业可持续发展在财务目标上的综合体现。企业追求价值最大化并不是不考虑当期利润;而是在不影响未来发展的前提下努力实现当期利润的最大化。

用价值最大化作为企业财务目标的局限性在于,除了上市公司可在一定程度上用股票市价来衡量公司总值以外,尚缺乏具有可操作性的客观衡量企业价值的方法和手段。如果无法计算企业的总值,又怎能用价值最大化作为衡量企业财务工作成效的理想目标?

2. 净资产收益率最大化

如果企业缺乏科学、客观地衡量企业价值的技术手段,则将净资产收益率(股权收益率ROE或者每股收益EPS)最大化作为财务目标,也许是一种理想选择。事实上,目前中国用于反映上市公司获利能力最主要的财务指标就是每股收益和净资产收益率。中国《国有资本金业绩评价规则》中也将净资产收益率作为反映企业财务效益状况的主要财务指标。

3. 企业销售最大化

企业销售最大化实质上也是市场占有率最大化。提高市场占有率不仅有利于扩大企业的影响,使企业具备在未来持续、稳定的获利和发展能力,而且还有利于在提高社会贡献率等方面发挥重要的作用。

4. 企业利润最大化

利润最大化是现代经济学的理论基础。根据现代经济学的观点,利润代表了企业新创造的财富。利润越多,意味着企业的财富增加越多,越接近企业目标。

虽然利润最大化目标具有明显的缺陷,但是在市场经济尚未完全形成、现代企业制度尚未真正确立的状况下,利润最大化目标也许是国有公路经营企业确定财务目标的一种现实选择。

由于在一定的交通量变动范围内,公路经营企业的成本费用呈相对的固定性;这意味着公路经营企业的利润最大化又可以表现为收入最大化。

5. 企业生存

如果企业以生存作为财务目标,则所追求的是财务风险与投资风险最小化。事实上,弱小企业只有在竞争中求得生存、站稳脚跟,才有可能在未来发展与壮大。

二、公路经营企业的社会责任

公路经营企业在追求财务目标的同时不可忽视其社会责任问题。目前深圳高速等公路上市公司已在年度报告中披露有关履行社会责任的信息,或在发布年度报告的同时发布履行社会责任情况的报告。一般来说,现代企业对社会应承担的责任如下。

1. 维护消费者的利益

公路经营企业在从事以利润最大化和价值最大化为财务目标的收费经营活动的同时,必须注重维护公路用户的合法权益。这意味着,公路车辆通行费的收费标准,应当以公路为其用户提供的级差效益为上限。如果真正做到了这一点,可以认为,收取公路车辆通行费并未增加公路用户的经济负担;这有利于调动公路用户使用特许经营公路的积极性,增加收费交通量,促使企业目标和公路用户的目标协调一致。

2. 保证员工的工资随效益增长

控制员工工资总额对降低企业的营业成本和管理费用具有重要的影响。但随着社会进步与国民经济的发展,员工的工资水平应当逐年增长,与公司效益的增长同步。这不仅有利于调动公司员工的工作积极性,有助于社会稳定,也是对员工对公司效益增长所作努力的一种回报。从这一意义上,公路经营企业应当主要通过控制员工人数、提高员工的工作效率等方式来控制员工的工资总额,降低工资成本费用。

3. 在用人方面男女平等

在用人方面不搞性别歧视,尽可能提供妇女的就业机会,是社会稳定和发展对公司用人制度提出的要求。企业一般应当在业务方面为广大妇女提供较多的就业机会,为男女平等就业和社会发展尽到自己应尽的责任。

4. 支持教育事业

在市场经济条件下,学校收入的一部分来自于企业的捐赠。没有工商界对教育的投入与支持,教育事业就很难快速发展;如果教育事业相对滞后,企业员工的综合素质和管理水平也将难以改善与提高,这将制约企业的发展和财务目标的实现。

5. 注重环境保护

注重环境保护,意味着公路经营企业在努力增加利润、控制经营成本费用的同时,应当加大对公路沿线绿化的投入,尽可能减少公路建设项目实施对大气污染、噪声污染等方面的不利影响,为环境保护多做贡献。

除了一般社会责任以外,公路经营企业由于行业特点需要履行的特殊社会责任还包括提供优质高速公路通行服务,披露有关通行费收费、通行养护成本费用等信息。

积极承担社会责任有助于树立良好的社会形象,有利于实现企业的财务目标。

第三节 公路经营企业财务管理的原则和特点

一、公路经营企业财务管理的原则

财务管理原则是企业组织财务活动、处理财务关系的准则,它是从企业财务管理实践经验中概括出来的,体现理财活动规律性的行为规范,是对财务管理的基本要求。

公路经营企业从事财务管理活动,应当在财务管理原则的指导下进行。在中国现阶段,结合市场经济的基本法则,企业在财务活动中应遵循以下基本原则。

1. 成本效益原则

成本效益原则是投入产出原则的价值体现,是社会再生产活动得以延续和发展的基本要求,是市场经济条件下财务管理必须坚持的首要基本原则。

坚持成本效益原则,就要结合特定的经济目的进行投入产出的对比分析或价值工程分析。

力争一定的成本耗费应取得尽可能大的效益,或者在效益既定的条件下最大限度地降低或控制成本,以便使企业能够长期生存、发展与谋利。

在应用成本效益时,企业往往需要平衡资本收支。通常采取的措施有:压缩支出,减少占用,通过"节流"平衡收支;增加生产,增加收入,通过"开源"以平衡收支;在发达的金融市场上,通过短期筹资和投资来调剂资本的余缺,平衡收支。资本收支在每一时点的平衡性,是资本循环过程得以周而复始进行的条件。资本收支主要通过购买和销售两个环节来实现,而资本收支平衡则以供产销活动的平衡为基础。因此,企业资本收支平衡说到底取决于供产销之间的平衡。

另外,各种性质的资本支出,用途不同,其支出的效果也往往不同,各种性质的资本收入来源不同,使用的去向也可有差异。企业在坚持成本效益原则时,必须认识各种支出和损失的性质,并将它们与有关的资本收入相匹配。在组织资本收支平衡问题上,既要量入为出,根据现有的财力来安排各项开支;又要量出为入,对于关键性的支出应开辟财源,积极予以支持,这样才能取得理想的经济效益。

2. 风险与收益均衡原则

在市场经济条件下,由于企业内外部环境的复杂多变性,要获取收益往往伴随着风险的发生。为此,企业应准备好承担相应的风险。对每一项具体的财务活动应全面分析其收益及安全性,按照风险与收益适当均衡的要求,决定采取何种方案,同时,在实践中趋利避害,做到既降低或控制风险,又能得到较高的收益。

坚持风险与收益均衡原则,要求企业不能承担超过收益限度的风险,在收益既定下,应最大限度地降低或控制风险。因为,如果收益既定,承担较大的风险,会直接导致效益的降低;承担超过收益限度的风险,会带来负效益。其结果不利于企业整体目标的实现,甚至会危及企业的生存与发展。

在财务管理中应用风险与收益均衡原则,不仅要保持各种资本存量的协调平衡,且应经常关注资本流量的协调平衡;不仅要关心资本的存量和流量,更要关心资本的增量。

3. 资源合理配置原则

企业拥有或控制诸多资源,如人力资源、信息资源以及经济资源等,而资源往往具有潜在未来获利能力,但是,资源本身是不会自动带来效益的。资源能否带来效益以及能带来多少效益,在很大程度上取决于资源的经营者、管理者,看其是否能够结合市场定位策略,来进行资源的合理配置。

财务管理具有的价值管理和综合性的特点,为资源合理配置原则的应用提供了前提保证。坚持资源合理配置原则,要求企业的各相关财务项目必须在数额与结构上有效搭配与协调,即通过对资本运行活动的组织和协调,来保证各项资源具有最优化的结构比例关系。以便做到:人尽其才、财尽其能、物尽其用,从而为企业带来较大的价值。

4. 利益关系协调原则

企业与投资者、债权人、经营者、员工、客户等权益主体之间,往往存在着密切的经济利益关系,而且,其间的利益矛盾需要协调又不太好协调。如果处理得不好,轻则可能会影响相关权益主体的积极性,重则会给企业效益的谋取带来消极影响,甚至引发重大社会问题。因此,企业财务管理必须把协调内外部当事人的利益关系当作极为严肃的问题对待,为此,财务管理要坚持利益关系协调原则。

坚持利益关系协调原则，要求企业在税费缴纳、股利分配、工薪福利发放等方面应公平合理，切实维护有关各方正当的合法权益，并不断促进企业财务状况和经营成果之间的实现长期的、稳定的良性互动效应。

二、公路经营企业财务管理的特点

与一般工商企业和运输企业相比，公路经营企业的财务活动具有以下管理上的特点。

1. 公路经营企业的收费经营属于特许经营

公路作为重要的公益性基础设施，其产权永远归属国家。但国家允许具有法人资格的国内外经济组织经省级人民政府交通运输主管部门特许以投资修建公路的方式或者以投资购买的方式取得公路有期限的收费经营权。收费经营期限届满，公路基础设施由国家无偿收回。因此，公路经营企业的收费经营，属于特许经营的范畴。

2. 利润最大化与收入最大化协调一致

从企业的财务目标来看，公路经营企业以盈利为目的，这就决定了其经营目标应当是经营收益最大化。作为公司制企业，其财务目标可具体表现为股权收益率(ROE)最大化或每股收益(EPS)最大化。如果不考虑资本结构对股权收益率或每股收益的影响，财务目标也可以与经营目标一致，近似地表现为利润最大化或投资收益率(ROI)最大化。与一般工商企业与运输企业不同，公路经营企业是通过对其经营的公路上的车辆征收通行费来取得经营收入，并依法缴纳营业税金及附加、补偿经营成本后获取利润的。公路经营企业的经营成本一般包括公路的养护与维修成本、收费业务成本、借款利息费用、投资额摊销费用以及企业行政管理费用等，一般与交通量之间不存在直接的变动关系，即一般表现为固定成本，那么企业主要是通过增加经营收入来获利的。从这一意义上来看，收入越多，利润越大；因此企业的利润最大化目标又可以具体表现为收入最大化目标。这样，合理确定车辆通行费标准，促使交通量与经营收入的稳定增长，就成为企业收费经营管理的主要任务。

3. 公路经营企业的资产负债率具有逐步下降的特点

企业投资者追求的是股东资金投资收益最大化。股权收益率不仅受投资收益率的影响，也受企业资本结构的制约。与一般企业的资本结构不同，如果企业只经营一条公路，公路经营企业的资产负债率在投资建造时期随贷款等债务金额的增加而上升；建成投入使用后随企业逐年还本付息而下降，直至为零。

4. 公路经营企业的公路投资效益具有滞后性

中国《公路工程技术标准》(JTG B01—2014)规定，高速公路的远景设计年限为20年。这意味着特许经营高速公路在设计上满足的是该地区未来20年的交通量需求，因而高速公路在建成初期几年内一般表现为通行能力的相对闲置，经营效益也相对较低。随着交通量的增长，企业的经营效益将逐步提高。

5. 公路基础设施是企业资产的主要组成部分

按照财政部、交通部颁布的《高速公路公司财务管理办法》(财工字[1997]59号)，公路及构筑物等公路资产属于企业的固定资产。但由于公路在特许经营期末需无偿地移交政府部门,所以公路及构筑物、安全设施等需要无偿移交的资产不构成清算资产。在进行公路经营企业财务分析时需注意这一特点对偿债能力分析的影响。

6. 公路经营企业的营业收入主要表现为现金收入

公路经营企业的主营业务收入是公路车辆通行费收入。车辆通行费收入一般为现金收入。因此,公路经营企业一般不存在由于拖欠车辆通行费价款导致的坏账损失,一般不需要计提车辆通行费应收账款的坏账准备;同时对营业收入的管理(实际上是现金管理)也提出了更高的要求。

7. 具有投资回收额分配的内在要求

如果公路经营企业只经营单一公路,则受现行政策下公路特许经营期最长为 30 年的影响,公路经营企业实行有期限的经营活动。在这种状况下,企业的资金分配不仅是净利润的分配,而且有可能包括投资回收额(固定资产折旧或者无形资产摊销)的分配。但是,公路经营企业也可能通过经营多条公路(桥梁、隧道)或将投资转向其他行业而得以滚动发展,实行持续的资本经营活动。

8. 公路经营企业具有明显的社会职责

公路经营企业需要承担保护路产路权、保障交通安全、实施通行监控、维护良好通行秩序等行政管理工作,并应当对收费公路完好、平整、畅通、整洁、美观等承担责任。公路收费经营期限届满,公路经营企业有义务将处于良好状态的公路基础设施交还给政府部门。

第四节　公路经营企业财务管理的基本环节和内容

一、公路经营企业财务管理的基本环节

财务管理的基本环节是指财务管理的工作步骤和一般程序。从财务管理的时序看,财务管理的基本环节包括财务预测、财务决策、财务预算、财务控制和财务分析五个基本环节。

1. 财务预测

财务预测是对各项财务指标进行的事前估算。它是根据财务活动的历史资料,考虑目前的条件和要求,对企业未来的财务活动和财务成果作出科学的预计和测算。

财务预测既是财务管理的基本方法,又是财务管理的重要环节。实践上,财务预测工作在广泛地开展着。

财务预测的分类方法有:

(1)按责任中心划分,如资本预测、成本预测和利润预测等;

(2)按预测时间划分,如短期预测、中期预测和长期预测;

(3)按财务管理空间内容划分,如筹资需要量预测、资本投放额预测、资本调度额预测和财务分配额预测。

财务预测的作用是:

(1)测算各项生产经营活动的各种方案所能够取得的经济效益,为财务决策提供可靠的依据;

(2)预计财务收支的发展变化情况,以有助于企业确立经营目标;

(3)测定各项定额和标准,为编制财务预算服务。

2. 财务决策

财务决策是指财务人员在财务管理目标总体要求下,采用专门方法,从若干个备选方案中,经过分析比较,选择某一种最优方案(或手段)的过程。

在市场经济中,管理的中心在经营,经营的中心在决策,财务管理的首要基本职能是财务决策。财务决策在财务管理中居于决定性地位,是财务管理的核心。财务决策的正确与否,将关系到企业的兴衰与成败。

进行财务决策不应违背财务管理的基本原则,同时,应遵循必要的决策程序,并以优化企业财务状况,提高企业经营成果为根本原则。广泛占有资料,注重决策手段的现代化和决策思想的创造性,是提高财务决策水平的重要途径。

财务决策的主要内容包括筹资决策、投资决策、分配决策等。

按财务决策的影响所及的长短,财务决策可划分为短期决策与长期决策。其中影响超过一年的,称为长期决策。

以上各项财务决策之间存在着密切的联系,有时甚至是相互交叉。例如,企业筹资的数量多少应考虑投资需要,在利润分配时加大留存收益可减少从外部筹资等。

财务管理正是通过财务决策来提高收益率,降低财务风险,从而实现财务管理目标的。

3. 财务预算

预算管理是利用预算对企业内部各部门、各单位的各种财务及非财务资源进行分配、考核、控制,以便有效地组织和协调企业的生产经营活动,完成既定的经营目标。

企业财务预算是在预测和决策的基础上,围绕企业战略目标,对一定时期内企业资金取得和投放、各项收入和支出、企业经营成果及其分配等资金运动所作的具体安排。

财务预算与业务预算、资本预算、筹资预算共同构成企业的全面预算。

企业财务预算应当围绕企业的战略要求和发展规划,以业务预算、资本预算为基础,以经营利润为目标,以现金流为核心进行编制,并主要以财务报表形式予以充分反映。

财务预算是现代企业财务管理的重要组成部分。为了促进公路经营企业建立健全内部约束机制,进一步规范企业财务管理行为,有必要加强财务预算管理工作。2002 年 4 月 10 日财政部印发的《关于企业实行财务预算管理的指导意见》(财企[2002]102 号),以及财政部、证监会等五部委在2010 年4 月 15 日印发的《企业内部控制应用指引第 15 号——全面预算》(财会[2010]11 号)等,对企业规范财务预算管理提出了明确的要求。

4. 财务控制

财务控制是利用财务反馈信息影响与调节企业财务活动,使之按照预定目标运行的过程。

实行财务控制是落实财务预算任务和保证财务预算实现的有效措施。

财务控制的基本要素包括:控制标准、反馈系统、责任中心和调节。其中控制标准是控制的依据,它必须覆盖整个资本运行系统;反馈系统主要是会计核算系统;建立责任中心的目的是按照财务目标持续地进行工作;调节是使系统按照预定目标运行的过程。

财务控制按照具体的控制权限分为统一控制(财务集权)和分散控制(财务分权);在具体控制方式上分过程控制和结果控制;在具体控制方法上分为政策控制与实际预算控制;在具体

控制对象上分为资产控制、负债控制和权益控制。

财务控制和财务预算有密切联系,财务预算是财务控制的重要依据,财务控制是执行财务预算的手段。

5. 财务分析

财务分析是根据核算资料提供的信息,运用特定的方法,对企业财务活动过程及其结果进行分析和评价的一项工作。

借助于财务分析,可以掌握各项财务计划的完成情况,评价财务状况,研究和掌握企业财务活动的规律性,有利于改善财务预测、财务决策、财务预算和财务控制,从而提高企业管理水平和经济效益。

二、公路经营企业财务管理的基本内容

企业财务管理的内容,包括资金筹集管理、投资管理、流动资产管理、固定资产及其他长期资产管理、成本费用管理、销售收入管理、利润及其分配管理、企业设立与终止、企业财务分析等。

(一)资金筹集管理

资金是企业得以设立并开展收费经营活动必不可少的物质条件。因此,筹措经营所需资金就成为企业财务活动的首要任务。在社会主义市场经济条件下,公路经营企业的筹资渠道有各级财政资金(包括车购税交通专项资金、成品油税费改革交通专项资金、一般预算支出资金等)、银行等金融企业的信贷资金、企事业单位的资金、个人资金和外商资金,为企业筹资提供了多种选择的余地。

公路经营企业可采取直接吸收投资者的股权资金、通过发行股票和债券、向银行等金融机构和其他企事业单位借款、融资租赁、商业信用等多种方式筹措资金。企业内部积累也属于企业资金来源的重要组成部分。

通过不同渠道和方式筹措的资金具有不同的筹资成本,也具有不同的筹资风险。筹资决策所需考虑的一个重要因素,就是如何选择合理的筹资结构,来有效降低筹资成本,分散筹资风险,努力提高筹资效益。

(二)资金运用管理

企业资金的运用过程涉及资金投放、资产形成、资金耗费、资金补偿和资金增值等方面的财务工作,具体体现为投资管理、资产管理、成本费用管理、营业收入管理和利润管理等财务管理的特定内容。

1. 投资管理

企业筹资是为了满足投资的需要。企业投资是为了追求投资效益。衡量投资效益的基本财务指标是总资产报酬率。

企业投资包括对内投资和对外投资两部分。对内投资是当前公路经营企业投资活动的主要方面。公路经营企业的对内投资,实质上就是通过购买公路收费权、新建与扩建公路、购买公路建设与养护所需的材料、结构件、周转材料等,为企业从事公路收费经营活动提供物质准

备。在社会主义市场经济条件下，公路经营企业对内投资的前提条件是企业可以通过从事公路收费经营活动获得理想的投资效益和经营效益。

对外投资包括股权投资和债权投资。股权投资可进一步划分为股票投资和其他股权投资；债权投资主要是指债券投资。股票投资和债券投资之和又叫做有价证券投资。公路经营企业对外投资的主要作用是：

(1)增强企业资产的流动性；

(2)增加企业获利的机会；

(3)有效控制其他企业的经营活动和财务政策，或者试图对其他企业的经营政策和财务政策施加重大影响。

2. 资产管理

企业对内投资活动的结果，形成经营活动所需的各类资产，包括流动资产、固定资产、无形资产和其他资产；对外投资所形成的各类股权和债权，也属于企业资产的重要组成部分。所以，企业资产管理涉及流动资产管理、固定资产管理、无形资产管理和其他资产管理等具体内容。

3. 成本费用管理

企业在从事收费经营以及其他经营活动中，必然会发生材料消耗、各类设施和设备的磨损以及支付员工工资和其他费用等资金耗费。这些资金耗费形成了公路经营企业的营业成本与费用。在公路经营企业的各类营业成本中，公路经营成本是主要的组成部分。如何加强对公路经营成本的科学管理，有效控制并努力降低公路经营成本，是公路经营企业成本费用管理的重要任务。

4. 营业收入管理

营业收入是企业补偿资金耗费的唯一来源。公路经营企业的营业收入，主要表现为向公路上过往车辆收取的通行费收入。公路经营企业的营业收入管理涉及通行费收入的确认、通行费价格管理、通行费票据管理、通行费收入日常管理、通行费收入分析等内容。

5. 利润管理

公路经营企业的营业收入补偿营业成本和费用并依法缴纳各种税金后的余额，形成企业的营业利润。企业的营业利润、投资净收益和营业外收支净额之和，构成利润总额；利润总额依法缴纳所得税后，形成企业的净利润。如何最大限度地增加净利润，是公路经营企业利润管理的主要任务。

(三)资金分配管理

资金分配的主要内容是利润分配。企业的净利润弥补经营亏损后的余额，构成可供分配的利润。企业利润分配包括提取盈余公积金和向投资者分配利润的财务事项。向投资者分配利润意味着一部分资金将从企业的资金运动过程中退出。企业利润分配管理所需考虑的二个重要问题是：如何依据国家有关法律、法规和企业财务制度来规范利润分配行为？采取怎样的利润分配决策或者股利政策有利于促使企业价值最大化？

除此以外，企业设立与清算中也涉及大量的财务问题；企业财务分析也属于企业财务管理基本内容的重要组成部分。

第五节 公路经营企业财务管理体制

规范企业与其他各方面财务关系的各类财务制度的综合,形成了企业的财务管理体制。企业的财务管理体制一般包括国家与企业之间的财务管理体制和企业内部的财务管理体制。

一、国家与企业之间的财务管理体制

国家与企业之间的财务管理体制反映了确定国家与企业以及企业与企业之间的财务关系的各项规章制度的总和。国家与企业之间财务管理体制的主要作用是确定国家与企业之间的财务关系,也包括企业与投资者、债权人、银行等金融机构以及其他企事业单位之间的财务关系。它对于企业内部的财务管理体制也有决定作用。它是研究企业财务管理体制的重点。目前,国家是通过颁布有关财务管理方面的法律、行政法规和部门规章来规范国家与企业之间、以及企业与企业之间财务关系的。

(一)公路经营企业财务制度体系

目前,公路经营企业财务制度体系一般由以下三个层次构成。

1. 企业财务通则

1992 年 11 月 30 日财政部颁布了《企业财务通则》,并于 1993 年 7 月 1 日起实施。2006 年 12 月 4 日修订后发布,从 2007 年 1 月 1 日起施行。目前,非金融类的国有及国有控股企业的财务活动都必须遵循修订后的《企业财务通则》的规范要求。它是国有及国有控股企业财务制度体系的最高层次,对其他的财务法规制度起统率作用。

2. 分行业财务制度

以企业财务通则为指导思想,由财政部统一制定颁布的分行业财务制度,于 1993 年 7 月 1 日起实施。它的主要作用在于根据不同类型企业生产经营的特点,分行业规范企业的具体财务行为。到 2014 年底为止,仍有工业、运输、商品流通、施工与房地产、旅游与饮食服务、邮电通信、金融保险、电影与新闻出版、对外经济合作和农业等 10 个分行业财务制度在发挥作用。目前,尚未废止、公路经营企业仍可执行的行业财务制度是 1997 年 3 月财政部、交通部颁发的《高速公路财务管理办法》。

3. 其他有关法律、法规和制度

随着中国法制建设的进展,国家还通过发布《中华人民共和国公司法》《中华人民共和国公路法》《中华人民共和国证券法》等法律,《企业财务会计报告条例》《企业债券管理条例》《现金管理暂行条例》《收费公路管理条例》等行政法规,《收费公路权益转让办法》等部门规章以及有关规范性文件来确定国家与公路经营企业之间的财务关系,对规范企业财务行为也具有重要的作用。企业会计准则中也有大量规范财务行为的内容。目前企业财务通则和分行业财务制度仍是企业财务制度体系的主体;一些其他的财务管理办法,例如《财政部关于建立健全企业应收款项管理制度的通知》(财企[2002]513 号)《企业资产损失财务处理暂行办法》(财企[2003]233 号)《关于企业加强职工福利费财务管理的通知》(财企[2009]242 号)等是

企业财务制度体系的重要补充。

4. 企业内部财务管理办法

企业内部财务管理办法应当以企业财务通则和行业财务制度为依据，结合企业自身的特点，由企业自行制定，报经主管财政部门审核批准后实施。随着企业财务管理体制的改革与发展，企业内部财务管理办法经逐步成为企业财务制度体系的执行主体。

（二）国家与公路经营企业之间财务管理体制的特点

到2015年7月底为止，公路经营企业在社会主义市场经济中的定位，还具有以下特征。

1. 公路经营企业大多数属于国有或者国有控股的公司制企业

在公路收费经营实践中尽管存在一些非国有资本投资设立的公路经营企业，但大多数公路经营企业，属于国有独资和国有控股的公路经营企业。2015年7月底，中国内地18家公路上市公司和省级公路经营企业的资本总额中，国家股和国有法人股仍占主体；履行地方政府融资平台职责的公路经营企业，属于大型国有独资公司；实行市场化经营的公路有限责任公司中，大多数也是由国家或者国有法人单位投资设立的。

2. 各级交通运输主管部门与公路经营企业之间仍存在密切的关系

现行体制下，交通运输主管部门与公路经营企业之间的关系，主要表现在以下方面：

（1）一些地区的交通运输主管部门仍在履行或者代行对国有独资或国有控股的公路经营企业中国有资本出资人的职责；

（2）一些地区的交通运输主管部门经同级人民政府的授权，履行公路特许经营合同授予方的职责；

（3）交通运输主管部门对特许经营公路收费标准的确定与调整仍具有重要的影响；

（4）公路经营企业管理的特许经营公路的路政管理职责，仍需要由交通运输主管部门下设的路政管理机构来履行。

3. 仍存在一些建设与管理政府收费公路的公路经营企业

到2015年7月底为止，一些省级公路融资平台公司虽然注册为“有限责任公司”，但建设与管理的公路属于政府收费高速公路，使用财政部门印（监）制的专用收款收据，需要将所收取的车辆通行费纳入地方财政预算管理。

这些公路经营企业，一般属于地方人民政府为发展本地区高速公路建设事业打造的融资平台公司。除了建设与经营公路以外，这些融资平台公司仍在履行高速公路行业管理职能。这意味着公路经营企业与国家和投资者之间的财务关系仍未完全理顺。

伴随着政府预算管理体制改革和公路投融资体制改革的逐步推进，公路融资平台公司的职责将被淡化；公路融资平台公司的性质和职责将出现重大变化。

二、企业内部的财务管理体制

企业内部财务管理体制的主要作用在于确定企业与内部单位、内部单位与内部单位以及企业与员工之间的财务关系。建立企业内部财务管理体制的核心问题是在适应国家与企业之间财务管理体制的基础上，通过制定企业内部财务管理办法来规范与处理好集权与分权的关系，通过改革不断发展与完善与社会主义市场经济体制相适应的现代企业制度下的财务管理体制。

在社会主义市场经济条件下,公路经营企业的内部管理体制一般可划分为集权型财务管理体制和分权型财务管理体制两种形式。

(一)集权型财务管理体制

如果某公路经营企业实行总公司、分公司和收费站三级管理,则集权型财务管理体制意味着公司总部作为投资中心和利润中心,直接对投资、收入和利润负责;基层分公司、收费站分别作为成本中心或者费用中心和收入中心,只进行业务核算,分别对成本费用控制和收入计划的完成负责。总公司对所属单位实行"收支两条线"的管理模式,所有基层单位取得的通行费收入一律通过银行通行费专户上交总公司;各项支出所需资金由总公司按费用预算下拨。所有固定资产折旧的计提、预提或者摊销修理费用等业务处理一律由总公司完成。

采取集权型财务管理体制,有必要采取一定的激励机制调动基层收费站点增加通行费收入的积极性;并通过采取费用定额包干等经济责任制增强基层单位节约开支、控制费用的责任感,为企业实现财务目标多做贡献。

(二)分权型财务管理体制

如果某公路经营企业实行总公司、分公司和收费站三级管理,则分权型财务管理体制意味着总公司作为投资中心,实行独立核算,对全公司的投资和收益负责;总公司下设的分公司属于利润中心,实行内部独立核算,对总公司下达的利润目标负责;收费站点分别作为成本(费用)中心和收入中心,实行业务核算,分别对本单位经费控制和收入目标的实现负责。

公路经营企业内部应当采取集权型财务管理体制还是分权型财务管理体制,或者说是采取集权型财务管理体制还是分权型财务管理体制较为科学合理一些,对这一问题没有明确的答案。公路经营企业应当根据自身的特点和管理水平选择有利于实现企业财务目标的财务管理体制模式。

建立企业内部的财务管理体制的核心问题是在适应企业与国家之间的财务管理体制的基础上,通过制定企业内部财务管理办法来规范与处理好集权与分权的关系,通过改革不断发展与完善与社会主义市场经济体制相适应的现代企业制度下的财务管理体制。

企业内部财务管理办法主要涉及企业财务机构的设置、财务管理人员的职责分工、企业内部财务控制制度、成本费用管理、资产管理、外币业务管理、财务管理工作的组织及实施要求等。

在市场经济条件下,依据国家有关法律、法规和规章制定的企业内部财务管理办法本应当成为企业财务管理制度规范的主体,本不需要由国家来发布统一的财务制度,但是,目前尚不具备使企业内部财务管理办法成为企业财务管理制度规范主体的主客观条件,行业财务制度仍然属于企业财务管理制度规范的基础和主体,企业内部财务管理办法只是结合企业自身经营特点对行业财务制度的重要补充。对此,一方面需要正确理解这种企业财务管理的基本格局,另一方面需要通过不断提高财务管理人员的业务素质和专业技术水平为未来实现这种转变做好各种所需的准备。

【本章小结】

公路经营企业是深化公路融投资管理体制改革的产物;是按照《公司法》的规范要求组建的公司制企业。与一般公司制企业不同,公路经营企业实行高速公路特许经营制度,在国家特许的收费经营期限内,以高速公路收费经营业务为主营业务。

公路经营企业是通过有偿取得高速公路收费权来从事其收费经营业务的。取得收费权的途径一般有:

(1)投资建造高速公路来取得该路的收费经营权;

(2)投资购买已建成政府还贷高速公路的收费权。

与一般工商企业相比,公路经营成本一般表现为固定成本、企业利润最大化可通过收入最大化来实现、企业的资本结构呈现负债比率逐年下降的特点、投资效益具有滞后性、公路资产是企业资产的主要组成部分、营业收入一般表现为现金收入、企业实行有期限的经营活动等,体现了公路经营企业财务管理的行业特征。

促使企业收费经营规范化,使公路经营企业通过建立现代企业制度真正成为适应社会主义市场经济和公路交通事业发展的法人实体和市场竞争主体,仍然是完善公路经营企业财务管理体制的一项艰巨任务。

【复习思考题】

1. 什么是公路经营企业?为什么说公路经营企业是实行公路特许经营制度的公司制企业?

2. 在现阶段,公路经营企业的财务目标应当是什么?为什么?

3. 你认为,实行公路车辆通行费收费制度的理论依据是什么?你是否赞同公路商品化的观点?为什么?

4. “由于公路收费经营期限受公路特许经营期限的限制,所以公路经营企业只能实行有期限的经营,不适用于‘持续经营’的假设”。你是否赞同这一观点?为什么?

5. 为什么说“公路投资效益具有滞后性”?这是否意味着公路投资具有普遍意义的特点?为什么?

6. 你认为,在现阶段公路经营企业财务目标的表现形式应当是什么?为什么?

7. 怎样理解企业应承担“社会责任”这一问题?它与企业财务目标是否矛盾?为什么?

8. 与一般工商企业和运输企业相比,公路经营企业在财务管理方面有何特点?

9. 什么是财务管理体制?如何建立并不断完善国家与公路经营企业之间的财务管理体制?

10. 如何建立并不断完善公路经营企业内部财务管理体制?你认为在企业内部应当建立集权型财务管理体制还是分权型财务管理体制?为什么?

第七章

公路经营企业筹资管理

公路经营企业可通过两种方式筹措公路建设和经营所需资金：

(1)通过直接吸收投资者投入的公路资产或者公路收费权资产以及通过发行股票从社会上筹措资金，这些资金形成了公路经营企业的股权资金；

(2)通过向国内外金融机构贷款或者发行债券的方式筹措资金，这些资金形成了公路经营企业的负债资金。

需进一步明确的是，公路经营企业筹措资金的主要目的是为了扩大企业的经营规模，所采取的主要方式是进行新的公路建设投资和出资购买已建成政府收费公路的收费权。由于在正常情况下，公路经营企业除去贷款利息费用、公路资产折旧或者公路收费权价值摊销之后的经营成本约占公路经营收入——通行费收入的15%~25%，所以一般无需为维持正常的公路经营业务筹措资金。

第一节　公路经营企业资本筹集与管理

一、公路经营企业的资本管理制度

（一）公司资本的概念和资本管理制度

设立公司，必须明确公司的资本总额以及各投资者认缴的资本数额。公司资本是指公司在工商行政管理部门登记的注册资金。

企业资本制度一般有实收资本制度、授权资本制度和折中资本制度三种资本的确立原则。

根据“实收资本制”的原则，公司在成立时必须确定资本总额，并且一次认足，实收资本与注册资本应当保持一致；否则，公司不得成立。

根据“授权资本制”的原则，在公司设立时，虽然也需要确定资本总额，但是否一次认足，与公司成立无关。只要缴了第一期的出资，公司即可成立；没有缴纳部分可委托董事会在公司成立后筹集。这样公司的实收资本和注册资本可以不一致。

根据“折中资本制”的原则，也要求公司在成立时确定资本总额，并规定首期出资的数额，接近授权资本制。所不同之处在于：对第一期出资数额或者比例一般要作限制。根据《公司法》（2013 年修正案）的规定，“有限责任公司的注册资本为在公司登记机关登记的全体股东认缴的出资额。法律、行政法规以及国务院决定对有限责任公司注册资本实缴、注册资本最低限额另有规定的，从其规定。”“股东认足公司章程规定的出资后，由全体股东指定的代表或者共同委托的代理人向公司登记机关报送公司登记申请书、公司章程等文件，申请设立登记。”由于公路经营企业以公路投资为主营业务，公路投资具有投资额巨大的特点，依据修订后的《经营性公路建设项目投资人招标投标管理规定》（交通运输部令 2015 年第 13 号）《收费公路权益转让办法》（中华人民共和国交通运输部、国家发展和改革委员会、中华人民共和国财政部令 2008 年第 11 号）和《国务院关于调整固定资产投资项目资本金的通知》（国发［2009］27 号）的规定，可以认为，公路经营企业的注册资金一般“不得少于受让收费权项目造价或投资建设收费公路资金总额的 25%”；国有资本一般由国家公路基本建设资金投入形成；而国家的公路基本建设资金一般需要根据年度投资计划分期投入。《高速公路公司财务管理办法》规定公路经营企业“第一次投资者出资不得低于其应出资额的 15%”，这意味着公路经营企业实际采取的是折中资本制度。

（二）公司投资主体

公路经营企业的投入资本按照投资主体分为国家资本、法人资本、个人资本和外商资本等。

1. 国家资本

国家资本为有权代表国家投资的政府部门或者机构以国家资产投入公司形成的资本。政府部门拨入公司的公路建设资金，应当作为公司的国家资本。

到2015年7月底为止，一些中国地方政府公路融资平台公司，经政府授权，仍在履行国有资本出资人的职责。例如在中国上市公司，安徽皖通高速公路股份有限公司2014年年度报告中，仍将安徽省高速公路控股集团有限公司持有的31.63%的股权，界定为国家股。

2. 法人资本

法人资本为其他法人单位以其依法可以支配的资产投入公司形成的资本。另外，政府部门专项用于公路建设的资金，通过投资机构投入公司的，应当作为公司的法人资本。在安徽皖通高速公路股份有限公司2014年年度报告中，招商局华建公路投资有限公司持有的24.37%的股权，被界定为国有法人股。

3. 个人资本

个人资本为以个人合法资产投入公司形成的资本。

目前中国公路经营企业的个人资本，主要是公路上市公司面向市场公开募股筹资所形成的流通股中的个人股本。

4. 外商资本

外商资本为外国投资者以及中国香港、澳门和台湾地区投资者投入公司形成的资本。在安徽皖通高速公路股份有限公司2014年年度报告中，HKSCC NOMINEES LIMITED作为代理人持有的29.47%的股权，被界定为境外法人股。

(三)公司资本筹措方式

公司筹措资本一般可采取以下两种方式进行。

1. 直接吸收投资

直接吸收投资是指公司通过吸收投资者以现金、实物和无形资产等向公司投资所形成的资本。公路经营企业吸收的现金一般包括交通运输主管部门用交通基本建设资金对公路经营企业的投入或者委托交通投资公司用交通基本建设资金对公路经营企业的投入，以及其他法人单位用现金对公路经营企业的投入；公路经营企业吸收的实物和无形资产一般是指交通运输主管部门或者有关机构将已建成的公路以实物资产(固定资产)或者无形资产(公路收费权)的形式对公路经营企业的投入。

2. 股份筹资

股份筹资是指高速公路股份有限公司通过发行股票来筹措公路建设与投资所需资金的一种筹资方式。目前中国大多数公路上市公司采取以下两种方式筹措股本：

(1)省级交通运输主管部门或者授权经营国有资产的国有独资公路经营企业作为发起人将经评估后的已建成收费公路折股投入公路上市公司；

(2)面向社会公众发行流通股(包括A股、B股和H股)筹措股本。

【案例7-1】 湖北楚天高速公路股份有限公司由湖北金路高速公路建设开发有限公司(2002年11月更名为“湖北省高速公路集团有限公司”)、华建交通经济开发中心(后更名为“招商局华建公路投资有限公司”)、湖北省交通规划设计院、湖北省交通开发公司、湖北省公路物资设备供应公司(后改制更名为“湖北通世达公路开发有限公司”)共同发起设立。

2000年11月13日，湖北省经贸委印发了《关于同意设立湖北楚天高速公路股份有限公司的批复》(鄂经贸企[2000]809号),同意设立湖北楚天高速公路股份有限公司;湖北楚天高速公路股份有限公司于2000年11月20日召开成立大会,并于2000年11月22日在湖北省工商管理局完成注册登记(注册号:4200001141833)。

投资人共同出资100 254.23万元。其中,湖北金路高速公路建设开发有限公司和华建交通经济开发中心以其在汉宜高速公路武汉至荆州段全长179.955 5km的主体资产(主要包括路基、路面、桥涵、交叉工程、安全设施、绿化工程和收费设施)作为资本投入楚天高速,该项资产评估确认值为100 104.23万元;其他三家公司各出资现金50万元。

按照1∶0.65折股,总股本为65 165.249 5股。其中,湖北金路高速公路建设开发有限公司持股41 435.142 9万股;华建交通经济开发中心持股23 632.606 6万股;其他三家公司各持股32.5万股。

与投资发起设立有关的其他资料如下。

受湖北金路高速公路建设开发有限公司委托,湖北证联资产评估有限公司(鄂证评报字[2000]第24号)以2000年6月30日作为基准日对该路产进行评估的结果为:固定资产评估值为123 447.23万元,其中公路及构筑物(包括路基、路面、桥梁、涵洞、交叉工程、沿线安全设施和绿化工程)122 563.88万元,房屋建筑物(包括沿线的收费雨棚、收费亭)774.48万元,收费站设备(包括空调、拦截器、监控设备等)108.87万元;长期借款23 343万元,其中将在一年内到期的借款10 743万元;净资产100 104.23万元。

2000年9月1日湖北省财政厅鄂财评发[2000]861号对该评估结果的合规性提供了审核意见;

2001年3月16日交通部交函财[2001]70号对发起资产中的公路资产进行了确认。

2001年4月24日湖北省国土资源厅省直土地管理局以鄂土资直发[2001]1号文同意湖北金路高速公路建设开发有限公司以出让方式取得汉宜高速公路武汉至荆州段占用土地8 658 220m^2的使用权,并租赁给湖北楚天高速公路股份有限公司使用。经湖北永业行评估咨询公司以2000年6月30日为基准日进行的评估(永地估字[2000]001号),其评估值为63 733.35万元。

2001年5月18日,湖北省国土资源厅以鄂土资函[2001]196号文做出批复:

(1)同意湖北金路高速公路建设开发有限公司因股份制改造的需要以出让方式取得上述土地的使用权,使用期限30年,用途为交通用地;

(2)同意湖北金路高速公路建设开发有限公司将以上土地租赁给湖北楚天高速公路股份有限公司,但租赁时间不得超过出让期限。

2001年6月22日交通部交财发[2001]331号文同意汉宜高速公路武汉至荆州段收费权经营期限为30年,从湖北楚天高速公路股份有限公司成立之日起算。

湖北楚天高速公路股份有限公司设立后,公司的股本结构如表7-1所示。

楚天高速2004年2月24日发行A股28 000万股,每股发行价格3元,发行市盈率16.67倍,筹资总额8.4亿元人民币;筹资费用3 502万元,筹资净额8.05亿元。楚天高速本次发行A股筹集的资金将主要用于收购江宜段高速公路收费权。

发行A股后,公司的股本结构如表7-2所示。

湖北楚天高速公路股份有限公司股本结构分析表(一)　　表 7-1

序号	股东名称	投资方式	金额(万元)	拥有股份(万股)	持股比例(%)
1	湖北金路高速公路建设开发有限公司	汉宜高速公路武汉至荆州段	63 745	41 434.4	63.58
2	华建交通经济开发中心	汉宜高速公路武汉至荆州段	36 359	23 633.3	36.27
3	湖北省交通规划设计院	货币资金	50	32.5	0.05
4	湖北省交通开发公司	货币资金	50	32.5	0.05
5	湖北省公路物资设备供应公司	货币资金	50	32.5	0.05
合计	—	—	100 254	65 165.2	100.00

湖北楚天高速公路股份有限公司股本结构分析表(二)　　表 7-2

序号	股东名称	投资方式	金额(万元)	拥有股份(万股)	持股比例(%)
1	湖北省高速公路集团有限公司	汉宜高速公路武汉至荆州段	6 3745	41 434.4	44.474
2	华建交通经济开发中心	汉宜高速公路武汉至荆州段	36 359	23 633.3	25.367
3	湖北省交通规划设计院	货币资金	50	32.5	0.035
4	湖北省交通开发公司	货币资金	50	32.5	0.035
5	湖北通世达公路开发有限公司	货币资金	50	32.5	0.035
6	社会公众	货币资金	84 000	28 000	30.054
合计	—	—	184 254	93 165.2	100.00

截至 2015 年 7 月底,中国 19 家公路上市公司募股筹资情况如表 7-3 所示。

公路上市公司股份融资情况一览表　　表 7-3

上市公司	发行时间	发行价格(元)	发行股数(万股)	筹资额(亿元)
华北高速 A	1999.07	3.82	34 000	12.76
东北高速 A	1999.07	4.00	30 000	11.79
厦门路桥 A	1999.04	5.53	9 500	5.07
现代投资 A	1998.11	10.45	8 000	8.17
延边公路 A	1997.05	3.60	3 000	1.02
延边公路 A	1999.01	5.30	2 274	1.18
海南高速 A	1998.01	5.92	7 700	4.14
粤高速 B	1996.07	3.80	13 500	4.84
粤高速 A	1998.01	5.41	10 000	5.28
粤高速 A	2000.08	11.00	7 382	7.97
重庆路桥 A	1997.06	5.40	9 000	4.74
宁沪高速 H	1997.06	3.11	122 200	39.26
宁沪高速 A	2000.12	4.20	15 000	6.15
深圳高速 H	1997.03	2.20	74 750	16.85
深圳高速 A	2001.11	3.66	16 500	5.86

续上表

上市公司	发行时间	发行价格(元)	发行股数(万股)	筹资额(亿元)
沪杭甬高速 H	1997.05	2.38	143 385	36.85
皖通高速 H	1996.11	1.77	41 000	9.30
皖通高速 A	2002.12	2.20	25 000	5.50
成渝高速 H	1997.10	1.55	89 532	14.14
成渝高速 A	2009.07	3.60	50 000	17.41
赣粤高速 A	2000.04	11.00	12 000	12.99
赣粤高速 A	2002.12	10.20	3 622	3.69
五洲交通 A	2000.12	5.48	8 000	4.38
福建高速 A	2001.01	6.66	20 000	13.05
福建高速 A	2009.12	6.43	35 000	22.01
山东高速 A	2002.03	2.60	50 500	13.13
中原高速 A	2003.07	6.36	28 000	17.28
楚天高速 A	2004.02	3.00	28 000	8.05
合　　计	—	—	896 845	312.86

注:1. H 股发行价为港元。

2. 公司筹资额数据一般为筹资净额;但有些公司筹资额数据为筹资总额。

(四)企业资本管理的有关要求

1. 公司注册资本

公路经营企业属于公司制企业,具有股份有限公司和有限责任公司两种组织形式。根据 2013 年 12 月修订的《中华人民共和国公司法》,取消法定资本最低限额的相关规定。有限责任公司的注册资本为在公司登记机关登记的全体股东认缴的出资额。股份有限公司采取发起设立方式设立的,注册资本为在公司登记机关登记的全体发起人认购的股本总额;在发起人认购的股份缴足前,不得向他人募集股份;股份有限公司采取募集方式设立的,注册资本为在公司登记机关登记的实收股本总额。

另外,交通运输部 2015 年 6 月 24 日修订后公布的《经营性公路建设项目投资人招标投标管理规定》(交通运输部令 2015 年第 13 号)第 19 条规定,投标人应当具备以下基本条件:

(1)总资产 6 亿元人民币以上,净资产 2 亿 5 千万元人民币以上;

(2)最近连续 3 年每年均为盈利,且年度财务报告应当经具有法定资格的中介机构审计;

(3)具有不低于项目估算的投融资能力,其中净资产不低于项目估算投资的 35%;

(4)商业信誉良好,无重大违法行为。

在实务中,由于项目资本可以分期到位,所以有可能出现原先发起人承诺的出资额由于种种原因无法按期到位、项目法人不得不依赖借债来建设公路的情景。

2. 出资形式

根据《中华人民共和国公司法》的规定,公司股东可以用货币出资,也可以用实物、知识产权、土地使用权等可以用货币估价并可以依法转让的非货币财产作价出资;但是,法律、行政法规规定不得作为出资的财产除外。对作为出资的非货币财产应当评估作价,核实财产,不得高估或者低估作价。股东应当按期足额缴纳公司章程中规定的各自所认缴的出资额。股东以货币出资的,应当将货币出资足额存入公司在银行开设的账户;以非货币财产出资的,应当依法办理其财产权的转移手续。股东认足公司章程规定的出资后,由全体股东指定的代表或者共同委托的代理人向公司登记机关报送公司登记申请书、公司章程等文件,申请设立登记。

3. 收费公路权益

投资者用收费公路权益进行投资,应符合国家的有关政策。对作为出资的收费公路权益当评估作价,核实财产,不得高估或者低估作价。法律、行政法规对评估作价有规定的,从其规定。根据《收费公路权益转让办法》的相关规定,收费公路权益进行收费权价值评估,评估方法应当采用收益现值法,所涉及的收益期限由投资方与资产评估机构在批准的收费期限内约定。

4. 资本保全

公路经营企业实行资本保全制度。作为实行法人制度和持续经营的公司制企业,企业筹集的资本金,在其经营期内,投资者除依法转让以外,不得以任何方式抽回。但如果公司在特许经营期内实行有期限收费经营,可根据合同或协议的规定,以固定资产折旧分配或者公路收费权摊销分配的形式分期收回投资。

(五)公路经营企业的资本溢价

2014 年 6 月 30 日以前,企业的资本公积包括资本溢价和其他资本公积。伴随着财政部对《企业会计准则第 30 号——财务报表列报》的修订,从 2014 年 7 月 1 日起,其他资本公积一般将在资产负债表中列报为“其他综合收益”。

资本溢价反映了投资者对公路经营企业的出资额超出了其在所有者权益中拥有份额的余额。如果公路经营企业采取发行股票的方式筹措资本,则发行价格超过面值的部分,应当被确认为资本溢价。按照国家财务制度规定,资本溢价只能按照法定程序转增资本。中国有不少上市公司均有将资本溢价转增资本,增发股票的实例。

在[案例 7-1]中,2000 年 11 月楚天高速发起设立时吸收发起人的出资额 100 254. 23 万元。由于采取 1 : 0. 65 折股,共折合股本 65 165. 249 5 股。每股面值 1 元,公司筹措股本为 65 165. 249 5元;出资额超过资本 350 889 805 元,形成公司的资本公积。

2004 年 2 月楚天高速发行 A 股 28 000 万股筹措资金,每股发行价格 3 元。这样,通过发行 A 股湖北楚天高速公路股份有限公司新增股本 28 000 万元;每股溢价 2 元构成资本公积,这样楚天高速新增资本公积 56 000 万元。

楚天高速发行费用 3 502 万元,应当在资本公积中列支,这样楚天高速净增资本公积 52 498万元。

二、公路经营企业资本的筹集

公路经营企业筹措资本的主要目的是为了满足投资建设公路和投资受让已建成收费公路收费权对资本金的需要。对此,公路经营企业可采取的主要筹资方式是股份筹资。

(一)股份有限公司股票发行价格的确定

股份筹资取决于发行股票的数量以及股票的发行价格。一般来说,股份筹资净额可按以下公式确定:

股份筹资净额 = 发行总股数 × 发行价格 ×(1 - 筹资费率)

根据《中华人民共和国公司法》(2013)的规定,股份有限公司的设立,可以采取发起设立和募集设立的方式。发起设立,是指由发起人认购公司应发行的全部股份而设立的公司;募集设立,是指由发起人认购公司应发行股份的一部分,其余部分向社会公开募集而设立的公司。发起人认购的股份不得少于公司股份总数的35%。

(1)如果公司采取发起设立方式,用于入股的实物资产和无形资产已经评估入账,则可根据以下方式确定股票价格:

股票发行价格 = 股票面值 ÷(1 - 筹资费率)

【例7-1】 某高速公路股份有限公司采取发起设立方式。经研究决定股票每股面值为1元;发行价格为每股1.05元。这意味着公司估计的筹资费率为:

筹资费率 =1 -(股票面值 ÷ 股票发行价格)

=1 -(1 ÷1.05)=4.76%

(2)如果公司采取募集设立方式,可根据向社会公开发行股票前公司的每股净资产作为确定股票价格的主要依据。即:

股票发行价格≥每股净资产

这里的每股净资产,应当是指经评估确认的每股净资产。

(3)如果公司公开发行股票后即可上市交易,则应根据影响股票市场价格的各因素情况来作为确定股票价格的依据。决定股票发行价格的因素为:预计的每股收益(EPS);同行业的平均市盈率(P/E);公司的账面每股净资产。

股票发行价格 = 预计每股收益 × 同行业平均市盈率≥每股净资产

【例7-2】 某高速公路股份有限公司20×5年4月计划向社会公开发行新股12 000万股筹措公路建设资金。当时高速公路行业的市盈率一般在每股收益的18~20倍之间;公司打算按每股11元的价格发行新股。公司20×5年的有关财务资料为:预计净利润1.744 4亿元;公司发行新股前的总股本为2.33亿股;发行新股后的总股本为3.53亿股;加权平均总股数为3.13亿股。发行新股后公司的每股净资产为7.07元。

根据以上资料,可作如下测算:

预计20×5年加权平均每股收益 =1.744 4 ÷3.13 =0.557 3(元)

加权平均市盈率 =11.00 ÷0.557 3 =19.74(倍)

(二)发行总股数的确定

公司发行的总股数受以下诸多因素的影响。

1.公司未来的获利能力

在股票发行价格确定的条件下,公司未来年度的净利润将在很大程度上影响着公司发行新股筹资的总股数。例如:如果新华高速公路股份有限公司已决定新股的发行价格为每股3.50元,发行后上市交易,股市上能够接受的最高市盈率为每股收益的35倍,公司现有股本

20亿股,计划发行新股15亿股,那么对未来年度公司每股收益的要求为0.10元;对公司净利润的要求为3.5亿元。

如果未来年度公司净利润只能达到2.5亿元,那么发行新股股数的最高限度为5亿股。

2. 公司发起人认购的总股本

在股票发行价格和未来获利能力确定的条件下,股市上能够接受的市盈率决定着公司的总股本。因此,公司发起人认购的股本越多,可面向社会公众发行的股本将越少。公路上市公司主要发起人一般采取将路产(包括固定资产和无形资产)投入公司的形式认购股本;为了保证所需的获利能力并减少主要发起人认购股本的比重,一般需要通过优化组合的方式将优质路产作价入股,而将获利能力不强的路产作价投入有限责任公司或者实行收费还贷。

3. 获利能力和发起人认购股本对新发行总股数的综合影响

如果公司预计未来年度的净利润不能满足发行全部新股的需要,而影响利润的主要因素是贷款利息,并且公司打算通过"债转股"来减少未来年度的利息费用以保证获得发行新股所需的净利润,则需要分析"债转股"对发行新股总数的双重影响。首先,"债转股"有利于减少利息费用,提高净利润,增加可发行的新股总数;其次,"债转股"将增大发起人认购的总股本,对发行新股总数的增加产生不利影响。如果债务利率为8%,所得税率为25%,则每元债转股将增加净利润0.06元(0.08×75%);如果每3元债务转换为1股,则债转股前每股收益不高于0.18元(0.06×3)才不会影响发行新股筹资。一般来说,"债转股"应当具备以下条件:

$$\text{债务利率}\times(1-\text{所得税率})\geq\text{债转股前每股收益}\times\text{转换比率}$$

【例7-3】 新华高速公路股份有限公司受未来年度净利润的限制,只能够发行新股5亿股。为了实现发行新股15亿股的筹资目标,公司打算将一部分债务转换为股权,以减少利息费用,增加年度净利润。则需转换为股本的公司债务最低限度应当符合下列条件:

$$(\text{现有股数}+\text{计划发行股数}+\text{转股债务总额}\div\text{转股比率})\times\text{每股收益}$$
$$=\text{转股债务总额}\times\text{债务利率}\times(1-\text{所得税率})+\text{预期未来年度净利润}$$

根据这一公式,如果公司现有20亿股,计划发行新股15亿股,所要求的每股收益为0.10元,转股比率为每3元债务折合1股,债务利率为10%,所得税率为25%,预期未来年度净利润为2.5亿元,则为了保证发行15亿新股转股债务总额的最低限度应当为24亿元。

具体计算如下:

$$(20+15+\text{转股债务总额}\div3)\times0.10$$
$$=\text{转股债务总额}\times10\%\times(1-25\%)+2.5$$

所以:转股债务总额=24(亿元)

(三)筹资费率

筹资费率是指筹资费用占股份筹资总额的比例。公司发行股票所需支付的筹资费用一般包括:注册登记费、咨询费、票据印刷费、发行费等。一般可按筹资总额的3%~5%估计筹资费用。

筹资总额减去筹资费用以后的余额为筹资净额。

(四)公路股份有限公司上市

中国公路股份有限公司在面向社会公开发行股票筹资时均对股民做出了在近期内挂牌上

市的承诺。原因在于,目前中国深圳和上海两家证券交易所是唯一的股票公开流通场所。股票只有能够行市交易,股东的投资才能够流动,社会公众才有积极性进行股票投资,公司募股筹资的目标才能够实现。

2013 年 6 月 29 日修正后公布的《中华人民共和国证券法》规定,股份有限公司申请股票上市,应当符合的条件为:

(1)股票经国务院证券监督管理机构核准已公开发行。

(2)公司股本总额不少于人民币 3 000 万元。

(3)公开发行的股份达到公司股份总数的 25% 以上;公司股本总额超过人民币 4 亿元的,公开发行股份的比例为 10% 以上。

(4)公司最近 3 年无重大违法行为,财务会计报告无虚假记载。同时规定,证券交易所可以规定高于前款规定的上市条件,并报国务院证券监督管理机构批准。

2006 年 5 月 6 日中国证券监督管理委员会令第 30 号公布的《上市公司证券发行管理办法》中规定,上市公司申请增发新股,应当符合的规定有:

(1)最近 3 个会计年度加权平均净资产收益率平均不低于 6%。扣除非经常性损益后的净利润与扣除前的净利润相比,以低者作为加权平均净资产收益率的计算依据。

(2)除金融类企业外,最近一期末不存在持有金额较大的交易性金融资产和可供出售的金融资产、借予他人款项、委托理财等财务性投资的情形。

(3)发行价格应不低于公告招股意向书前 20 个交易日公司股票均价或前 1 个交易日的均价。

2006 年中国证券监督管理委员会令第 32 号公布的《首次公开发行股票并上市管理办法》中规定:

首次公开发行股票并上市的发行人应当是依法设立且合法存续的股份有限公司。经国务院批准,有限责任公司在依法变更为股份有限公司时,可以采取募集设立方式公开发行股票。

发行人自股份有限公司成立后,持续经营时间应当在 3 年以上,但经国务院批准的除外。有限责任公司按原账面净资产值折股整体变更为股份有限公司的,持续经营时间可以从有限责任公司成立之日起计算。

发行人的注册资本已足额缴纳,发起人或者股东用作出资的资产的财产权转移手续已办理完毕,发行人的主要资产不存在重大权属纠纷。

发行人的生产经营符合法律、行政法规和公司章程的规定,符合国家产业政策。

发行人最近 3 年内主营业务和董事、高级管理人员没有发生重大变化,实际控制人没有发生变更。

发行人的股权清晰,控股股东和受控股股东、实际控制人支配的股东持有的发行人股份不存在重大权属纠纷。

发行人应当符合下列条件:

(1)最近 3 个会计年度净利润均为正数且累计超过人民币 3 000 万元,净利润以扣除非经常性损益前后较低者为计算依据;

(2)最近 3 个会计年度经营活动产生的现金流量净额累计超过人民币 5 000 万元;或者最近 3 个会计年度营业收入累计超过人民币 3 亿元;

(3)发行前股本总额不少于人民币 3 000 万元;

(4)最近一期末无形资产(扣除土地使用权、水面养殖权和采矿权等后)占净资产的比例不高于20%;

(5)最近一期末不存在未弥补亏损。

到2015年7月底为止,中国共有19家公路上市公司在市场上募股筹资约312.86亿元人民币。其中,广东高速公路发展股份有限公司已发行A股和B股,江苏宁沪高速公路股份有限公司、深圳高速公路股份有限公司、安徽皖通高速公路股份有限公司和成渝高速公路股份有限公司发行的H股和A股均已上市交易;浙江沪杭甬高速公路股份有限公司发行的H股已成功地在香港和伦敦两地上市交易,为中国公路特许经营事业的进一步发展发挥了重要的促进作用。

第二节　公路经营企业的举债经营策略

债务资金是公路经营企业经营资金的重要组成部分;认真研究债务资金的筹集问题对提高公路经营企业的筹资效益具有重要的作用。

一、公路经营企业举债经营的作用

首先,公路经营企业举债经营的主要目的是为了追求筹资效益,提高股权收益率。这将涉及公路经营企业筹资结构的选择问题。如果利用债务资金投资,当债务成本率低于预计的投资收益率时,债务资金将发挥财务杠杆的作用,促使股权收益率或者每股收益上升。

其次,公路经营企业是通过投资建造高速公路或投资购买已建成高速公路收费权来实行公路的收费经营的。投资建造公路或购买收费公路收费权需投入巨额资金。一般投资一条特许经营高速公路往往需要投资数亿元甚至于数十亿元人民币。当企业希望取得某公路的收费经营权、但受到资本金相对短缺的制约时,负债资金将发挥重要的作用。

由于收费公路建设工期一般较长,公路建设项目由具有效益相对滞后的特点,能否按期偿还贷款本息就成为公路经营企业举债筹资需认真对待的一个突出问题。如果受现行制度的制约,企业不能采取借新债还旧债的融资方式,那么即使负债利率低于总资产报酬率,公司的债务融资总额也将受到未来还贷收入多少的制约而无法保持一个理想的筹资结构。

二、公路经营企业债务资金筹集方式

目前,中国的公路经营企业主要通过以下两种方式筹措债务资金。

1. 从金融机构借款融资

从世界银行、亚洲开发银行、国家政策性银行和国内商业银行借款,是目前公路经营企业所采取的主要借款渠道。从世界银行借款的优势在于还贷期限较长。世界银行借款的偿还期一般为20年,其中前5年为宽限期,只需支付利息,不用偿还本金,较好地适应了公路建设对债务资金偿还的特定要求。

2. 发行债券融资

公路经营企业发行的债券包括企业债券、公司债券、短期融资券、中期票据、非公开定向债

务融资工具等。

发行债券是公路经营企业筹措债务资金的重要方式。企业发行的债券主要是中长期债券,用于解决公司建路投资和购买收费权投资所需资金问题而筹措的长期性债务资金。公路经营企业也有可能通过发行短期融资券来解决企业对债务资金的临时需求。

中国从20世纪80年代中期开始进行发行企业债券筹资的积极试点。1987年3月27日国务院发布的《企业债券管理暂行条例》,为企业发行债券筹资提供了法律依据。

在20世纪90年代初,中国企业债券的发行曾经在当时较为宽松的政策环境下经历过一个"黄金时期"。1992年企业债券的发行规模达到684亿元人民币,是到2000年底为止历年最高的。由于当时企业债券的期限一般只有3年,难以满足公路经营企业对长期债务资金的需求,故公路经营企业发行企业债券融资的积极性并不高。

20世纪90年代末期以来,由于受国际市场利率长期低迷、国内市场物价稳定、银行信贷利率不断下调等多因素的影响,企业债券发行期限呈现延长的趋势,给公路经营企业利用债券融资带来了机遇。

公路交通行业从2000年开始进一步加快了债券融资的步伐。2002年5月北京首都高速公路发展有限责任公司发行期限为10年、年利率为4.32%、总额为15亿元人民币的企业债券,用于国道106线北京段、北京市六环路和八达岭高速公路三期工程建设等项目;2002年12月12日江苏交通控股有限公司开始发行期限为15年、票面利率为4.51%、每年付息一次的公司债券15亿元,用于江苏沿江高速公路和江苏宁靖盐高速公路建设项目。2002年度公路经营企业发行债券占全国企业债券总额390亿元的7.69%。

2006年以后,公路经营企业开始进行了通过在银行间交易市场发行短期融资券和中期票据融资的积极尝试。

2010年以后,由于银监会加大了企业、特别是地方政府融资平台公司从银行借款的监管力度,公路经营企业进一步加大了发行企业债券融资的步伐。越来越多的公路经营企业在利用企业债券、公司债券以及中期票据、短期融资券以及非公开定向债务融资工具融资,使得债券融资成为公路经营企业债务资金融资的一个重要方式。

一般来说,公司发行债券的融资总额可按下列计算:

$$债券融资总额 = 债券发行量 \times 债券发行价格 \times (1 - 筹资费率)$$

公司可采取按面值发行、溢价发行和折价发行三种方式确定债券的发行价格,并对债券融资总额产生影响。一般来说,如果债券利息一年支付一次,则当债券利率高于市场利率时,公司债券可溢价发行;如果债券利率等于市场利率,公司债券可按面值发行;如果债券利率低于市场利率,公司债券需折价发行才能销售出去。

【例7-4】 某公司计划发行面值为1 000元、期限为5年、利率为8%、一年支付一次利息的债券筹措公路建设资金;当市场利率为6%时,债券发行价格P可按下列公式确定:

$$\begin{aligned} P &= 1\,000 \times 8\% \times (P/A,6\%,5) + 1\,000 \times (P/F,6\%,5) \\ &= 80 \times 4.212 + 1\,000 \times 0.747 \\ &= 1\,083.96(元) \end{aligned}$$

如果市场利率为8%,债券发行价格可计算如下:

$$\begin{aligned} P &= 1\,000 \times 8\% \times (P/A,8\%,5) + 1\,000 \times (P/F,8\%,5) \\ &= 80 \times 3.993 + 1\,000 \times 0.681 \end{aligned}$$

$=1\,000$(元)

如果市场利率为10%,债券发行价格可计算如下:

$$P=1\,000\times8\%\times(P/A,10\%,5)+1\,000\times(P/F,10\%,5)$$
$$=80\times3.791+1\,000\times0.621$$
$$=924.28(\text{元})$$

需注意的是,如果债券利息在债券期限终了与债券本金一起支付,则债券利率高于市场利率时,债券也有可能需折价发行。这是因为,这时的债券利率表现为单利率;将单利率换算为复利率时名义利率将下降。

例如,如果公司债券在期末一次支付,当市场利率为7%时,债券的发行价格应当为:

$$P=(1\,000\times8\%\times5+1\,000)\times(P/F,7\%,5)$$
$$=1\,400\times0.713$$
$$=998.2(\text{元})$$

公路经营企业发行企业债券需要注意解决好以下三个问题:

(1)企业应当具备较高的资信。目前,企业发行债券必须连续3年盈利,并且资信级别达到AAA级。

(2)要有好的投资项目,该项目必须是经国家批准立项的新建与扩建项目。

(3)要保证申报材料的质量,有实力雄厚的担保人以及经验丰富的承销商,把握好申报时机,认真做好债券发行报批所需的各项准备工作。

3. 资本证券化融资

中国从2005年开始进行国内资产证券化融资的有益尝试。到2008年,中国利用资产证券化融资的规模达到了302亿元人民币。但由于各种原因所致,除了东莞发展控股股份有限公司以外,其他公路经营企业尚未进行资产证券化融资的尝试。

【案例7-2】 2005年12月,为降低融资成本,为实现高速公路滚动式发展,东莞发展控股股份有限公司通过广发证券股份有限公司发起设立规模为5.8亿元的莞深高速公路收费收益权专项资产管理计划。在莞深收益计划存续期的18个月内,公司每半年归还给该计划2亿元,合计6亿元;每半年内将莞深高速一、二期的每天实际收入逐日划入莞深收益计划指定账户,直至每半年划足2亿元;由银行为上述的划款提供不可撤销的连带责任担保。2005年12月22日,中国证监会《关于同意广发证券股份有限公司设立莞深高速公路收费收益权专项资产管理计划的批复》(证监机构字[2005]162号),同意广发证券设立莞深高速公路收费收益权专项资产管理计划申请。2005年12月27日,莞深高速公路收费收益权专项资产管理计划设立;同日,莞深高速公路收费收益权托管专户将5.8亿元的资金划入本公司账户。莞深高速公路收费收益权专项资产管理计划,是一种低成本的融资方式,有利于股东利益的最大化,同时也为公司今后的发展提供了一个全新的融资渠道。所得的5.8亿资金用于收购莞深高速三期东城段高速公路。预计莞深高速三期东城段在2005~2027年标准车流量为34 100万辆,实现主营业务收入17.05亿元。

据测算,东莞控股这次融资成本仅为2.30%,远远低于同期5.76%的银行贷款利率,可节约融资成本3 010万元,具有明显的成本优势。

东莞控股推出的"莞深高速公路收费收益权专项资产管理计划",是中国2005年面世的两期专项管理计划产品之一,也是中国资产证券化的首批试点,标志着中国的证券化市场迈开了从理论走向实践的重要一步,2005 年也被业界有关人士称为资产证券化元年。

发行债券筹资属于直接融资范畴。当发行债券的利率低于从金融机构贷款利率时,债券融资是降低融资成本的有效途径。例如,15 年期的银行贷款利率为 6.56%,而同期限债券利率仅为 4.51%;江苏交通控股有限公司通过发行债券每年将减少利息支出 3 225 万元。

4. 发行可转换债券融资

可转换公司债券是指发行公司依法发行、在一定期间内依据约定的条件可以转换成股份的公司债券。

可转换债券具有债权性证券和权益性证券的双重性质,属于混合型证券;发行可转换债券筹措的资金包括债务资金和股权资金。

公司发行可转债一般附有可分离或不可分离的认股权证。

2006 年 5 月 6 日中国证监会令第 30 号公布的《上市公司证券发行管理办法》规范了上市公司发行可转换债券的筹资行为。

《上市公司证券发行管理办法》对公开发行可转换公司债券有以下专门规定:

——最近 3 个会计年度加权平均净资产收益率平均不低于 6%。扣除非经常性损益后的净利润与扣除前的净利润相比,以低者作为加权平均净资产收益率的计算依据。

——本次发行后累计公司债券余额不超过最近一期末净资产额的 40%。

——最近 3 个会计年度实现的年均可分配利润不少于公司债券一年的利息。

——可转换公司债券的期限最短为 1 年,最长为 6 年。

——可转换公司债券每张面值 100 元。

——可转换公司债券自发行结束之日起 6 个月后方可转换为公司股票。

——转股价格应不低于募集说明书公告日前 20 个交易日该公司股票交易均价和前一交易日的均价。

——上市公司可以公开发行认股权和债券分离交易的可转换公司债券。

——发行分离交易的可转换公司债券的公司,最近一期末经审计的净资产不低于人民币 15 亿元;最近 3 个会计年度实现的年均可分配利润不少于公司债券一年的利息;最近 3 个会计年度经营活动产生的现金流量净额平均不少于公司债券一年的利息;本次发行后累计公司债券余额不超过最近一期末净资产额的 40%,预计所附认股权全部行权后募集的资金总量不超过拟发行公司债券金额。

——分离交易的可转换公司债券中的公司债券和认股权分别符合证券交易所上市条件的,应当分别上市交易。

——分离交易的可转换公司债券的期限最短为 1 年。

——认股权证的存续期间不超过公司债券的期限,自发行结束之日起不少于 6 个月。

可转换债券的作用在于提高债券的发行价格,或降低债券的利率。企业发行可转换债券筹措的资金,需要通过分析划分为债务资金部分和权益资金部分。

由于发行可转换债券还具有进一步发行股票筹措股权资金的作用,所以,与发行一般公司债券相比,发行可转换债券筹措的资金最多可增加 1 倍。

【案例 7-3】 江西赣粤高速公路股份有限公司于 2008 年 1 月 23 日发布公告,宣布发行认股权和债券分离交易的可转换公司债券(简称:分离交易可转债)已获中国证券监督管理委员会证监发行字[2008]115 号文核准。

本次发行 120 000 万元(120 万手)分离交易可转债,每张面值为 100 元人民币,按票面金额平价发行;债券期限为 6 年(自 2008 年 1 月 28 日到 2014 年 1 月 27 日);票面利率询价区间为 0.8% ~1.5%;每手公司分离交易可转债的最终认购人可以同时获得发行人派发的 47 份认股权证;权证的存续期自认股权证上市之日起 24 个月;认股权证持有人有权在权证上市满 12 个月之日的前 10 个交易日以及满 24 个月之日的前 10 个交易日内行权;本次发行所附认股权证的初始行权比例为 1 : 1,即每 1 份认股权证代表认购 1 股公司发行的 A 股股票的权利。初始行权价格为人民币 20.88 元/股。

如果投资者选择全部行权,按照初始行权价格计算,公司还可以筹措股本:

$$120 \times 47 \times 20.88 = 117\,763.20(\text{万元})$$

2008 年 1 月 28 日公司发布公告,宣布申购可转债的工作结束,债券利率确定为 0.8%。

赣粤高速公路股份有限公司分离后的 12 亿元公司债券和 5 640 万份认股权证分别于 2008 年 2 月 28 日起在上海证券交易所交易市场上市交易。

如果按照 6% 的市场利率计算,票面利率为 0.8% 债券的发行价格应当为 744.34 元。这意味着,公司发行面值为 1 000 元的可转换债券筹措的债务资金为 744.34 元;筹措的股权资金为 255.66 元。由于发行面值为 1 000 元的可转换债券附带 47 份认股权证,这意味着每份认股权证可筹措股权资金(资本公积金)5.44 元(255.66 ÷ 47)。

在银行存款利率为 4.14% 的条件下,投资者为什么愿意购买利率只有 0.8% 的可转债?其中的重要原因,就是每购买面值为 1 000 元的可转债可以获得 47 份认股权证。虽然认股权证在 2008 年 2 月 28 日上海证券交易所的开盘价只有每份 3.729 元,但随着公司经营效益的增长,认股权证的市场价格将有较大的上升空间,这意味着投资者将具有理想的投资收益。

公司股票市价也有可能下降,从而导致认股权证失去价值。这意味着,投资购买认股权证具有一定的投资风险。

三、公路经营企业举债经营策略

公路经营企业债务融资需注意解决好以下问题。

1. 债务融资的财务杠杆作用

债务融资的目的是发挥财务杠杆的作用,最大限度地提高公司的股权收益率或者每股收益。要做到这一点,应当保证债务成本率低于预期的投资收益率。需分析的主要问题是,公司未来投资收益率高于债务成本率的可能性有多大。

某特定年度公司投资收益率和债务利率对股权收益率的影响可表述如下:

$$\mathrm{ROE} = \left[\mathrm{ROI} + (\mathrm{ROI} - i) \times \frac{D}{E}\right] \times (1 - T)$$

式中:ROE——股权收益率;

ROI——税前投资收益率;

D——债务总额;

E——股权总额;

T——所得税率；

i——债务利率。

以上公式充分表明，当投资收益率高于债务利率时，提高债务资金在全部资金中的比重有利于提高股权收益率。如果公司的税前投资收益率为12%，债务利率为6%，所得税率为25%，那么当资产负债率为40%时的股权收益率可以计算如下：

$$\begin{aligned}ROE &= [12\% + (12\% - 6\%) \times 40\% \div 60\%] \times (1 - 25\%)\\ &= 12\%\end{aligned}$$

如果资产负债率提高到60%，对股权收益率的影响可计算如下：

$$\begin{aligned}ROE &= [12\% + (12\% - 6\%) \times 60\% \div 40\%] \times (1 - 25\%)\\ &= 15.75\%\end{aligned}$$

如果公司未来的投资收益率为5%，低于债务利率，则资产负债率为40%时的股权收益率为3.25%；而资产负债率提高到60%时股权收益率将下降至2.63%；财务杠杆发挥的是副作用。很明显，只有未来公司的投资收益率高于债务利率的可能性较大时，举债筹资才是可取的。

2. 企业的偿债能力

20世纪末以前，中国金融机构的贷款期限一般为5～8年；公司债券期限一般在3年。进入21世纪以后，金融机构贷款期限和企业债券期限均有延长的趋势；一些公路经营企业发行债券的期限已经达到10～15年。由于公路车辆通行费收入体现为目前较少、但呈逐年较快增长趋势，需进行决策分析的主要问题是，公司的通行费收入是否能够保证在较短的贷款偿还期内或者债券偿还期限内偿清全部债务本息。

3. 借新债还旧债的可能性

如果在较短的贷款偿还期或者债券偿还期内无法用通行费收入清偿全部债务本息，则是否有可能或者具备条件采取借新债、还旧债的策略？未来债务成本率上升的可能性有多大？有无可能超过公司的投资收益率从而使得借债失去财务杠杆的有效作用？

4. 债务利率的比较

如果公司已决定利用债务融资，那么怎样的融资方式或者融资结构能够有效地降低综合债务成本率？

目前公司借款利率一般高于债券利率，所以适度提高债券融资额在全部债务融资额中的比重也许有利于降低综合债务成本率；但债券期限一般较短，如果较短的融资期限不能够满足公司对资金的需求以至于公司不得不再通过发行债券融资、而未来市场利率呈上升趋势时，债券融资也许并非理想。

第三节 公路经营企业筹资效益分析

公路经营企业筹资决策追求的是筹资效益；反映筹资效益的理想指标是股权收益率。股权收益率有静态股权收益率和动态股权收益率两种，分别反映静态筹资效益和动态筹资效益。

一、静态筹资效益的概念及其衡量

1. 静态筹资效益的概念

静态筹资效益反映的是公路经营企业在某一特定年度的股权收益率。股权收益率(ROE)的计算公式如下：

$$股权收益率 = \frac{净利润}{股权平均总额} \times 100\%$$

其中,净利润是指公司的年度净利润;股权平均总额可按照算术平均和加权平均两种方法确定。如果按年末股权总额计算股权收益率,叫做“全面摊薄”的股权收益率。

2. 静态筹资效益的衡量

反映公司静态投资效益的理想指标是投资收益率或者总资产报酬率。投资收益率(ROI)的一般计算公式如下：

$$投资收益率 = \frac{息税前利润总额(EBIT)}{平均总投资} \times 100\%$$

其中,息税前利润是指公司的年度利润总额与利息支出之和;平均总投资可按照算术平均和加权平均两种方法确定。以上公式中反映的是税前投资收益率;也可以通过计算税后投资收益率来反映公司的投资效益。

二、动态筹资效益的概念及其衡量

1. 动态筹资效益的概念

动态筹资效益一般是针对公路建设项目而言的。项目的动态效益反映了在项目的整个收费经营期间所获得的加权平均股权收益率。

2. 动态筹资效益的衡量

股权收益率反映了运用股东投入资金在项目建设与经营期间的平均获利能力。股权收益率的计算公式如下：

$$\sum_{t=0}^{n} \mathrm{NCF}_t (1 + \mathrm{ROE})^{-t} - E = 0$$

式中:NCF——计算动态股权收益率的现金净流入量;

ROE——股权收益率;

E——股权投资现值;

n——收费经营年限。

其中,计算动态股权收益率的现金净流入量是指现金流入量减去现金流出量后的余额。现金流入量是指通行费收入总额。现金流出量包括：

(1)公路养护与收费业务管理费用;

(2)营业税金及附加和所得税支出;

(3)贷款利息支出和偿还贷款本金的支出。

三、资金成本

（一）资金成本的概念

一般来说，资金成本反映了企业占用资金所需付出的经济代价。资金成本包括狭义的资金成本和广义的资金成本两种概念。

1. 狭义的资金成本

狭义的资金成本反映了企业为取得和使用资金所付出的各项费用，包括资金筹集费用和资金占用费用。

（1）资金筹集费用。资金筹集费用是指在资金筹集过程中支付的各项费用，一般包括证券注册登记费、印刷费、证券发行手续费、律师费、公证费、广告费、资信评估费、担保费等。

（2）资金占用费。狭义的资金占用费用表现为使用债务资金所支付的各种利息，即债权人所要求的投资收益。站在公司不同股东的角度，公司所支付的优先股股利也可以认为是一种资金成本。

广义的资金占用费还包括所有者权益资金成本。站在所有者的角度来看，将资金投入企业属于一种资金占用。所以，所有者要求企业对权益资金的占用承诺一定的资金回报。站在企业的角度，这种承诺的资金回报应当属于占用权益资金的成本。权益资金成本的概念在资本结构理论和资本结构优化中发挥着重要的作用。

2. 广义的资金成本

广义的资金成本还应包括资金的机会成本概念。企业是根据投资的需要来筹措资金的。企业进行资金投放所期望获得的资金回报，构成了资金的机会成本。

（二）资金成本的作用

（1）站在筹资的角度，资金成本是企业进行合理筹资决策的重要依据。进行资金成本分析是为了最大限度地获取筹资效益，而衡量筹资效益的理想指标应是权益资金收益率。

（2）站在投资的角度，资金成本是企业进行科学投资决策的重要依据。进行资金成本分析是为了最大限度地获取投资效益，而衡量投资效益的理想指标应是投资收益率或总资产收益率。

（3）站在经营的角度，资金成本是企业进行有效经营决策的重要依据。进行资金成本分析是为了最大限度地获取经营效益，而衡量经营效益的理想指标应是息税前利润总额。

（三）资金成本的确定

资金成本的一般计算公式如下：

$$\text{资金成本率} = \frac{\text{资金占用费}}{\text{筹资总额} - \text{筹资费用}} = \frac{\text{资金占用费}}{\text{筹资总额} \times (1 - \text{筹资费率})}$$

在此基础上，可进一步分别确定借款与发行债券的成本率、优先股资金成本率、普通股资金成本率等个别资金成本率以及加权平均资金成本率。

普通股资金成本率是所有资金来源的成本率中最难测定的成本率。从理论上讲,普通股资金成本率可以定义为普通股股东所要求的最低投资收益率,或为公司在实施投资方案时,为使其股票市价稳定而必须得到的普通股资金投资收益率。如果预期收益低于这一水平,股票市价将下跌。

可采取以下两种方式确定普通股资金成本率。

1. 股利资本化模式。

采用股利资本化模式,普通股资金成本率可以定义为“边际普通股股东所要求的、能使公司股票未来股利收益的现值等于该股票现行市价所需的财务折现率”。

2. 资本—资产定价模式

采用资本—资产定价模式,需要根据投资的无风险收益率以及风险投资所需的补偿率综合确定普通股资金成本率。

四、财务杠杆及其作用

企业的财务杠杆作用,是指企业利用举债筹资方式来增加股东收益的作用。然而,财务杠杆作用的提高也增大了有损于股东未来各年收益的风险。因此,企业需要在风险和预期收益两者之间进行权衡,做出抉择。在其他情况都相同的条件下,预期收益率越高,股票市价也就越高;但在其他情况不变的条件下,风险越大,股票市价越低。企业利用财务杠杆作用的目的,是为了争取风险与未来收益率达到使企业股票市价最高的平衡状态。

(一)财务风险与财务杠杆系数

广义上的财务风险包含了企业未来可能丧失偿债能力的风险以及未来股东收益变动的风险。首先,随着债务、租赁和优先股筹资在企业资本结构中所占比重的提高,企业支付的固定费用将会增加,结果使企业丧失现金支付能力的可能性也增加了;其次,随着企业债务的增加,未来股东收益也具有较大的不确定性:股东收益有可能随财务杠杆作用的增大而上升;也有可能随财务杠杆作用的增大而下降。

一般可利用财务杠杆系数来反映企业举债筹资的相对程度。财务杠杆系数的计算公式如下:

$$\begin{aligned}\text{财务杠杆系数} &= \text{每股收益变动率} \div \text{息税前利润变动率}\\ &= \text{息税前利润} \div (\text{息税前利润} - \text{财务费用})\\ &= \mathrm{EBIT} \div (\mathrm{EBIT} - C)\end{aligned}$$

其中,财务费用 C 包括公司所支付的优先股股利。

(二)财务杠杆的作用

由于财务杠杆的作用反映了企业利用举债筹资来提高股东收益率的作用,所以,如果企业预期投资收益率高于债务利率时,提高财务杠杆系数有利于提高股权收益率,财务杠杆发挥了正的作用;如果企业预期投资收益率低于债务利率时,提高财务杠杆系数将会导致股权收益率下降,财务杠杆起了负的作用。

【例7-5】 某公路股份有限公司计划筹资10亿元人民币有偿收购某政府还贷高速公路

20 年的收费经营权。公司如果从银行贷款筹资，利率为 8%。如果预期公路投资收益率为 12%，则当公司加权平均债务股权比率为 20%、公司所得税率为 25% 时，预期股权收益率可计算如下：

股权收益率 = [12% + (12% - 8%) × 20%] × (1 - 25%) = 9.6%

如果公司加大举债筹资的力度使得加权平均债务股权比率上升至 40%，其他条件不变，则预期股权收益率可计算如下：

股权收益率 = [12% + (12% - 8%) × 40%] × (1 - 25%) = 10.2%

这意味着公司的举债筹资发挥了正的财务杠杆作用。

应当指出，由于公路经营企业的资产负债率一般在公路建设期间逐步增加，在公路建成交付使用时达到最高点；然后随着收费经营逐步偿还，资产负债率将逐步趋于零。所以，在公路收费经营的整个期间，加权平均债务股权比率一般不会很高，这意味着公路经营企业的举债筹资作用一般是有限的。

如果公司公路投资收益率有可能降低至 6%，其他条件不变，则公司股权收益率将随着财务杠杆力度的加大呈下降趋势：加权平均债务股权比率为 20% 时的股权收益率为 4.2%；加权平均债务股权比率上升至 40% 时的股权收益率下降至 3.9%；公司的举债筹资起了负的财务杠杆作用。

正因如此，所以可以认为公司举债筹资具有一定的财务风险。

五、财务风险及其分析

(一)财务风险的衡量

一般可以采取以下方法来衡量公司举债筹资的财务风险。

1. 用标准离差与标准离差率衡量财务风险

标准离差反映了公司未来收益与其期望值之间的离散程度。公司未来收益的数学期望值反映了按不同收益实现的概率所计算的收益加权平均值。一般来说，在一定的收益期望值前提下，标准离差越大，意味着财务风险越高。

标准离差率又叫做变差系数，反映了筹资方案的标准离差与其期望值的比值，其计算公式如下：

标准离差率 = (标准离差 ÷ 期望值) × 100%

2. 标准离差与概率分析

在确定筹资方案标准离差的基础上进行实现每股收益目标相对可能性的概率分析，有助于确定筹资方案的财务风险，并为财务决策提供有用的信息。

3. 其他衡量财务风险的财务指标

除了以上方法以外，还可以采用债务股本比率、利息保障倍数、债务本息偿付比率、无现金偿付能力的概率等财务指标来间接地反映举债筹资的财务风险。

(二)财务风险分析

1. 经营风险对财务风险的影响

(1)可以认为,在利用财务杠杆的条件下,除了利率变动的风险以外,经营风险是导致财务风险的根本原因。

(2)如果财务杠杆系数为100%,则经营风险与财务风险无关,财务风险为零。

2. 公司管理人员对财务风险的态度

在保证筹资效益的前提下尽可能地避免或降低筹资风险,是筹资决策所追求的目标。但这往往是一厢情愿。在现实中,高收益往往与高风险、低收益与低风险并存,所以在筹资决策需做出的选择为:是愿冒较高的筹资风险来追求较高的筹资效益,还是宁可减少筹资效益也要尽可能地降低筹资风险。

六、提高公路经营企业筹资效益的途径

(1)筹资决策的核心问题是通过适当的筹资组合来形成使公司价值最大化或者资金成本最小化的最优资本结构。这涉及相关的资本结构理论问题。

(2)根据国家规定,公路建设项目的资本金不应当低于总投资的25%;这意味着债务融资的理论上限为总投资的75%。如果可以保证未来公司的投资收益率高于债务成本率,则负债比率接近75%时公司的股权收益率最高。

(3)如果未来公司的投资收益率或者债务成本率具有不确定性,则应当借助于财务风险分析进行筹资结构或者资本结构的选择。

【本章小结】

公路经营企业可以通过直接吸收投资或者发行股票来筹措资本金;也可以通过从国内外金融机构借款或者发行企业债券来筹措债务资金。公路经营企业筹资的主要目的是为了通过投资取得公路收费权来扩大企业经营规模;一般不存在为维持简单再生产活动的筹资需求。

公路经营企业资本金的一个重要来源,是国家、交通运输主管部门或者有关机构用已建成公路折价入股投入公路经营企业形成的国家资本金或者国有法人资本金。公路资产评估对公路经营企业的资本金筹集具有重要的影响和作用。

公路上市公司可以通过发行股票筹措公路建设资金。股票发行价格的高低在一定程度上制约和影响着公路上市公司的筹资额。公司预期的每股收益、行业市盈率、公司每股净资产等财务指标影响和制约着股票的发行价格。

公司可以通过国内外金融机构借款、发行债券等方式筹措公路建设债务资金。债务成本率与预期公路投资收益率的比较、债务偿还期限、公司未来筹措债务资金的能力等影响和制约着公司债务筹资的规模和可行性。

公司筹资决策分析的目的是为了提高筹资效益。反映公司筹资效益的理想指标是股权收

益率。由于受国家现行规定的制约,公司筹措债务资金的理论上限为公路总投资的75%。如果对未来投资收益率超过负债利率有较大的把握,有必要通过实施举债经营策略使公司的资产负债率接近75%。公路经营企业应当在科学分析资金成本和财务风险的基础上,充分利用举债筹资对提高股权收益率的财务杠杆作用,促使公司筹资效益的不断提高。

【复习思考题】

1. 公路经营企业一般采取哪几种筹资方式筹措公路建设所需资金?

2. 什么是实收资本制、授权资本制和折中资本制?三者有何区别和联系?公路经营企业一般采取哪一种资本金制度?

3. 公路经营企业筹措资本金的最低限度为多少?做出这一规范有何作用?

4. 公路股份有限公司通过发行股票筹措资金的多少受哪些条件的约束和限制?

5. 公司每股净资产和行业市盈率的高低对公路上市公司的股票发行价格和上市募股筹资额有何影响?

6. 与银行贷款相比,发行债券融资有何特点?公路经营企业发行不同种类的债券融资有何不同的限制条件?

7. 公路经营企业为什么要债务融资?在什么条件下债务融资对企业有利?债务资金有何来源渠道和融资方式?

8. 为什么说反映公路经营企业筹资效益的主要财务指标是股权收益率?

9. 什么是资金成本?资金成本在公路经营企业筹资决策中有何作用?

10. 什么是筹资风险?在公路经营企业筹资决策中如何正确处理提高筹资效益和减少或者分散筹资风险的关系?

第八章

公路经营企业投资管理

第一节　公路经营企业投资管理概述

投资是企业财务活动的重要内容之一。投资通常是指企业投入一定的财力，以期望未来取得收益的经济活动。公路经营企业投资的主要目的是为了通过扩大经营规模实行持续经营，努力实现企业价值最大化的理想目标和企业利润最大化的现实目标。

一、公路经营企业投资的作用和投资方式

（一）公路经营企业投资的作用

企业投资活动追求的是投资效益。投资是企业不可缺少的一种经济活动，没有投资，企业就无法生存与发展。

首先，投资是企业取得并增加投资收益的必要手段。企业以获利为目的而存在，为获利而不断发展与壮大。因此，拥有一定数量的资金并投入在各种经营资产上，通过经营资产获取经营利润，是企业的一项重要的财务活动。企业为追求投资收益的增加而扩大投资，通过扩大投资来增加利润。

其次，资金投向的合理分布有利于降低企业的风险，增强获利的稳定性，增大获利的可能

性。对内资金投放的合理分布有利于促进多角化经营的发展，有助于降低经营风险；对内、对外资金投放的合理分布有利于促进多样化投资的发展，有助于降低总投资风险，并进一步影响企业的财务风险。

第三，投资是控制其他企业生产经营活动、组建公司集团、增加销售、提高市场占有率的重要手段。控制性投资并不计较眼前投资收益的高低，而是注重于未来的长远发展。通过控制性投资扩大了企业的规模，提高了市场竞争力，也就在一定程度上保证了未来获利能力的不断提高。

（二）公路经营企业的投资方式

除了对外投资以外，公路经营企业的投资主要是对高速公路的投资：通过对高速公路的投资取得其收费经营权。一般来说，取得高速公路收费经营权的具体方式有以下三种。

1. 以投资建造高速公路的形式取得其收费经营权

《收费公路管理条例》规定：建设收费公路，应当符合下列技术等级和规模：

（1）高速公路；

（2）一级公路连续里程 50km 以上；

（3）独立桥梁、隧道，长度 1 000m 以上。

国家确定的东、中部省、直辖市已经取消收费的二级公路升级改造为一级公路的，不得重新收费。新建和改建技术等级为二级以下（含二级）的公路不得收费。

2. 以投资购买已建成高速公路收费权的形式取得其收费经营权

《收费公路管理条例》规定：有下列情形之一的，收费公路权益中的收费权不得转让：

（1）实行非营利性养护管理收费的高速公路；

（2）经营期满的特许经营公路；

（3）长度小于 1 000m 的独立桥梁和隧道；

（4）二级公路；

（5）政府收费公路中收费时间已超过批准的偿债期限 2/3 的一级公路、独立桥梁、独立隧道，以及收费时间超过 15 年的高速公路。

交通运输部、国家发展与改革委、财政部 2008 年 8 月发布的《收费公路权益转让办法》进一步明确了收费权转让的基本要求。按照《收费公路管理条例》的修订，该转让办法有待进一步修订。

西方国家也有投资收购已建成高速公路收费权的成功案例。在美国，澳大利亚麦考里基础设施集团（MIG）和西班牙辛特拉集团（Cintra）组成的财团于 2004 年 10 月 28 日与芝加哥市政府签署特许权与租赁协议。根据该协议，MIG（45%）和 Cintra（55%）组成的项目公司——高架公路特许权有限责任公司（SCC）于 2005 年 1 月以 18.3 亿美元的价格取得芝加哥高架公路 99 年的经营权，使得该路成为美国第一条实行私有化的收费公路。该公路特许经营期限截至 2104 年。印第安纳收费公路特许权公司（ITRConcessionCompanyLLC）2006 年 6 月出资 38 亿美元给美国印第安纳州政府财政局，取得了全长 253km（157km）的印第安纳收费公路 75 年的收费特许权。

加拿大的 407 号电子收费高速公路（407ETR）位于加拿大安大略省多伦多市，全长

108km。到1997年6月,全长69km的407ETR建设通车,建设成本16亿加元;并从1997年10月开始收取车辆通行费。按照规划,还有向东和向西高速公路延伸线共计39km需要建设。考虑财政资金问题,安大略省决定采取引进民间资本的方式进行建设和经营。安大略省于1998年12月开始进行项目招标。西班牙辛特拉公司(Cintra)和其他公司作为发起人组成的项目公司(407InternationalInc)以21亿美元(31亿加元)的价格取得了该项目已建成69km的经营权以及其他39km的建设与经营权,建设成本为3.3亿美元;项目公司为取得该项目的总投资为24.3亿美元。该项目特许经营期限为99年,从2000年开始,到2098年终止。

3. 对高速公路进行扩建与技术改造来延长已取得的收费经营权

当现有的高速公路交通趋于饱和时需要对其进行扩建。利用新技术、新手段对高速公路基础设施进行必要的改造,不仅有利于降低成本,提高经营效益,而且也具有理想的社会效益。在意大利、法国等欧洲国家,国家通过立法以延长特许收费期限的方式鼓励公路经营企业对公路进行扩建与技术改造投资,使公路能够更好地发挥作用。1998年,意大利政府通过修改特许经营合同的法令,允许意大利都灵米兰高速公路股份公司以对都灵至米兰高速公路进行扩建改造投资的方式,将特许收费期限的终止期由原来的2014年延长至2026年。在中国,由于福建高速决定投资156亿元将已建成的泉厦高速公路和福泉高速公路进行扩建改造,2008年5月8日福建省人民政府下发《福建省人民政府关于福泉、泉厦高速公路扩建项目经营年限的批复》(闽政文[2008]168号),同意福建高速将福泉、泉厦高速公路扩建项目作为经营性收费公路项目进行建设和经营,扩建后收费年限25年,分别自福泉、泉厦高速公路扩建工程全路段建成通车之日起计算。泉厦高速公路和福泉高速公路改扩建工程已分别于2010年9月2日和2011年1月18日基本建成通车。2014年12月25日建成通车的全长224.678km的京港澳高速公路京石段改扩建工程也重新取得了22年收费经营权。

修订后的《收费公路管理条例》对这一做法进行了认可。该文规定:根据经济社会发展需要实施收费公路改扩建工程,将一级公路改建为高速公路或者提高高速公路通行能力,且增加政府债务或者社会投资的,可重新核定偿债期限或者经营期限。

(三)高速公路大修和其他投资

公路经营企业除了对高速公路收费经营权的投资以外,还应当根据高速公路大中修的需要进行这方面的投资。与取得高速公路收费经营权的投资不同,公路经营企业对高速公路大中修工程投资的目的是为了恢复高速公路的技术经济性能。这些投资一般不具有扩大公司经营规模的作用,但能够为公司带来新增的经济效益。

除了对高速公路的大修投资以外,公路经营企业还涉及对收费和通信设施的投资、高速公路沿线绿化投资等。对收费设施和通信设施投资的主要目的是为了提高收费管理效率(例如进行不停车自动电子收费系统的投资),减少经营成本费用;但也可能是为了适应社会化管理的需要,主要着眼于改善投资环境,提高社会效益(例如对公路沿线绿化的投资)。

二、公路经营企业投资的分类

为加强对企业投资的管理,分清投资的性质,提高投资效率,必须对投资进行科学的分类。

(一)按投资期限可将投资分为长期投资和短期投资

短期投资是指可在1年内收回的投资。短期投资活动的结果形成企业的流动资产。短期投资一般具有时间短、变现能力强、周转快、波动性大等特点。加强对短期投资的管理与控制,对减少资金占用,加速资金周转,提高企业效益是非常重要的。

长期投资一般指在长于1年的时间才能收回的各项投资。长期投资活动的结果形成企业的非流动资产,主要包括企业为维持生产能力而购建的机器、设备、建筑物、厂房等固定资产;企业购入或者自制的各类无形资产,以及企业为控制或影响其他企业而购入的、持有期限在1年以上的各种股票和期限在1年以上、近期内不准备出售的各类债券等各种有价证券投资和其他形式的实物投资。一般说来,长期投资的回收期长,耗资多,变现能力差。长期投资的投向是否合理,不仅影响企业当期的财务状况,而且对以后各期损益及经营状况都能产生重要影响。企业在进行这类投资时必须做好可行性研究,对资金的投向,未来年度内现金流量、流速及分布作出合理的预测,以便作出正确的决策。

很明显,公路经营企业对高速公路收费经营权的投资属于长期投资的范畴。

(二)按投资范围可将投资分为内部投资和外部投资

内部投资又称为对内投资,是指对企业内部生产经营所需要的各种资产的投资,其目的是保证企业生产经营过程的连续和生产经营规模的扩大。在企业的投资活动中,内部投资是其主要内容,它不仅数额大,投资面广,而且对企业的稳定与发展、未来盈利能力、长期偿债能力都有着重大影响。企业的内部投资按其与未来企业经营活动的关系又可分为维持性投资和扩大生产能力投资。前者主要是为维持企业正常经营、保持现有生产能力而投入的财力,如固定资产的更新与大修等。这类投资一般不涉及企业的前途,不改变企业现有方向。后者是企业为扩大生产规模,增加生产能力,或改变企业经营方向,对企业今后的经营与发展有重大影响的各种投资。这种投资与前者相比,一般来说,它的投资数额大,投资次数少,周期较长,能在企业多个经营周期内发挥作用。

外部投资又称对外投资,是指企业将所拥有的资产直接投放于其他企业或购买各种证券形成的投资。外部投资按其形式可分为股票投资、债券投资和其他投资三种。股票投资即企业以购买股票方式所进行的对外投资。股票是股份有限公司为筹集权益资金而发行的有价证券,是投资者投资入股,借以获取股利的凭证。企业购买他人的股票后就成为股份有限公司的股东。作为股东,企业所关心的是能否取得优厚的股利和股票的升值情况。企业股票投资与其他对外投资相比有着独特的特点。企业所购入的股票除可依法转让外,在股份公司的存续期内不能抽回,此外它的投资收益也有较大的不确定性。这样,股票投资是一种风险较大的投资,如果股份公司破产,企业不仅不能收到投资收益,而且可能失去入股的本金。

债券投资是企业以购买债券的方式进行的对外投资。债券是政府、企业、银行和国际金融机构对其债务承担还本付息义务所开出的长期承兑凭证。企业进行债券投资的目的是为获取较高的利息收入。作为债权人,企业所关心的是能否定期收回固定的利息及债券到期时的本金。

其他投资一般指股票和债券以外的各项投资。其主体部分是联营投资。企业在进行联营投资时,一般以实物、现金或无形资产等形式出资;在联营协议签订并投出资产以后,企业就要以投出的资产对接受投资单位负责,在接受投资企业享有与其出资比例相适应的或合同规定的权利并承担相应的义务。接受投资单位经济效益好时可多分得利润,经营效益差时就少分甚至还要承担弥补亏损的责任。企业在投出资产以后,除联营合同期满,或由于特殊原因联营企业解散外,一般不得抽回投资。

三、投资风险

投资风险,是指投资预期收益的不确定性。企业投资的动机,是预期得到若干收益。但投资取得的收益是在将来,即从投资到取得收益要相隔一段时间。而在这段时间里促使预期收益变动的因素又很多,每种因素都可能使企业预期的投资收益减少,甚至亏本。这种损失事先是无法确定的,而且时间越长,其不确定性就越大,这就构成了企业投资的风险。

企业投资的风险,一般包括证券市场风险、经营风险、利率风险、购买力风险和外汇风险等。

1. 证券市场风险

证券市场风险是指由于证券市场价格上升或下降的交替变化而引起的投资报酬变动。在证券市场上,各种证券价格波动频繁,且很难预料,尤其是股票的价格,更是时起时伏,变幻莫测。由于产生证券价格变动的原因很多,这些原因往往又多是偶然发生的,因而对证券投资者来说,就存在着损失资本的风险。

2. 经营风险

经营风险是指由于企业的生产经营因素而导致的投资者所得报酬率的变动。造成经营风险的主要因素有两类:一类是企业外部因素,如遇自然灾害和通货膨胀等不可控因素发生时,便会使企业的利润率不肯定从而带来投资者报酬率的不肯定。另一类是企业内部生产经营管理因素,如企业的生产经营方向、供产销条件、成本水平、生产技术管理等方面都存在一些不确定的因素,当这些因素发生时,必然会带来企业效益的不确定,从而给投资者造成一定的风险。

3. 利率风险

利率风险是指由于银行利率水平的变动而引起的投资者所得报酬的变动。利率水平的变动,影响着企业资金成本的高低,进而导致企业盈利的升降及企业证券价格的涨跌,最终使投资者所得报酬发生变动。受银行利率变化影响最大的是债券。一旦银行利率升高,人们就会因重新进行投资选择而抛出企业债券,从而导致债券价格下跌。企业债券价格与银行利率之间的关系呈反向运动,银行利率升高,企业债券价格便会下降;企业债券剩余的时间越长,受银行利率升高的不利影响越大。

4. 购买力风险

购买力风险是指由于价格总水平变动而引起的投资者资产购买力的变动。证券的收益有名义收益和实际收益之分。证券的名义收益是指投资的货币收益;实际收益是指根据通货膨胀率调整后的收益;名义收益率减去通货膨胀率即为实际收益率。对投资者来说,重要的是实际收益率。如果名义收益率大于通货膨胀率,那么实际收益率为正值;否则,为负值。

5. 外汇风险

外汇风险是指由于本国货币和外币之间的汇率变动而引起的投资收益的变动。受国际经济形势的影响,汇率几乎每天都在波动,且波动的趋势不易被一般的投资者所预见。因而,企业投资于某种外国证券资产时,就可能会遭受到因本币或外币币值的变动而引起汇率变动所带来的外汇损失。

四、公路经营企业投资效益及其衡量

(一)公路经营企业投资效益的概念

公路经营企业对内投资的目的是为了获得投资效益;反映投资效益的理想指标是投资收益率。投资收益率是指息税前利润(EBIT)与投资总额的比率。

可以用税前投资收益率、也可以用税后投资收益率来衡量投资效益。衡量税后投资收益率的投资收益是指息前税后利润,即:

$$息前税后利润 = 息税前利润 \times (1 - 所得税率)$$

如果企业计划投资建造高速公路,反映投资项目在整个收费经营期间平均获利水平的投资收益率属于动态投资收益率。根据投资现值与未来经营该公路所可能取得投资收入的现值进行比较,以衡量投资的可行性。计算现值的折现率,就是投资者所期望获得的投资收益率。

(二)公路经营企业投资效益的衡量

1. 投资收入的概念及其确定

投资收入是指经营高速公路所取得的经营现金净流入量。其计算公式为:

$$投资收入 = 车辆通行费收入 - 公路经营费用 - 各种税费$$

其中,车辆通行费收入表现为公路经营企业的年度现金流入量;公路经营费用是指高速公路的养护费用、收费管理费用以及其他与高速公路经营有关的费用,不包括高速公路资产的折旧费或者公路收费权价值摊销;可以认为,高速公路经营费用就是经营高速公路期间所发生的年度现金流出量。各种税费包括公路经营企业需依法缴纳的营业税、城市维护建设税、教育费附加、地方教育附加、企业所得税等。

2. 预期投资收益率的确定

预期投资收益率反映了投资者所期望获得的投资收益率。动态投资收益率实际上就是项目的内部收益率。如果预期投资收益率低于投资者期望的收益率,投资不可行。

3. 收费经营期的确定

应按照既能够收回全部投资本金、又要有合理投资回报的原则来确定收费经营期。收费经营期可以认为是满足达到投资者期望的投资收益率所需的投资回收期,可根据投资回收期的计算公式确定收费经营期。

目前国家规定特许经营公路的最长收费期限为 30 年;这意味着如果计算的投资回收期长于 30 年,投资不可行。

五、投资决策分析

企业投资是为了追求投资效益,科学决策是为了促进企业实现其投资的目标。投资决策分析有助于投资决策的科学性。

公路经营企业财务管理主要研究投资建路的决策分析以及投资购买政府还贷公路收费权的决策分析。除此以外,还研究对外投资的决策分析。因此,运用息税前利润和投资收益率评价指标对企业的投资活动进行分析与评价,并在此基础上制定科学的投资决策,促使企业的投资活动实现其目标,是公路经营企业财务管理工作的一项重要任务。

第二节　投资建路的决策分析

一、投资建路决策分析的作用

投资是指投放财力于一定的对象,以期望在未来获得投资收益的经济行为。在市场经济条件下,企业能否将所筹集的资金投放到效益高、回收快、风险小的项目上去,对企业的生存与发展至关重要。

公路经营企业的投资以高速公路投资为主要对象,以提高投资效益为目标。相对于出资购买已建成高速公路收费权的投资行为而言,由于高速公路建设具有较长的建设工期,中国国民经济的快速发展和民用车辆保有量的快速增长,以及高速公路网发展所可能导致的交通量分流现象使得未来的交通量具有较大的不确定性。这意味着建路投资风险较大,投资回收期较长。因而,只有具有较高投资收益率的高速公路建设项目,才对公路经营企业有投资的吸引力。

建路投资决策分析有助于克服决策上行政干预所可能导致的主观随意性,使投资建路决策建立在科学的基础上,保证投资获得理想的投资效益。

二、投资建路决策分析的一般程序

决策技术和管理上的程序化,是决策分析的基本特点之一。这里决策的一般程序,是指决策的技术程序。各种类型的长期投资决策,一般都应按以下程序进行。

1. 确定决策目标

确定决策目标就是要明确决策所期望达到的目的。投资建路决策所期望达到的目标是在特许经营期限内通过收取通行费收入来收回建路投资并获得满意的投资收益率。确定决策目标,是决策分析非常关键的环节。目标是否恰当,直接决定了决策分析的效果。在这一环节上,首先必须抓住关键问题,避免决策失误。

2. 广泛搜集与决策问题相关的资料

资料,是决策分析的依据。资料完整、充分与否,对于决策的科学性有决定性的影响。想当然或主观臆断,是决策的一大忌。搜集资料,是决策分析过程中难度较大的一个环节。对于搜集到的各种资料,还要善于鉴别,要去粗存精,去伪存真,科学归类、汇总以便运用。投资建路决策所需的资料,包括投资成本、公路经营成本、未来的交通量、收费标准、政府对收费标准调整的承诺等。这些资料准确与否,直接影响着建路投资效益。

3. 拟定初始方案并对初始方案进行可行性分析

在明确决策问题、决策目标、掌握充实可靠资料的基础上,拟定实现决策目标的各种方案,并对所拟方案作技术上和经济上的可行性分析。在这一环节中，一般还需要根据已掌握的有关资料进行必要的预测。可行性分析通常包含两个层次的分析：其一是能否行得通，也就是有无可能实现；其二是能否满足决策者的基本要求。

4. 计算方案的各种经济效益指标，编制比较分析表

评价方案有多个指标，各指标从不同的角度体现方案的经济效益。为了全面反映方案、尤其是长期决策方案的经济效益情况，应尽可能计算出反映方案经济效益的指标，然后将不同方案所计算出的指标汇总在一起，也就是编制比较分析表。通过比较分析表，便能总括地从多角度了解各方案的经济效益状况，为决策的后续环节做好准备。

5. 考虑非计量因素的影响

在现实经济活动中，有许多影响经济效益的因素是难以用准确的量来表示的，如人们的生活习俗、消费偏好、自然条件、生产力布局、资源分布状况、商业网点等。其中有些因素对经济效益的影响非常大，在决策分析时，必须认真加以考虑。一般情况下，不同的方案受非计量因素变动的影响不会完全相同。对于经济效益与较多的非计量因素联系密切的方案，特别应注意分析非计量因素的可能变化及其影响，尽可能提高决策分析的全面性和可靠性。一般认为，在同等条件下，受制于非计量因素较少的方案比较多的方案更可靠。

6. 综合各方面的因素，建立选优标准，选择最优方案

这是决策分析最综合的一个环节，其中的难点在于综合各方面因素，建立选优的标准。这一环节的要领是全面贯彻决策的基本原则。根据选优标准，选择最优方案。从程序上看，是决策分析的关键环节，因为它决定了决策分析的结果；但实际上，它已成为一种纯粹的程序，并无实质的内容，因为它完全取决于前面各步骤分析。当建立起择优标准后，各方案的优劣也就确定了。

三、公路经营企业投资建路决策实例分析

经××省人民政府批准，××省交通运输厅发布招标公告，计划利用社会资本投资修建全长120km、六车道的万州至海门高速公路。万海高速公路项目的有关资料如下。

万海高速公路建设期为2年，概算总投资60亿元人民币，包括建设期在内的公路经营期限为22年。省政府批准的收费标准为每标准车公里0.50元；经营期限内一般不调整收费标准。预计项目建成后第一年平均日标准收费交通量为30 000车次，并按照每年8%的速度增长。经营公路的企业应当按照营业收入的3.3%缴纳营业税、城市建设维护税和教育费附加。企业可享受所得税优惠政策，缴纳的所得税率为15%。要求经营者在项目建成通车15年后进行一次全路大修理作业，以保证公路始终处于良好的技术状态。

某企业集团计划通过设立万海高速公路投资开发有限公司承担该项目的建设与经营。该公司进行了以下决策分析。

1. 资金需要量预测

公司通过分析认为，如果中标并顺利完成所需的各类手续，通过科学管理，有信心在2015年初动工建设万海高速公路；在2016年底通车交付使用，并将公路建设总投资控制在60亿元人民币以内。60亿元的资金将在建设期内平均投放；公司可以保证完成所需资金的筹措。

2. 通行费收入预测

万海高速公路建成后,公司的收入主要来自收取的车辆通行费。按照招标文件中规定的收费标准和预计的交通量,经营期间分年度通行费收入预测如表8-1所示。

通行费收入预测分析表　　表8-1

年　份	通行费收入(万元)	年　份	通行费收入(万元)
2017	65 700	2027	141 841
2018	70 956	2028	153 189
2019	76 632	2029	165 444
2020	82 763	2030	178 679
2021	89 384	2031	178 679
2022	96 535	2032	178 679
2023	104 258	2033	178 679
2024	112 598	2034	178 679
2025	121 606	2035	178 679
2026	131 335	2036	178 679

分年度通行费收入的计算公式如下:

年通行费收入(万元)=该年度平均日标准收费交通量×年日历天数×公路全长(km)×通行费标准÷10 000

六车道高速公路的设计通行能力为每日80 000车次。到2030年,预计交通量将达到设计通行能力,所以从2030年开始,通行费收入将稳定在2030年的水平上。

3. 公路经营成本预测

公路经营成本一般由两部分构成:

(1)公路日常养护与收费管理费用。这部分费用通过加强管理可以按照通行费收入总额的20%估计。

(2)公路建设总投资摊销费用。在投资效益分析时,按在经营期限内平均摊销估计。

(3)在公路建成后第15年末进行一次大修理作业,大修投资预计需要12亿元人民币。

经营期间分年度公路日常养护与收费管理费用预测如表8-2所示。

公路日常养护与收费管理费用预测分析表　　表8-2

年　份	日常养护与收费管理费用(万元)	年　份	日常养护与收费管理费用(万元)
2017	13 140	2027	28 368
2018	14 191	2028	30 638
2019	15 326	2029	33 089
2020	16 553	2030	35 736
2021	17 877	2031	35 736
2022	19 307	2032	35 736
2023	20 852	2033	35 736
2024	22 520	2034	35 736
2025	24 321	2035	35 736
2026	26 267	2036	35 736

4. 经营现金净流入量预测

经营现金净流入量是进行投资效益分析的主要依据之一。公路收费经营期间分年度经营现金净流入量受通行费收入、营业税金及附加、公路日常养护与收费管理费用以及应缴纳所得税等的影响。由于所得税是按照经营税前利润缴纳的,所以公路投资摊销额的高低也间接影响着经营现金净流入量。经营公路产生的经营现金净流入量的计算公式如下:

经营现金净流入量 = 通行费收入 - 营业税金及附加 - 日常养护与收费管理费用 - 所得税
= [通行费收入 ×(1 - 营业税率 - 公路日常养护与收费管理费用费率) - 公路投资摊销额] ×(1 - 所得税率) + 公路投资摊销额
= 通行费收入 ×(1 - 营业税率 - 公路日常养护与收费管理费用费率) ×(1 - 所得税率) + 公路投资摊销额 × 所得税率

经营期间分年度经营现金净流入量预测如表 8-3 所示。

分年度经营现金净流入量预测分析表(单位:万元) 表 8-3

年份	通行费收入	营业税金及附加	日常养护与收费管理费用	公路投资摊销额	所得税	现金净流入量
2017	65 700	2 168	13 140	30 000	3 059	47 333
2018	70 956	2 342	14 191	30 000	3 664	50 760
2019	76 632	2 529	15 326	30 000	4 317	54 461
2020	82 763	2 731	16 553	30 000	5 022	58 457
2021	89 384	2 950	17 877	30 000	5 784	62 774
2022	96 535	3 186	19 307	30 000	6 606	67 436
2023	104 258	3 441	20 852	30 000	7 495	7 2471
2024	112 598	3 716	22 520	30 000	8 454	7Z 7908
2025	121 606	4 013	24 321	30 000	9 491	83 781
2026	131 335	4 334	26 267	30 000	10 610	90 124
2027	141 841	4 681	28 368	30 000	11 819	96 973
2028	153 189	5 055	30 638	30 000	13 124	104 371
2029	165 444	5 460	33 089	30 000	14 534	112 361
2030	178 679	5 896	35 736	30 000	16 057	120 990
2031	178 679	5 896	35 736	30 000	16 057	120 990
2032	178 679	5 896	35 736	54 000	12 457	124 590
2033	178 679	5 896	35 736	54 000	12 457	124 590
2034	178 679	5 896	35 736	54 000	12 457	124 590
2035	178 679	5 896	35 736	54 000	12 457	124 590
2036	178 679	5 896	35 736	54 000	12 457	124 590

由于 2031 年公司将投资 12 亿元对全路进行一次大修理作业,导致从 2032 年开始的 5 年内平均每年增加大修理投资摊销 54 000 万元。

5. 投资效益分析

企业投资效益分析的一般方法有净现值法、动态投资回收期法、静态投资回收期法、内部收益率法、现值指数法、平均收益率法、效益成本比法等。

公路建设项目的净现值是指按照一定折现率计算的经营现金净流入量的现值与投资现值的差额,其计算公式为:

$$\mathrm{NPV} = \sum_{t=0}^{n}(R_t - C_t)(1+K)^{-t} = \sum_{t=m}^{n}\mathrm{NCF}_t(1+K)^{-t} - \sum_{t=0}^{m-1}I_t(1+K)^{-t}$$

式中:R_t——现金流入量;

C_t——现金流出量;

K——折现率;

NCF_t——经营现金净流入;

I——投资额;

n——项目收费经营期限(包括建设期);

m——项目建设期。

按照10%的折现率计算,万海高速公路项目的净现值为1 465万元(表8-4)。

项目净现值计算表(单位:万元)　　表8-4

期　数	投资额	经营现金净流入量	现值系数(10%)	现值(10%)	净现值(10%)
0	300 000		0.000 0	-300 000	-300 000
1	300 000		0.909 1	-272 730	-572 730
2		47 333	0.826 4	39 116	-533 614
3		50 760	0.751 3	38 136	-495 478
4		54 461	0.683 0	37 197	-458 281
5		58 457	0.620 9	36 296	-421 985
6		62 774	0.564 5	35 436	-386 549
7		67 436	0.513 2	34 608	-351 941
8		72 471	0.466 5	33 808	-318 133
9		77 908	0.424 1	33 041	-285 093
10		83 781	0.385 5	32 298	-252 795
11		90 124	0.350 5	31 588	-221 207
12		96 973	0.318 6	30 896	-190 311
13		104 371	0.289 7	30 236	-160 075
14		112 361	0.263 3	29 585	-130 490
15		120 990	0.239 4	28 965	-101 525
16	120 000	120 990	0.2176	215	-101 310
17		124 590	0.197 8	24 644	-76 666
18		124 590	0.179 9	22 414	-54 252
19		124 590	0.163 5	20 370	-33 882
20		124 590	0.148 6	18 514	-15 367
21		124 590	0.135 1	16 832	1 465

内部收益率反映了投资该项目获得的真实收益率。用数学公式表示,内部收益率可以表现为使得项目净现值为零的折现率。内部收益率的计算公式为:

$$\sum_{t=m}^{n} NCF_t(1+IRR)^{-t} - \sum_{t=0}^{m-1} I_t \cdot (1+IRR)^{-t} = 0$$

式中:IRR——内部收益率。

一般来说,可以采用逐步测试法计算项目的内部收益率。当采用折现率的计算结果使得项目净现值大于零,说明该项目的内部收益率大于该折现率;当采用折现率的计算结果使得项目净现值小于零,说明该项目的内部收益率小于该折现率;使得项目净现值为零的折现率,就是该项目的内部收益率。

所以,由于采用10%的折现率计算万海高速公路项目的净现值大于零,且与投资现值比较很少,反映了该项目的内部收益率略大于10%。

这意味着该项投资可以达到公司期望的10%投资收益率的目标。考虑未来收益不确定性的风险,公司仍有必要在控制公路投资或者降低日常养护与收费管理费用上做出进一步努力,确保该投资项目达到10%期望投资收益率的要求。

第三节　投资收购高速公路收费权的决策分析

一、受让高速公路收费权投资的特点

与投资建路不同,受让高速公路收费权投资决策的关键在于合理确定高速公路收费权的价值。一般来说,与投资建路相比,购买高速公路收费权的投资具有以下特点:

(1)新建高速公路的总投资就是高速公路的建设成本;而购买高速公路收费权的投资是指高速公路收费权交易的成交价。

(2)建路的投资总额取决于公路的技术等级、车道数、地理环境和条件及其他因素;投资效益取决于高速公路建成后的收费经营效益与投资成本的比较。购买收费权的投资总额取决于该高速公路未来的收费经营效益;投资额的确定实际上意味着未来投资收益率的确定。

(3)在国民经济发展速度较快、民用车辆增长速度较高的状况下,建路投资的风险较大,购买收费权投资的风险相对较小。

(4)高速公路收费权价值的高低受高速公路经营期限长短的影响。一般来说,高速公路收费经营期限越长,高速公路收费权的价值越大。

(5)投资建路的收费期限应当按照收回投资并有合理回报的原则确定;而转让收费权的收费期限则由出让、受让双方约定。两者的最长收费期限都受到国务院规定年限的限制。

二、高速公路收费权价值确定的理论分析

(一)高速公路收费权价值确定的理论基础

通过有偿转让高速公路的收费权来筹措公路建设资金,是中国通过公路融投资体制改革以加快公路建设事业发展的一项重大举措。陕西省西临高速公路、湖北省黄黄高速公路等收费权的成功转让,为中国利用高速公路收费权转让筹措公路建设资金提供了有益的借鉴。但目前从全国的情况来看,进行高速公路收费权转让探索得多,转让成功得少。影响收费权转让

工作正常进行的原因固然很多,但在收费权转让价格问题上转让方与受让方之间存在较大的看法分歧,也许是影响收费权成功转让的主要原因。

高速公路的收费权属于公路产权的重要组成部分。根据国家有关规定,国有资产产权转让前,必须经具备资格的国有资产评估机构进行资产价值评估,并且转让价格不得低于资产评估值。根据《收费公路权益转让办法》中的有关规定,进行高速公路收费权的转让,应采用收益现值法进行评估。经国有资产管理部门确定的公路收费权资产的评估价值,应作为高速公路收费权转让成交作价的依据。转让高速公路收费权的实际成交价不得低于评估确认价值。

进行高速公路收费权转让应当搞清以下理论问题。

1. 转让高速公路收费权与公路所有权的转让

转让高速公路收费权不涉及公路所有权的转让。《中华人民共和国公路法》明确规定,国内外经济组织有偿取得的只是该高速公路基础设施有期限的收费权,并没有取得其所有权。《收费公路管理条例》对不同类型和技术等级的公路收费权转让期限有不同的规定。

2. 高速公路收费权价值与高速公路建设成本之间的关系

在市场经济条件下,国内外经济组织有偿取得高速公路收费权的目的是为了通过经营该高速公路以获得未来的投资效益。由于地理条件、经济发展程度等方面的原因,不同地区同样造价的高速公路基础设施,所产生的现金流量有较大的差异。例如,在广东省平原地区投资3亿元修建一座公路大桥,每年可产生现金流量6 000多万元;在陕西省黄土高原投资3亿元建设一条高速公路,也许每年现金流量只有3 000多万元。按重置成本法评估,公路桥的评估值也许与高速公路一致;按收益现值法评估,高速公路的价值也许只有大桥价值的一半。显然,如果国内外经济组织愿意花50 000万元的代价取得广东公路桥的收费权,而不是为取得陕西高速公路的收费权而花费高于25 000万元的资金。所以,没有必要采用重置成本法评估高速公路收费权的价值,更不应当要求高速公路收费权的转让价格必须不低于该高速公路的重置成本。事实上,陕西省西临高速公路的重置成本为4.3亿元人民币,而1996年收费权转让价格为3亿元,低于重置成本;收费权价值低于重置成本的主要原因是年通行费收入较少以及收费期较短(20年)。相比较之下,湖北省武黄高速公路的重置成本4.49亿元人民币,但由于较理想的通行费收入和较长的收费期限(25年)使该路收费权的转让价格达5.80亿元人民币,高于其重置成本。

3. 高速公路收费权的成交价与评估确认价值的关系

根据现行规定,转让高速公路收费权的实际成交价不得低于评估确认价值。如果实际成交价低于评估确认价值则意味着国有资产的流失。有以下两个问题值得研究:

(1)如果评估确认价值如实地反映了收费权的真实价值,则按高于评估确认价值的价格成交则意味着侵犯了受让方的合法权益。在市场经济条件下,需维护的不仅是国家的合法权益,交易双方的合法权益都应当得到有效的维护。只有有效地维护了交易双方各自的合法权益,才有可能达成交易。

(2)如果评估确认价值只是对收费权价值的有效估计,则实际成交价可以适当地高于评估值,自然也可以适当地低于评估值。因此,以评估值作为确定收费权转让成交价的依据,应当是将评估值作为确定高速公路收费权转让成交价的基准值,应当允许实际成交价在规定范围内(比如±10%)根据具体情况变动。

(二)高速公路收费权价值的影响因素分析

影响高速公路收费权价值的因素一般有收费期限、投资者的期望投资回报率(投资收益率)、高速公路未来的分车型交通量、分车型收费标准、营运费用、税金等。

1. 收费期限长短对高速公路收费权价值的影响

一般来说,收费期限越长,高速公路收费权价值越高。例如,当某高速公路每年可产生现金净流量(年通行费收入超过公路养护费用和收费管理费用的余额)5 000 万元,高速公路收费权的受让方期望获得 15% 的投资回报率,在不考虑所得税的前提下,收费期限为 15 年,收费权价值为 2.92 亿元;收费期限为 20 年,收费权价值为 3.13 亿元。

2. 收费期限的确定

根据《中华人民共和国公路法》及其有关规定,收费期限由出让、受让双方约定,但转让政府收费高速公路最长不得超过 25 年。这意味着高速公路收费权价值可在约定收费期限的基础上确定。如果将收费期限与高速公路收费权价值有机地结合起来,就没有必要再人为地确定一个经营收费的最长期限。如果同意这一看法,则对那些投资额相对较高或通行费收入相对较少、但仍希望通过转让其收费权来筹措公路建设资金的交通运输主管部门来说无疑是一个福音。在国外,不乏这样的实例。例如,由于投资额巨大高达 165 亿美元,英国政府特许欧洲隧道公司将经营英吉利海峡隧道的期间由 50 年延长至 65 年;澳大利亚由于人口稀少,车流量较低,因而政府特许像 West Gate 和 Hornibrook Highway 等这样的公路基础设施收费经营 40 年。据了解,西班牙有关法律规定的最长收费期限为 75 年;加拿大政府特许多伦多环线高速公路(H407)的经营期限为 99 年。

3. 投资回报率高低对高速公路收费权价值的影响

一般来说,期望投资回报率越高,收费权价值越低。例如,当高速公路每年现金净流入量为 5 000 万元、收费期限为 20 年时,如果投资回报率为 15%,收费权价值为 2.92 亿元;如果投资回报率为 20%,收费权价值为 2.44 亿元。2010 年以来,国际上对具有一定风险的基础设施项目投资所要求的收益率一般为 10%;中国可根据本国和本地区的具体情况确定合理的投资收益率,并以此为依据确定高速公路收费权的价值。

4. 年现金净流入量(投资收入)大小对高速公路收费权价值的影响

收费标准、营运费用、营业税金和所得税以及收费交通量综合影响下的年现金净流入量的高低对收费权价值也具有重要的影响。显然,年现金净流入量越高,收费权价值越大。例如,当收费期限为 20 年、投资回报率为 15% 时,年现金净流入量为 5 000 万元,收费权价值为 3.13 亿元;年现金净流入量达 6 000 万元,收费权价值为 3.76 亿元。

5. 高速公路收费权价值的计算

一般来说,当公路经营企业需因经营高速公路缴纳营业税和所得税时,可按照下列公式确定收费权的价值:

$$V=\sum_{t=1}^{n}\left\{\left[R\times(1-t)-C-\frac{V}{n}\right]\times(1-T)+\frac{V}{n}\right\}\times(1+K)^{-t}$$

或:

$$=\sum_{t=1}^{n}\left\{[R\times(1-t)-C]\times(1-T)+\frac{V}{n}\times T\right\}\times(1+K)^{-t}$$

式中:V——收费权价值;

R——年高速公路车辆通行费收入;

C——年高速公路养护与收费管理费用;

T——企业所得税率;

K——期望投资回报率;

n——特许收费期限;

t——营业税率。

应当明确的是,在市场经济条件下,签约双方应利益共享,风险共担。除非情况特殊,政府没有必要为高速公路收费权的受让方担保交通量或通行费收入;同理,也没有必要担保受让方的投资收益率。外汇汇率变动以及物价变动的风险可以作为经营者应承担经营风险的一部分;也可以根据特许经营协议以调整收费标准的方式予以补偿。

三、公路收费权转让协议

公路收费权转让协议是规范公路收费权转让行为、明确转让和受让双方各自权利、责任和义务的一种具有法律效力的书面文件。

一个完整的收费权转让协议应当包括下列内容:

(1)项目名称和经营内容;

(2)经营范围和经营期限;

(3)收费标准及其调整机制;

(4)出让方的权利和义务;

(5)受让方的权利和义务;

(6)养护质量和服务水平;

(7)经营风险与保障;

(8)安全质量保证金制度及其责任;

(9)协议终止和变更;

(10)移交方式和程序;

(11)监督检查;

(12)违约责任;

(13)争议解决;

(14)其他约定。

参照2015年4月25日发布的《基础设施和公用事业特许经营管理办法》(国家发展改革委等六部委令第25号)的规定,公路收费权转让协议案例样本如下。

××高速公路收费权转让协议

××省交通运输厅与××高速公路发展有限公司本着平等互利、风险共担、利益共享和共求发展的规则,经充分协商,就××高速公路收费权转让事宜,达成如下协议:

一、缔约各方

甲方:××省交通运输厅(以下简称甲方)

法定代表人:××厅长

地址:××省××市××路××号

乙方:××高速公路发展有限公司(以下简称乙方)

法定代表人:××董事长

地址:××省××市××路××号

二、定义

1."××高速公路":若无特别说明,是指××至××高速公路。

2."收费权"是指经××省人民政府批准,对行驶××高速公路的车辆收取车辆通行费的特许权。

3."交通投资集团"是指××省交通投资集团有限公司。

4."现行收费标准"是指甲方及交通投资集团向乙方或项目公司移交××高速公路收费权时正在执行的经省级物价主管部门批准的收费标准。

5."转让金"是指乙方因受让××高速公路收费权而向甲方支付的价款。

三、甲方同意将其拥有的××高速公路收费权的80%有偿转让给乙方,20%委托交通投资集团经营。

四、甲乙双方同意由乙方和交通投资集团以其受让和受委托的××高速公路收费权共同组建专门从事××高速公路收费权经营的有限责任公司(以下简称项目公司)。项目公司的名称、组织结构、经营范围、收益分配等,在交通投资集团与乙方将要签订的《出资合同》及项目公司《章程》中明确。

五、××高速公路收费权对应的路段、资产包括:××国道××市××村至××省××市××地全长××公里的高速公路以及与上述路段配套的附属设施以及管理、养护和收费设施,具体桩号为:20K+1 100 至 205K+522。

六、转让价格:根据本协议的第三条的约定,80%的××高速公路收费权的转让价格为人民币××万元(××万元)。

七、甲乙双方转/受让××高速公路收费的期限(以下简称转让期)为××年,自乙方按照本协议第八条之规定支付的首期转让金到达甲方指定的账户的次日起10日起计算。从此时刻起,乙方即获得××高速公路80%的收费权。

如果遇不可抗力事件导致项目公司全部或部分收费站(点)的收费期限相应延长。

八、转让金的支付:乙方以现金方式分三次向甲方支付转让金。

首期转让金人民币为××万元,乙方于本协议生效之日后的45日内汇入甲方指定账户;

第二期转让金人民币××万元,乙方于本协议生效之日后的300日内汇入甲方指定账户;

第三期转让金人民币××万元,乙方于本协议生效之日后的500日内汇入甲方指定账户。

九、定金及其支付:本协议签字后15日内,乙方应该向甲方支付人民币××万元,作为按期支付××高速公路收费权转让金的定金。

如果乙方不能按照本协议第八条之规定如期支付首期出让金,上述定金归甲方所有,后期工作终止。

如果乙方不能按照本协议第八条之规定如期支付第二、第三期转让金,乙方应该按照逾期时间、金额和中国人民银行公布的同期贷款利率加两个百分点计算,向甲方支付违约金。但逾期最长不得超过30日,超期即视为乙方退出合作,项目公司按照国家规定进行清算。乙方已支付的转让金,加项目公司存续期间乙方应得净收益,扣除乙方已获得的收益分配和应负担的亏损和违约金(含××万元定金)后的余款(不计息),退还乙方。违约金和定金归甲方所有。

十、收费标准和方式:乙方受让××高速公路部分收费权后,项目公司按照目前经××省政府批准的收费方式和现行收费标准收取通行费。

目前的收费方式为开放式,已设立的收费站有:××收费站、××收费站、××收费站。

在转让期内,收费标准可以根据实际情况,报有关部门审批调整。

转让期内,因路网延伸,收费制式改变,实行统一收费按比例分成的办法时,甲乙双方均应该敦促项目公司积极予以配合。改变收费制式过程中,必需的匝道改造和收费广场(含收费大棚)建设由甲方负责,并承担相应费用;其余工程由项目公司负责并承担相应费用;甲方承诺不因收费方式的改变而降低该路段单车收费额。

十一、甲乙双方均应该采取必要措施,敦促项目公司做到:

1. 按照国家、××省有关法规以及交通运输部和××省交通运输厅的有关规定和行业技术规范,对××高速公路及其附属设施和管理、收费设施进行养护和维修,保证其完整、畅通和正常运转。公路的日常养护和大修,可以采用招投标制,也可以由项目公司与当地公路管理部门签订合同委托养护。养护、大修等费用均由项目公司负担。

2. 接受交通运输主管部门的行业管理和业务指导,按时向交通运输主管部门报送规定的报表资料,包括但不限于交通量、收费情况等。

3. 项目公司董事长由乙方出任,总经理由甲方提名推荐,由董事会聘任。

4. 对××高速公路各管理所及收费站截至××年××月××日的在册职工原则上应全部接收,并适当提高这些职工的劳动报酬;在与这些职工签订新的劳动合同之前,项目公司代××高速公路管理处继续履行××高速公路管理处与这些职工签订的劳动合同;按照国家规定为员工缴纳各种社会保险金(费);并按"按劳分配、效益优先"的原则和社会经济的发展水平,定期调升员工的报酬。

十二、路政、安全管理由××省交通运输厅统一安排,其费用由项目公司负担。具体事宜由项目公司与××省交通运输厅指定的执法单位协商确定。

十三、乙方及项目公司不得以任何理由和形式将××高速公路收费权转让、赠予第三方。收费权的质押、上市问题,根据国家政策办理。

十四、在转让期内,甲方保证在××至××高速公路未达到评估报告预测交通量前,在××高速公路两侧15km范围内,不再新建给该公路造成分流的且与该公路全程平行的二级以上公路。

十五、适用项目公司的所得税税率,按照国家有关优惠政策执行。

十六、在转让期限内,若因国家政策调整,导致××高速公路不能收费,或遇到不可抗力原因导致全部或部分收费站(点)中断收费6个月以上,甲乙双方应在××省人民政府的主持下,在保证乙方利益不受损失的情况下,本着公正、合理的原则进行清算。

十七、项目公司成立之后，甲方应敦促交通投资集团按照××高速公路收费权评估报告中与收费权有关的资产清单向项目公司移交公路收费权所依据的实物资产，出示有关房产证和土地使用证(包括公路用地)。

公路用地使用费不因收费权转让而发生变化，若国家调整税费，项目公司享受××省同等高速公路经营企业的土地税费政策。

本协议生效后50日内双方共同完成公路路况的勘察，并形成《路况报告》。

十八、乙方购买的是××高速公路的收费权，不涉及××高速公路的所有权。转让期满时，乙方及项目公司应将××高速公路收费权以及与之相配套的附属设施和相关设施(其范围与转让移交范围相同。在转让期内为完善生产、经营、管理条件而投入的公路固定设备也含其中)无条件地、无偿地移交给甲方。移交时，所有资产的技术状况和性能不应低于转让移交时的技术状况和性能。

如果移交时，项目公司不履行本义务，则由交通投资集团单方面组织力量进行维修、养护，其费用由甲乙双方按照2∶8的比例承担连带责任。

转让期内，项目公司新增的不属于本条第一条款所列的资产，不在移交甲方之列，按项目公司出资比例向出资方分配。

十九、如果甲方未能按本协议规定履行项目公司注册前的有关义务(交通运输部和财政部审批延误除外)，导致项目公司自本协议生效之日起70日内不能注册，甲方应承担返还定金的责任，并向乙方支付按该定金金额、实际逾期时间及中国人民银行公布的同期银行贷款利率加两个百分点计算的利息。如果交通运输部或财政部对××高速公路收费权转让有关事宜不予批准，甲方如数退还乙方已支付的定金及其存款利息，本协议终止。

二十、在转让期内，任何一方不得单方面解除或终止协议的履行；本协议的修改只能通过双方协商一致并由正式授权代表签署书面协议的形式进行。

二十一、本协议经双方签字盖章并报经交通运输部、××省人民政府批准后生效。

二十二、本协议一式六份，双方各持二份，另两份分别报交通运输部和××省人民政府审批。

甲方：××省交通运输厅　　　　乙方：××高速公路发展有限公司
法人代表：　　　　法定代表人：
或授权代理人：　　　　或授权代理人：

××年××月××日　　　　××年××月××日

第四节　对外投资管理

一、公路经营企业对外投资的目的

在市场经济条件下，对外投资是公路经营企业投资的一个重要方面，它对公司提高总投资收益、降低投资风险具有重要的意义。

公路经营企业对外投资的目的可概括为以下方面。

1. 充分利用闲置资金,增加公司收益

公路经营企业在收费经营过程中,随着公路投资成本以资产折旧或者价值摊销的方式不断回收,处于闲置状态的资金将不断增多。如果公司不打算在公路收费经营期限届满后清算终止经营,希望通过不断增加对公路的投入实行持续经营,则有必要寻找对外投资的各种机会,将闲置资金合理投放,以增加公司的利润,促使公司价值最大化。

公司对外投资收益主要来源于利润、股利、利息以及证券的升值。利润收入来自公司对非股份有限公司投资的回报;股利来自股份有限公司的股利分配;利息是指公司购买债券所获得的债券利息收入;证券增值是指由于有价证券市场价格的上升,使得公司可以获得的有价证券售价高于购价的差额。

2. 分散资金投向,降低投资风险

现代企业投资管理的一个重要原则是通过分散投资来有效降低投资风险,提高公司获利的可靠程度。分散投资要求公路经营企业不是将全部投资投向一条公路,而是分散在若干公路投资项目上,这属于经营多角化;要求公路经营企业不是将高速公路投资作为内部投资,而是通过组建若干具有独立法人资格的路段或者项目子公司将投资外部化,使公路经营企业只对被投资单位的高速公路经营行为承担有限的责任,以利于减小投资的风险。实践表明,这是降低投资风险、提高投资效益的有效途径。

3. 提高资产的流动性,增强企业的偿债能力

保持企业资产的流动性是增强企业偿债能力的有效途径,也是现代企业经营的一项重要原则。企业资产中流动性最强的资产,除了现金以外,应当属于有价证券。随着资金市场化的发展,企业提前偿还债务本金将越来越缺乏经济意义。如果公路经营企业既想保持资产具有较强的流动性以保证按期偿还债务本息,又不希望有限资金处于闲置状态,则对外有价证券投资就是理想的出路。

二、公路经营企业对外短期投资

1. 短期投资的特征

短期投资是指能够随时变现、并且持有时间不准备超过1年的投资。一般来说,只有证券投资才有可能具备短期投资的特征,所以短期投资又可以划分为股票投资和债券投资。

依据新企业会计准则的规定,在资产负债表中,企业的对外短期投资一般界定为“交易性金融资产”;不符合交易性金融资产界定的短期投资,归类于“持有至到期投资”项目。

2. 短期投资成本以及短期投资账面价值的调整

短期投资成本是指公路经营企业为取得短期投资所支付的全部价款。

会计中采取权责发生制确认的短期投资成本不包括所支付价款中内含的被投资方已宣告发放但尚未领取的现金股利,以及已到期但尚未领取的债券利息。短期投资成本构成了短期投资的账面价值。在持有短期投资期间收到的上述现金股利或者债券利息,应当作为债权收回处理;收到的在取得投资时投资方未宣布发放的现金股利或者在取得投资时未到期的债券

利息,应当冲减短期投资的账面价值。

3. 短期投资收益

依据企业会计准则的规定,短期投资收益在收回投资时确认。收回投资金额超出投资账面价值部分,确认为投资收益;收回投资金额低于投资账面价值的差额,确认为投资损失。

4. 短期投资决策分析

公路经营企业应当根据持有短期投资期间收到的现金股利或者债权利息以及投资收回的金额与投资成本进行比较,据以确定投资收益或者投资损失。

【例8-1】 某企业2015年4月1日付款100万元购买公司债券一批;2015年6月30日收到债权利息2万元;2015年9月30日将全部债券以102万元的价格出售。则该企业这项短期投资的换算年收益率K可按下列公式计算:

$$102\times(1+K)^{-0.50}+2\times(1+K)^{-0.25}-100=0$$

采用插值法求解,$K=8.26\%$。

如果公司要求对外短期投资的最低收益率不应低于5%,则该项投资是理想的。

三、公路经营企业对外长期股权投资

长期投资是指短期投资以外的投资。公路经营企业的对外长期投资包括长期股权投资和长期债权投资。

(一)长期股权投资的特征

长期股权投资包括股票投资以及其他长期股权投资。股票投资是指购买股份有限公司股票的投资;其他长期股权投资是指用企业的现金、实物和无形资产投入其他企业形成的长期股权投资。

依据企业会计准则的规定,在资产负债表中,企业的对外长期股权投资根据不同情况分别被界定为“长期股权投资”项目和“可供出售金融资产”项目。投资方能够对被投资单位实施控制的“长期股权投资”,应当采用成本法核算。投资方对合营企业和联营企业的“长期股权投资”,应当采用权益法核算。对该合营企业不具有重大影响的,应确认为一项可供出售金融资产进行会计处理。

(二)长期股权投资的分类

长期股权投资依据对被投资单位产生的影响,分为以下四种类型。

1. 控制

控制是指投资方拥有对被投资方的权力,通过参与被投资方的相关活动而享有可变回报,并且有能力运用对被投资方的权力影响其回报金额。投资方能够对被投资单位实施控制的,被投资单位为其子公司。

2. 共同控制

共同控制是指按照相关约定对某项安排所共有的控制,并且该安排的相关活动必须经过分享控制权的参与方一致同意后才能决策。共同控制下的企业叫做投资方的合营企业。

3. 重大影响

重大影响是指投资方对被投资单位的财务和经营政策有参与决策的权力,但并不能够控制或者与其他方一起共同控制这些政策的制定。在确定能否对被投资单位施加重大影响时,应当考虑投资方和其他方持有的被投资单位当期可转换公司债券、当期可执行认股权证等潜在表决权因素。投资方能够对被投资单位施加重大影响的,被投资单位为其联营企业。

4. 其他

其他是指除了以上三种以外的股权投资。

(三)长期股权投资成本的确定

长期股权投资成本是指企业取得投资时所支付的全部价款。

会计中采取权责发生制确认的长期股权投资成本不包括所支付价款中内含的被投资方已宣告发放但尚未领取的现金股利。

长期股权投资成本构成了长期股权投资的账面价值。

(四)长期股权投资账面价值调整和投资收益的确认

采用成本法,除了追加投资或者收回投资以外,投资的账面价值一般不变。公路经营企业应当在被投资方宣布发放股利或者支付利润时确认投资收益实现。公路经营企业所确认的投资收益,仅限于所获得的被投资方在接受投资后产生的累计净利润的分配额。所获得的被投资方宣告分派的利润超过上述部分,应当作为投资成本收回,冲减投资的账面价值。

【例 8-2】 新华高速公路有限责任公司 2015 年 4 月 30 日出资 4 000 万元人民币取得了振华高速公路股份有限公司 5% 的股份。2015 年振华高速公路股份有限公司实现净利润 17 500万元;2016 年 4 月该公司宣布分派 10 000 万元的现金股利。新华高速公路有限责任公司 2015 年度应占有的净利润为 583 万元($17\ 500 \times 5\% \times 2 \div 3$);应分得的现金股利为 500 万元($10\ 000 \times 5\%$);所以分得的现金股利可全部确认为投资收益。

如果振华高速公路股份有限公司宣布分派的现金股利为 14 000 万元,则新华高速公路有限责任公司应分得的现金股利为 700 万元($14\ 000 \times 5\%$);超过应占有的净利润 117 万元(700 万元 - 583 万元);所以分得的现金股利中 583 万元应确认为投资收益;117 万元应作为投资收回,冲减投资的账面价值。

采用权益法,公路经营企业在取得投资后,按照应当享有或者应当分担的被投资方年度实现的净利润或者发生的净亏损的份额,调整投资的账面价值,并确认为当年的投资损益。被投资方宣布分派利润或者现金股利时,按照应分得的份额,冲减投资的账面价值。

采用权益法,公路经营企业在取得投资后,按照应当享有或者应当分担的被投资方除了净损益以外的股权变动,也应当根据具体情况调整投资的账面价值。

长期股权投资收回时,按照收回金额与投资账面价值的差额,确认为当期的投资收益或者投资损失。

(五)长期股权投资决策分析

除了以控制为目的以外,长期股权投资的主要目的是为了获得理想的投资收益率。通过将投资所引起的现金流出与股利收入或者利润收入所构成的现金流入进行比较,可据以计算投资的收益率。

1. 股权市场价格的确定

股权市场价格的一般计算公式如下:

$$P_0=\sum_{t=0}^{n}D_t(1+K)^{-t}+P_n(1+K)^{-n}$$

式中:P_0——股权的现行市场价格,元;

P_n——股权的售价,元;

K——投资者期望收益率,%;

n——股权持有期,年;

D_t——分年度现金股利,元。

【例 8-3】 某公司购买股权预期每年可获得股利收入 100 万元,并且有希望在 3 年后将股权以 1 050 万元的价格售出,公司对外长期股权投资期望收益率为 10%,则公司为购买股权愿支付的最高价格可计算如下:

$$\begin{aligned}P&=\sum_{t=1}^{3}100\times(1+10\%)^{-t}+1\ 050\times(1+10\%)^{-3}\\&=100\times(P/A,10\%,3)+1\ 050\times(P/F,10\%,3)\\&=100\times2.487+1\ 050\times0.751=1\ 037.25(\text{万元})\end{aligned}$$

2. 股权投资收益率的确定

【例 8-4】 某高速公路股份有限公司股票发行价格为每股 12 元,预计当年每股现金股利 0.20 元,并且有可能按 5% 的比率增长。如果某高速公路公司计划购股投资,并且不打算在近期内出售,则该项投资可获多高的收益率?

该项投资所导致的现金流动的现值以及投资收益率 K 的计算公式可表述如下:

$$\frac{0.2}{1+K}+\frac{0.2\times(1+5\%)}{(1+K)^2}+\frac{0.2\times(1+5\%)^2}{(1+K)^3}+\cdots+\frac{0.2\times(1+5\%)^{n-1}}{(1+K)^n}+\cdots-12$$

$$=\frac{0.2}{K-5\%}-12=0$$

所以:$K=6.67\%$。

目前,中国公路上市公司主要通过对其他公路经营企业投资以控制或者影响这些企业的财务政策和经营政策,并为公司增加收益创造条件。

粤高速从 2000 年开始将主要精力放在对子公司或者控股公司的管理上,不再直接从事收费经营业务。2014 年该公司年度营业收入 0.38 亿元,投资收益 4.22 亿元,净利润 1.93 亿元,主要来自对外投资收益所做的贡献。2014 年底该公司主要拥有的子公司包括:拥有 75% 股权的广佛高速公路有限公司、拥有 75% 股权的佛开高速公路有限公司;等等。2014 年底,公司对外长期股权投资 51.08 亿元,占公司总资产 76.56 亿元的 66.72%。

意大利阿特兰蒂亚股份有限公司是一家在意大利米兰证券交易所上市的公路经营企业。该公司属于控股公司;公司集团的营业收入全部来自于其控股子公司。2014 年集团总收入 50.83 亿欧元,其中通行费收入 36.78 亿欧元。2014 年底,该公司集团通过其子公司——意大利高速公路股份有限公司,拥有位于意大利、智利、巴西、波兰和印度的高速公路总量达到

5 027km。

成渝高速2014年底直接经营全长226km的成渝高速公路四川段、全长144km的成雅高速公路和全长106.6km的成仁高速公路;并通过其控股子公司——四川成乐高速公路有限责任公司、成都城北出口高速公路有限公司等以及联营公司——成都机场高速公路有限公司(25%股权)等经营着10.35km的成都城北出口高速公路、全长11.92km的成都机场高速公路、全长86.44km的成乐高速公路等。

公路上市公司通过投资于其他高速公路公司并决定或者影响其财务政策和经营政策,扩大了公司集团的规模,提高了规模经营效益。

四、公路经营企业对外长期债权投资

(一)长期债权投资的特征

长期债权投资包括长期债券投资和其他长期债权投资。公路经营企业购买取得的长期债券投资包括企业长期债券、公路基本建设债券、国家公债券和其他期限在1年以上的债券。

依据企业会计准则的规定,在资产负债表中,能够上市交易的长期债券投资,归类于"可供出售金融资产"项目;其他长期债券投资,归类于"持有至到期投资"项目。

(二)长期债券投资成本的确定

长期债券的投资成本是指企业为取得投资所支付的全部价款。

会计中采取权责发生制确认的长期债券投资成本不包括所支付价款中内含的已到期但尚未领取的债券利息。取得债券投资时支付的相关费用可以计入投资成本,分期摊入债券到期前的各会计期间;也可以在支付时直接计入当期损益。

(三)长期债券投资账面价值的调整

债券溢价或者折价按平均年限法(直线法)或者实际利率法摊入债券购入后至到期前的各会计期间。

【例8-5】 某企业债券面值为1 000元,债券利率为12%,市场利率为10%,债券期数为5年,则债券的购价应为1 075.92元;债券溢价75.92元。采用实际利率法分年度分摊债券溢价的结果如表8-5所示。

债券溢价摊销计算表(单位:元)　　表8-5

年　数	利息支出(12%)	利息费用(10%)	溢价摊销	账面价值
0				1 075.92
1	120.00	107.59	12.41	1 063.51
2	120.00	106.35	13.65	1 049.86
3	120.00	104.99	15.01	1 034.85
4	120.00	103.49	16.51	1 018.34
5	120.00	101.66	18.34	1 000.00

一次还本付息的债券投资,应当在确认利息收益时追加投资的账面价值;分期付息的债券

投资,在确认利息收益时增加企业短期债权,不应当调整投资的账面价值。

(四)长期债券投资收益

长期债券的投资收益由两部分构成:

(1)当期确认的利息收入调整债券溢价或者债券折价摊销后,作为当期的债券投资收益;

(2)债券投资转让收入与债券投资账面价值之间的差额,在转让债券投资的当期计入投资损益。

投资者购买债券是为了获得利息收入。债券投资者期望获得较高的投资收益率;而债券投资收益的高低则受到债券市场价格和所得税率变动的影响。

1. 债券市场价格变动对债券投资收益率的影响分析

投资者期望收益率或者市场利率的高低影响着债券的市场价格;债券市场价格反过来也制约着债券持有者的投资收益率。如果债券持有者不打算在市场上出售所持有的债券,则债券市场价格的高低不会影响投资收益率;否则,债券未来市场价格的变化将决定债券持有者的投资收益率。

假定某投资者按面值购买了1 000元年利率为10%、一年付息一次的公司债券,如果他不打算在债券到期前在证券市场上出售这些债券,则债券投资收益率为10%,债券市场价格的变动不会影响这一收益率。

如果他打算一年后在证券市场上出售这些债券,如果债券的市场价格为1 050元,他的收益率为:

$$K = \left[\frac{1\ 000 \times 10\% + 1\ 050}{1\ 000} - 1\right] \times 100\% = 15\%$$

如果债券的市场价格下降至980元,则该项投资的收益率为:

$$K = \left[\frac{1\ 000 \times 10\% + 980}{1\ 000} - 1\right] \times 100\% = 8\%$$

一般来说,影响债券市场价格的主要因素是市场利率的变动;市场利率变化主要是由货币的市场供求关系决定的。当市场资金供应量大于资金的市场需求时,市场利率呈下降趋势;反之,当市场资金供应量小于资金的市场需求时,市场利率将呈上升趋势。由于一般债券利率固定,所以市场利率上升,债券的市场价格必然呈下降趋势;当市场利率超过债券利率时,人们将不再愿意购买债券,而是将资金投入其他投资项目;为了吸引人们购买债券,企业就需要降低债券的发行价格,从而导致债券市场价格进一步下跌。反之,当市场利率下降至低于债券利率时,人们又会争购债券,促使债券市场价格上升。

2. 所得税率变动对债券投资收益率变动的影响分析

投资者购买公司债券所取得的利息收入应当依法缴纳所得税,这将降低债券投资的预期收益率。很明显,所得税率越高,对债券投资收益率的影响也就越大。所得税率的高低变动不仅影响债券的投资收益率,也影响债券的市场价格。考虑所得税影响因素债券市场价格与债券投资收益率的相互关系可表述如下:

$$P_0 = \sum_{t=1}^{n} I(1-T)(1+K)^{-t} + P_n(1+K)^{-n} - [(P_n - P_0) \cdot T \cdot (1+K)^{-n}]$$

式中:P_0——债券的现行市场价格;

P_n——n 年后债券的市场价格;

T——所得税率,%;

K——债券投资的预期收益率,%;

I——债券利息;

n——持有债券的年数。

如果企业打算按面值购买面值为100万元、年利率为10%、每年付息一次的企业债券,并在1年后按105万元的价格出售。当所得税率为25%时,购买债券的收益率可计算如下:

$$K=\frac{100\times10\%\times(1-25\%)+(105-100)\times(1-25\%)}{100}\times100\%$$

$$=\frac{100\times10\%+(105-100)}{100}\times(1-25\%)\times100\%$$

$$=15\%\times(1-25\%)=11.25\%$$

如果投资者期望获得15%的投资收益率,那么为购买债券愿支付的价格可按下列公式确定:

$$P_0=\frac{100\times10\%\times(1-25\%)}{1+15\%}+\frac{105}{1+15\%}+\frac{(105-P_0)\times25\%}{1+15\%}$$

解之:$P_0=99.11$(万元)

根据中国的税法规定,公司购买国债可以免交企业所得税,这意味着购买国债可以获得更高的投资收益率。因而,有时国债的利率虽然低于市场利率,但人们却争相购买国债,促使国债的市场价格高于同类企业债券的市场价格。

【本章小结】

公路经营企业投资包括对内投资和对外投资。对内投资的主要内容是对高速公路的投资,包括以下两部分内容:

(1)通过投资建路取得该高速公路的收费经营权;

(2)通过投资购买取得已建成政府收费高速公路的收费权。衡量投资效益的主要动态指标是投资收益率,或者用项目的内部收益率来衡量。

投资建路决策分析的关键在于确定投资项目的内部收益率,用于反映投资能否取得预期的投资回报水平;购买政府收费高速公路收费权的投资决策分析的关键在于确定高速公路收费权的价值,这进一步涉及高速公路收费权价值评估及其相关问题。

公路经营企业对外投资是企业资本化经营策略的重要组成部分。对外投资包括短期投资和长期投资,重点是长期投资。长期投资又可以进一步划分为股权投资、债券投资和其他投资。目前,公路经营企业的对外股权投资主要用于对其他公路经营企业的股权投资,间接地参与或者控制被投资方的高速公路经营活动。

【复习思考题】

1. 什么是投资？公路经营企业投资有何意义？

2. 公路经营企业对高速公路的投资一般有哪几种形式？交通运输主管部门折股作价投入公路经营企业的路权是否也属于公路经营企业对高速公路的投资？为什么？

3. 评价高速公路投资效益通常采用哪些财务指标较为理想？为什么？

4. 你认为应当按照固定的收费期限和预期未来的现金流量来评估收费权的价值，还是按照不同的收费期限和预期未来的现金流量来评估收费权的不同价值？为什么？

5. 如何科学估计高速公路建设项目的现金流量？公路经营企业为建设高速公路所支付的贷款利息是否构成现金流出量？为什么？

6. 如何理解公司所得税的高低对高速公路投资所形成的现金流量和投资效益的影响？

7. 如果公司所得税率大于零，应当如何采用收益现值法估计高速公路收费权的价值？为什么？

8. 什么是对外投资？公路经营企业对外投资的作用有哪些？

9. 某公路经营企业投资购买了另一家公路经营企业所拥有的高速公路收费权。这属于对外投资还是无形资产投资？为什么？

10. 将公路经营企业所属分公司改制为全资子公司有何意义？

第九章

公路经营企业资产管理

市场经济条件下公路经营企业对内投资的结果，形成了企业所拥有的各项经营性资产。资产是企业拥有或者控制的能以货币计量的经济资源，包括各种财产、债权和其他权利。公路经营企业运用投资所形成的资产从事公路收费经营活动。与一般企业不同，公路经营企业的经营性资产主要是高速公路资产，包括确认为固定资产的高速公路及构筑物，确认为无形资产的高速公路收费经营权以及高速公路用地形成的土地使用权等。由于在国家规定的经营期限届满时，高速公路资产需要无偿交还国家，所以公路经营企业不是以其资产而是用未来的经营现金净流量对公司的债务承担责任。

公路经营企业的资产管理，主要涉及流动资产管理、固定资产管理和无形资产管理等管理问题。

第一节　公路经营企业流动资产管理

一、公路经营企业流动资产的概念

（一）流动资产及其构成

1. *流动资产*

流动资产是指可以在1年以内或者超过1年的一个营业周期内变现或者耗用的资产。公司购买各类存货的投资、占用在各类短期债权上的资金和货币资金形成公司的流动资产。公司流动资产一般包括:库存现金和各种存款、短期投资、各种应收款项和预付款项、存货等。

2. 营业周期

企业的营业周期是指从支付货币购买存货到通过取得收入收回全部资金所需的时间。一般来说,营业周期可按以下公式确定:

营业周期 = 存货周转期 + 应收账款周转期

3. 流动资金和营运资金

流动资产的货币表现叫做流动资金;流动资金减去流动负债后的余额叫做营运资金。公司流动资产管理有时又叫做“流动资金管理”或者“营运资金管理”。

(二)流动资产的特点

流动资产的特点又可以表述为“流动资金循环与周转”的特点。一般来说,流动资金循环与周转具有以下特点。

1. 在时间上相继进行(继起性)

从资金运动全过程观察,流动资金要完成一次循环,需根据企业生产经营活动的客观要求由货币资金形态相继转化为存货资金、在产品资金、产成品资金和应收账款资金,最后回到货币资金形态。

2. 在空间上并列存在(并存性)

从资金运动的特定时点观察,要保证再生产活动的正常进行,资金需要分别占用在循环的各种形态上。否则,资金循环就有可能中断。

3. 在占用金额上具有波动性

公司所需的流动资产随季节性、市场供求关系的变化而变动较大,呈现了在占用金额上较为明显的波动性。

4. 流动资金循环与营业周期具有一致性

公司流动资金循环一次所需的时间实际上就是公司的营业周期。可以认为,公司资金的循环与周转实际上是指流动资金的循环与周转。公路经营企业的营业周期较短,这决定了公路经营企业在流动资产(除了货币资金)上占用的资金较少。

二、公路经营企业流动资产构成的特点

与一般工商企业和运输企业相比,公路经营企业流动资产的构成具有以下特点。

1. 货币资金是流动资产的主要构成内容

由于公路经营企业的车辆通行费收入基本上是现金收入,这一特点决定了公路经营企业的流动资产主要是现金;流动资产管理的重点是现金管理。

2. 高速公路经营对存货的需求较少

公路车辆通行费收入属于劳务收入的范畴;公路经营企业持有存货的主要目的不是为了生产实物产品或者直接用于销售,而是为了满足高速公路养护的需要,使公路经营企业能够为

公路用户提供符合要求、令人满意的道路运行条件。由于高速公路养护成本一般只占通行费收入的5% ~10%,这就决定了存货在企业流动资产中只占有较小的比重;存货管理不属于流动资产管理的重点内容。有些公路经营企业采取以支付费用的方式委托公路部门或公路养护公司养护所经营的公路和桥梁,这样公司的存货金额几乎为零。

公路经营企业从事其他业务产生的对存货的需求不在分析考虑范围之内。

3. 应收款项管理不属于重点内容

由于公路经营企业一般没有应收账款,其他应收款在流动资产中所占比重也较小,因而如何管理其他应收款、处理坏账损失并不属于公路经营企业流动资产管理的关注点。

公路经营企业从事其他业务产生的对应收款项管理的需求不在分析考虑范围之内。

表 9-1 和表 9-2 反映了 2014 年底中国 18 家公路上市公司流动资产的构成情况。

公路上市公司流动资产和货币资金构成分析表 表 9-1

公司名称	资产总额(万元)	流动资产总额(万元)	所占比例(%)	货币资金(万元)	所占比例(%)
五洲交通	1 395 390	408 763	29.29	38 084	2.73
吉林高速	512 278	245 49	4.79	21 999	4.29
龙江交通	414 206	132 677	32.03	21 069	5.09
福建高速	1 869 010	138 372	7.40	41 729	2.23
粤高速	1 251 350	65 526	5.24	56 180	4.49
海南高速	326 578	218 920	67.03	60 309	18.47
华北高速	626 206	137 460	21.95	36 465	5.82
赣粤高速	3 082 070	536 010	17.39	313 822	10.18
宁沪高速	2 744 490	555 180	20.23	59 825	2.18
山东高速	4 400 900	1 855 490	42.16	212 560	4.83
深高速	2 432 930	402 651	16.55	163 430	6.72
楚天高速	901 303	55 503	6.16	48 411	5.37
现代投资	1 732 100	339 518	19.60	113 002	6.52
重庆路桥	630 318	132 006	20.94	85 011	13.49
皖通高速	1 153 240	75 586	6.55	55 995	4.86
中原高速	3 931 430	486 234	12.37	265 957	6.76
成渝高速	2 879 910	740 487	25.71	375 208	13.03
沪杭甬高速	5 135 474	3 574 572	69.61	406 304	7.91
合计	35 419 183	9 879 504	27.89	2 375 360	6.71

数据来自:各公路上市公司 2014 年年度报告。

公路上市公司应收账款和存货构成分析表 表 9-2

公司名称	资产总额(万元)	应收账款(万元)	比例(%)	存货(万元)	比例(%)
五洲交通	1 395 390	37 941	2.72	208 919	14.97
吉林高速	512 278	0	0	20	0.003 9
龙江交通	414 206	830	0.20	100 076	24.16

续上表

公司名称	资产总额(万元)	应收账款(万元)	比例(%)	存货(万元)	比例(%)
福建高速	1 869 010	74 803	4.00	553	0.03
粤高速	1 251 350	2 362	0.19	0	0
海南高速	326 578	3 161	0.97	88 868	27.21
华北高速	626 206	8 956	1.43	222	0.04
赣粤高速	3 082 070	48 538	1.57	66 677	2.16
宁沪高速	2 744 490	9 613	0.35	309 115	11.26
山东高速	4 400 900	613	0.01	1 134 820	25.79
深高速	2 432 930	72 131	2.96	53 475	2.20
楚天高速	901 303	4 924	0.55	98	0.01
现代投资	1 732 100	27 197	1.57	4 546	0.26
重庆路桥	630 318	4 196	0.67	34 365	5.45
皖通高速	1 153 240	0	0	262	0.02
中原高速	3 931 430	13 476	0.34	166 406	4.23
成渝高速	2 879 910	56 198	1.95	135 094	4.69
沪杭甬高速	5 135 474	13 656	0.27	17 065	0.33
合计	35 419 183	378 595	1.07	2 320 581	6.55

注:数据来自各公路上市公司 2014 年年度报告。

海外公路经营企业也有类似的流动资产构成。在香港联合交易所上市的合和公路基建有限公司截至 2014 年 6 月 30 日的年度财务报表表明,该公司资产总额 1 875 090.4 万港元,其中,现金和预付款项 650.2 万港元,存货 164.9 万港元,分别只占总资产的 0.03% 和 0.01%。

在香港联合交易所上市的越秀交通基建有限公司 2014 年底总资产 175.10 亿元人民币,其中现金及现金等价物 11.24 亿元,应收账款 0.57 亿元,分别占总资产的 6.42% 和 0.33%。

分别在意大利米兰和都灵证券交易所上市的意大利都灵米兰高速公路股份有限公司(ASTM)2014 年底集团总资产 62.77 亿欧元,其中现金及现金等价物 12.81 亿欧元;应收账款 0.70 亿欧元,存货 0.38 亿欧元,分别占总资产的 20.41%、1.12% 和 0.61%。

三、公路经营企业现金管理

(一)公路经营企业现金管理的目的

现金管理中的"现金"属于广义的概念,一般是指企业的库存现金和可以随时用于支付的各种存款。现金是流动性最强的资产,加强现金管理对增强资产的流动性和抵御财务风险的能力、提高资产利用效果具有重要意义。企业持有现金是为了增强其支付能力,以满足各种正常性支付和临时性支付的需要,例如购买原材料和机器设备、支付员工工资、缴纳各种税款以及偿还贷款本息等。因此,持有现金是保障企业生产经营活动正常进行的需要,也可以使企业有效地避免因不能按期还本付息而濒临破产的财务风险。但是,如果结存的现金过多,也有可能造成现金闲置,使企业蒙受机会成本损失。现金也是一种容易被侵蚀的资产,任何管理上的失误都有可能导致贪污、挪用等违法行为发生从而造成现金流失。

公路经营企业加强现金管理的目的是为了在保证经营活动所需现金的前提下,减少现金的无效占用,提高有限资金的使用效益。由于银行存款利率远远低于企业的投资收益率,所以在现金管理中一般将存入银行的现金也视同为“资金闲置”。

公路经营企业为保障收费经营活动正常进行,必须要持有一定数量的现金。企业持有现金的动机如下。

1. 满足日常支付的需要

在正常收费经营活动中的日常支付包括支付人员工资、支付购买高速公路养护用的各种材料价款、缴纳各种税款、支付股利等。

2. 满足按期还本付息的需要

高速公路建成以后,大量的付息和偿还贷款本金的任务往往集中在经营期的前10年,支付贷款本息成为公路经营企业持有现金的一个重要原因。

3. 预防意外事件发生对现金的需要

当出现水灾、地震等自然灾害对公路的破坏时,公路经营企业需动用大量现金进行道路恢复。如果未来一段时间公司的现金盈余较少时,有必要持有一定的现金以利于应付意外事件的发生。

(二)公路经营企业持有现金的特点

与一般工商企业相比,公路经营企业持有的现金具有以下变化特点:

(1)当企业通过发行股票或者债券筹措到大量的货币资金、但预期的投资项目因故无法正常实施时,企业将持有超出正常需要的现金。

例如,华北高速公路股份有限公司1999年7月发行股票筹资后,原计划出资9.2亿元收购北京首都高速公路发展有限责任公司投资的全长约40km的京沈高速公路北京段19年的车辆通行收费权。但因种种原因投资任务未能完成,导致公司长期持有较多的货币资金。2014年底海南高速持有的货币资金占总资产的18.47%;占流动资产的27.55%。2014年底吉林高速拥有的流动资产基本上都是货币资金,占总资产的3.36%。

(2)因公共利益的需要国家以支付补偿金的方式收回原由公路经营企业持有的路桥基础设施收费经营权时,企业持有的现金将大幅度增加。

例如,因深圳市人民政府决定取消非高速公路收费站,深圳高速公路股份有限公司于2003年3月将公司拥有的107国道深圳段和205国道深圳段的全部产权以19.3亿元的价格转让给深圳市交通局,导致公司在2003年末持有的现金和其他应收款比上年度大幅度增加。

(3)除了偿还贷款本息的需要以外,正常情况下,企业经营期间的付现成本费用往往只占现金收入的20%左右。如果企业在近期内没有投资建路或者购买公路收费权的打算,货币资金将形成积累。

公路经营企业当出现大量的现金盈余时,可考虑以下两种现金的运用方式:

(1)对外投资。当对外投资有利可图及对外投资的预期收益率不低于投资者期望收益率的前提下,适当用现金进行股票投资或者债券投资可以作为一种有效的资金运用方式。

(2)投资者收回投资。如果企业只经营一条高速公路,并且打算在经营期限届满时终止企业;在对外投资满足不了投资者对回报率的要求时,可考虑以投资者收回投资的方式向投资者分配现金。

(三)公路经营企业现金管理的有关规定

公路经营企业应当加强对现金的管理,有关管理要求如下。

1. 严格执行规章制度

公司各级财务部门必须遵守银行结算制度和现金管理制度,凡应通过银行结算的收付往来款项,不得用现金支付。收取通行费取得的现金,当天必须存入银行车辆通行费收入专户。库存现金执行限额管理办法。

2. 按照规定使用现金

应当根据国家规定的现金开支范围使用现金。根据国务院于1988年9月8日发布的《现金管理暂行条例》,允许企业使用现金结算的范围如下:

(1)职工工资和津贴;

(2)个人劳务报酬;

(3)根据国家规定颁发给个人的科学技术、文化艺术、体育等各种奖金;

(4)各种劳保、福利费用以及国家规定的对个人的其他支出;

(5)向个人收购农副产品和其他物资的价款;

(6)出差人员必须随身携带的差旅费;

(7)结算起点以下的零星支出;结算起点为人民币1 000元;

(8)中国人民银行确定需要支付现金的其他支出。

3. 加强对现金和银行存款的登记

现金和银行存款由出纳员按记账规则进行序时登记,日清月结,按月与银行、会计核对。做到账账相符,账款相符。

4. 实行出纳与会计分开的原则

签发支票印鉴应分别由会计主管与出纳员保管。不得出借银行账号;不准公款私存;不准白条抵库;不得签发"空白支票"或"空头支票";特殊情况需用空白转账支票必须经主管领导审批。签发支票应填写签发日期、用途和限额。因不按规定签发的支票发生丢失,要追究有关人员责任并负责经济赔偿。

(四)公路经营企业现金管理方法

现代企业的现金管理方法一般由两种:第一,采用各种具体的方法来确定最佳现金持有额,并以此为基础进行现金的定额管理;第二,通过编制现金预算对现金收支实行有效的控制。

1. 定额管理

对企业现金实行定额管理的基本思路是:

(1)根据企业具体情况分别采用存货模式、现金周转模式、因素分析模式等方法确定企业最佳的现金持有额;

(2)以确定的现金最佳持有额为定额对企业的现金存量进行定额管理。

企业最佳现金持有额是指使现金总成本最低的持有额。由于现金是没有收益或者基本没有收益的资产,因此持有现金会导致现金闲置的机会成本损失;不持有现金或者持有额不足支付或者还贷所需,将导致现金短缺的成本发生。使得机会成本与短缺成本之和最低的现金持有额,就是最佳现金持有额。

2. 预算控制

对企业现金实行预算控制的基本思路是:

(1)通过编制现金预算来反映企业在未来年度内的现金收入、现金支出和现金收支净额,并在此基础上估计企业未来的现金需求和对可能闲置的现金进行处置;

(2)对企业现金收支活动实行过程控制,保证现金预算目标的顺利实现。

四、公路经营企业应收账款管理

1. 应收账款的概念和内容

应收账款(包括应收票据)是商品经济发展的产物。随着商业信用的推行,应收账款已成为企业流动资产中重要的组成部分。

工商企业向客户提供商业信用,采用赊销方式,是为了扩大销售,增加利润。但应收账款的增加,也会使企业付出一定的代价。应收账款的成本一般包括机会成本、管理成本和坏账成本。因此,应收账款管理的目标,是在收益和成本之间进行权衡,通过制定合理的商业信用政策,以求增加销售,降低成本,提高经济效益。

公路经营企业的预付账款和其他应收款等,属于商业信用的进一步延伸。

2. 应收账款的日常管理

目前,中国高速公路收费一般采取人工收费或者计算机辅助半自动化收费方式,收取的都是现金,所以一般不存在通行费收入所导致的应收账款问题。

随着 ETC 收费系统的逐步采用,应收账款管理问题也将逐步在中国公路经营企业出现。联网收费的逐步采用,通行费收入采用计算机分配划拨形成,也将导致一定程度的应收账款的管理问题。

在中国目前的公路上市公司中,由于海南省从 1994 年开始实施燃油附加费制度,导致海南高速采取交通主管部门补偿的方式取得通行费收入。这引发了比较重要的应收账款管理问题。2006 年海南省交通厅一次性偿还了拖欠的 5.97 亿元款项,使得公司的应收款项在总资产中所占比重由 2005 年底的 12.11% 下降到 2006 年底的 1.10%。

但由于拖欠款项问题并没有真正解决,海南高速 2008 年底应收账款所占比重再次攀升到 15.81%。2008 年底公司应收账款余额 41 436 万元,其中海南省交通厅欠款 40 803 万元,占未扣除坏账准备的应收账款总额 42 257 万元的 96.56%。但随着这方面管理力度的进一步加大,2014 年底海南高速应收账款占总资产的比重降至 0.97%。

重庆市从 2002 年 7 月 1 日起实施路桥收费年票制,取消了市内各路桥收费站,对此重庆路桥股份有限公司所拥有的嘉陵江牛角沱大桥、嘉陵江石门大桥、长江石板坡大桥以及南山旅游公路的收费业务委托给市政府授权的重庆市城市建设投资(集团)有限公司,委托期限为“三桥一路”政府批准的收费年限。收费金额由重庆市城市建设投资(集团)有限公司按月、季拨付给重庆路桥。这也有可能引发应收账款的管理问题。但有关双方关于结算的处理比较得当,重庆路桥 2013 年底应收账款余额为零;2014 年底重庆路桥应向重庆市城市建设投资(集团)有限公司收取的款项为4 461.90万元。

公路经营企业的附属工商企业和货运企业如果通过向客户提供商业信用来扩大业务,也应当做好应收账款的管理工作。一般来说,应收账款的日常管理包括以下内容:

(1)应当做好对客户信用的调查工作,根据对不同客户的信用评估结果,采取不同的赊销策略;

(2)确定科学、合理的收账程序和讨债方法,争取用较小的经济代价换取较理想的收账效果;

(3)采取稳健原则,按应收账款的一定比例提取坏账准备金计入当期损益,合理分摊可能发生的坏账损失,减少应收账款资金的无效占用。

由于公路经营企业的主营业务收入——车辆通行费收入属于现金收入,一般没有应收账款,预付账款和其他应收款也较少,所以公路经营企业一般不采取计提坏账准备的财务处理;应收账款的管理也不属于公路经营企业流动资产管理的重点内容。

五、公路经营企业存货管理

(一)公路经营企业存货的概念和构成

存货是指公司在建设、经营与管理收费公路过程中为耗用而储备或投资者投入的物资,包括主要材料、结构件、机械配件、其他材料、周转材料、库存设备、低值易耗品等。

1. 主要材料

存货中的主要材料,是指用于公路工程并构成公路工程实体的各种材料,包括钢材、木材、水泥、沥青、小五金材料、电器材料等。

2. 结构件

存货中的结构件,是指经过吊装、拼砌和安装而构成公路工程实体的各种金属的、钢筋混凝土的、混凝土的、木质的结构件,如钢木门窗、钢筋混凝土预制件等。

3. 机械配件

存货中的机械配件,是指施工机械、生产设备、运输设备等各种机械设备替换、维修使用的各种零件和配件,以及为机械设备准备的备品备件。

4. 其他材料

存货中的其他材料,是指不构成公路工程实体、但有助于工程形成或者便于工程进行的各种材料,如燃料、油料、饲料等。

5. 周转材料

存货中的周转材料,是指在施工生产过程中能够多次使用、并且可以基本保持原有形态、其价值可逐步转移的材料,如木模板、各种组合钢模板、挡板、脚手架以及其他周转材料。

6. 库存设备

存货中的库存设备,是指企业购入的、作为劳动对象使用的、组成公路工程的各类设备,如企业建造房屋所购入的通风、供水、供电、卫生、电梯等设备。

7. 低值易耗品

存货中的低值易耗品,是指使用年限较短、或者价值较低、不作为固定资产管理的各种工具用具等。

(二)公路经营企业存货管理的有关规定

公路经营企业应当加强对存货的管理。有关管理要求如下:

(1)公司购入的存货,按照买价、运输费、装卸费、保险费、途中合理损耗、入库前的加工与整理挑选费用等之和计价;自制的存货,按照实际自制成本计价;委托外单位加工的存货,按照被加工原材料或半成品的实际成本加上加工费、运杂费等计价;投资者投入的存货,按照投资方与被投资方所确认的公允价值计价;接受捐赠和盘盈的存货,按照公司估计的价格计价。

(2)公司期末存货可按"成本与可变现净值孰低"的原则计价,将可变现净值低于成本部分金额计入当期损益。

(3)公司盘盈的存货,冲减管理费用;盘亏、毁损、报废的存货,扣除过失人或者保险公司赔款和残料价值后,属于一般损失的,计入管理费用;属于非常损失的,计入营业外支出。

(三)公路经营企业存货管理方法

1. 存货管理的目的

企业持有存货是为了生产耗用或销售,所以存货管理首先应满足或保证生产和销售的需要;其次,企业为取得和存储存货需花费一定的经济代价,因此,存货管理还应在保证生产与销售所需的前提下有效地控制与降低存货成本。

2. 存货成本的构成

存货一般可分为购入的存货和自制的存货两大类。购入存货的成本一般由采购成本、订货成本和存储成本构成,其中采购成本由买价、运杂费和合理损耗构成;自制存货的成本一般由制造成本和存储成本构成,其中制造成本包括直接材料成本、直接人工成本和制造费用。

3. 存货的规划与控制

存货规划是为了在保证生产与销售所需的前提下减少存货金占用,提高有限资金的使用效益。存货规划一般是通过合理核定存货资金定额来完成的。最常用的存货资金定额核定方法是定额日数法,其计算公式为:

$$资金定额 = 平均每日周转额 \times 定额日数$$

存货控制一般有订货控制、经济批量控制、ABC 存货控制制度和质量控制等内容。订货控制反映了企业根据顾客的订货单对生产过程中的产品数量与质量进行有效管理的活动;经济批量控制包括经济订货批量控制和经济生产批量控制,是为了确定存货成本最低的订货批量或生产批量;ABC 存货控制的基本原理,是侧重于管理那些品种较少、但所占金额较大的存货,这有利于有效地控制主要的存货资金,取得事半功倍的效果;质量控制是为了在产品质量与产品成本之间进行权衡,以求取得产品质量控制的最佳经济效益。

高速公路经营业务的特点决定了公路经营企业的存货在流动资产中所占比重较小。表 9-2表明,2014 年底,18 家公路上市公司存货资产在总资产中所占比重的平均值只有 6.55%,而且包括了公路经营企业从事其他业务持有的存货。

国外的公路经营企业也具有类似的特征。主要承担高速公路建设与经营业务的法国巴黎—莱茵河—罗纳高速公路公司(APRR)2014年底存货只有920万欧元,仅占总资产95.60亿欧元的0.10%。2014年底拥有西班牙、智利、巴西等国家超过7 000km收费公路的西班牙阿伯蒂斯基础设施股份有限公司年末存货资产只有1 888.1万欧元,仅占总资产277.69亿欧元的0.006 8%。

由于公路经营企业存货占用资金很少,所以存货管理的侧重点在于通过及时地组织供应存货以保证公路养护和其他方面的工作对存货的需求。至于是否采用定额管理、经济采购批量管理、ABC存货控制等方式控制存货资金占用、降低存货成本,在公路经营企业也许并非存货管理的重点。

第二节　公路经营企业固定资产管理

一、公路经营企业固定资产的概念、内容和分类

1. 公路经营企业的固定资产

中国境内的公路经营企业应当将符合《企业会计准则第4号——固定资产》定义和确认条件的资产,确认为企业的固定资产

在管理实务中,一些公路经营企业将通过投资建造取得公路收费权依托的实物资产,确认为企业的一项固定资产;一些公路经营企业将投资者投入或者投资收购公路收费权依托的实物资产,也确认为本企业的一项固定资产。

公路收费权依托的实物资产是公路经营企业固定资产的主要组成部分,也是公路经营企业固定资产管理的重点。比较典型的案例是:2014年末福建高速固定资产账面价值168.31亿元,其中公路收费权依托实物资产(福泉高速公路、泉厦高速公路和罗宁高速公路)的账面价值为160.36亿元,占95.27%。其他固定资产包括管理系统、机械设备、运输设备、办公设备等。

国外公路经营企业也具有类似的特征。美国高架公路特许经营有限公司主要经营全长12.5km的芝加哥高架公路。2014年底,公司固定资产(不动产与设备)原值4.18亿美元,其中高架公路基础设施为4.14亿美元,占99.04%。其他固定资产包括厂房和设备、家具器具以及办公用设备等[1]。

2. 公路经营企业固定资产的构成

公路经营企业的固定资产由以下部分构成:

(1)公路及附属设施,包括路基(土方和石方)、路面、桥梁(跨线桥和跨河桥)、涵洞、隧道、防护工程等公路及构筑物;标志、标线、护栏、护网、灯杆、灯具、配电控制柜等安全设施;

(2)通信设施,包括数据传输设备、业务电话系统、指令电话系统、紧急电话系统、电缆光缆外线路系统等;

[1] 西方大多数国家的公路经营企业把取得的高速公路收费权确认为一项无形资产。

(3)监控设施。包括外场设备、控制中心设备等;

(4)收费设施,包括中心设备、收费站设备、车道设备等;

(5)机械设备,包括清扫车、压路机、洒水车、摊铺机、路缘机等;

(6)车辆,包括巡逻车、生活用车、拖车、工程抢险车等;

(7)房屋与建筑物,包括服务区房屋、收费站房屋、管理控制中心房屋、道班房、车库、油库等;

(8)其他,包括复印机、打字机、计算机、摄像机、录音机设备等。

为了加强对固定资产的有效管理,公路经营企业应根据自身的具体情况制定固定资产目录,作为管理与核算固定资产的依据。实行固定资产的分级归口管理、建立固定资产卡片制度等,都属于固定资产加强固定资产日常管理、提高固定资产使用效率的有效途径。

二、公路资产的特点

1. 公路资产在公路经营企业固定资产构成中的地位

由于尚未全面推行高速公路特许经营制度,2014 年底,中国绝大多数公路融资平台公司和部分公路上市公司将拥有公路收费权依托的实物资产确认为企业的一项固定资产。这些资产,一般指的是公路及构筑物。公路及构筑物不仅是公路经营企业固定资产的主要组成部分,也是总资产的主要组成部分。表 9-3 反映了 2014 年末中国将公路收费权确认为固定资产的有关公路上市公司固定资产的构成情况。

公路上市公司固定资产结构分析表 表 9-3

公司名称	资产总额(万元)	固定资产总额(万元)	比例(%)	公路及构筑物(万元)	比例(%)
五洲交通	1 395 390	735 672	52.72	666 167	47.74
吉林高速	512 278	185 644	36.24	163 677	31.95
龙江交通	414 206	176 646	42.65	138 130	33.35
福建高速	1 869 010	1 683 090	90.05	1 603 593	85.80
粤高速	1 251 350	717 677	57.35	674 004	53.86
华北高速	626 206	284 571	45.44	122 720	19.60
赣粤高速	3 082 070	1 824 270	59.19	1 582 723	51.35
合计	9 150 510	5 607 570	61.28	4 951 014	54.11

注:数据来自各公路上市公司 2014 年年度报告。

可见,公路及构筑物是固定资产的主要组成部分,公路及构筑物资产是公路经营企业资产的重要组成部分。如果不考虑吉林高速、华北高速等上市公司拥有较多的货币资金等原因,公路及构筑物在总资产中所占比重还将进一步上升。

2. 公路及附属设施实行递减折旧

公路经营企业的经营效益取决于车流量。首先,公路基础设施建设先行一步的要求决定了公路建成初期交通量较少、企业经营效益具有滞后的特点;其次,公路资产是企业资产的主要组成部分,公路资产折旧成本对企业利润有重要的影响;第三,公路上市募股筹资能力往往取决于近期内的公司预期利润。为了使企业近期内利润较为理想以满足募股筹资的需要,公路经营企业普遍实施了递减折旧策略。

例如,某公司主营业务成本总额4 580万元。其中公路折旧成本1 455万元,占31.77%。如果按平均年限法折旧,折旧年限为30年,每年折旧额将达6 547万元,公司主营业务成本将增加111.18%;利润将减少5 092万元,下降比率达到30.52%。

2014年中国部分公路上市公司公路及构筑物资产折旧方法的选择情况如表9-4所示。其中,大多数公路上市公司选择了车流量法作为计提公路及构筑物折旧的方法。

公路上市公司公路及构筑物折旧方法分析表 表9-4

公司名称	折旧方法	公司名称	折旧方法
五洲交通	车流量法	山东高速	平均年限法
龙江交通	车流量法	吉林高速	车流量法
福建高速	车流量法	现代投资	车流量法
粤高速	车流量法	赣粤高速	车流量法
华北高速	平均年限法	中原高速	车流量法

在国外,美国杜勒斯绿色通道的经营者采用直线法计提确认为固定资产的公路路产的折旧;与此不同,美国印第安纳收费公路的经营者从2008年开始选择车流量法计提确认为固定资产的公路路产的折旧。2014年底,芝加哥高架公路的经营者也选择车流量法计提确认为固定资产的公路和桥梁的折旧。

在英国,2014年底英国中部高速公路有限公司将所管理的6号高速公路确认为一项固定资产,并采用直线法计提折旧。

3. 公路及附属设施不能作为公司对债务承担责任的经营性资产

公路经营企业实行特许经营制度。根据国家现行规定,公路及附属设施将在公路收费经营期限终了时无偿交还国家。公路经营企业无权用公路及附属设施作为偿债的经营性资产;在公司清算时,公路及附属设施也不能构成清算资产。

由于公路收费亭在公路收费经营期限届满需拆除,以保障公路畅通,所以该项资产也具有上述特征。

三、公路经营企业固定资产折旧

公路经营企业固定资产折旧,一般可根据具体情况和特点的需要分别采用平均年限法、工作量法、双倍余额递减法和年数总和法进行。

(一)公路及附属设施一般采用工作量法计提折旧

公路经营企业计提折旧的工作量,一般采用收费公路的车流量。采用工作量法计提公路及附属设施资产折旧时应当注意到以下问题:

(1)由于通行公路的车流量呈逐年增长趋势,所以按车流量提取的折旧额也将呈逐年增加的趋势,使工作量法折旧成为减速折旧;

(2)由于公路及附属设施在公路收费期限届满需无偿交还国家,所以在确定分年度折旧额时不应当预计残值。

公路及附属设施采用工作量法计提折旧的计算公式如下:

$$单位车流量折旧额 = \frac{公路及附属设施原值}{预计总车流量}$$

$$年折旧额 = 该年度预计车流量 \times 单位车流量折旧额$$

$$月折旧额 = 年折旧额 \div 12$$

其中,预计总车流量是指公司预计的在全部收费经营期间的车流量总和;年度预计车流量是指公司所预计的某特定年度的车流量。公司预计分年度车流量之和等于预计总车流量。

公司应于公路建成交付使用时根据收费经营期限内的预计总车流量与公路及附属设施的原值编制分年度折旧计算表,作为分年度计提折旧的依据,保障公司可以通过固定资产折旧收回全部投资。

中国《高速公路公司财务管理办法》中规定,年折旧额按实际车流量与单位车流量折旧额的乘积计算。这样计算的缺陷在于,如果实际车流量低于预计车流量,公司将少提折旧;无法通过折旧收回全部投资。

(二)房屋和建筑物一般采用平均年限法计提折旧

公路经营企业的房屋和建筑物一般可采用平均年限法计提折旧。平均年限法折旧的一般计算公式为:

$$年折旧率 = \frac{1 - 预计净残值率}{折旧年限}$$

$$月折旧率 = 年折旧率 \div 12$$

$$月折旧额 = 期初固定资产原值 \times 月折旧率$$

房屋、建筑物的净残值率一般可按其原值的3% ~5%确定。

根据国家规定,收费亭应当在收费期限终了时拆除,以保障公路畅通。对此,收费亭的折旧应当有特殊要求:

(1)收费亭的折旧年限与公路收费年限保持一致;

(2)确定收费亭折旧率时也不能预计残值。

(三)通信、收费、监控设施可采用加速折旧法

公路经营企业的通信、收费、监控设施等固定资产可采用双倍余额递减法或年数总和法计提折旧。双倍余额递减法和年数总和法属于加速折旧方法。

1. 双倍余额递减法

双倍余额递减法的计算公式如下:

$$年折旧率 = 2 \div 折旧年限$$

$$月折旧率 = 年折旧率 \div 12$$

$$月折旧额 = 期初固定资产账面净值 \times 月折旧率$$

采用双倍余额递减法计提固定资产折旧,为了保证年度折旧额呈递减趋势,应当在具备以下条件时将固定资产净值减去预计净残值后的净额平均摊销:

$$当年按双倍余额递减法计算的折旧额 < \frac{账面净值 - 预计净残值}{剩余使用年限}$$

2. 年数总和法

年数总和法的计算公式如下：

$$年折旧率 = \frac{折旧年限 - 已使用年限}{折旧年限 \times (折旧年限 + 1) \div 2} \times 100\%$$

$$月折旧率 = 年折旧率 \div 12$$

$$月折旧额 = (固定资产原值 - 预计净残值) \times 月折旧率$$

通信、收费、监控设施的净残值率一般也按其原值的3%～5%确定。

【例9-1】 某固定资产的原值为100 000元，预计净残值率为5%，经济寿命为5年，那么采用年数总和法和双倍余额递减法计提折旧的结果如表9-5所示。

固定资产折旧计算表（单位：元） 表9-5

年 数	年折旧额		
	年数总和法	双倍余额递减法(1)	双倍余额递减法(2)
1	17 272.73	20 000.00	20 000.00
2	15 545.45	16 000.00	16 000.00
3	13 818.18	12 800.00	12 800.00
4	12 090.91	10 240.00	10 240.00
5	10 363.64	8 192.00	8 192.00
6	8 636.36	6 553.60	6 553.60
7	6 909.09	5 242.88	5 303.60
8	5 181.82	4 194.30	5 303.60
9	3 454.55	5 888.61	5 303.60
10	1 727.27	5 888.61	5 303.60
合计	95 000.00	95 000.00	95 000.00

在表9-5中，双倍余额递减法(1)反映了按财务制度的规定、在折旧期限的最后两年将固定资产净值扣除预计净残值后的净额平均摊销的计算结果；双倍余额递减法(2)反映了按上述规定的计算结果。通过比较可以看出，到了第7年，按双倍余额递减法(1)计提的折旧额为5 242.88元，低于按平均摊销计算的5 303.60元；所以按平均摊销计算第7～10年折旧额的方法更符合"加速折旧"的要求。

四、公路经营企业固定资产养护管理

（一）高速公路养护的意义

中国《公路养护工程管理办法》（交公路发[2001]327号）规定，"公路养护工程按其工程性质、复杂程度、规模大小划分为小修保养、中修、大修和改建工程"。

小修保养是对管养范围内的公路及其沿线设施经常进行维护保养和修补其轻微损坏部分的作业。

中修工程是对公路及其沿线设施的一般性损坏部分进行定期的修理加固，以恢复公路原有技术状况的工程。

大修工程是对公路及其沿线设施的较大损坏进行周期性的综合修理,以全面恢复到原技术标准的工程项目。

改建工程是对公路及其沿线设施因不适应现有交通量增长和载重需要而提高技术等级指标,显著提高其通行能力的较大工程项目。

固定资产保养属于旨在防止未来固定资产使用成本上升而采取的预防性措施;固定日常维修和中修属于为恢复固定资产原有技术性能和经济性能所采取的治疗性措施;固定资产大修作业需要更换主要部件,在性质上属于固定资产的局部更新。

公路及附属设施在使用过程中所涉及的局部更新费用,包括更换路面、标志、标线、护栏、护网等,可作为固定资产修理支出。

固定资产日常保养与维修管理的侧重点,是为了保证固定资产正常使用、发挥其应有的功能和维持良好的状态采取必要的财务控制措施。固定资产保养计划一旦制定,应当强制实施,不得为追求眼前利益片面地减少保养作业;保养支出的效益体现在未来维修费用的降低和由于固定资产处于良好的状态阻止或者削弱了未来固定资产使用成本的上升。

固定资产的大中修管理决策应当与固定资产更新决策结合起来,作为固定资产投资决策的重要组成部分。

(二)固定资产维修费用的财务处理

依据《企业会计准则第 4 号——固定资产》及其应用指南的有关规定,企业发生的不符合固定资产确认条件的固定资产修理费用,应当在发生时计入当期损益;财政部 2008 年 12 月 26 日印发的《财政部关于做好执行会计准则企业 2008 年年报工作的通知》(财会函[2008]60 号)中提出:固定资产大修理费用等后续支出,符合资本化条件的,可以计入固定资产成本;不符合资本化条件的,应当计入当期损益。

高速公路的大修理支出,具有支出金额大、影响时间长的特点。目前公路上市公司对高速公路大修理支出,一般采取以下三种方式处理。

1. 计入当期损益

大多数公路上市公司以及其他公路经营企业采取了将发生的大修理费用直接计入进行高速公路大修理作业的会计期间。

2. 计入固定资产成本

赣粤高速 2003 ~2014 年年报显示,公司拥有的昌九高速公路发生的 5 348 万元的大中修支出,计入长期待摊费用、并按照两年的期限进行摊销。2003 年年末尚未摊销的金额为 550 万元。从 2004 年开始,公司将发生的高速公路大修理费用,计入固定资产(大修),按照两年的收益期进行摊销。2007 年初公路大修资产原值为 17 936 万元,本年摊销了 2 838 万元以后,已全部累计摊销完毕。在 2014 年末资产负债表中,固定资产构成中体现了公路大修的数据,包括原值 18 170 万元和累计折旧 18 170 万元。

原东北高速公路股份有限公司 2008 年和 2009 年年报提供的资料表明,公司在 2008 ~ 2009 年期间对哈尔滨至大庆高速公路进行大修理,采取了资本化计入固定资产的账务处理。该大修理工程成本 77 194 万元人民币(不含设备及工器具购置费);2008 年和 2009 年分别发生了 44 384 万元和 32 810 万元,计入在建工程;同时对被更换的路面进行终止确认处理,终止确认的固定资产原值为15 578万元;累计折旧4 274万元。净值11 304万元计入2008年的营业外支出。

东北高速公路股份有限公司已于2010年3月分立为龙江交通和吉林高速两家上市公司。

3. 计入长期待摊费用

江苏悦达投资股份有限公司(悦达投资)2014年度及其以前年度报告提供的资料表明,所发生的高速公路大修理费用,曾计入长期待摊费用进行摊销。

到2010年底为止,悦达投资发生的公路大修费及收费站建站费总计29 947万元。其中2010年增加了10 020万元。2010年摊销了2 613万元,年末未摊销余额为10 543万元。

悦达投资2011年初计入长期待摊费用的公路大修费用为8 953万元;2011年增加了8 943万元;2011年摊销了11 227万元;余额6 674万元计入营业成本。

悦达投资在2014年年度报告中披露调整后的有关固定资产后续支出处理的会计政策是:固定资产的更新改造等后续支出,满足固定资产确认条件的,计入固定资产成本,如有被替换的部分,应扣除其账面价值;不满足固定资产确认条件的固定资产修理费用等,在发生时计入当期损益;固定资产装修费用,在满足固定资产确认条件时,在"固定资产"内单设明细科目核算,并在两次装修期间与固定资产尚可使用年限两者中较短的期间内,采用年限平均法单独计提折旧。

现代投资年度报告提供的资料表明,该公司发生的长潭高速公路大中修费用、岳阳107线大中修支出、长永高速公路大中修支出、潭衡高速公路大中修支出等,曾计入长期待摊费用进行摊销。

该公司在2003年调整会计政策,将高速公路大修理费用由摊销方式改为一次性计入当期损益。

现代投资与湘潭市城市管理局于2004年8月签订了《关于移交长潭高速公路连接线管养权的协议》,根据该协议,现代投资将长潭高速公路连接线的道路管养权移交给湘潭市城市管理局,自协议签订起至2028年9月止,长潭高速公路连接线的道路及附属设施的维护、管养均由湘潭市城市管理局负责,同时本公司向湘潭市城市管理局支付改善及长期管养费共计1 800万元。

公司将该项支出计入长期待摊费用。2014年初该项支出未摊销余额为1 098.62万元,2014年摊销了74.48万元,年末未摊销金额为1 024.14万元。

河南高速公路发展有限责任公司2014年年报提供的资料表明,该公司将高速公路路面改造工程发生的支出,计入长期待摊费用进行分期摊销。按照交通运输部的规定,路面改造应当属于公路大修的范畴。

五、确认为固定资产的公路收费权终止确认

确认为固定资产的公路收费权终止确认的主要原因有三个。

1. 公路收费权对外转让

公路经营企业依据《收费公路权益转让办法》的规定将依法取得的公路收费权对外转让,公司需要采取以下财务处理:

(1)将转让收费权取得的价款作为投资回收处理。取得价款与资产账面价值之间的差额,计入当期损益。

(2)转让收费权后,公司需要将收费权依托的实物资产移交给收费权的受让方,同时做资产终止确认的账务处理。

2. 公路大修、改造中需要将不能继续使用的资产终止确认

依据《企业会计准则第 4 号——固定资产》(CAS4)的规定,将发生的后续支出计入固定资产成本的,应当终止确认被替代部分的账面价值。

例如:高速公路进行路面升级改造需要更换原来的路面。这意味着这部分资产的价值由于不能继续使用而需要终止确认。

3. 经营合同约定的收费期限届满

依据《中和人民共和国公路法》《收费公路管理条例》等国家相关法律法规的规定,经营合同约定的收费期限届满,公路经营企业应当将处于良好技术状态的公路及附属设施移交交通运输主管部门管理,同时终止对确认为固定资产的公路收费权的确认。

第三节　公路经营企业无形资产管理

一、无形资产的概念及主要构成

中国资产评估协会 2008 年 11 月 28 日印发的《资产评估准则——无形资产》(中评协[2008]217 号)第 2 条规定:本准则所称无形资产,是指特定主体所拥有或者控制的,不具有实物形态,能持续发挥作用且能带来经济利益的资源。

无形资产包括可辨认无形资产和不可辨认无形资产。

可辨认无形资产包括专利权、商标权、著作权、专有技术、销售网络、客户关系、特许经营权、合同权益等。不可辨认无形资产是指商誉。

《企业会计准则第 6 号——无形资产》(CAS6)第 3 条规定,无形资产是指企业拥有或者控制的没有实物形态的可辨认非货币性资产。这与《国际会计准则第 38 号——无形资产》(IAS38)的定义是一致的。这意味着,商誉属于无形资产,但不属于 CAS6 定义的无形资产。

公路经营企业确认的无形资产主要是高速公路收费权和土地使用权。

(一)高速公路收费权

一些公路经营企业,包括现代投资股份有限公司和悦达投资股份有限公司等一直将投资取得的高速公路收费权,确认为企业的一项无形资产。

高速公路收费权是公路经营企业特有的无形资产。按照 2008 年 8 月 7 日财政部印发的《企业会计准则解释第 2 号》(财会[2008]11 号)的规定,公路经营企业通过投资建造取得的公路收费权,应当确认为无形资产。

从 2008 年 1 月 1 日起生效的《国际财务报告解释公告第 12 号——服务特许权安排》(IFRIC12:Service Concession Arrangements)也具有与财会[2008]11 号中有关 BOT 项目类似的规定。

(1)依据《企业会计准则解释第 2 号》的规定,有关公路上市公司对公路收费权的确认进行了相应的调整:

①山东高速公路股份有限公司在 2008 年将全长 76.3km 的济南至莱芜高速公路和全长 39.5km 的许昌至禹州高速公路自固定资产重新确认为无形资产,并对 2007 年的财务报表进

行了追溯调整。

2008 年末公司确认为无形资产的公路收费权总额 48.54 亿元，占公司总资产 142.77 亿元的 34.00%。但公司仍然将济南至青岛高速公路、泰安至曲阜一级公路等原值为 93.07 亿元的公路收费权确认为固定资产：公路及构筑物。2008 年末这些资产的账面价值为 64.76 亿元，占公司总资产 142.77 亿元的 45.36%。

2014 年底，山东高速确认为无形资产的高速公路特许经营权 98.84 亿元。

②宁沪高速公路股份有限公司在 2008 年将原确认为固定资产的路桥收费权重新确认为无形资产，并对 2007 年底财务报表进行了追溯调整。

调整后，2007 年底公司集团调增无形资产原值(调减固定资产原值)233.27 亿元；2008 年底公司集团调增无形资产原值(调减固定资产原值)233.91 亿元。调整后，2008 年底公司资产总值 247.75 亿元，其中收费公路经营权 195.29 亿元，占总资产的 78.83%。

2014 年底，宁沪高速确认为无形资产的高速公路特许经营权 141.25 亿元。

③安徽皖通高速公路股份有限公司在 2008 年将原确认为固定资产的路桥收费权重新确认为无形资产，并对 2007 年底财务报表进行了追溯调整。

调整后，2008 年底公司资产总值 85.87 亿元，其中收费公路经营权 71.98 亿元，占总资产的 83.82%。

2014 年底，皖通高速确认为无形资产的高速公路特许经营权 91.09 亿元。

④深圳高速公路股份有限公司在 2008 年将原确认为固定资产的路桥收费权重新确认为无形资产，并对 2007 年底财务报表进行了追溯调整。

调整后，2008 年底公司集团资产总值 182.06 亿元，其中收费公路经营权 137.20 亿元，占总资产的 75.36%。

2014 年底，深圳高速确认为无形资产的高速公路特许经营权 161.00 亿元。

⑤海南高速公路股份有限公司在 2008 年将原确认为固定资产的路桥收费权重新确认为无形资产——高速公路综合补偿收益权，并对 2007 年底财务报表进行了追溯调整。

调整后，2008 年底公司集团资产总值 26.20 亿元，其中高速公路综合补偿收益权 4.60 亿元，占总资产的 17.56%。

2014 年底，海南高速确认为无形资产的高速公路特许经营权 2.05 亿元。

⑥重庆路桥股份有限公司在 2008 年将原确认为固定资产的资威公路收费权重新确认为无形资产，并对 2007 年底财务报表进行了追溯调整。

2007 年公司建设的嘉华嘉陵江大桥建成后，曾将其确认为无形资产，原值为 21.30 亿元；2007 年底账面价值为 21.10 亿元。根据对《企业会计准则解释第 2 号》的理解，公司在 2008 年将嘉华大桥经营权重新确认为长期应收款，并对 2007 年底的财务报表进行了追溯调整。2008 年底，计入长期应收款中的嘉华大桥 BOT 项目收益权 19.26 亿元，占公司总资产的 43.55亿元的 44.23%。2008 年底，公司经营的嘉陵江牛角沱大桥、长江石板坡大桥和嘉陵江石门大桥仍被确认为固定资产。

(2)依据香港(国际财务报告诠释委员会)诠释第 12 号的要求：

①沪杭甬高速在 2008 年将原确认为不动产、厂房及设备的路桥收费权重新确认为无形资产，并对 2007 年底财务报表进行了追溯调整。

调整前，2007 年底公司集团的收费公路经营权为 1.71 亿元；调整增加了 133.52 亿元。

调整后,2007 年末公司的收费公路经营权为 135.23 亿元。

2008 年底公司集团资产总值 252.87 亿元,其中收费公路经营权 129.24 亿元,占总资产的 51.11%。

②成渝高速在 2008 年将原确认为固定资产的路桥收费权重新确认为无形资产,并对 2007 年底财务报表进行了追溯调整。

调整前,2007 年底公司集团的收费公路经营权为 1.09 亿元;调整增加了 55.60 亿元。调整后,2007 年末公司的"服务特许经营安排"(即收费公路经营权,下同)为 56.69 亿元。

2008 年底公司集团资产总值 80.32 亿元,其中"服务特许经营安排"56.52 亿元,占总资产的 70.37%。

2014 年底,成渝高速确认为无形资产的高速公路特许经营权 194.54 亿元。

楚天高速和河南高速公路发展有限责任公司从 2011 年开始分别将其拥有的全部公路特许经营权重新确认为公司的一项无形资产。中原高速也于 2011 年开始将投资建造取得的公路特许经营权确认为无形资产。

由于认识上的不同,2014 年底,福建高速、吉林高速、华北高速、五洲交通、赣粤高速、粤高速、现代投资等公路上市公司和大多数非上市的公路经营企业仍将通过建造公路取得的公路收费权以及有关部门作价入股投入的公路收费权确认为公司的固定资产。

2014 年底中国公路上市公司确认为无形资产的部分路桥收费经营权情况如表 9-6 所示。

公路上市公司无形资产构成分析表(一) 表 9-6

公司名称	项　　目	投资原值(万元)	摊销方法	取得方式
现代投资	京港澳高速公路长潭段特许经营权	113 011	车流量法	投资受让
现代投资	京港澳高速公路潭衡段特许经营权	260 900	车流量法	投资受让
现代投资	京港澳高速公路衡耒段特许经营权	109 600	车流量法	投资受让
现代投资	溆浦至怀化高速公路特许经营权	703 573	车流量法	
山东高速	许禹高速公路特许经营权	115 416	平均年限法	BOT 业务
山东高速	济莱高速公路特许经营权	427 233	平均年限法	BOT 业务
山东高速	威乳高速公路特许经营权	190 332	平均年限法	BOT 业务
山东高速	衡邵高速公路特许经营权	466 683	平均年限法	BOT 业务
中原高速	永登高速永城段特许经营权	157 271	车流量法	BOT 业务
中原高速	郑民高速郑开段特许经营权	387 076	车流量法	BOT 业务
中原高速	济祁高速永城段(一期工程)	189 135	车流量法	BOT 业务
皖通高速	公路特许经营权	1 366 527	平均年限法	BOT 业务
深高速	公路特许经营权	2 035 138	车流量法	BOT 业务
楚天高速	汉宜高速公路特许经营权	347 861	车流量法	BOT 业务
楚天高速	麻竹高速公路大悟至随州段收费权	318 423	车流量法	BOT 业务
楚天高速	武汉城市圈环线高速公路咸宁段收费权	100 996	车流量法	
楚天高速	武汉城市圈环线高速公路黄石至大冶段收费权	149 303	车流量法	
成渝高速	公路特许经营权	2 300 209	车流量法	BOT 业务

注:楚天高速公路收费权的增加均是在建工程转入。

(二)土地使用权

公路经营企业无形资产的另一重要组成部分是通过支付出让金方式取得的土地使用权。沪宁高速公路(江苏段)经评估确认入股的土地使用权价值为17.16亿元人民币,成为江苏宁沪高速公路股份有限公司长期资产的重要组成部分;济青高速公路经评估确认入股的土地使用权价值为8.01亿元人民币,成为山东高速公路股份有限公司长期资产的重要组成部分。

中国在20世纪50年代中期以前,将企业拥有的土地单独作为固定资产的一个类别。50年代中期以后,将土地价值计入建筑物成本,不再单独作为固定资产。根据中国《土地管理法》的有关规定,从1992年开始企业将以支付出让金的方式取得的土地使用权确认为无形资产。按照《企业会计制度》(财会[2000]25号)的规定,公路经营企业从2001年开始将取得的土地使用权价值计入公路在建工程成本,不再单独确认为无形资产;2007年开始执行新的企业会计准则后,重新采取了将取得的土地使用权确认为无形资产的财务处理。

执行《企业会计准则解释第2号》以后,皖通高速、深圳高速等公路上市公司,将收费公路基础设施占用土地的使用权并入收费公路特许经营权,不再单独确认为一项无形资产。

2014年底,中国公路上市公司拥有的部分无形资产——路桥用地使用权情况如表9-7所示。

公路上市公司无形资产构成分析表(二) 表9-7

公司名称	项　　目	原值(万元)	摊销方法	取得方式
宁沪高速	沪宁高速公路土地使用权	172 021	平均年限法	投资者投入
粤高速	雅瑶土地使用权	131	平均年限法	购买
山东高速	济青高速公路土地使用权	80 123	平均年限法	投资者投入
山东高速	泰曲一级公路土地使用权	11 157	平均年限法	投资者投入
山东高速	济南桥土地使用权	1 070	平均年限法	
山东高速	滨州桥土地使用权	704	平均年限法	
山东高速	平阴桥土地使用权	835	平均年限法	
山东高速	济南黄河二桥土地使用权	633	平均年限法	
重庆路桥	路桥土地使用权	4 951	平均年限法	购买
赣粤高速	昌樟高速公路土地使用权	19 843	平均年限法	投资者投入
中原高速	土地使用权	102 873	平均年限法	

公路占用的土地除了以支付出让金的方式取得土地使用权作为公司的无形资产以外,还可以采取支付年租金的方式进行。在公路经营企业收费经营实务中,华北高速公路股份有限公司和东北高速公路股份有限公司采取支付土地租金的方式取得土地使用权:根据有关协议,公司占用的土地不作价入股;土地租金为每年每平方米0.10元,期限为30年。五洲交通股份有限公司经营的平王高速公路、金宜一级公路和南梧二级公路部分路段占用土地的使用权归属广西高速公路管理局;2009年,该公司为租赁这些土地向广西高速公路管理局支付租金100万元。这样,土地租金形成公司的年经营成本;取得的土地使用权不再作为公司的无形资产。

可见,公路特许经营权是无形资产的主要组成部分,公路特许经营权资产是公路经营企业资产的重要组成部分,国内部分公路上市公司无形资产构成分析表见表9-8。

公路上市公司无形资产构成分析表(三) 表9-8

公司名称	资产总额(万元)	无形资产总额(万元)	比例(%)	特许经营权金额(万元)	比例(%)	土地使用权金额(万元)	比例(%)
龙江交通	414 206	8 803	2.13	8754	2.11	—	—
粤高速	1 251 350	505	0.04	—	—	39	0.003
海南高速	326 578	22 450	6.87	20 409	6.25	1 968	0.60
华北高速	626 206	834	0.13	—	—	755	0.12
赣粤高速	3 082 070	13 548	0.44	—	—	13 158	0.43
宁沪高速	2 744 490	1 489 199	54.26	1 412 525	51.47	75 850	2.76
山东高速	4 400 900	1 056 129	23.99	988 356	22.46	47 883	1.09
深高速	2 432 930	1 615 466	66.40	1 609 984	66.17	4 544	0.19
楚天高速	901 303	747 963	82.99	743 634	82.51	4 215	0.47
现代投资	1 732 100	1 019 061	58.83	—	—	4 065	0.23
重庆路桥	630 318	4 142	0.66	—	—	4142	0.66
皖通高速	1 153 240	912 205	79.10	910 898	78.99	1 137	0.10
中原高速	3 931 430	781 861	19.89	700 226	17.81	81 335	2.07
成渝高速	2 879 910	1 987 017	68.99	1 937 442	67.27	44 129	1.532
沪杭甬高速	5 135 474	1 126 810	21.94	1 111 250	21.64	—	—
合计	31 642 505	10 785 993	34.09			283 220	0.89

西方国家大多数公路经营企业执行了国际财务报告准则以后,先后将持有的高速公路收费权确认为本企业的一项无形资产,例如:

法国APRR公司2014年底确认为无形资产的高速公路收费权68.30亿欧元,占总资产95.60亿欧元的71.44%。

合和公路基建有限公司2014年6月30日总资产187.51亿港元中,确认为无形资产的高速公路经营权157.94亿港元,占84.23%。

意大利ASTM公司2014年底总资产62.77亿欧元,其中确认为无形资产的公路收费权32.72亿欧元,占52.13%。

越秀交通基建有限公司2014年底总资产175.10亿元人民币,其中确认为无形资产的公路经营权129.91亿元,占74.19%。

西班牙阿伯蒂斯基础设施股份有限公司2014年底总资产277.69亿欧元,其中确认为无形资产的公路收费权130.22亿欧元,占46.89%。

二、无形资产的管理

1. 取得无形资产的财务处理

高速公路收费经营业务的特点决定了公路经营企业的无形资产成为本企业经营资产的主

要组成部分。

需要明确高速公路收费权依托实物的具体内容。由于合同约定的经营期限届满,公路收费权需要终止,公路收费权依托的实物需要移交给政府公路管理部门,收费设施需要拆除,以保证公路畅通无阻;对此可以将公路收费权依托的实物界定为:

(1)公路及构筑物;

(2)与公路使用密切不可分割的安全设施以及需要在经营期限届满无偿拆除的收费设施;

(3)公路经营企业出资取得的、公路占用土地的使用权。

这样,公路收费权的价值应当按照以下方式确定:

(1)如果公路经营企业采取投资建设方式取得确认为无形资产的高速公路收费权,应当按照构成高速公路收费权依托实物的建设成本作为公路收费权计量的依据。

(2)如果公路经营企业采取投资收购方式取得高速公路收费权,则应当按照支付的全部代价中属于高速公路收费权依托实物部分作为高速公路收费权计量的依据。

2. 无形资产价值摊销

企业应按照无形资产管理的一般要求,将公路经营权价值在收费经营期内分期摊入当期损益。

《企业会计准则第6号——无形资产》允许企业采用车流量法摊销确认为无形资产的路桥收费权和土地使用权。

海外部分公路经营企业2014年底确认为无形资产的公路经营权摊销方法选择情况如表9-9所示。

海外部分公路经营企业公路经营权摊销方法一览表 表9-9

公司名称	摊销方法	公司名称	摊销方法
合和公路基建有限公司	车流量法	意大利都灵米兰高速公路公司	车流量法
越秀交通基建有限公司	车流量法	西班牙阿伯蒂斯公司	平均年限法
Macquarie Atlas Roads	平均年限法	Transurban Holdings Limited	平均年限法
法国APRR公司	车流量法	意大利阿特兰蒂亚公司	车流量法

3. 无形资产转让

企业为还贷或建设新高速公路筹资需要而转让公路收费权时,需要按照规定程序报批后进行。

根据国家现行规定,转让高速公路经营权所取得的收入属于企业对高速公路收费权投资的回收,不应当作为公司的营业收入。

【本章小结】

资产管理是企业财务管理的重要内容;公路资产管理是公路经营企业资产管理的重要组

成部分。根据公路经营企业经营业务的特点,企业的经营性资产由流动资产、固定资产和无形资产构成。

公路经营企业流动资产管理的重点是现金管理。由于企业的应收账款较少,所以可以不采用计提坏账准备金的财务处理。存货在全部流动资产中所占比例较低,所以存货管理的重点在于保证经营所需。

公路及附属设施是企业固定资产的主要组成部分,因而企业固定资产管理的重点是高速公路资产的管理。高速公路资产折旧方法一般采用工作量法。

高速公路收费经营权与土地使用权是公路经营企业无形资产的两大组成部分。根据目前公路收费经营实践所采取的共同做法,企业投资建路取得的高速公路收费权作为固定资产管理;企业出资购买的已建成政府收费高速公路的收费权,作为无形资产管理。无形资产价值的摊销方法一般采用平均年限法;有些企业也采取工作量法摊销土地使用权和公路收费权的价值。

【复习思考题】

1. 公路经营企业的资产构成有何特点?固定资产构成有何特点?
2. 计提公路及附属设施折旧采用工作量法的主要目的是什么?
3. 为什么说公路经营企业流动资产管理的重点是现金管理?
4. 公路经营企业拥有存货的主要目的是什么?应当如何加强存货资金管理?
5. 为什么说公路经营企业一般不需要计提坏账准备?
6. 为什么有些公路经营企业所拥有的路产占总资产的比例较低?如何理解这一问题?
7. 按照现行规定,公路经营企业通过建造高速公路取得的其收费权,以及有关机构作价入股投入公路经营企业的高速公路收费权,作为固定资产入账;有偿取得的已建成政府还贷公路高速收费权,作为无形资产入账。你认为这样的财务处理是否科学得当?为什么?
8. 关于采取工作量法计提固定资产折旧的计算公式,你赞同本书的观点还是《高速公路公司财务管理办法》中的规定?为什么?
9. 与一般工商企业相比,公路经营企业无形资产的构成有何特点?
10. 你认为无形资产所有权转让的收入应当作为其他业务收入还是无形资产投资的回收?为什么?

第十章

公路经营企业成本费用、收入、利润及其分配

第一节 公路经营业务成本与期间费用管理

一、公路经营业务成本与期间费用的概念和内容

（一）成本费用的概念

根据现代企业成本费用管理的理论，可以认为，企业为取得资产所付出的经济代价，构成该项资产的成本，例如固定资产成本，在产品成本、半产品成本、产成品成本、商品成本等。资产在耗费或者出售过程中，资产的成本转化为费用。

《企业会计准则——基本准则》规定，费用是指企业在日常活动中发生的、会导致所有者权益减少的、与向所有者分配利润无关的经济利益的总流出。

企业为生产产品、提供劳务等发生的可归属于产品成本、劳务成本等的费用，应当在确认产品销售收入、劳务收入等时，将已销售产品、已提供劳务的成本等计入当期损益。

企业发生的支出不产生经济利益的，或者即使能够产生经济利益但不符合或者不再符合

资产确认条件的,应当在发生时确认为费用,计入当期损益。

在企业经营实务中的成本一般指营业成本,包括产品成本、商品成本、建造合同成本、运输成本或者劳务成本等;费用一般是指期间费用。

(二)产品和劳务成本

企业的产品和劳务成本一般可从以下两方面理解:

(1)企业的产品、劳务成本是指按产品、劳务归集的生产性耗费;

(2)企业的产品、劳务成本是指企业为取得存货、获得劳务所付出的经济代价。

公路经营企业的经营成本属于劳务成本的范畴;反映了公路经营企业为养护高速公路和提供收费业务所付出的经济代价。

2013 年 8 月 16 日,财政部印发了《企业产品成本核算制度(试行)》(财会[2013]17 号),要求自 2014 年 1 月 1 日起在除了金融企业以外的大中型企业范围内施行。

该制度适用于制造业、农业、批发零售业、建筑业、房地产业、采矿业、交通运输业、信息传输业、软件及信息技术服务业、文化业以及其他行业的企业。交通运输业主要涉及的是客货运输业务成本核算;对于公路经营成本核算对象、成本项目和范围、业务成本的归集与分配等核算行为的规范仍不够明确。

有必要区别公路经营企业经营成本与公路经营业务成本的概念。公路经营业务成本是与公路经营业务有关的成本;公路经营企业的经营成本包括公路经营业务成本、高速公路服务区经营业务成本以及从事其他业务发生的业务成本。

(三)期间费用

一般认为,期间费用反映了企业按期间所归集的非生产性耗费。期间费用一般包括销售费用、行政管理费用和财务费用。由于公路经营企业的广告宣传费用等业务推销费用较少,一般不单独核算与管理,所以其期间费用只包括行政管理费用和财务费用。

(四)公路经营业务成本与期间费用的构成内容

1. 公路经营业务成本

根据《高速公路公司财务管理办法》的规定,公司在公路通行期间发生的与公路经营有关的支出,计入营业成本。公路经营企业的营业成本包括以下内容。

公司在经营过程中实际消耗的各种燃料、材料、备品备件、轮胎、低值易耗品等支出;公司支付各类人员的工资、福利费、社会保障费等职工薪酬;公司在经营过程中所发生的固定资产折旧费、固定资产维修费、固定资产租赁费、公路灾害预防及抢修费、公路线路绿化费、取暖费、办公费、水电费、差旅费、保险费、劳动保护费等。

按照营业成本的经济用途分类,公路经营业务成本可进一步划分为以下业务成本项目[1]:

(1)公路养护成本,反映企业为养护公路及构筑物以及安全设施发生的全部养护支出,包括小修保养支出、大中修支出和改建支出。企业为公路绿化发生的支出以及公路灾害预防与

---

[1] 周国光. 公路经营企业财务会计学[M]. 北京:人民交通出版社股份有限公司,2014 年 9 月,第 234。

抢修支出,计入公路养护成本。

(2)折旧与摊销成本,反映确认为无形资产的公路及构筑物和安全设施的摊销费用,以及确认为固定资产的公路及附属设施(包括公路及构筑物和安全设施)的折旧费用。

(3)收费业务成本,反映企业为收取与管理车辆通行费发生的全部业务支出,包括收费人员及其业务管理人员的工资和业务经费;收费站设施(包括与收费相关的监控设施、通信设施、房屋建筑物等)的折旧与维修费用。

(4)公路运行成本,反映经营一些大型桥梁、隧道需要发生照明、用水、救助、消防、安全保卫等支出,以及与正常运行有关的监控设施、通信设施等设施的折旧和维修费用。

(5)其他业务成本,反映企业为路政管理、交通安全管理、治理超限超载行为、对公路桥梁隧道安全检测等发生的支出,计入其他业务成本。

2. 公路经营企业的期间费用

(1)行政管理费用。公司管理部门发生的支出计入管理费用,包括公司经费、工会经费、职工教育经费、劳动保险费、待业保险费、董事会费、咨询费、审计费、诉讼费、排污费、税金、技术转让费、技术开发费、无形资产摊销、业务招待费、存货盘亏、毁损和报废(减盘盈)以及其他管理费用。

(2)财务费用。财务费用是公司为筹集资金发生的各项费用,包括企业经营期间发生的利息净支出、汇兑净损失、买卖外汇价差、金融机构手续费以及筹资所发生的其他财务费用等。

为了投资建设高速公路或者投资受让高速公路收费权从金融企业借款或者发行债券形成的计入财务费用中的利息费用,是公路经营成本费用重要的组成部分。

二、公路经营业务成本和期间费用的特点

与一般企业相比,公路经营业务成本费用具有以下特点。

1. 成本费用特性体现为固定成本

成本费用呈现相对的固定性,是公路经营业务成本费用的一个显著特点。固定成本,是指在一定的时间和一定的业务量变动范围内,不受业务量变动的影响而保持相对稳定的成本总额。公路经营业务成本费用呈相对固定性,意味着公路经营企业的利润最大化目标可以转化为收入最大化目标。

2. 折旧与摊销成本是收费公路业务成本的主要成本项目

公路及构筑物的折旧成本或者摊销成本是对公路经营业务成本有重要影响的成本项目。采取不同的折旧或者摊销方法,对当期损益的影响较为明显。

3. 人工成本占有较大比重

在公路经营业务成本中,人员经费支出占有较大的比重。这意味着,通过控制人员编制来提高收费人员的工作效率,或者采取自动收费的创新手段,都有利于大幅度降低营业成本。

4. 利息费用在成本费用中占有较大比重

在公路建成收费经营的初期,贷款利息费用在全部费用中占有较大的比重;以后随着贷款逐步偿还,利息费用逐年减少。

如果公路经营企业期望通过继续投资建路或者收购公路收费权得以滚动发展,则随着贷

款的增加,利息费用还会进一步增加。

三、公路经营业务成本和期间费用构成的实证分析

(一)公路经营业务成本构成的实证分析

不同公路经营企业的公路经营业务成本具有不同的成本项目构成。有些公司的成本项目分类比较详细,有些则比较概括。楚天高速等六家公路上市公司2014年度营业成本的构成情况如表10-1和表10-2所示。

部分公路上市公司营业成本构成分析表(一)

表10-1

成本项目	龙江交通		楚天高速		深高速	
	金额(万元)	比重(%)	金额(万元)	比重(%)	金额(万元)	比重(%)
养护成本	1 987	14.09	6 915	17.57	15 640	10.64
收费业务成本	—	—	12 482	31.72	—	—
路产折旧与摊销	7 886	55.93	19 956	50.71	94 403	64.24
员工成本	4 141	29.37	—	—	19 471	13.25
其他支出	86	0.61	—	—	17 444	11.87
合计	15 098	100.00	39 352	100.00	146 958	100.00

部分公路上市公司营业成本构成分析表(二)

表10-2

成本项目	赣粤高速		皖通高速		成渝高速	
	金额(万元)	比重(%)	金额(万元)	比重(%)	金额(万元)	比重(%)
养护成本	10 908	10.04	7 939	8.54	13 225	11.73
收费业务成本	—	—	—	—	43 021	38.17
路产折旧与摊销	67 213	61.84	60 323	64.93	49 482	43.89
设施维护	—	—	—	—	4 213	3.74
其他	30 568	28.12	24 648	26.53	2 779	2.47
合计	108 689	100.00	92 910	100.00	112 720	100.00

其中,成渝高速的养护成本进一步划分为公路经营成本、公路绿化成本和公路灾害预抢修成本。

福建高速2010~2014年收费公路营业成本构成及其变动情况如表10-3所示。

福建高速营业成本构成分析表

表10-3

成本项目	2010		2012		2013		2014	
	金额(万元)	比重(%)	金额(万元)	比重(%)	金额(万元)	比重(%)	金额(万元)	比重(%)
养护成本	12 333	23.36	10 272	13.10	10 442	12.50	10 149	12.08
收费业务成本	9 078	17.20	13 730	17.51	14 012	16.78	12 273	14.61
路产折旧摊销	24 560	46.53	44 433	56.68	49 250	58.97	51 656	61.46
路政成本	1 617	3.06	2 569	3.28	2 627	3.15	1 961	2.33
土地租赁费	2 300	4.36	3 588	4.58	3 588	4.30	3 588	4.27

续上表

成本项目	2010		2012		2013		2014	
	金额(万元)	比重(%)	金额(万元)	比重(%)	金额(万元)	比重(%)	金额(万元)	比重(%)
监控业务成本	1 735	3.29	3 342	4.26	3 123	3.74	3 920	4.66
ETC 业务成本	280	0.53	458	0.59	468	0.56	500	0.59
其他支出	884	1.67	—	—	—	—	—	—
合计	52 787	100.00	78 392	100.00	83 510	100.00	84 047	100.00

以上分析的结果表明,路产折旧或摊销成本是收费业务成本最重要的成本项目,一般占据了收费业务成本的50%左右。采用车流量法计提折旧或摊销的企业,随着高速公路交通量的逐年增加,该项目的金额和所占比重也在不断增加或提高。但当其他成本项目(例如人工成本)增加较快时,折旧或摊销项目所占比重也有可能适度下降,但仍属于最主要的成本项目。

公路养护成本和收费业务成本也是收费业务成本中重要的成本项目,一般占据收费业务成本的15% ~40%

按照交通运输部的规定,公路养护成本包括公路日常养护成本、公路大中修成本和公路改建成本。公路水毁抢修等专项工程以及绿化业务应当按照其工作量的大小,分别归类于日常养护、大中修和改建的作业范畴。为了便利加强对公路经营成本的有效管理,有必要将公路养护成本作必要的进一步划分。

(二)管理费用构成的实证分析

本书关注到一个重要的事实:如果将公路收费权确认为无形资产,按照《企业会计准则——无形资产》(财会[2001]7 号)和《企业会计制度》(财会[2000]25 号)的规定,无形资产价值摊销应当计入管理费用。对此现代投资股份有限公司曾将收费权价值摊销计入管理费用。如果一个公司有较多的公路收费权被确认为无形资产,则收费权价值摊销将导致公司的管理费用和营业成本信息出现失真。

按照 2006 年颁布的《企业会计准则第 6 号——无形资产》(CAS6)及其相关规定,无形资产价值摊销应计入当期损益,但不再要求必须计入管理费用。对此,现代投资股份有限公司从 2008 年起改将公路收费权的摊销价值计入营业成本,并对 2007 年利润表的数据进行追溯调整。有关比较数据分析见表 10-4。

现代投资(母公司)成本费用分析表 表 10-4

项目	会计年度		
	2003 年	2008 年	2014 年
总资产(万元)	446 186	479 770	1 683 467
公路收费权资产(万元)	335 840	325 009	1 014 355
所占比重(%)	75.28	67.74	60.25
主营业务成本(万元)	14 778	54 257	82 430
管理费用(万元)	16 990	4 149	7 776
其中:公路收费权摊销	15 255	0	0
所占比重(%)	89.79	0	0

从表10-4中可以看出,现代投资2003年度公路收费权摊销占管理费用的89.79%,是导致管理费用超过主营业务成本的主要原因。很显然,收费权价值摊销与管理开支无关;将公路收费权价值摊销计入管理费用导致主营业务成本偏低,管理费用偏高,相关成本费用信息失真。

现代投资从2008年开始,变更了相关会计政策,将路桥收费权摊销计入营业成本,不再计入管理费用;并对2007年财务报表中的相关数据进行了追溯调整。2007年公司路桥收费权摊销额为23 402万元。政策变更前,营业成本和管理费用分别为27 619万元和26 781万元;政策变更后,调整后的营业成本和管理费用分别为51 023万元和3 378万元。

(三)财务费用的实证分析

财务费用是公路经营企业成本费用的重要组成部分。一些公路经营企业、特别是大规模从事公路建设的国有融资平台公司,其财务费用(主要构成是利息费用)在成本费用中占有较大的比重。例如,2011年正在大规模从事高速公路建设的甘肃省公路航空旅游投资集团有限公司营业成本总额为8.40亿元财务费用总额则为19.56亿元,相当于营业成本的2.33倍。正在承担大规模高速公路建设任务的陕西省交通建设集团公司2014年营业成本25.05亿元财务费用62.44亿元,为营业成本的2.49倍❶。

一般来说,公司近期内交付使用的高速公路资产越多,财务费用在成本费用总额中所占比重越大。

四、公路经营业务成本与期间费用管理与控制

(一)公路经营业务成本与期间费用管理的目标

首先,加强成本费用管理的目的就是要防止在利润管理过程中,违反财务制度,通过成本费用而随意调整企业利润的倾向,以保证财务成本的真实性。在此过程中,通常要特别注意以下几个问题:

(1)企业为完成利润计划或满足股东分配欲望,不真实反映经营期间的成本费用,采取该提不提、该摊不摊或挂账等账务处理手段,调度“水分”利润,进行“超前”分配;

(2)成本费用有章不循,任意列支各种费用,具体表现在企业擅自提高费用标准,随意扩大成本费用开支范围以及乱摊成本费用,把相关规章制度不允许列入成本的各种费用摊入成本;

(3)企业领导层在财务管理中要处理好领导层的决定和国家制定的财务制度之间的关系,即企业领导层的决定,必须在符合国家政策法规的前提下才能有效。

在成本费用管理方面,企业应以财税法规为准绳,凡超越企业领导层权限范围的财务事项,必须上报当地财政部门批准。对于一些企业违反国家成本费用规定的行为,财税部门有权按规定要求企业进行财务调整,按章纳税,并依违纪程度,按规定给予经济处罚。

其次,公路经营企业应当按照特许经营协议中的有关规定养护与管理好高速公路,并且在

❶ 这两家公路经营企业按照所在地区人民政府的规定,均未计提确认为固定资产的公路及构筑物的折旧,是造成营业成本偏低的重要原因之一。

经营期末将技术状况良好的高速公路交还给国家。这意味着,公路经营企业不能片面追求公路经营业务成本的降低而忽略了高速公路的正常保养与维护。

第三,公路经营企业应当在保证高速公路正常使用的前提下,努力降低高速公路维修费用,有效控制收费业务成本和行政管理费用,促使利润最大化。

(二)公路经营业务成本与期间费用管理的内容

成本费用管理,就是对企业收费经营过程中所发生的成本和费用,有组织、系统地进行预测、计划、控制、核算、考核和分析等一系列科学管理工作的总称。它的主要内容包括:成本费用预测、成本费用计划、成本费用控制、成本费用核算、成本费用考核和成本费用分析。

成本费用预测和计划为事前管理,它是在成本费用形成之前,依据企业收费经营的具体状况,运用科学的方法,进行成本费用指标的测算,然后编制成本费用计划,作为降低成本费用的行动纲领和日常控制成本费用开支的依据。

成本费用控制和核算为事中管理,它是对企业生产经营过程中所花费的各项开支,根据计划进行严格的控制和监督,并正确计算公路保修业务的实际成本。

成本费用考核和分析为事后管理,它是通过实际成本费用与计划成本和费用预算的比较,检查成本费用计划的完成情况,并进行分析,找出影响成本费用升降的主客观因素,发现问题,总结经验,从而制定进一步降低成本费用的有效措施,为编制下期成本费用计划提供依据。

(三)公路经营业务成本与期间费用控制方法

1. 定额控制法

公路经营企业对公路小修保养成本和收费业务成本应当采用定额控制法实行成本的定额控制。定额控制涉及两方面的工作。

(1)制定成本定额:公路经营企业公路小修保养成本和收费业务成本定额包括材料用量定额、材料价格定额、人员定额和工资水平定额。定额又可以叫做“标准”,制订各项成本定额的过程实际上也是确定各项成本标准的过程。

(2)差异分析。公路经营企业应当及时将实际成本与定额标准进行比较,揭示可能出现的差异,分析差异产生的原因,为考核责任人的业绩和今后进一步加强管理、控制成本提供决策依据。

2. 费用预算控制法

公路经营企业应当针对公司行政管理费用的特定费用项目通过编制费用预算来实施预算控制。费用预算控制法的两个关键环节是:

(1)预算编制要科学。目前费用预算一般采取增量预算的编制方法,以后在具备条件的前提下,应当逐步推行“零及预算”的编制方法。

(2)预算控制要坚决。在预算控制工作中,“邯钢经验”中的成本否决制可为企业的成本控制提供有益的借鉴。

3. 工程成本预算控制法

公路经营企业对公路大中修工程成本、抢修工程成本、改造工程成本和道路绿化工程成本等实行投资成本预算控制。

(四)公路经营企业降低公路经营业务成本与期间费用的途径

由于各企业的生产技术水平和经营方式不同,降低营业成本的重点和关联因素也有所区别。根据公路收费经营业务的特点,公路经营企业降低成本费用的主要途径可概括为以下方面。

1.努力降低公路养护成本

公路养护成本包括公路小修保养成本和公路大中修、水毁抢修等工程成本。

(1)公路小修保养成本属于可比成本,可通过将实际成本与计划成本或者上年成本的比较来衡量成本管理的得失。公路小修保养成本又属于具有较高效益成本比的成本支出,这意味着公路保养作业具有强制性,不应当片面追求靠减少保养次数来降低成本的短期化效益。公路小修保养成本的降低应当主要靠控制养护用材料价格和提高养护工作效率来实现。

(2)公路大中修、水毁抢修等工程成本(以下简称工程成本)属于不可比成本;成本管理的成效应当主要体现在实际成本与预算成本的比较上。所以,工程成本控制主要适用于预算控制方法。

(3)加大对车辆超限运输的管理力度,是降低高速公路养护成本的有效途径。货车超载、超限运输对公路极具破坏力,是导致公路养护成本急剧上升的重要原因。

(4)科学合理地选择高速公路养护的具体方式。公路经营企业可以采取两种方式进行高速公路养护:第一,通过设置内部养护机构自行养护高速公路;第二,面向社会公开招标,选择社会上的专业养护公司进行高速公路养护。选择决策在一定程度上影响着高速公路养护的质量和成本。

2.科学提高收费业务工作效率

提高收费业务工作效率的侧重点在于有效控制收费人员的人数。目前,高速公路收费站人员过多,是导致收费业务支出失控的重要原因。通过科学编制人员定额,严格按照定编控制实际收费业务人员,提高收费工作的效率,应当作为公路经营企业控制收费业务成本的主要措施。

从成本费用管理的角度来看,收费手段应当取决于成本费用效益。自动收费系统在技术上先进,在经济上并非一定合理。为降低收费业务支出,公路经营企业应当重视对收费手段选择的研究。

3.有效控制公司行政管理费用

公司行政管理费用按照成本费用管理的要求可进一步划分为可控费用与不可控费用两部分。可控费用又叫做酌量性费用,是指未来决策可以影响的费用,例如办公费、会议费、差旅费、公务费、招待费等;不可控费用又叫做约束性费用,是指由国家政策规定和公司过去决策决定的、未来决策无法影响的费用,例如管理用固定资产的折旧费和保修费、高级管理人员工资和福利费等。公司行政管理费用的控制应当主要针对可控费用进行,以求真正获得管理上的成效。

第二节　公路经营企业车辆通行费收入管理

一、公路经营企业营业收入的概念及其构成

1. 营业收入的概念

《企业会计准则第 14 号——收入》中对收入的定义为:“收入,是指企业在日常活动中形成的、会导致所有者权益增加的、与所有者投入资本无关的经济利益的总流入”。企业的营业收入包括销售商品收入、提供劳务收入和让渡资产使用权收入。

企业因所在行业和经营业务的不同,营业收入的内容也有所差异。公路经营企业的营业收入是指企业在营业期间所取得的车辆通行费收入和其他业务收入。

2. 公路经营企业营业收入的分类

企业的营业收入可进一步划分为主营业务收入和其他业务收入。公路经营企业的主营业务收入是指车辆通行费收入;根据国家现行规定,公路工程竣工前分段通行报经国家有关部门批准同意收取的车辆通行费,作为公司的车辆通行费收入。其他业务收入是公司从事车辆修理、清洗、广告、材料销售、通信服务、加油、餐饮等业务取得的收入。

在 2014 年底中国 18 家上市公司中,海南高速、五洲交通、沪杭甬高速、成渝高速由于开展多元化经营,其通行费收入所占比重低于 50%,大多数公司的通行费收入达到了 80% 以上(表 10-5)。

2014 年公路上市公司收入结构分析表　　表 10-5

公 司 名 称	营业收入(万元)	通行费收入(万元)	所占比重(%)
华北高速	70 923	61 554	86.79
吉林高速	60 416	60 363	99.91
龙江交通	49 316	37 895	76.84
楚天高速	113 024	107 857	95.43
现代投资	433 142	197 702	45.64
海南高速	299 65	8 216	27.42
粤高速	145 505	140 866	96.81
重庆路桥	33 961	31 607	93.07
宁沪高速	787 908	537 222	68.18
深高速	362 036	300 763	83.08
皖通高速	233 957	222 379	95.05
赣粤高速	408 051	264 405	64.80
五洲交通	328 978	111 601	33.92
福建高速	263 603	261 253	99.11
山东高速	635 474	603 242	94.93

续上表

公 司 名 称	营业收入(万元)	通行费收入(万元)	所占比重(%)
中原高速	388 515	292 299	75.23
沪杭甬高速	905 112	425 925	47.06
成渝高速	830 036	276 587	33.32
合计	6 079 922	3 941 736	64.83

海外公路经营企业也具有类似的特征。合和公路截至2014年6月30日的会计年度中,营业收入26.95亿港元;其中通行费收入24.19亿港元,占89.76%。

意大利ASTM公司2014年营业收入13.40亿欧元;其中通行费收入10.05亿欧元,占75.00%。

越秀交通基建2014年营业收入中的通行费收入为18.59亿元。除此以外,确认的建造合同收入0.23亿元;其他收入0.33亿元。

3. 车辆通行费收入的确认

车辆通行费收入属于劳务收入的范畴;应当按照劳务收入确认的原则确认收入的实现。劳务收入确认的条件是:

(1)劳务总收入和总成本能够可靠地计量;

(2)与交易相关的经济利益能够流入企业;

(3)劳务的完成程度能够可靠地确定。

车辆通行费收入一般表现为现金收入。根据以上收入确认的原则,公路经营企业应根据实际收到的车辆通行费价款,确认为当期的营业收入。

二、公路经营企业车辆通行费收费标准的制定

(一)车辆通行费收费标准确定的原则

确定车辆通行费标准的原则和依据如下。

1. 应分车型制定收费标准

目前,中国一般采取按照车辆的吨(座)位进行车型分类;也有一些地区或者收费公路采取按车辆轴数或者轴负荷进行车型分类。一般来说,车型分类与车型识别手段有重要的关系。如果采取人工识别方式,车型分类以粗为宜;如果采用自动化系统识别,则以细为佳。

2. 收费标准应以其级差效益为上限

高速公路级差效益是指:

(1)高速公路用户所能够获得的效益;

(2)是相对于其他可供选择的运行方式而言的效益。

一般来说,高速公路能够向公路用户提供的级差效益有运行成本降低的效益、运行里程缩短的效益、运行时间节约的效益等。如果收费标准控制在级差效益范围内,则可以认为,收取车辆通行费不会增加公路用户的经济负担。

3. 道路级差效益应由高速公路使用者适度分享

如果收费标准低于道路级差效益,意味着高速公路使用者可以分享级差效益。这有利于

调动车主使用高速公路的积极性，提高高速公路的使用效益。

4. 收费标准应以能够补偿车辆对道路磨损、破坏和占用所导致的经济损失为下限

可以认为，补偿车辆对道路磨损、破坏和占用所导致的经济损失，是制定收费标准的最低要求。如果这一衡量尺度超过了道路级差效益，意味着高速公路建设项目是不可行的。

5. 充分考虑本地区国民经济发展水平和公路用户对车辆通行费的承受能力

严格地说，如果收费标准控制在道路级差效益范围内，则没有必要考虑高速公路用户对收费的承受能力。在制定收费标准时考虑用户承受能力的主要原因有以下几点：

(1) 高速公路用户对所能够获得的级差效益缺乏理解。

(2) 不同的高速公路用户也许存在对级差效益不同的理解；例如有些用户非常重视时间节约的效益，愿意为节约时间支付更多的货币；而有些用户则认为节约时间意义不大，更多关注的是高速公路节约燃料的效益。

(3) 制定收费标准时未考虑级差效益的制约影响。

6. 充分考虑获得所需投资收益率的需要

特许经营高速公路的收费标准应当保证在规定的收费经营期限内收回投资并获得合理的投资回报。如果这一要求与级差效益对收费标准的制约相矛盾，则意味着高速公路建设项目投资是不可行的。

可通过采取政府补助等措施，使得原本财务效益不理想的高速公路建设项目变得对民间投资者具有吸引力。

7. 充分考虑分车型交通量需求收费弹性对收费标准制定的影响

如果高速公路呈竞争状态，则较高的收费标准有可能导致交通量分流而使企业遭受经济损失。在这种情况下，需分析不同车型的交通量需求收费弹性。一般来说，如果收费弹性小一些，收费标准可以接近级差效益，因为交通量不大，可能由于较高的收费标准而分流到其他道路上去；如果收费弹性较大，则确定较低的收费标准也许对企业增加通行费收入更为有利。

(二)收费方式

目前，中国采取的车辆通行费收费方式主要有以下两种。

1. 开放收费方式

开放收费方式是指，根据需要在收费公路上的不同位置设多处主线收费站，而不是在各个立交匝道的出入口处设收费站。这样，车辆可以不受控制地自由出入收费公路，收费公路对外呈现“开放”状态。采用开放收费方式，一般分车型确定每车次收费标准；车辆每经过一次主线收费站缴一次费。中国有些高速公路（例如新疆吐乌大高速公路）通过设置若干主线收费站实行开放式收费。

2. 封闭收费方式

封闭收费方式是指，在收费公路主线起止点以及所有的立交匝道出入口设置收费站；除收费公路主线起止点以外的主线上不再设任何收费站。这样，可控制所有收费公路的进出口，使收费公路对外呈现“封闭”状态。车辆则可以在收费公路内部自由通行；使用收费公路只需交一次费。采用封闭收费方式，一般分车型确定车公里收费标准。目前，中国绝大多数高速公路

均采取封闭收费方式,即在入口处领取通行券(卡),在出口处交款。

除此以外,为了有效控制超限运输行为,体现公平合理、鼓励运输业户合法装载、用政策引导发展国家鼓励的推荐车型和多轴大型车辆的原则,交通运输部在总结部分地区开展计重收费试点工作经验的基础上,2005 年 10 月 26 日印发了《收费公路试行计重收费指导意见》(交公路发[2005]492 号),用以规范和指导各地计重收费工作。计重收费改变了过去依据车辆核定装载质量和车型分类来收取车辆通行费的做法,并以实地测量的车货总重量为依据计重收取车辆通行费。试行计重收费实施范围为经过省级人民政府同意的高速公路,可以对照国家规定应当缴纳车辆通行费的所有载货类机动车试行计重收费。

指导意见要求试行计重收费的省份,各省级交通主管部门要会同同级物价、财政部门,在原按车型分类费率标准的基础上,结合本地实情,重新确定试行计重收费的收费公路车辆通行费的基本费率标准,并报省级人民政府批准。各省、自治区、直辖市在确定计重收费基本费率标准时,要符合以下原则和要求:

(1)确保本省级行政辖区内计重收费基本费率标准和单位的统一。高速公路和封闭式收费公路的基本费率标准以元/吨公里计;开放式收费公路的基本费率标准以元/吨车次计;

(2)确保按照新的费率标准试行计重收费后的初期,总收费额与原有收费水平持平,不出现大的波动;

(3)确保正常装载的合法运输车辆的通行费收费标准在原收费标准的基础上有所下降;

(4)确保空车、轻车的总体收费水平明显下降;

(5)对于车货总质量超过 20t 的合法装载的重车,要确定合理的收费系数,逐步降低其车辆通行费收费标准,以鼓励多轴大型车辆发展;

(6)对超过公路承载能力的运输车辆,要科学合理地确定收费系数,逐步提高车辆通行费收费标准,以体现其对过度使用公路的合理补偿。

到 2014 年底,中国内陆绝大多数省份的高速公路已经开始对过往的货车实行计重收费。

(三)收费管理系统

1. 人工收费管理系统

人工收费管理系统是指对进入高速公路网络的车辆发给通行卡以及出口处验卡收费等程序,全部由手工操作完成的收费管理系统。在收费管理过程中还可以辅以人工稽查和监督以及各种规章制度,以达到强化管理的目的。2014 年底中国高速公路的收费管理系统,仍有一些属于人工收费管理系统。

2. 半自动化收费管理系统

半自动收费管理系统是指由人工完成收费和找零工作,由计算机或人工完成车型判别,由计算机完成计算费额、打印票据、资料积累汇总等工作所形成的收费管理系统。半自动收费系统是在人工收费管理系统基础上发展起来、向全自动收费管理系统发展过程的一个阶段性产物。1995 年以来,中国越来越多的高速公路开始采用半自动收费管理系统。

3. 全自动化收费管理系统

全自动收费管理系统,又叫做电子收费系统(ETC),包括信用卡刷卡收费系统和利用微波技术的不停车电子收费系统。采用不停车电子收费系统,道路两旁的信标装置通过与安装在车辆上的类似电话磁卡的装置发生资料交换，来完成对行驶车辆的收费工作。目前一些西方国家已经在高速公路收费中广泛推行了全自动化电子收费系统，取得了较理想的效果。2014年底，欧洲收费公路桥梁隧道特许经营协会奥地利、比利时、法国、意大利等21个成员国共拥有收费车道36 832条。其中不停车自动收费车道20 520条，占55.71%。全长108km的加拿大多伦多环线高速公路是世界上第一条使用全程不停车收费系统的高速公路。

中国从20世纪90年代中期开始引进电子不停车收费系统，例如北京首都机场高速公路引进的美国AMTech系统，江苏沪宁高速公路引进的挪威Micro Design(Q-Free)系统等。1998年6月，交通部组织交通部公路科学研究所、西安公路研究所、广东省交通厅、北京市交通局、江苏省交通厅、四川省交通厅开展了“网络环境下不停车收费系统研究与应用推广”行业联合攻关项目研究。随后，该项目的研究成果纳入了交通部2000年发布的《高速公路联网收费暂行技术要求》❶。经过10年的发展历程，目前中国已经有越来越多的地区在积极研究和探讨全自动收费管理技术，相信在不远的将来，这种高度自动化、高效率、能杜绝目前各种不良现象的现代化收费系统将在中国高速公路收费管理上发挥更重要的作用。

2007年5月，电子不停车收费系列国家标准正式实施；2007年9月，《收费公路联网收费技术要求》正式颁布；2008年8月，交通运输部公布《高速公路区域联网不停车收费示范工程暂行技术要求》。2010年12月9日，交通运输部、国家发展与改革委员会、财政部联合印发了《关于促进高速公路应用联网电子不停车收费系统技术的若干意见》(交公路发[2010]726号)。2011年2月23日公布了《收费公路联网电子不停车收费技术要求》(交通运输部公告2011年第13号)，这些成为规范中国高速公路不停车收费的一套重要标准和规范，也有效促进了中国不停车收费的发展。

据不完全统计，截至2014年底，全国共有26个省份按照国家标准开展了ETC系统建设，共建成ETC专用车道7 600余条，较2013年底增长了37%；自营客服网点超过800个，增长了43%，合作服务网点超过1.3万个，增长了333%，逐步覆盖到了县(区)一级；ETC用户数达1 300万，较去年年底增长了117%。到2015年7月底，共有22个省份的高速公路实现联网，覆盖高速公路总里程超过80%。全国联网区域累计建成ETC专用收费车道1.01万条，4.5万条人工刷卡车道，电子收费用户总量达到1 952万户。按照交通运输部的统一部署，到2015年底将基本实现全国ETC联网❷。

4. 影子收费

影子收费，是指对于公路经营公司经营的公路，由于某种原因不再向车主收取通行费；改为由政府按照确切的实际应收费交通量和规定的收费标准定期给予公司财政补偿。

西班牙全长14.5km的马德里M45号环线高速公路采取了影子收费的方式。西班牙Cintra公司通过投资20 060万欧元，取得了该项目从1998～2029年31年的特许经营权。葡萄牙境内的北海岸高速公路(NorteLitoralHighway)全长119km，实行影子收费。

2001年，Cintra(拥有73.53%股权)和其他公司共同投资设立的项目公司，从葡萄牙政府取得了该项目30年的特许经营权。该项目特许经营的内容包括新建47km高速公路和对已建成72km的高速公路进行整修。新建的高速公路已于2005年建成通车。

---

❶ 郑宗杰：联网电子不停车收费　技术突破　一路畅通[N]，中国交通报，2009年5月20日第3版。

❷ 孙英利：吉渝川滇成功并入全国ETC联网区域[N]，中国交通报，2015年7月29日第1版。

中国海南高速公路股份有限公司经营的高速公路,从1994年开始不直接收取车辆通行费,而是由海南省交通运输厅用收取的燃油附加费和车辆通行附加费给予补偿,具有影子收费的特征。

(四)收费标准的确定

一般来说,特许经营高速公路收费的数学模式可采用下列形式加以反映:

$$\sum_{t=0}^{n} \mathrm{NCF}_t \cdot (1+K)^{-t} - I = 0$$

式中:n——特许经营期,年;

K——投资收益率,%;

I——投资现值,元;

NCF——年投资回收额(年投资收入),元。

公路经营企业收取的通行费收入其性质属于营业收入。年营业收入为年交通量与标准费率的乘积。营业收入补偿不包括利息费用和投资摊销费用在内的公路日常养护与管理费用后,再减去应缴纳的营业税金及附加和所得税以后的余额,形成投资回收额。收费费率与投资回收额之间的关系为:

$$\mathrm{NCF} = [f \cdot Q \cdot L(1-t) - C - D](1-T) + D$$

式中:f——平均标准费率,元/车公里;

Q——平均交通量,辆次;

L——收费公路全长,km;

t——营业税率,%;

C——平均每年公路养护、管理费用,元;

D——公路投资摊销额,元;

T——所得税率,元。

同时,特许经营高速公路的投资额因收费权取得的形式不同而有所不同,如果高速公路是以公路经营企业直接投资并对其进行收费,则高速公路的投资额为高速公路项目建设成本;如果公路经营企业是以转让收费权形式取得其收费权的,则高速公路的投资额应为其取得高速公路收费权时所交纳的金额。收费权转让的成交价格,是以高速公路的资产评估价值为依据,综合其他因素加以确定的。所以,对于收费权取得的不同形式,投资额的含义是有所不同的。

以上所确定的收费标准是指小客车或者标准收费车型的收费标准。至于分车型收费标准的确定,一般做法是,在确定标准收费车型收费标准的基础上,根据各收费车型交通量折算标准收费交通量的折算系数分别求得。

三、收费标准调整的依据和方式

收费标准的调整是高速公路经营实践的一项重要工作。将收费标准调整纳入收费方案的整体研究工作中有助于合理收费并按规定用途使用车辆通行费收入,避免收费标准调整中的盲目性和主观随意性。

特许经营高速公路收费标准调整的目的是为了维护投资者的合法权益,在一定程度上保证投资者可以获得所需的投资收益率。一般来说,公路经营企业投资者的投资行为属于风险投资，应与国家共享收益，共担风险。因此，除了物价变动原因可允许公路经营企业调整收费标准以外，国家没有义务为经营者担保交通量，也不应当将实际交通量低于预计交通量作为调整收费标准的主要理由。因此，公路经营企业只有可能根据物价的可能上升来对收费标准作必要的调整。

这样，特许经营高速公路收费标准调整的计算公式可表述如下：

通行费收费标准调整(%)=实际物价上涨率(%)×(1+其他调整因素变动对收费标准的影响率(%)

收费调整是一项重要且严肃的工作。要尽量避免在收费调整中相互攀比，凭主观意志办事，更不能把不合理挪用的车辆通行费以调高收费标准的形式转嫁到高速公路用户身上。在高速公路特许经营事业上，用户永远是上帝。只有维护好高速公路用户的合法权益，才能保证高速公路特许经营事业可持续发展。

四、公路经营企业通行费收入的管理与控制

(一)国家对公路经营企业收取车辆通行费的规范要求

由于高速公路车辆通行费与社会公众的利益密切相关，公路经营企业应当根据国家的有关规定，加强对收取车辆通行费的管理工作。《收费公路管理条例》中对车辆通行费管理有以下规定：

——“经营性公路的收费标准，由省、自治区、直辖市人民政府交通主管部门会同同级价格主管部门审核后，报本级人民政府审查批准。”

——“经营性公路的收费标准，应当根据公路的技术等级、投资总额、当地物价指数、收回投资的期限以及交通量等因素计算确定。”

——“公路经营企业收取车辆通行费，必须向收费公路使用者开具收费票据。收费票据由省、自治区、直辖市人民政府税务部门统一印(监)制。”

(二)公路经营企业通行费收入管理的基本要求

1. 加强通行费收入日常管理工作，防止票款流失现象发生

公路经营企业通行费收入的日常管理，主要涉及以下内容：

(1)对通行费收取环节的管理。公路经营企业各基层收费站点，应当严格按照批准的收费车型和分车型收费标准依法收费，真正做到“应收不漏，应交不欠”，保证年度通行费收入计划的顺利完成。

(2)对通行费收入使用票据的管理。公路经营企业各基层收费站点在收取车辆通行费时，应当按规定使用税务发票；企业各级收入管理部门应当加强对通行费票据的管理，建立健全通行费票据管理制度，防止偷漏票款的现象发生，维护好企业自身的合法权益。

(3)对通行费收入专户存储、定期解缴的管理。公路经营企业各基层收费站点应当将所收取的车辆通行费按日存入银行通行费收入专户，并按企业的规定要求定期解缴企业财务。只有企业财务部门收到的通行费票款，才属于公司收到的营业收入。

2. 努力实现收入最大化，促使利润最大化

企业财务部门应当认真研究通行费分车型收费标准与收入总额之间的关系，在企业所具

有的权限范围内灵活运用价格政策来影响通行费收入,努力实现收入最大化,促使实现企业利润最大化的目标。

第三节　公路经营企业利润及其分配管理

一、公路经营企业利润的概念和构成

(一)公路经营企业利润的概念

站在企业经营管理角度来看,公路经营企业的利润是企业在一定期间的经营成果;如果从企业资金运用角度观察,利润表现为企业的财务成果;用企业投资者的观点来反映,企业利润属于投资者获得的投资收益。企业的各类收入减去各类成本费用和应当缴纳的各种税金后的余额,形成企业的利润。

实行新的企业会计准则以后,一般不再单独计算主营业务利润和其他业务利润。企业利润的概念包括营业利润、营业外收支净额、利润总额和净利润。

(二)利润的构成

1. 营业利润的构成

营业利润是企业从事经营活动获得的利润,包括企业运用内部投资所形成的经营性资产从事经营活动所获得的利润,对外投资取得的投资收益和其他营业利润。营业利润的构成如下:

营业利润 = 营业收入 - 营业成本 - 营业税金及附加 - 销售费用 - 管理费用 - 财务费用 - 资产减值损失 + 投资净收益 ± 公允价值变动损益

其中,企业从事高速公路经营业务应当缴纳的营业税金及附加,包括营业税、城市维护建设税、教育费附加和地方教育附加。

投资净收益是企业对外投资所获得的各种收益减去投资损失后的余额。企业的投资收益包括:

(1)投资购买债券获得的利息收入。按照企业会计准则的规定,企业一般需要在资产负债表日确认计入当期损益的利息收入;但公司财务管理部门更为关注的是利息收入流入企业的时间。

(2)投资购买其他企业的股权取得的利润和股利。按照企业会计准则的规定,公路经营企业需要根据不同情况采用成本法或权益法确认和计量投资收益;但公司财务管理部门同样更为关注的是股利和利润流入企业的时间。

用企业对外投资总额(包括长期投资和流动资产中的短期投资)与投资净收益比较,可反映企业对外投资决策的成效。一般来说,企业对外投资收益率不应当低于内部投资收益率;如果企业对外投资是为了避免资金的闲置,对外投资的最低界限应当是企业同期限定期储蓄存款利率。

公允价值变动损益反映了企业购买交易性金融资产取得或承担的公允价值变动收益或损失。

2. 营业外收支净额的构成

营业外收支净额又可以叫做营业外利润，是指企业营业外收入减去营业外支出后的差额。公路经营企业的营业外收入和营业外支出是指与公司经营业务无直接关系的各项收入和支出。营业外收入和营业外支出的具体构成如下。

(1)营业外收入：主要包括非流动资产处置利得、非货币性资产交换利得、债务重组利得、政府补助、盘盈利得、捐赠利得等。

(2)营业外支出：一般包括非流动资产处置损失、非货币性资产交换损失、债务重组损失、公益性捐赠支出、非常损失、盘亏损失等。

3. 利润总额的构成

利润总额是指企业经营和对外投资活动所获得的各项利润的总和，是企业运用全部资产所获得的利润，又可以叫做“税前利润”。利润总额的计算公式为：

利润总额 = 营业利润 + 营业外收入 − 营业外支出

4. 净利润的构成

中国从1994年开始将所得税视为费用，并引入了净利润的概念。净利润是指企业的所有收入减去包括所得税费用在内的所有成本费用后的余额，是企业运用股权资金所获得的利润。净利润的计算公式为：

净利润 = 利润总额 − 所得税费用

(三)所得税费用

公司在获得利润后，应按照税法的规定计算应交纳的所得税。所得税是公司利润的一种扣除，具有费用性质；而税法规定和企业财务会计上规定存在着差异，对此有必要将用于确定公司净利润的所得税叫做“所得税费用”，以区别按应纳税所得额计算的当期应纳税额。

公司的所得税费用可按以下公式计算：

所得税费用 =(利润总额 ± 永久性差异)× 所得税率

企业执行新的企业会计准则后，需要采用资产负债表债务法确认所得税费用，这样，所得税费用的计算公式需要调整如下：

所得税费用 = 应交所得税 + 递延所得税费用 − 递延所得税收益

其中：

应交所得税 = 应纳税所得额 × 企业所得税率

递延所得税费用 = 应纳税暂时性差异 × 企业所得税率

递延所得税收益 = 可抵扣暂时性差异 × 企业所得税率

二、公路经营企业利润构成的特殊性

与其他经营业务相比，公路经营企业的业务利润构成有以下特殊性。

1. 毛利率较高

公路经营业务成本的主要构成是路产折旧与摊销。在一条高速公路建成初期，发生的公路养护成本相对较低；由于车流量相对较低，采取车流量法计提的固定资产折旧或无形资产摊销也相对较少。这意味着高速公路经营业务具有较高的毛利率。

2. 财务费用对营业利润的影响较大

由于高速公路建设所需资金大多数来源于银行贷款、发行企业债券和中期票据等债务资金,这意味着一条高速公路在建成初期往往具有较高的财务费用(主要是确认的利息费用)。较高的毛利扣除较高的财务费用后,营业利润水平并非理想。

3. 政府补助对利润总额的影响较大

高速公路建设有可能获得政府部门用车辆购置税交通专项资金或其他财政资金给予的补助。一些公路经营企业将获得的高额财政资金确认为一项政府补助,计入营业外收入;这就必然会对企业的利润总额产生重要影响。

三、公路经营企业增加利润的途径

公路经营企业增加营业利润的途径如下。

1. 合理调整通行费收费标准,促使收入最大化

公路经营企业应当根据特许经营协议的规定,定期或者不定期地对收费标准进行调整,促使通行费收入最大化,最大限度地增加企业利润。

收费标准调整的目标是促使收入最大化。企业收入受收费标准和交通量变化的综合影响。根据不同车型的收费弹性,有些车型收费标准可以上调;而有些车型的收费标准则应当下调。目前,中国公路上市公司所采取的收费标准调整的基本思路是:适度上调小型车的收费标准;适度降低大型车和特型车的收费标准。

根据国家规定,省级人民政府拥有收费标准调整的最终决定权。因此,公路经营企业通行费收费标准调整的主要工作是在充分调研的基础上,制定科学的收费标准调整方案,以影响政府的收费调整决策。

2. 努力增加交通量,促使收入最大化

由于公路经营企业的成本费用呈固定特性,所以在收费标准不变的条件下增加交通量,或者使交通量的增长幅度超过收费标准的下调幅度,都会增加通行费收入,使企业利润增长。

除了收费标准变动可以影响交通量以外,科学、合理的广告宣传也有助于增加交通量。公路经营企业为增加收入应当采取的一项重要工作,就是充分利用广告栏、广播、电视、报纸等各种宣传媒介向社会公众广泛宣传高速公路的级差效益,调动公路用户使用高速公路的积极性,促使交通量、通行费收入和营业利润稳步增长。

3. 有效控制经营成本和行政管理费用

由于公路经营企业的经营业务成本和行政管理费用在一定的交通量范围内呈固定特性,所以降低了成本费用,无疑可增加公路经营业务利润。

四、公路经营企业的利润分配

公路经营企业属于公司制企业,所以公路经营企业应当按照《中华人民共和国公司法》的规范要求进行利润分配。

(一)可供分配的利润

利润分配的对象是企业的净利润。企业净利润弥补以往年度经营性亏损后的余额,或加

上以往年度累计的未分配利润，构成本年度企业可供分配的利润。

（二）利润分配的一般程序

1. 提取盈余公积金

（1）根据《中华人民共和国公司法》的规定，公司分配当年税后利润时，应当提取利润的10%列入公司法定公积金。公司法定公积金累计额为公司注册资本的50%以上的，可以不再提取。公司的法定公积金不足以弥补以前年度亏损的，在依照前款规定提取法定公积金之前，应当先用当年利润弥补亏损。

（2）公司从税后利润中提取法定公积金后，经股东会或者股东大会决议，还可以从税后利润中提取任意公积金。

（3）公司的公积金主要用于弥补公司的亏损、扩大公司生产经营或者转为增加公司资本。但是，资本公积金不得用于弥补公司的亏损。法定公积金转为资本时，所留存的该项公积金不得少于转增前公司注册资本的25%。

2. 向投资者分配利润

向投资者分配利润包括支付优先股股东的股息、支付普通股股东的股利和向非股份有限公司的投资者分配利润。

公司弥补亏损和提取公积金后所余税后利润，有限责任公司股东按照实缴的出资比例分取红利，但是，全体股东约定不按照出资比例分取红利或者不按照出资比例优先认缴出资的除外；股份有限公司按照股东持有的股份比例分配，但股份有限公司章程规定不按持股比例分配的除外。股东会、股东大会或者董事会违反前款规定，在公司弥补亏损和提取法定公积金之前向股东分配利润的，股东必须将违反规定分配的利润退还公司。公司持有的本公司股份不得分配利润。

（三）股利支付的方式

公路股份有限公司一般可以采取以下四种方式支付股利。

1. 用现金支付股利

用现金支付股利，意味着企业的现金将流出企业。如果一家企业通过有效经营持有了较多的现金，可采取支付现金股利的方式分配股利。

2. 以增发股票的形式支付股利

以增发股票的方式支付股利，不会导致企业现金流出。伴随着股票的发行，企业的一项负债（应付股利）转换为企业的一项所有者权益（股本和股本溢价）。

3. 用公司持有的其他公司的有价证券支付股利

用公司持有的其他公司的有价证券支付股利，属于企业利润分配的一种特殊形式。公司持有其他公司的有价证券，包括股票、债券和其他有价证券。将持有的其他公司的有价证券用于股利支付，还需要符合国家的有关规定和相关合同中的约定。

4. 以负债形式支付股利

以承担负债的方式支付股利，也属于企业利润分配的一种特殊形式。同样，以承担负债的方式支付股利,也需要符合国家的有关规定。

(四)股利支付的程序

股份有限公司向股东支付股利,前后也有一定的过程。主要涉及的有关事项为:宣告支付股利;股权登记;确定除息日和支付股利。

1. 宣告支付股利

公司董事会将股利支付情况予以公告的日期,叫做“股利宣告日”。公告中将宣布每股支付的股利、股权登记期限和股利支付日期。在正常情况下,当公司宣布发放现金股利后,每股市价将上升,上升幅度大约为每股现金股利。

2. 进行股权登记

有权领取股利的股东资格登记截止日期,叫做“股权登记日”,或者“除权日”。只有股权登记日在公司登记在册的股东,才有权获得股利。

3. 确定除息日

领取股利的权利与股票相互分离的日期,叫做“除息日”。在除息日前,股票持有者有权领取股利;除息日后,新购入股票的人员不能获得股利。这是因为股票买卖的交接、过户需要一定的时间。如果股票交易日期离股权登记日太近,公司将无法在股权登记日获得更换股东的信息,只能以原股东作为股利支付的对象。为了有利于解决这一问题,证券业一般规定,在股东登记日前的第4天作为除息日;除息日后的股票交易为无息交易。由于从除息日开始,购买股票的投资者将无法获得现金股利,所以每股市价将下降,下降幅度大约为每股现金股利[1]。

4. 支付股利

向股东支付股利的日期,叫做“股利支付日”。

【本章小结】

公路经营企业的成本费用包括营业成本和期间费用。公路经营业务成本是公路经营企业从事公路经营业务发生的营业成本。公路经营业务成本可进一步划分为公路养护成本、折旧与摊销成本、收费业务成本、公路运行成本和其他成本;期间费用可进一步划分为行政管理费用和财务费用。公路经营业务成本与期间费用的一个显著特征是成本费用总额呈相对的固定性。这意味着在一定的交通量变动范围内增加收费交通量可有效地降低单位车流量成本,增加营业利润。

车辆通行费收入是公路经营企业的主营业务收入。由于车辆通行费收入一般表现为现金

[1] 中国证券交易中的“除权日”和“除息日”是同一概念。“除权日”和“除息日”是指“股权登记日”后的第一天。这一天或以后购入公司股票的股东,不再享有该公司此次分红或配股。

收入,所以可以在收到票款时确认收入实现。公路经营企业收入管理的重点内容之一是确定车辆通行费的收费标准。收入管理的目标是促使企业收入最大化。

公路经营企业的利润包括营业利润、利润总额、净利润等概念。如何确定企业的所得税费用和应交所得税是财务管理的一个重要方面。由于如何科学合理地分配企业净利润受多种因素、多种观念的影响,使得利润分配成为企业财务管理的另一个重要方面。

【复习思考题】

1. 与一般工商企业相比,公路经营业务成本构成有何特点?能否将公路经营业务成本也归类为直接材料、直接人工、其他直接费用和间接费用?为什么?

2. "公路经营业务成本属于固定成本。"你是否赞同这一观点?为什么?

3. 要有效地控制公路经营业务成本,应当主要采取哪些行之有效的措施?

4. 你认为高速公路收费权和公路用地土地使用权的摊销费用应当计入管理费用还是公路经营业务成本?为什么?

5. 什么是道路级差效益?将高速公路收费标准控制在道路级差效益范围内有何实际意义?

6. 制定与调整高速公路收费标准应当注意哪些问题?

7. 公路经营企业的净利润是如何构成的?净利润越多是否意味着企业经济效益越好?

8. 什么是所得税费用?所得税费用和应交所得税有何区别和联系?

9. 某高速公路有限公司的总经理不赞同提高小型车的收费标准。他认为,"提高小型车的收费标准将会导致小型车交通量的大幅度下降,使企业减少收入。"你是否赞同这一观点?为什么?

10. "利润管理的具体内容取决于不同企业利润管理的特定需要,不存在固定不变的模式。"你是否赞同这一观点?

第十一章

公路经营企业清算与财务评价

第一节　公路经营企业终止和清算的财务处理

一、公路经营企业终止的概念和原因

企业终止是指企业停止经营活动，清理财产，清偿债务，了结一切对内对外经济关系，注销企业法人资格的法律行为。

公路经营企业终止的原因可概括为以下方面。

(一)公路经营企业的经营期限届满

中国现行有关法律法规明确了收费公路最长收费经营年限。如果企业只经营单一的收费公路，那么到了特许经营协议规定的高速公路收费期限届满、需要将高速公路收费权移交给政府有关部门时，该企业应当终止。

(二)公司章程规定的解散事由出现

如果公司章程规定了公司解散事由，当解散事由出现公司并未修改章程规定，公司就需要终止。

（三）公路经营企业最高权力机关做出终止的特别决议

如果出现以下情况，公路经营企业的最高权力机构——股东会、董事会或者拥有对企业控股权的其他机构将做出特别决议，宣告企业终止：

（1）企业亏损严重，无力持续经营；

（2）企业某一方股东不履行合同、协议、章程规定的义务，致使企业无法持续经营；

（3）遇到严重的自然灾害、战争等不可抗拒的因素，致使企业遭受巨大损失，无法持续经营；

（4）没有达到预期的经营目的，又无发展前途，不得不停止经营。

（四）公路经营企业依法被吊销营业执照、责令关闭或者被撤销

企业出现以下情况严重违反国家有关法律、法规和规章，被法院或者政府行政机关通过发布命令或者决定，强制企业终止经营并解散：

（1）企业股东在规定期限内未缴足资本金；

（2）企业不向有关部门报送财务报告，并且长期没有改进；

（3）企业采取欺诈手段牟取暴利；

（4）超越或者滥用法律授予的权力，并且不听从劝阻；

（5）拒绝缴纳税金；

（6）长期没有从事经营活动或者超过规定的营业范围经营，并且不听从劝阻；

（7）存在严重的刑事犯罪活动；

（8）企业的存在对公众安全造成威胁。

（五）公路经营企业合并或者分立

1. 企业合并

企业因各种原因被合并，法人资格丧失，应终止原企业的营业行为。例如，福建泉厦高速公路有限责任公司于1999年7月被并入福建高速公路发展股份有限公司，成为该公司的下属分公司，则福建泉厦高速公路有限责任公司应当终止。

2. 企业分立

企业因各种原因被分立为多个企业，原企业法人资格丧失，应终止原企业的营业行为。例如，2010年3月原东北高速公路股份有限公司分立为黑龙江交通发展股份有限公司和吉林高速公路股份有限公司两家上市公司，则东北高速需要终止法人资格。

（六）公路经营企业破产

如果公路经营企业不能清偿到期债务，并且资产不足以清偿全部债务或者明显缺乏清偿能力的，依据2006年8月27日中华人民共和国主席令第54号公布的《中华人民共和国企业破产法》的有关规定，法院将依法宣告企业破产，通过变卖企业财产偿还债务，以维护债权人的合法权益。

二、公路经营企业清算的概念和种类

1. 企业清算的概念

企业清算是企业在终止过程中,为终结企业现存的各种经济关系,对企业的财产进行清查、估价、变现,清理债权、债务,分配剩余资产的财务行为。

2. 企业清算的分类

(1)按照清算的意愿不同,企业清算可划分为自愿清算和强制清算。

自愿清算是指企业或者所有者自愿终止企业所进行的清算。强制清算是指法院或者政府行政主管部门以命令的形式,强制要求企业终止或者宣告终止所进行的清算。企业破产清算属于强制清算。

(2)按照清算的法律程序不同,企业清算可以划分为普通清算和特别清算。

普通清算是指企业清算时,清算事务主要由企业自行确定,清算按法律规定的一般程序进行,法院和债权人不直接干预的清算行为。特别清算不能由企业自行组织,而是由法院出面直接干预并进行监督。一般来说,如果企业不能清偿到期债务,企业有资产不足清偿债务的可能,企业无力自行组织清算工作,企业董事会对清算事务达不成一致意见,或者股东、债权人、董事会中任何一方申请等事项发生,就应当采取特别清算程序。显然,破产清算属于特别清算。

三、企业清算的一般程序

企业清算一般按下列程序进行。

1. 确定清算人

企业终止时,应当按照国家有关法律和企业章程的规定确定清算人。清算人是指在企业清算过程中执行清算事务的人员。有限责任公司的清算组由股东组成,股份有限公司的清算组由董事或者股东大会确定的人员组成。逾期不成立清算组进行清算的,债权人可以申请人民法院指定有关人员组成清算组进行清算。人民法院应当受理该申请,并及时组织清算组进行清算。

2. 发布清算公告

清算组应当自成立之日起10日内通知债权人,并于60日内在报纸上公告。债权人应当自接到通知书之日起30日内,未接到通知书的自公告之日起45日内,向清算组申报其债权。债权人申报债权,应当说明债权的有关事项,并提供证明材料。清算组应当对债权进行登记。在申报债权期间,清算组不得对债权人进行清偿。

3. 清理财产

清算人应当在编制企业终止营业日资产负债表的基础上对企业财产进行全面清查、盘点和作价,回收企业的债权,核销企业的坏账损失,并组织进行非货币资产的变现工作,为清偿企业债务做好准备。

4. 处理与清算有关的未了结事务

在清偿债务以前,还需要对企业清算前已经发生、但尚未了结的事务进行妥善处理。对企业有利的可继续进行;由于终止合同将造成签约方经济损失的,清算人应当将对方列入企业债权人的范围。

5. 清缴所欠缴的税款

企业所有的资产经变现后的收入扣除清算费用、企业职工工资和劳动保险费后的余额,构成清算所得;清算所得首先应当用于缴纳所得税以及企业在清算前拖欠国家的各种税款。

6. 清偿债务

企业清算所得缴纳各种税款后的余额,应当用于清偿债务。余额不够清偿全部债务的,按清偿的先后顺序进行偿付;不存在先后顺序的,按比例偿付。

7. 处理和分配公司清偿债务后的剩余资产

企业清算所得缴纳各种税款和清偿全部债务后的余额,属于剩余资产;除了法律或者企业章程另有规定以外,应当根据企业出资者的出资比例或者股份进行分配。

8. 提出清算报告

清算结束后,清算人应当提出清算报告,经股东会或者有权机构确认后,报送工商行政管理部门申请注销登记。

四、公路经营企业清算资产的确定和财产的清理

(一)公路经营企业清算资产的确定

企业在清算程序开始以前所拥有的所有资产,除以下资产外,原则上均应当列入清算资产的范畴。

1. 公路及附属设施

由于公路及附属设施在企业收费经营期限届满,需要无偿移交给政府有关部门或者特许经营的授予方或者收费权的出让方,对此公路及附属设施不应当作为清算资产。

2. 高速公路收费站设施

按照国家现行规定,收费站设施应当在高速公路收费期限届满时无偿拆除,以保高速障公路畅通无阻;因而高速公路收费站设施也不应当作为清算资产。

以后法律法规有新的规定,应从其规定。

3. 其他设施

除了公路及附属设施和公路收费站设施以外,还有可能存在其他需要在高速公路收费经营期限届满时无偿移交或无偿拆除的设施。这些资产,也不应当确认为清算资产。

4. 担保资产

企业的资产一旦作为担保物取得债务资金后,只有特定的债权人才具有对所担保的财产索取权。但需要明确的是,作为担保物的财产相当于担保债务的部分,不属于清算财产;担保物的价款超过所担保债务数额的部分,则应当属于清算财产。

5. 费用性资产或者无经济价值的权利

费用性资产是指企业资产负债表中的长期待摊费用、递延所得税资产等。无经济价值的权利是指无转让价值的无形资产的未摊销价值,例如未摊销完毕的商誉,已过保护期、但其价值尚未摊销完毕的专有技术等。很明显,这类资产的价值随企业清算已不复存在,所以不应当将这些资产作为清算资产。

6. 其他资产

国家规定的不应当列作清算资产的其他资产,例如企业所属医院、学校、幼儿园等承担社会职能的资产,由于涉及社会稳定问题,因而在国家社会保障体系尚未完全建立与完善之前,这类资产也不应当作为清算资产。

(二)清算资产的估价、变现和清算损益

1. 清算资产估价

清算财产的作价一般以账面净值为依据,也可以采用重置成本法、现行市价法、收益现值法等方法对清算资产的价值进行评估,并以评估值作为财产变现的标准或者依据。

2. 清算资产变现

为了便于偿还债务和分配剩余资产,清算人通常要将清算资产变现。如果权利人愿意接受实物或者债权,按合理估价分配给权利人的实物和债权可以视同为变现。

3. 清算损益

清算损益是指企业在清算过程中清算收益与清算费用、清算损失的差额。清算收益补偿清算费用和清算损失后的余额,叫做清算所得。

(1)清算收益及其构成。清算收益是指企业在清算过程中取得的收益。清算收益包括财产盘盈收益、财产变现收益、财产估价收益、清算过程中的经营收益、不用偿还的债务和其他收益。

(2)清算费用及其构成。清算费用是指清算人在执行清算过程中发生的各种费用支出。清算费用包括清算组人员的工资、差旅费、办公费、公告费、诉讼费、维护公路及构筑物正常通行费用及清算过程中所必需的其他支出。清算费用从公司现有财产中优先支付。

(3)清算损失及其构成。清算损失是指企业在清算过程中发生的财产损失。清算损失包括企业清算中发生的财产盘亏损失、财产变现损失、财产估价损失、清算过程中的经营损失、坏账损失、核销损失以及其他损失。

五、企业债务清偿与剩余资产的分配

清算财产的变现金额,扣除清算费用后,可用于偿还各种债务;偿债后的剩余资产,可向投资者分配。

(一)债务的清偿

公司财产拨付清算费用后,按照下列顺序清偿债务:

(1)支付应付未付的职工工资、劳动保险费等;
(2)缴纳应缴未缴国家的各种税金;
(3)偿还尚未偿付的债务。

(二)剩余资产的分配

公司清算终了,公司清算收益大于清算损失、清算费用部分,应当依法缴纳所得税。清算完毕后的剩余资产,除了法律另有规定者外,按照下列原则处理:
(1)有限责任公司,除公司章程另有规定者外,按照投资者出资比例分配;
(2)股份有限公司按照股东持有股份比例分配。

六、破产清算的特点

1. 破产的概念

破产是指企业不能清偿到期债务,依法定程序被法院宣告终止经营活动的事项。根据《中华人民共和国企业破产法》的规定,企业因经营管理不善造成严重亏损,不能清偿到期债务的,应当依法宣告破产。

应当明确的是,“资不抵债”并非意味着破产。破产所需的条件是:
(1)债务已经到期;
(2)债权人已提出偿债要求;
(3)债务人缺乏偿债能力。

2. 破产的申请与受理

宣告企业破产,应当有申请人。破产的申请人可以是债权人,也可以是债务人。债权人提出破产申请,应当提供关于债权数额、有无财产担保以及债务人不能清偿到期债务的有关证据;债务人提出破产申请时,应当说明企业亏损情况,提交有关的会计报表、债务清册和债权清册。

法院对符合破产法规定的申请予以受理。

3. 破产宣告和破产清算程序

(1)如果企业财产不足清偿债务,清算组应当立即向人民法院申请宣告破产。
(2)企业提出整顿申请,并向债权人会议提出和解协议草案。
(3)法院召集债权人会议,讨论通过和解协议方案和破产财产的处理和分配方案。
(4)有下列情形之一的,法院裁定宣告企业破产。
①企业确实不能清偿到期债务,应当宣告破产;
②企业整顿期间,不执行和解协议、财务状况恶化导致债权人会议申请终结整顿以及债务人有严重损害债权人利益行为;
③企业整顿期满,不能按照和解协议清偿债务。
(5)法院宣告企业破产后,清算组应当将清算事务移交人民法院,由法院成立清算组接管破产企业进行破产清算。

第二节　公路经营企业财务评价

一、公路经营企业财务分析的作用

(一)财务分析的意义和作用

财务分析是以企业财务会计报告反映的财务指标为主要依据,对企业的财务状况、获利能力、偿债能力、经营成果等进行分析评价的一种业务手段。

财务分析的主要作用可以体现在以下方面:

(1)通过向国家有关部门提供有用的财务分析资料,为国家制定科学的宏观经济调控决策提供所需资料;

(2)通过向企业的投资者提供有关获利能力等方面的财务分析资料,为投资者做出正确的股权投资决策提供财务参考依据;

(3)通过向企业的债权人提供有关偿债能力、财务状况等方面的财务分析信息资料,为债权人做出合理的债权投资决策提供财务参考依据;

(4)向企业内部管理部门提供管理所需的财务分析资料,为企业加强经营管理、提高经济效益服务。

(二)财务分析的内容

财务分析的内容主要包括以下方面。

1. 偿债能力分析

偿债能力分析划分为短期偿债能力分析和长期偿债能力分析。

2. 获利能力分析

获利能力分析包括反映投资者投入资本获利能力的分析、企业用全部资产获利能力的分析、营业获利能力的分析等。

3. 财务结构分析

通过比较股权与债务的结构,以及进一步比较股权和债务的内部结构,以反映企业的财务结构是否合理,是否有利于实现价值最大化的目标。

4. 财务状况变动趋势分析

通过将企业不同时期的同一指标进行纵向比较,推断该指标未来可能的发展趋势。

二、财务会计报告

国务院曾经于2000年6月21日公布了《企业财务会计报告条例》(中华人民共和国国务院令第287号),对企业财务会计报告行为进行了规范。

2014年7月1日以后,企业编制财务报告,主要执行财政部2014年1月26日修订后印发的《企业会计准则第30号——财务报表列报》(财会[2014]7号)(CAS30)的规定。该准则中采取了财务报表的表述,并规定财务报表包括资产负债表、利润表、现金流量表、所有者权益变动表或股东权益变动表和附注。其中,企业编制现金流量表需要执行财政部印发的《企业会计准则第31号——现金流量表》(CAS31)的规定。

对企业财务报表及其构成内容的界定,体现在财政部发布的《企业会计准则——基本准则》中。

(一)资产负债表

资产负债表是反映企业在某一特定日期财务状况的报表。

1. 资产

资产是指企业过去的交易或者事项形成的、由企业拥有或者控制的、预期会给企业带来经济利益的资源。在资产负债表上,资产是按照其流动性分类分项列示,划分为流动资产和非流动资产。

2. 负债

负债是指企业过去的交易或者事项形成的、预期会导致经济利益流出企业的现时义务。在资产负债表上,负债也是按照其流动性分类分项列示,划分为流动负债和非流动负债。

3. 所有者权益

所有者权益是指企业资产扣除负债后由所有者享有的剩余权益。公司的所有者权益又称为股东权益。在资产负债表上,所有者权益划分为实收资本(股本)、资本公积、其他综合收益、其他权益工具、盈余公积、未分配利润等项目。

(二)利润表

利润表是指反映企业在一定会计期间经营成果的会计报表。利润表列示的项目包括如下内容。

1. 收入

收入是指企业在日常活动中形成的、会导致所有者权益增加的、与所有者投入资本无关的经济利益的总流入。在利润表上,收入是按照其重要性分项列示。

2. 费用

费用是指企业在日常活动中发生的、会导致所有者权益减少的、与向所有者分配利润无关的经济利益的总流出。在利润表上,费用是按照其功能分项列示。

3. 利润

利润是指企业在一定会计期间的经营成果。利润包括收入减去费用后的净额、直接计入当期利润的利得和损失等。在利润表上,利润是按照营业利润、利润总额、净利润、其他综合收益、综合收益总额等的构成分类分项列示。

(三)现金流量表

现金流量表是指反映企业在一定会计期间的现金和现金等价物流入和流出的会计报表。现金流量表应当按照经营活动、投资活动和筹资活动的现金流量分类分项列示。

1. 经营活动

经营活动是指企业投资活动和筹资活动以外的所有交易和事项。在现金流量表上,经营活动的现金流量是按照其经营活动的现金流入和流出的性质分项列示的。

2. 投资活动

投资活动是指企业长期资产的购建和不包括在现金等价物范围内的投资及其处理活动。在现金流量表上,投资活动的现金流量是按照其投资活动的现金流入和流出的性质分项列示的。

3. 筹资活动

筹资活动是指导致企业资本及债务规模和构成发生变化的活动。在现金流量表上,筹资活动的现金流量是按照其筹资活动的现金流入和流出的性质分项列示的。

(四)所有者权益变动表

所有者权益变动表反映的是构成所有者权益的各组成部分当期的增减变动情况。

所有者权益的变动包括以下两种情况:

(1)综合收益导致的所有者权益的变动。综合收益导致的所有者权益的变动,包括企业损益导致的所有者权益的变动,以及其他综合收益导致的所有者权益的变动。

(2)与所有者的资本交易导致的所有者权益的变动。与所有者的资本交易,是指企业与所有者以其所有者身份进行的、导致企业所有者权益变动的交易。

(五)附注

附注是对在资产负债表、利润表、现金流量表和所有者权益变动表等报表中列示项目的文字描述或明细资料,以及对未能在这些报表中列示项目的说明等。

附注一般应当按照下列顺序至少披露。

(1)企业的基本情况:

①企业注册地、组织形式和总部地址。

②企业的业务性质和主要经营活动。

③母公司以及集团最终母公司的名称。

④财务报告的批准报出者和财务报告批准报出日,或者以签字人及其签字日期为准。

⑤营业期限有限的企业,还应当披露有关其营业期限的信息。

(2)财务报表的编制基础。财务报表的编报基础是持续经营。如果企业将在资产负债表日后 12 个月内进行清算,需要采用其他编制基础并作出说明。

(3)遵循企业会计准则的声明。企业应当声明编制的财务报表符合企业会计准则的要求,真实、完整地反映了企业的财务状况、经营成果和现金流量等有关信息。

(4)重要会计政策和会计估计。重要会计政策的说明,包括财务报表项目的计量基础和在运用会计政策过程中所做的重要判断等。重要会计估计的说明,包括可能导致下一个会计期间内资产、负债账面价值重大调整的会计估计的确定依据等。

企业应当披露采用的重要会计政策和会计估计,并结合企业的具体实际披露其重要会计政策的确定依据和财务报表项目的计量基础,及其会计估计所采用的关键假设和不确定因素。

（5）会计政策和会计估计变更以及差错更正的说明。企业应当按照《企业会计准则第28号——会计政策、会计估计变更和差错更正》的规定，披露会计政策和会计估计变更以及差错更正的情况。

（6）报表重要项目的说明。企业应当按照资产负债表、利润表、现金流量表、所有者权益变动表及其项目列示的顺序，对报表重要项目的说明采用文字和数字描述相结合的方式进行披露。报表重要项目的明细金额合计，应当与报表项目金额相衔接。

企业应当在附注中披露费用按照性质分类的利润表补充资料，可将费用分为耗用的原材料、职工薪酬费用、折旧费用、摊销费用等。

（7）或有和承诺事项、资产负债表日后非调整事项、关联方关系及其交易等需要说明的事项。

（8）有助于财务报表使用者评价企业管理资本的目标、政策及程序的信息。

三、财务比率分析

（一）公路经营企业财务评价指标体系

改革开放以后，中国一些国有大中型企业逐步开始借鉴西方国家成功的管理经验，进行了企业财务分析工作的积极尝试。1992年11月30日发布的《企业财务通则》，首次确立了企业的财务评价指标体系。1997年3月财政部、交通部发布的《高速公路财务管理办法》中规定，公路经营企业的财务评价指标体系由流动比率、速动比率、资产负债率、资本收益率、营业收入利润率和成本费用利润率等六项财务指标构成。

在以上六项财务指标中，流动比率和速动比率是反映企业短期偿债能力的财务指标；资产负债率是反映企业长期偿债能力和财务状况的财务指标；资本收益率、营业收入利润率和成本费用利润率是反映企业获利能力的财务指标。

2002年9月24日交通部印发了《交通部行业财务指标管理办法》（交财发［2002］446号），明确了适用于交通行业各类企业的通用型财务分析指标和分别适用于公路经营企业和公路上市公司的专用型财务分析指标，为公路经营企业的财务分析工作奠定了权威的制度基础。

（二）公路经营企业财务指标的特点

公路经营企业的主营业务是对公路进行收费经营管理。与一般工商企业相比，公路经营企业在财务分析各指标的衡量上具有以下特点：

（1）公路经营企业的存货在流动资产中所占比重一般较少，所以流动比率一般接近速动比率。

（2）由公路经营企业经营特点所决定，流动资产中一般没有应收账款或者应收账款较少，所以速动比率一般接近现金比率。

（3）由于公路经营企业一般没有应收账款，所以没有必要计算应收账款周转率。

（4）在公路经营企业的营业成本中，耗用存货的成本一般所占比重较低，所以没有必要计算存货周转率。

（5）在计算资产负债率和分析企业偿债能力时应当注意到，公路经营企业总资产中有相当一部分资产(例如公路及附属设施)是不能对企业债务承担责任的资产。可以认为,公路经营企业债权人利益的保障不是靠企业的资产,而是依赖于企业资产未来的获利能力。因此,公路经营企业的债务融资,具有项目融资的特征。

(三)公路经营企业财务评价指标体系的建立

参照《国有资本金效绩评价规则》《交通部行业财务指标管理办法》及其有关规定,公路经营企业的财务分析指标由以下四部分构成。

1. 反映企业财务效益状况的财务指标

反映企业财务效益状况的财务指标包括资产收益率、总资产报酬率、主营业务利润率和资本保值增值率等。各指标的具体内容及其计算公式如下。

(1)净资产收益率。净资产收益率是指企业一定时期内的净利润与平均净资产的比率。净资产收益率体现了投资者投入企业的股权资金获取净收益的能力,突出反映了投资与收益的关系,是评价企业资本经营效益的核心指标。净资产收益率的计算公式为:

$$净资产收益率 = (净利润 \div 平均净资产) \times 100\%$$

其中:

$$平均净资产 = (年初净资产 + 年末净资产) \div 2$$

年末净资产是指向投资者分配年度利润前的净资产。

(2)总资产报酬率。总资产报酬率是指企业一定时期内获得的报酬总额与平均资产总额的比率。总资产报酬率用于衡量企业包括净资产和负债在内的全部资产的总体获利能力,是评价企业资产运营效益的重要指标。总资产报酬率的计算公式如下:

$$总资产报酬率 = [(利润总额 + 利息费用) \div 平均资产总额] \times 100\%$$

其中,利息费用是指计入当期损益的利息支出以及溢价和折价的摊销。如果其他财务费用数额不大,也可以用当期财务费用替代利息费用。

$$平均资产总额 = (期初资产总额 + 期末资产总额) \div 2$$

(3)营业收入利润率。营业收入利润率是指企业一定时期的营业利润与营业收入总额的比率。营业收入利润率用于衡量企业包括主营业务和其他业务在内的全部业务的获利能力,是评价企业经营效益的主要指标。营业收入利润率的计算公式如下:

$$营业收入利润率 = (营业利润 \div 营业收入总额) \times 100\%$$

其中:

$$营业收入总额 = 主营业务收入 + 其他业务收入$$

(4)资本保值增值率。资产保值增值率是指企业年度末了所有者权益总额扣除了客观影响因素后与年初所有者权益总额的比率。资产保值增值率用于衡量企业当年资本在企业自身努力下实际增减变动情况,是评价企业财务效益状况的另一重要财务指标。资产保值增值率的计算公式如下:

$$资本保值增值率 = (扣除客观因素后的年末所有者权益 \div 年初所有者权益) \times 100\%$$

其中,应当扣除的客观因素是指:

①年内投资者追加投资增加的所有者权益;

②非货币性资产评估和用非货币性资产对外投资增加或者减少的所有者权益;

③企业接受捐赠资产增加的所有者权益;

④“债权转股权”和债务重组增加的所有者权益；

⑤住房周转金转入增加的所有者权益；

⑥根据国家有关政策核减的国有所有者权益；

⑦其他客观因素影响的所有者权益。

(5)成本费用利润率。成本费用利润率是企业一定时期的利润总额与企业成本费用总额的比率。成本费用利润率表示企业为取得利润而付出的经济代价，从企业支出方面评价企业的获利能力。成本费用利润咯的计算公式如下：

成本费用利润率 =(利润总额 ÷ 成本费用总额) ×100%

其中，成本费用总额包括企业的主营业务成本、营业费用、管理费用和财务费用。

2.反映企业资产运营状况的财务指标

公路经营企业用于反映资产运营状况的财务指标包括总资产周转率、流动资产周转率等。各项指标的经济含义及其计算如下。

(1)总资产周转率。总资产周转率是指企业一定时期营业收入总额与平均资产总额的比值。总资产周转率是综合评价企业全部资产经营质量和利用效率的重要指标。总资产周转率的计算公式如下：

总资产周转率 =(营业收入总额 ÷ 平均资产总额) ×100%

营业收入总额和平均资产总额的计算口径同上。

(2)应收账款周转率。应收账款周转率是指企业一定时期内营业收入净额同应收账款平均余额的比率。应收账款周转率是反映企业应收账款回收情况的指标。应收账款周转率的计算公式如下：

应收账款周转率 =(营业收入总额 ÷ 应收账款平均余额) ×100%

其中，营业收入总额的计算口径同上；

应收账款平均余额 =(期初应收账款余额 + 期末应收账款余额) ÷2

3.反映企业偿债能力状况的财务指标

公路经营企业反映偿债能力状况的财务指标一般有流动比率、速动比率、现金比率、现金流动负债比率、资产负债率等。由于流动比率、速动比率和现金比率比较接近，所以可以按照流动比率计算的结果并按照对速动比率和现金比率的要求分析企业的短期偿债能力。各项指标的经济含义和计算公式如下。

(1)流动比率。流动比率是指企业一定时期流动资产与流动负债的比率。计算该项财务比率所需的数据可从资产负债表中获取。流动比率衡量企业短期债务偿还能力，评价企业偿债能力的强弱。流动比率的计算公式如下：

流动比率 =(流动资产 ÷ 流动负债) ×100%

(2)速动比率。速动比率是指企业一定时期的速动资产与流动负债的比率。速动比率用于衡量企业的短期偿债能力，评价企业流动资产变现能力的强弱，是在流动比率指标基础上的进一步扩展。

速动比率的计算公式如下：

速动比率 =(速动资产 ÷ 流动负债) ×100%

其中：

速动资产 = 流动资产 - 存货

计算速动资产所需的财务数据可从资产负债表中获得。由于速动资产剔除了流动资产中变现能力较差的存货,所以可更好地反映企业短期债务的偿还能力。计算这一财务比率的关键是科学确定速动资产的内涵。虽然用“流动资产减去存货后的余额作为速动资产”有一定的局限性,但是容易操作,所以仍然主张将速动资产界定为“流动资产减去存货后的余额”。

(3)现金比率。现金比率是指企业一定时期的现金及现金等价物与流动负债的比率。与流动比率和速动比率相比,该项比率可以更好地衡量企业短期偿债能力,评价企业偿还短期债务能力的强弱。

现金比率的计算公式如下:

现金比率 =(现金及现金等价物 ÷ 流动负债)× 100%

公式中的现金及现金等价物,是指货币资金与短期投资之和。尽管目前中国企业资产负债表中的货币资金和短期投资之和在概念上与现金及现金等价物并不完全一致,但具有较强的可操作性,可以作为计算现金比率的依据。计算现金比率所需的数据可从资产负债表中获得。

计算现金比率的意义是从稳健角度反映企业短期债权人利益的保障程度和企业筹措流动负债资金的能力。计算现金比率的关键在于科学确定现金及现金等价物。事实上,确定现金及现金等价物在一定程度上取决于主观判断,而中国公路经营企业目前的总体管理水平和会计信息的质量都有可能在较大程度上导致判断的主观随意性。所以,尽管内涵并不完全相同,但如果将现金及现金等价物界定为企业的货币资金和短期投资,有助于保证这一指标较为客观,增强可比性。

(4)现金流动负债比率。现金流动负债比率是指企业一定时期的经营现金净流入同流动负债的比率[1]。现金流动负债比率从现金流动角度来反映企业当期偿付短期负债的能力。

现金流动负债比率的计算公式如下:

现金流动负债比率 =(年经营现金净流入 ÷ 流动负债)× 100%

公式中的年经营现金净流入是指企业当年经营活动所产生的现金流入量与现金流出量的差额,该项数据可从现金流量表中获得;流动负债是指企业年末的流动负债余额,该项数据可从资产负债表中获得。

现金流动负债比率是从现金流入和流出的动态角度对企业短期偿债能力进行的再次分析,比流动比率、速动比率和现金比率更直观、更谨慎地反映了企业用现金支付短期债务的能力。

(5)资产负债率。资产负债率是指企业一定时期负债总额与资产总额的比率。资产负债

[1] 将“现金流动负债比率”解释为“企业一定时期的经营现金净流入与流动负债的比率”具有一定的局限性。这是因为,企业一定时期的经营现金净流入体现的是当年的短期偿债能力;而年末流动负债余额是要用下年度的偿债资金来偿还的,两者的配比不科学。此外,利息费用也需要用经营现金净流入来支付。对此,建议将该指标的内涵改写为"企业一定时期的经营现金净流入与当期实际偿还债务本息的比率",即:现金流动负债比率 =(年经营现金净流入 ÷ 当年偿还债务本息)× 100%。年经营现金净流入和当年偿还债务本息的数据可从现金流量表中获得。如果现金流动负债比率大于100%,说明企业经营活动所产生的现金净流入能够保证按期偿还短期债务本息,企业具有较强的偿债能力。当然该比率过高也并非理想,说明企业对现金的利用不充分,影响了资金的获利能力。

率用来衡量企业总资产中有多少是通过负债筹集的;该指标是评价企业负债水平的综合指标。资产负债率的计算公式如下:

资产负债率 =(负债总额 ÷ 资产总额)×100%

其中,负债总额是指企业承担的各项短期负债和长期负债的总和;资产总额是指企业拥有各类资产的价值总和。根据国家有关规定,国有公路经营企业清产核资中土地估价入账金额,应当从资产总额中扣除。

4. 反映企业发展能力状况的财务指标

公路经营企业用于反映发展能力状况的财务指标包括营业收入增长率、总资产增长率、3年利润平均增长率、3 年资本平均增长率等。各项指标的经济含义和计算公式如下。

(1)营业收入增长率。营业收入增长率是指企业当年营业收入增长额与上年营业收入总额的比率。营业收入增长率反映了与上年相比,企业营业收入的增减变动情况,该项指标是评价企业成长状况和发展能力的重要指标。营业收入增长率的计算公式如下:

营业收入增长率 =(本年营业收入增长额 ÷ 上年营业收入总额)×100%

其中:

本年营业收入增长额 = 本年营业收入总额 - 上年营业收入总额

(2)总资产增长率。总资产增长率是指企业本年总资产增长额与年初资产总额的比率。总资产增长率衡量企业本期资产规模的增长情况,评价企业经营规模总量上的扩张程度。总资产增长率的计算公式如下:

总资产增长率 =(本年总资产增长额 ÷ 年初资产总额)×100%

其中:

本年总资产增长额 = 本年年末资产总额 - 本年年初资产总额

(3)3 年利润平均增长率。3 年平均利润增长率是指用企业当年利润总额与 3 年前企业的利润总额相比来体现最近 3 年利润总额平均增长速度的财务指标。3 年平均利润增长率反映了企业利润连续 3 年的增长情况,体现了企业的发展潜力。3 年平均利润增长率的计算公式如下:

$$3\text{ 年利润平均增长率} = [(\text{当年利润总额} \div 3\text{ 年前年度利润总额})^{1/3} - 1] \times 100\%$$

公式中的 3 年前年度利润总额,是指距离当年 3 年前实现的年度利润总额。例如,评价企业 2015 年的效绩状况,3 年前年度利润总额是指 2012 年企业实现的利润总额。

(4)3 年资本平均增长率。3 年资本平均增长率是指用企业年末所有者权益与 3 年前企业年末所有者权益相比来体现最近 3 年所有者权益平均增长速度的财务指标。3 年资本平均增长率反映了企业资本积累或者资本扩张的历史发展状况,以及企业稳步发展的趋势,体现了企业抗风险和持续发展的能力。3 年资本平均增长率的计算公式如下:

$$3\text{ 年资本平均增长率} = [(\text{年末所有者权益总额} \div 3\text{ 年前年末所有者权益总额})^{1/3} - 1] \times 100\%$$

公式中的 3 年前年末所有者权益总额,是指距离当年 3 年前的年末所有者权益。例如,评价企业 2015 年的效绩状况,3 年前年末所有者权益指 2012 年年末企业的所有者权益。

(5)技术投入比率。技术投入比率是指企业当年技术转让费及研究开发的实际投入与当年主营业务收入的比率。它从企业的技术创新方面反映企业的发展潜力和可持续发展能力。技术投入比率的计算公式如下:

技术投入比率 =(当年技术转让费支出与研究开发投入 ÷ 当年主营业务收入总额)×100%

(四)公路上市公司专用财务分析指标

与一般公路经营企业相比,公路上市公司专用的财务指标有净资产收益率和每股收益。虽然一般公路经营企业评价财务效益状况也采用净资产收益率指标,但公路上市公司计算净资产收益率的方法与一般企业不同。

1. 净资产收益率

中国证监会从2000年开始规范上市公司净资产收益率合每股收益指标的计算,要求上市公司在年度报告中按照披露加权平均和全面摊薄计算的净资产负债率和每股收益,以及按照扣除非经常性损益后的净利润计算的净资产收益率和每股收益。2007年修订后发布的规定取消了全面摊薄每股收益指标的披露,但要求开始计算披露稀释每股收益指标。中国证监会2010年1月11日证监会公告[2010]2号发布的《公开发行证券公司信息披露编报规则第9号——净资产收益率和每股收益的计算及披露(2010年修订)》中再次修订了相关规定。按其要求,上市公司从编制2009年年度报告开始,应当按照加权平均法计算净资产收益率,不再披露全面摊薄净资产收益率。对此,净资产收益率计算公式如下:

加权平均净资产收益率 = 归属于公司普通股股东的净利润或扣除非经常性损益后归属于普通股股东的净利润 ÷ 归属于公司普通股股东的加权平均净资产

其中,

归属于公司普通股股东的加权平均净资产 = 归属于公司普通股股东的期初净资产 + 归属于公司普通股股东的净利润 ÷ 2 + 报告期发行新股或者债转股等新增的、归属于公司普通股股东的净资产 × 新增净资产下一月份起至报告期期末的月份数 ÷ 报告期月份数 − 报告期回购或者现金分红等减少的、归属于公司普通股股东的净资产 × 减少净资产下一月份起至报告期期末的月份数 ÷ 报告期月份数 ± 因其他交易或事项引起的净资产增减变动 × 发生其他净资产增减变动下一月份起至报告期期末的月份数 ÷ 报告期月份数

2. 每股收益

每股收益是指公路上市公司的年度净利润与已发行总股数的比值。每股收益是衡量公路上市公司盈利能力最重要的财务指标,该指标反映了公司平均每股的获利水平。

按照中国证监会的规定,上市公司应当计算基本每股收益和稀释每股收益。每股收益的计算公式如下:

基本每股收益 = 归属于公司普通股股东的净利润或扣除非经常性损益后归属于普通股股东的净利润 ÷ 为发行在外的普通股加权平均数

稀释每股收益 = [归属于公司普通股股东的净利润或扣除非经常性损益后归属于普通股股东的净利润 + (已确认为费用的稀释性潜在普通股利息 − 转换费用) × (1 − 所得税率)] ÷ [加权平均总股数 + 认股权证、股份期权、可转换债券等增加的普通股加权平均数]

其中:

发行在外的普通股加权平均数 = 期初股份总数 + 报告期因公积金转增股本或者股票股利分配等增加股份数 + 报告期因发行新股或者债转股等增加股份数 × 增加股份下一月份起至报告期期末的月份数 ÷ 报告期月份数 - 报告期因回购等减少股份数 × 减少股份下一月份起至报告期期末的月份数 ÷ 报告期月份数 - 报告期缩股数

根据中国证监会 2008 年 10 月 31 日以证监会公告[2008]43 号文印发的《公开发行证券的公司信息披露解释性公告第 1 号——非经常性损益(2008)》中的界定,非经常性损益是指与公司正常经营业务无直接关系,以及虽与正常经营业务相关,但由于其性质特殊和偶发性,影响报表使用人对公司经营业绩和盈利能力做出正常判断的各项交易和事项产生的损益。

非经常性损益通常包括以下项目:

(1)非流动性资产处置损益,包括已计提资产减值准备的冲销部分;

(2)越权审批,或无正式批准文件,或偶发性的税收返还、减免;

(3)计入当期损益的政府补助,但与公司正常经营业务密切相关,符合国家政策规定、按照一定标准定额或定量持续享受的政府补助除外;

(4)计入当期损益的对非金融企业收取的资金占用费;

(5)企业取得子公司、联营企业及合营企业的投资成本小于取得投资时应享有被投资单位可辨认净资产公允价值产生的收益;

(6)非货币性资产交换损益;

(7)委托他人投资或管理资产的损益;

(8)因不可抗力因素,如遭受自然灾害而计提的各项资产减值准备;

(9)债务重组损益;

(10)企业重组费用,如安置职工的支出、整合费用等;

(11)交易价格显失公允的交易产生的超过公允价值部分的损益;

(12)同一控制下企业合并产生的子公司期初至合并日的当期净损益;

(13)与公司正常经营业务无关的或有事项产生的损益;

(14)除与公司正常经营业务相关的有效套期保值业务外,持有交易性金融资产、交易性金融负债产生的公允价值变动损益,以及处置交易性金融资产、交易性金融负债和可供出售金融资产取得的投资收益;

(15)单独进行减值测试的应收款项减值准备转回;

(16)对外委托贷款取得的损益;

(17)采用公允价值模式进行后续计量的投资性房地产公允价值变动产生的损益;

(18)根据税收、会计等法律、法规的要求对当期损益进行一次性调整对当期损益的影响;

(19)受托经营取得的托管费收入;

(20)除上述各项之外的其他营业外收入和支出;

(21)其他符合非经常性损益定义的损益项目。

【例 11-1】 某高速公路股份有限公司 2015 年 4 月向社会公开发行新股 12 000 万股筹措公路建设资金。公司发行新股前的总股本为 23 300 万股;发行新股后的总股本为 35 300 万股。则:

加权平均总股数 = 23 300 + 12 000 × 8 ÷ 12 = 31 300(万股)

【案例 11-1】 深高速公路股份有限公司 2008 年和 2014 年的净资产收益率和每股收益情况如表 11-1 所示。

深高速公路股份有限公司净资产收益率和每股收益计算表 表 11-1

摘要	净资产收益率(%)		每股收益(元)	
	全面摊薄	加权平均	基本	稀释
净利润(2008)	7.18	7.29	0.231	0.231
扣除非经常性损益后的净利润(2008)	7.02	7.13	0.226	—
净利润(2014)	—	20.14	1.003	1.003
扣除非经常性损益后的净利润(2014)	—	8.88	0.442	—

注:由于深圳高速近年来没有发行可转债,资产负债表日没有尚未行权的认股权证,故基本每股收益和稀释每股收益是一致的。

四、公路经营企业的趋势分析

公路经营企业的趋势分析是指根据企业过去连续两年或者连续两年以上财务报告中的相同财务指标或者比率进行对比,以反映它们增减变动的方向、数额和幅度的分析方法。趋势分析法有助于对该企业的未来财务状况、获利能力和偿债能力的发展趋势进行推断。

【案例 11-2】 表 11-2、表 11-3 是中国 2010 ~ 2014 年 18 家上市公司分年度加权平均净资产收益率和基本每股收益的变化情况。

公路上市公司净资产收益率比较分析表(单位:%) 表 11-2

公司名称	2010 年	2011 年	2012 年	2013 年	2014 年
华北高速	6.26	6.44	6.44	6.74	5.40
吉林高速	8.79	12.40	14.91	13.42	10.83
龙江交通	4.14	4.61	7.94	10.48	9.33
现代投资	17.01	14.17	9.99	9.21	6.56
海南高速	5.00	6.35	3.61	5.09	1.84
粤高速	10.16	5.18	4.2	3.01	6.90
重庆路桥	9.04	20.78	11.82	12.52	8.76
宁沪高速	14.81	13.96	12.99	14.49	13.21
深高速	8.89	9.84	7.33	7.40	20.14
沪杭甬高速	11.92	11.19	10.28	11.94	13.82
皖通高速	13.69	14.37	11.81	12.54	11.83
成渝高速	14.65	14.77	12.05	9.51	8.51
赣粤高速	13.91	11.48	11.21	5.85	5.86
五洲交通	9.52	11.30	11.80	6.60	2.43
福建高速	7.87	6.26	5.82	7.46	7.92
山东高速	12.51	12.75	11.60	12.57	12.71
中原高速	8.78	4.74	7.91	5.73	12.11

续上表

公司名称	2010 年	2011 年	2012 年	2013 年	2014 年
楚天高速	14.17	9.55	5.96	7.44	7.84
平均值	10.62	10.56	9.32	9.00	9.22

公路上市公司每股收益比较分析表(单位:元/股)　　表 11-3

公司名称	2010 年	2011 年	2012 年	2013 年	2014 年
华北高速	0.22	0.23	0.19	0.25	0.21
吉林高速	0.11	0.18	0.24	0.24	0.21
龙江交通	0.08	0.11	0.17	0.24	0.23
现代投资	1.97	1.06	0.64	0.53	0.41
海南高速	0.12	0.16	0.09	0.14	0.05
粤高速	0.31	0.17	0.14	0.1	0.25
重庆路桥	0.15	0.39	0.26	0.30	0.27
宁沪高速	0.49	0.48	0.46	0.54	0.51
深高速	0.34	0.40	0.31	0.33	1.00
沪杭甬高速	0.42	0.41	0.38	0.44	0.54
皖通高速	0.48	0.52	0.46	0.51	0.52
成渝高速	0.37	0.43	0.39	0.33	0.32
赣粤高速	0.54	0.47	0.50	0.28	0.30
五洲交通	0.38	0.33	0.38	0.23	0.09
福建高速	0.19	0.16	0.15	0.20	0.22
山东高速	0.37	0.41	0.41	0.48	0.54
中原高速	0.25	0.13	0.23	0.18	0.40
楚天高速	0.43	0.32	0.16	0.21	0.23
平均值	0.40	0.35	0.31	0.31	0.35

通过对各公路上市公司 2010 ~ 2014 年每股收益和净资产收益率进行纵向比较,可以推断各公司未来获利能力的发展趋势。

【本章小结】

当经营期限届满,公司章程规定的解散事由出现,企业最高权力机关做出特别决议,被依法撤销、合并或者分立、破产等多种情况发生时,公路经营企业需终止经营,进行清算。

公路经营企业清算资产构成的特点是:公路及附属设施、公路收费站设施以及其他需要在公路收费经营期限终了无偿交还国家或者出让人或者拆除的设施不能作为清算资产。

企业清算所涉及的财务问题主要包括:确定清算资产;资产变现;清偿各类债务;处理和分

配企业的剩余资产。

企业破产意味着资不抵债。企业破产需依法定程序由人民法院处理企业破产事项,进行企业破产清算工作。

企业财务分析所需的资料主要来源于财务报表。公路经营企业的财务报表由资产负债表、利润表、现金流量表、所有者权益变动表以及报表附注构成。

公路经营企业财务评价的主要作用在于通过评价企业的财务效益状况、资产运营状况、偿债能力状况和发展能力状况等为国家、企业的债权人、投资者以及企业内部管理部门提供对决策有用的财务信息。

【复习思考题】

1. 为什么说"公路及附属设施"不应当作为公路经营企业的清算资产?

2. 除了"公路及附属设施"以外,还有哪些资产不应当构成公路经营企业的清算资产?为什么?

3. 企业清算的一般程序是什么?一般清算与破产清算有何区别?

4. 什么是剩余资产?企业的剩余资产应当如何分配?

5. 如果说财务分析所需的资料主要来源于财务会计报表,那么财务会计报表提供的财务信息和财务分析提供的财务信息有何不同?

6. 公路经营企业财务评价有何作用?可向使用者提供哪些方面的财务信息?

7. 公路经营企业一般采用哪些财务评价指标进行财务评价?与一般工商企业相比,这些财务指标有何特点?

8. 什么是股权收益率、市盈率和每股收益?应当如何计算这些财务指标?

9. 什么是"基本每股收益"和"稀释每股收益"?两者有何区别与联系?

10. 什么是趋势分析?财务分析中的趋势分析有何局限性?

PART 3 第三篇 公路事业单位财务管理

中国的公路事业单位包括公路管理单位、公路养护单位、公路建设单位、政府收费高速公路管理单位等。中国交通税费改革的实施导致公路交通规费征稽管理单位退出了历史舞台。目前，公路事业单位财务活动主要以财政部2012年2月修订后发布的《事业单位财务规则》（财政部令第68号）为依据，并结合公路事业单位的业务特点开展财务管理工作。

伴随着2011年国家提出的建设两个路网的理念，今后中国的收费公路将由高速公路构成，其他公路被界定为普通公路，定义为不收取车辆通行费的公路。尽管2014年底全国10.40万公里政府收费公路中高速公路只有6.01万公里，仍具有4.39万公里的一级公路和二级公路，但政府收费一级公路和二级公路逐步退出历史舞台，已是大势所趋。对此，本篇中涉及的公路事业单位建设与管理的政府收费公路，统一表述为政府收费高速公路。

第十二章

公路事业单位财务管理概论

第一节　公路事业单位的概念及其构成

一、公路事业单位的概念

1. 事业单位的概念

事业单位不同于企业和行政单位。2004 年 6 月 27 日修改后公布的《事业单位登记管理暂行条例》(国务院令第 411 号)中对事业单位的定义是:“国家为了社会公益目的,由国家机关举办或者其他组织利用国有资产举办的,从事教育、科技、文化、卫生等活动的社会服务组织”。

这意味着,中国的事业单位,应当是国有性质的经济组织。

2. 事业单位的类别

2002 年财政部曾将中央级事业单位划分为 28 类,包括依照公务员制度管理的事业单位、教育事业单位、科学事业单位、文化事业单位、体育事业单位、广播电影电视事业单位、新闻出版事业单位、文物事业单位、档案事业单位、地震事业单位、海洋事业单位、通信事业单位、计划生育事业单位、农垦农场事业单位、农业(农业、畜牧、水产、农机等)事业单位、林业事业单位、水利事业单位、气象事业单位、医疗卫生事业单位、交通事业单位、邮电通信事业单位、经贸事业单位、环保事业单位、国土资源事业单位、地质事业单位、流通事业单位、优抚事业单位、其他事业单位等。公路事业单位是为公路交通事业正常运转与发展服务的事业单位,是中国事业单位的重要组成部分。

2011 年在对事业单位进行分类改革中,国家将现有的事业单位按照社会功能划分为承担行政职能的事业单位、从事生产经营活动的事业单位以及从事公益服务的事业单位三类。

按照 2011 年 3 月 23 日出台的《中共中央国务院关于分类推进事业单位改革的指导意见》,国家将逐步将承担行政职能的事业单位变更为行政机构;将从事生产经营活动的事业单位转变为企业;继续保留从事公益服务的事业单位,强化其公益属性。

二、公路事业单位的构成

中国的公路事业单位,一般包括公路建设单位、公路养护单位、公路管理单位、路政管理单位、政府收费高速公路管理单位等。其中,除了负责公路新建任务的事业单位性质的公路基本建设单位需执行《基本建设财务管理规定》以外,其他事业单位应执行财政部发布的《事业单位财务规则》以及财政部、交通运输部有关公路事业单位财务管理的相关规定。

现行体制下的公路事业单位属于地方事业单位,故公路事业单位还需要执行地方人民政府出台的相关规定。

1. 公路管理单位

中国公路管理单位的主要职责是公路路政管理并负责干线公路养护任务和干线公路改扩建任务。根据交通部令 2003 年第 2 号公布的《公路路政管理规定》,县级以上地方人民政府交通主管部门设置的公路管理机构根据《公路法》的规定或者根据县级以上地方人民政府交通主管部门的委托负责路政管理的具体工作。根据不同的管理体制,公路管理单位一般在省级设公路管理局;在地市级设公路管理局、公路分局、公路总段或者公路管理处;在县级设公路局、公路段或者公路管理站。

2. 公路养护单位

公路养护单位主要承担普通公路的养护任务,包括公路小修保养、公路大中修工程、公路水毁抢修工程以及公路改扩建工程等。经受托,公路养护单位也可以承担政府收费高速公路以及公路经营企业管理的经营性高速公路的养护任务。公路养护单位一般有公路施工处、公路施工队、公路养护道班等不同组织形式。目前公路养护单位隶属公路管理单位。一些公路养护单位在深化体制改革的进程中与公路管理单位脱钩,改组为具有法人资格的独立经营公路养护公司制企业。

3. 路政管理单位

隶属各级交通运输主管部门或者挂靠在公路管理单位的路政管理机构,包括路政总队、路政支队、路政大队等,主要履行对各行政区域内所有公路基础设施(包括政府收费高速公路和经营性高速公路)路政管理的职责。

4. 政府收费高速公路管理单位

负责政府收费高速公路养护与收费管理的事业单位是中国公路事业单位的另一重要组成部分。依法收取车辆通行费、按期偿还公路建设贷款和集资本息以及政府收费高速公路的养护等,是政府收费高速公路管理单位的主要职责。由省级交通运输主管部门统一管理的政府收费高速公路管理单位，通常在省级设高等级公路管理局；分区域设收费处；基层设收费站（点、所）。

除此以外，在成品油税费改革前，公路事业单位中还包括交通规费征稽管理单位，其主要职责是依法征收公路养路费（汽车养路费）、公路客货附加费和其他公路交通规费，为中国公路养护工作提供专项资金。交通规费征稽管理单位一般在省级设置征费管理局，在地市级设置征费管理处，在县级设置征费管理站。2009 年 1 月 1 日起施行成品油税费改革后，由于用新增的成品油税费改革收入替代了公路养路费、公路客货附加费等交通规费，交通规费征稽单位完成了其历史使命，退出了历史舞台。

第二节　公路事业单位的任务及其财务管理的特点

一、公路事业单位财务管理的主要任务

根据公路事业单位的主要职责，公路事业单位财务管理的主要任务可概括为以下方面。

1. 合理编制单位预算，严格预算执行，完整编制单位决算

公路事业单位财务预算是公路事业单位完成各项业务工作的重要保证，也是公路事业单位财务工作的基本依据。修订后的《事业单位财务规则》指出，“事业单位预算是指事业单位根据事业发展目标和计划编制的年度财务收支计划”。公路事业单位应当在科学编制预算的基础上，量入为出，科学配置资金，合理安排各项财务收支，并严格做好预算执行工作，对各项财务活动实行预算控制。

2. 依法组织收入，努力节约支出

公路事业单位的主要收入，是由车辆购置税交通专项资金、成品油税费改革专项资金、车辆通行费等所构成的财政补助收入。这些收入，需要根据国家的有关规定依法取得。除此之外，公路事业单位还可以在国家政策允许范围内，通过向市场提供产品和劳务，多渠道、多层次筹集资金，以满足公路事业发展的需要。在依法组织收入的同时，公路事业单位还需要注重节约支出并有效管理和控制公路养护工程成本，提高资金使用效益。

3. 建立健全财务制度，加强经济核算，提高资金利用效果

财务制度是公路事业单位从事财务管理的基本依据和行为规范。通过建立与健全财务管理制度体系，可以使单位财务工作做到有法可依，有章可循，实现规范化管理的要求。同时，公路事业单位还应当加强经济核算，实施科学的财务管理，努力提高事业工作的经济效益和社会效益。

4. 加强国有资产管理，合理配置和有效利用资产，防止国有资产流失

公路事业单位属于国有事业单位；国有事业单位的资产属于国有资产的范畴。公路事业单位应当按照国家有关加强国有资产管理的要求，认真执行国家制定的有关国有资产管理的各项规定，制定并逐步完善国有资产管理的具体办法，合理使用国有资产，防止国有资产流失，提高国有资产的使用效果。

公路是国民经济重要的基础设施；公路基础设施是国有资产的重要组成部分。现行体制

下并没有将普通公路和事业单位管理的政府收费高速公路确认为公路事业单位的资产,但仍需要加大对公路基础设施管理的力度,保证国有公路基础设施的完整和有效使用,维护公路所有者的合法权益。

5. 如实反映单位财务状况,加强对单位经济活动的财务控制和监督,防范财务风险

公路事业单位应当在做好各项财务管理工作的同时,通过编制财务报告向有关部门客观、真实地反映本单位的财务状况、政府收费高速公路偿还贷款能力和还贷进度情况以及其他方面的财务信息。同时,还应当按照国家有关法律、法规和财务规章,充分利用各种财务管理的方法,对本单位的财务活动实行有效监督与控制,保证各项业务活动和财务活动健康、有序的发展。

二、公路事业单位财务管理的特点

(一)事业单位财务管理的特点

与企业财务管理相比,事业单位的财务活动具有以下特点。

1. 事业单位属于非营利组织

事业单位的经济活动不以营利为目的,属于非营利性组织。在中国,除了事业单位以外,非营利组织还包括行政单位、民间非营利组织和其他非营利组织。

2. 投资者对事业单位的投资不追求投资回收和投资回报

各级财政和相关组织对事业单位资金投入形成事业单位的收入;收入补偿各项支出后的余额,形成事业单位的净资产。

事业单位的净资产是指资产减去负债的差额,包括事业基金、非流动资产基金、专用基金、结转结余等。其中,事业基金是指事业单位拥有的非限定用途的净资产,主要为非财政补助结余扣除结余分配后滚存的金额;非流动资产基金是指事业单位长期投资、固定资产、在建工程和无形资产占用的基金;专用基金是指事业单位按规定提取、设置的有专门用途的资金;结转结余是指事业单位年度收入与支出相抵后的余额。结转结余进一步划分为财政补助结转结余和非财政补助结转结余。

3. 事业单位计提的固定资产折旧和无形资产摊销一般不计入支出

虽然修订后的《事业单位财务规则》允许事业单位根据财务制度的规定计提固定资产折旧和无形资产摊销,但事业单位计提的折旧和摊销不计入当期支出。到 2014 年底为止,除了《医院财务制度》《高等学校财务制度》和《科学事业单位财务制度》规定计提折旧和摊销以外,其他修订后出台的行业事业单位财务制度,均没有要求计提折旧和摊销。按照《事业单位财务规则》的规定,不计提折旧和摊销的事业单位,可按事业收入和经营收入的一定比例提取修购基金,作为固定资产维修和更新的资金来源。

4. 事业单位的特定资产和专门资金之间存在一定的对应关系

例如,非流动资产(不包括融资租入固定资产)与非流动资产基金相对应;融资租入的固定资产与长期应付款中的融资租赁应付款相对应;分期付款购买的固定资产长期应付款中的分期付款购买固定资产应付款相对应;等等。

5. 事业单位没有破产问题

事业单位不存在因“资不抵债”而破产清算的问题；不以其资产对债务承担责任。事业单位债权人提供资金的安全程度取决于事业单位可用于还债的事业收入、经营收入、附属单位上缴收入和其他收入。

6. 事业单位所拥有的资产属于国有资产

由于事业单位的资产均属于国有资产，对此需要严格按照国家有关加强对事业单位国有资产管理的要求管好事业单位的全部资产。

（二）公路事业单位财务管理的特点

与一般事业单位财务管理相比，公路事业单位的财务活动还具有以下特点。

1. 核算业务成本

公路事业单位的重要组成部分——公路养护单位长期以来实行事业单位企业化管理，其主要特征是实行成本核算并按企业成本管理的方式管理公路养护成本。

需要明确的是，公路养护成本的归集不同于一般固定资产的成本归集。公路养护工程不属于固定资产在建工程，在公路养护工程完工交付使用后，所核算的工程成本需要核销，而不是形成一项固定资产或其他资产的成本。

2. 收取车辆通行费

公路事业单位的另一重要组成部分——政府收费高速公路管理单位收取的车辆通行费，在纳入地方财政预算管理后，可在满足公路养护与收费管理支出需要后用于偿还高速公路建设借款本金和利息，具有企业财务管理的某些特征。

针对收取车辆通行费的特点，政府收费高速公路财务管理的基本任务是：贯彻执行国家有关法律法规、财务制度和车辆通行费收支的有关政策；落实车辆通行费收支两条线管理的规定，保证及时足额上解通行费收入，合理编制单位财务预算，并对预算执行过程进行监督和管理，做好收支预算的计划、控制、核算、分析和考核工作；在规定的收费期限内，增收节支，按时还本付息；加强车辆通行费收入票据的管理，管好货币资金和财产物资，维护国有资产的安全、完整，防止国有资产流失；建立健全政府收费高速公路管理单位财务规章制度，加强财会基础工作；如实反映单位财务状况与业务成果；对单位经济活动的合法性、合理性和效益进行有效监管，接受财政管理部门和上级管理部门的监督检查。

3. 利用银行借款和有偿集资款建设与管理公路

公路事业单位的负债，主要是为建设与养护公路从银行取得借款和有偿集资形成的长期负债。偿还借款和有偿集资款的主要资金来源是纳入财政预算管理的车辆通行费构成的财政补助收入。

第三节　事业单位财务制度体系和财务管理体制

一、事业单位财务制度体系

中国事业单位财务制度体系由三个层次构成：事业单位财务规则、行业事业单位财务制度和事业单位内部财务管理规定。

1.事业单位财务规则

1996年10月22日财政部令第8号发布、2012年2月7日财政部令第68号修订后发布的《事业单位财务规则》,是中国目前事业单位财务制度体系中最基本、层次最高的部门规章。

根据2015年3月全国人大修订通过的《中华人民共和国立法法》的规范,中国的法规体系由三个层次构成:第一层次是法律,包括宪法、基本法律和除了基本法律以外的其他法律(专门法律);第二层次是法规,包括国务院发布的行政法规和省市级人代会或人大常委会发布的地方法规;第三层次叫"规章",包括国务院业务主管部门发布的部门规章和省市级政府发布的地方政府规章。《事业单位财务规则》属于部门规章的范畴。

《事业单位财务规则》是国家对事业单位进行财务管理、制定其他具体财务制度的基本规章依据,也是所有的国有事业单位从事财务活动必须遵循的行为规范。

2.行业事业单位财务制度

一般事业单位可直接执行"事业单位财务规则"。有明显行业特色的事业单位,可由国务院财政部门会同有关主管部门根据《事业单位财务规则》制定"行业事业单位财务制度"或者"行业事业单位财务管理办法"。

行业事业单位财务制度由国务院财政部门会同其他业务主管部门制定和印发,所以"行业事业单位财务制度"属于规范性文件的范畴;在层次上低于"事业单位财务规则",在事业单位财务制度体系中位居第二层次。目前,行业事业单位财务制度属于事业单位财务制度体系的执行主体。

到2014年底,修订后印发的"行业事业单位财务制度"包括:《医院财务制度》(财社[2010]306号)《科学事业单位财务制度》(财教[2012]502号)《文物事业单位财务制度》(财教[2012]506号)《体育事业单位财务制度》(财教[2012]505号)《文化事业单位财务制度》(财教[2012]503号)《高等学校财务制度》(财教[2012]488号)《中小学校财务制度》(财教[2012]489号)《广播电视事业单位财务制度》(财教[2012]504号)《人口和计划生育事业单位财务制度》(财教[2012]507号)等。

公路事业单位也需要能够反映行业特色的财务制度或财务管理办法。但由于各种原因,至2014年底为止,财政部尚未出台反映行业财务管理特色的公路事业单位财务制度或财务管理办法。为了适应国家财政事业单位改革的需要以及成品油税费改革的要求,2014年1月10日,陕西省交通运输厅、陕西省财政厅以陕交发[2014]24号文联合发布了《关于印发〈陕西省公路养护事业单位财务管理办法(试行)〉和〈陕西省公路养护事业单位会计核算办法〉(试行)的通知》,成了在新的《事业单位财务规则》公布后第一个体现公路行业财务管理特色的规范公路事业单位财务管理行为的地方规范性文件。

3.单位内部财务管理规定

事业单位支出应当严格执行国家有关财务规章制度规定的开支范围和开支标准。在市场经济条件下,国家可以对事业单位重要的支出规定开支范围和开支标准,但不可能、也不应当对事业单位的所有财务活动都做出具体规定。因此,事业单位在执行"事业单位财务规则"和"行业事业单位财务制度"统一规定的前提下,应当根据事业单位的业务特点和内部财务管理的具体要求制定具体的、可操作性较强的"事业单位内部财务管理规定"。

“事业单位内部财务管理规定”是事业单位财务管理制度体系的第三层次，目前也是事业单位财务制度体系的重要补充。随着市场经济的发展和中国事业单位财务制度体系逐步深化改革和发展，“事业单位内部财务管理规定”有可能成为事业单位财务制度体系的执行主体。

二、政府收费高速公路管理单位财务管理体制

（一）政府收费高速公路管理单位的分级管理体制

目前，中国政府收费高速公路管理主要采取统一领导、分级管理的财务管理体制，一般实行局、处、站三级管理。

1. 高速公路管理局

地方人民政府一般通过在省级设立高速公路管理局，作为政府收费高速公路第一管理层次，或者叫做“一级政府收费高速公路管理单位”，负责对政府收费高速公路的投资建设、收费计划、收费标准、站点设置、收费方式、收费管理系统、收费稽查等进行行业管理。

2. 收费公路管理处

分地区或者分线路、路段设置的收费管理处，一般属于政府收费高速公路管理的第二层次，或者叫做“二级政府收费高速公路管理单位”，具体负责政府收费高速公路的具体收费管理工作。

3. 收费管理站

收费站作为政府收费高速公路管理的第三层次，具体负责收费业务、通信业务以及与收费有关的各种交通信息的收集、汇总、上报等工作。

有些收费管理单位还在收费管理处和收费站之间设置了收费管理所的管理层次。

（二）对政府收费高速公路管理单位的基本管理要求

目前，根据国家有关规定，地方政府对政府收费高速公路管理单位提出了以下管理要求。

1. 对车辆通行费实行财政预算管理

按其要求，收取车辆通行费应当使用省级财政部门统一印制的公路车辆通行费收费收据；收取的车辆通行费应当全部上缴地方财政国库，并根据经批准的通行费支出预算取得同级财政部门划拨的通行费资金。

2. 政府收费高速公路实行归口管理

各省级交通运输主管部门委托省级政府收费高速公路管理单位（高速公路管理局）对政府收费高速公路的建设和收费还贷工作实行集中归口管理。

（三）政府收费高速公路管理单位的管理职责

收费管理单位一般实行二级核算、三级管理。省级公路局或者高速公路管理局属于一级核算与收费管理单位；分区域设置的收费管理处属于二级核算与收费管理单位；收费站（点、所）属于业务管理单位。各收费管理单位的主要职责如下。

1. 政府收费高速公路一级管理单位的主要职责

作为一级管理单位，省级高速公路管理局受省级交通运输主管部门的委托对政府收费高

速公路实行集中归口管理。其主要职责包括:

(1)按有关规定会同省级有关职能部门负责收费公路的立项和设计审查报批,收费站的合理规划布局,新设、撤、并收费站的审查报批,收费期限的审查报批,政府收费高速公路收费权转让及合资合作经营收费公路的审查报批。

(2)本地区政府收费高速公路通行费收支计划编制、票据管理、收支结算、征收稽查;本地区政府收费高速公路财务管理、审计监督、统计报表、业务指导等。

(3)负责车辆通行费收费票证管理工作,具体包括收费票据申领、验收、保管、发放、缴销、监督检查等工作,并定期向省级财政部门报送全省通行费收费票证领销情况表。

(4)负责对收费站实施规范化管理,核定收费站人员控制数、工资总额,制定站点管理制度,培训收费人员,统一服装制式、核发收费人员证件,组织开展收费站"文明窗口"建设。

(5)负责对本地区通行费实行收支两条线预算管理。通行费收入通过省级交通运输主管部门缴入省级财政国库;通行费资金根据预算从省级交通运输主管部门或者直接从省级财政部门领取,并按支出预算向所属单位划拨。

2. 政府收费高速公路二级管理单位的主要职责

分区域设置的收费公路管理处,一般属于政府收费高速公路二级管理单位。其主要职责一般包括:

(1)负责所辖收费站票证的申领、保管、登记账簿、报表汇总上报、监督检查等管理工作。

(2)对所属收费站实行收支两条线财务预算管理和通行费收支管理。

(3)对本级单位通行费支出进行管理与控制。

(4)其他管理工作。

3. 政府收费高速公路三级管理单位的主要职责

基层收费站,一般属于政府收费高速公路三级管理单位。其主要职责一般包括:

(1)各收费站负责本单位收费票证的申领、保管、使用、报核、报表编制上报、监督检查等管理工作。

(2)通行费收入的上缴和通行费支出的控制工作。

(3)其他管理工作。

三、公路管理与养护单位财务管理体制

应当在一定的公路管理体制下建立与完善公路管理与养护单位财务管理体制。现行体制下的普通公路管理体制划分为普通干线公路管理体制和农村公路管理体制。

(一)普通干线公路管理体制

在现行管理体制下,省级交通运输主管部门主管本行政区域内普通干线公路养护工程的管理和监督工作;省市两级交通运输主管部门设置的公路管理机构,负责普通干线公路养护工程的具体管理工作。

按照各级公路管理机构之间的从属关系,普通公路养护管理体制可划分为纵向管理体制和横向管理体制。其中,市级公路管理机构发挥着承上启下的关键性作用。

1. 纵向管理体制

采取纵向管理体制,市级公路管理机构一般属于省级公路管理机构下设的具有法人资格的事业单位。市公路管理机构按照省级公路管理机构的统一安排和拨付的养护经费,承担本行政区域内普通干线公路的养护与管理职责。

市级公路管理机构通过在本行政区域内的各县区设置具有独立法人资格或非法人的公路管理机构,具体负责各管辖区域内的普通干线公路养护与管理职责。

县级公路管理机构下设有公路养护站、养护道班等基层养护单位,具体承担所管辖路段普通干线公路的日常养护职责。

2014 年底,广西壮族自治区等省份实行的是纵向管理体制。

2. 横向管理体制

在实务中,横向管理体制具有以下两种运作方式:

(1)采取横向管理体制,省级公路管理机构主要承担本行政区域内普通干线公路养护的行业管理职责。市级公路养护机构,属于市级交通运输主管部门的下设单位,按照批准的预算从市级财政部门取得公路养护所需经费,并通过其下设的公路管理与养护机构,承担着本行政区域内普通干线公路的养护与管理职责。2014 年底,陕西省等省份采取了这样的横向管理体制。

(2)采取横向管理体制,省市级公路管理机构主要承担本行政区域内普通干线公路养护的行业管理职责。县级公路养护机构,属于县级交通运输部门下设的事业单位,按照批准的预算从县级财政部门取得公路养护所需经费,并通过其下设的公路站、养护道班等,承担着本行政区域内普通干线公路的养护与管理职责。2014 年底,河南省等省份采取了这样的横向管理体制。

(二)农村公路管理体制

按照国办发[2005]49 号文件的规定,应当明确权责,建立健全以县为主的农村公路管理养护体制。目前通常的做法是,通过在县级交通运输部门下设农村公路养护机构(例如农村公路养护站),承担农村公路养护的职责。

由于农村公路养护属于地方人民政府的职责,需要关注各地区有关农村公路养护管理体制的建立、改革与发展情况。

(三)财务管理体制的具体内容

建立公路管理及养护单位内部完善的财务管理体制是确立其内部有条不紊的财务工作秩序,实现“统而不死,活而不乱”财务管理目标的基本保证。

科学合理的财务管理体制,其核心内容是合理划分财权,建立权责分明,责、权、利相结合的经济责任制,以理顺财务关系,使公路管理及养护单位的财经工作和财务活动在单位负责人、总会计师和财务机构的领导和组织下顺利运行。

公路管理及养护单位实行“统一领导,分级管理”的条块结合的财务管理体制。具体内容如下。

1. 公路管理及养护单位财务工作实行单位负责人负责制

根据《中华人民共和国会计法》,单位负责人作为本单位会计行为的责任主体,应当对本单位财务工作负全面责任;分管财务工作的副职和财务机构负责人对本单位的财务工作负直接责任。

根据国家关于总会计师设置的有关规定,符合条件的公路管理与养护单位,应设置总会计师,以协助单位负责人全面领导本单位的财务会计工作。

各级公路管理及养护单位的财务收支实行单位负责人"一支笔"审批制度。

2. 单位内部实行分级审批的制度

根据需要单位负责人可建立分级审批制。对于重大的财务支出应由单位领导集体研究决定。

3. 建立与完善单位内部财务管理体制

各级公路管理及养护单位必须单独设置一级财务机构,以便在单位负责人的领导下统一管理本级本单位的各项财务工作。确因工作需要,经上级批准也可设置相应的二级财务机构。但二级财务机构必须遵守和执行公路管理及养护单位统一制定的财务规章制度,并接受一级财务机构的监督检查,促使二级核算单位自我约束、自我管理。

如果二级单位较多,公路管理与养护单位也可建立以内部银行为结算中心的财务会计核算体系,以充分发挥内部银行应有的积极作用,取得更大的资金使用效益。

4. 实行政事分开的管理体制

按照事企分开、管理与生产职能剥离的要求,公路管理与养护单位与其所创办的经济实体(如实行独立核算的养护公司、工程公司、商贸公司等)尤其是下属生产经营单位在财务上分开,即下属生产经营单位与公路管理机构基本或完全脱钩,实行独立核算或者内部独立核算,自负盈亏。公路管理单位只负责辖区内的公路行政、路政管理和公路养护管理。对其所创办经济实体的财务管理,原则上应将公路管理部门财务与所创办的经济实体财务分开管理。具体可采取如下分类管理办法:

(1)所创办的经济实体为股份有限公司的,执行《企业会计准则》,实行规范化的公司制管理。各级公路管理单位可通过控股、合同等形式,对其实行行业管理,包括实行行政领导和财务业务指导。

(2)所创办的经济实体为有限责任公司或者非公司制企业的,执行相应的企业财务会计核算制度。各级公路管理单位可通过承包或指令承包、租赁或内部招投标等办法,对其实行行业管理。

(3)所创办的经济实体为非独立核算经济实体的,其经费收支属事业性收支范畴的,应按报销单位管理,各级公路管理单位对其可实行内部拨款制或定额备用金制。

5. 其他管理要求

(1)条件成熟时,专业养护公司也可与各级公路管理单位脱离,改专业养护公司为独立的养护法人实体(如机械化养护有限公司等),朝着实现区域外养护方向发展。各级公路管理单位与养护公司之间为业主与承包人之间的关系,财务管理应结合对养护实行分段招标、计量支付、养护监理制来进行管理。

(2)公路管理及养护单位设置财务会计机构,必须配备相应的专职财会人员,依法进行会计核算,实行会计监督与管理。财会人员的调入、调出、专业技术职务的评聘须由财务部门会同有关部门依法办理。

(3)基于业务管理需要,一级财务机构对下属单位的财务主管人员可依法实行财务会计委派制。

(4)公路管理及养护单位领导应重视财务管理工作,充分发挥财会人员在公路建养管理过程中的积极作用。对在工作中做出显著成绩的财务会计人员,应给予必要的精神或物质鼓励;对于违反规定造成一定经济损失的,应追究其行政或法律责任,并给予相应的处罚。

(5)公路管理及养护单位应重视财务会计工作,不断提高财会人员的地位和待遇,并加强财会人员职业道德建设,搞好财会人员的继续教育工作,提高财会人员的综合素质,以满足新形势发展的根本需要。

【本章小结】

在现行体制下,公路事业单位一般包括公路建设单位、公路养护单位、公路管理单位、政府收费公路管理单位等。公路事业单位在财务管理工作中应施行《事业单位财务规则》,并根据公路事业单位业务的特点制定与施行公路事业单位财务管理制度或财务管理办法。

公路事业单位财务管理工作主要包括编制单位预算,严格预算执行,完整编制单位决算;依法组织收入,努力节约支出;建立健全财务制度,加强经济核算,提高资金利用效果;加强国有资产管理,合理配置和有效利用资产,防止国有资产流失;如实反映单位财务状况,加强对单位经济活动的财务控制和监督,防范财务风险等。

不追求投资回报,不以营利为目的等属于事业单位区别于企业的财务特点;除此以外,公路事业单位财务管理还具有实行企业化管理、核算与管理公路养护成本、有稳定的通行费收入、有类似于企业的债务结构等行业财务管理的特点。

事业单位财务规则、行业事业单位财务制度和单位内部财务管理规定等构成了现行三个层次的事业单位财务制度体系。

公路事业单位的财务管理体制包括政府收费公路管理单位的财务管理体制和公路管理与养护单位财务管理体制。

【复习思考题】

1. 什么是事业单位?什么是公路事业单位?

2. 与企业相比,事业单位有何特点?与一般事业单位相比,公路事业单位有何特点?

3. “事业单位不以营利为目的”。这是否意味着在管理上只要求事业单位计算结转结余,不要求事业单位追求结转结余？为什么？

4. 什么是净资产？事业单位的净资产由哪些内容构成？

5. 与一般事业单位相比，政府收费高速公路管理单位在财务管理上有何特殊要求？

6. “随着市场经济的发展和中国事业单位财务制度体系逐步深化改革和发展，‘事业单位内部财务管理规定’有可能成为事业单位财务制度体系的执行主体”。你是否赞同这种观点？为什么？

7. 你认为中国公路养护工作由公路管理单位指定事业性质的公路养护单位来完成为好，还是通过招标方式由企业性质的公路养护公司来完成为好？为什么？

8. 目前中国事业单位的财务制度体系由哪些层次构成？各层次发挥的规范作用分别有哪些？

9. 什么是公路管理与养护单位财务管理体制？建立公路管理与养护单位财务管理体制主要解决哪些问题？

10. 什么是政府收费高速公路管理单位财务管理体制？建立政府收费高速公路管理单位财务管理体制主要解决哪些问题？

第十三章

公路事业单位财务预算管理

第一节　事业单位财务预算概述

事业单位财务预算管理贯穿了预算编制和执行的全过程，是事业单位进行各项财务活动的前提和依据；事业单位加强预算管理具有重要的意义。

一、事业单位财务预算的概念和内容

1. 事业单位财务预算的概念

事业单位财务预算是指事业单位根据事业发展目标和计划编制的年度财务收支计划。事业单位财务预算反映了事业计划的规模和方向，是事业单位财务工作的基本依据。

2. 事业单位财务预算的内容

事业单位财务预算由收入预算和支出预算两部分内容构成。其中，纳入收入预算范围的应当包括财政补助收入、事业收入、上级补助收入、经营收入、附属单位上缴收入、其他收入、用事业基金弥补收支差额等具体内容；纳入支出预算范围的应当包括事业支出、经营支出、对附属单位补助支出、上缴上级单位支出、其他支出等具体内容。收入预算与支出预算相互依存，不可或缺，共同构成单位预算整体。需要靠借款来发展的事业单位，债务收入也应当纳入收入

预算的范畴。

二、事业单位财务预算管理办法

(一)事业单位财务预算管理办法的内容

中国曾经对事业单位财务预算管理采取了分类管理的办法,即分别采取了全额预算、差额预算以及自收自支三种预算管理形式。财政部曾在1996年对事业单位财务预算管理进行了重大改革。进入21世纪以后,按照财政预算体制改革的要求,从2012年4月1日开始,国家对事业单位实行核定收支,定额或者定项补助,超支不补、结转和结余按规定使用的预算管理办法。

1. 核定收支

"核定收支",是指事业单位要将全部收入包括财政补助收入和各项非财政补助收入与各项支出统一编列预算,报经主管部门和财政部门核定;主管部门和财政部门根据事业特点、事业发展计划、事业单位财务收支状况以及国家财政政策和财力可能,核定事业单位年度预算收支规模,其中包括财政补助的具体数额。

2. 定额或者定项补助

"定额或者定项补助",是指对非财政补助收入不能满足支出需要的事业单位实行的财政补助办法。所谓定额补助,是指根据事业单位收支情况,并按照相应标准确定的财政补助总额。例如,国家对高校的定额补助,就是按照实际在校学生人数与人均补助标准的乘积来确定的。成品油税费改革后,公路事业单位所需经费基本靠财政补助,因此在理论上应当根据平均每公里养护成本定额与公路事业单位养护总里程的乘积来确定财政补助的具体数额。由于目前成品油税费改革交通专项资金分配形成的养路专项资金与公路养护所需资金仍有差距,不理想的财政收支状况又使得各级地方财政部门很难增加对公路养护的投入,因而目前实际上是将分配形成的公路养护资金按照《中华人民共和国公路法》的要求,专项用于公路养护与改建。所谓定项补助,是指根据事业单位的收支情况,对某些支出项目进行的补助,例如对人员工资的专项补助、对某大型设备购置的专项补助等。对不同的事业单位,补助程度也各有不同。对非财政补助收入可以满足经常性支出需要的事业单位,定额补助或者定项补助可以为零。

3. 超支不补,结转和结余按规定使用

中国从1997年至2012年3月底实行的是"超支不补,结余留用"的政策。"超支不补,结余留用"是指事业单位预算在经过主管部门和财政部门核定后,事业单位预算由事业单位自求平衡。除了特殊情况以外,所增加的支出,主管部门和财政部门不再追加经费;由于增收节支形成的结余,由单位支配使用。这种预算管理办法有利于调动事业单位增收节支的工作积极性,为今后逐步减少财政资金投入、将事业单位逐步引入市场、实行企业化管理创造条件。

按照修订后的《事业单位财务规则》的规定,从2012年4月1日起,"结余留用"的政策按照财政体制改革的要求调整为"结转和结余按规定使用"。其中,事业单位形成的财政补助结转结余的财务处理,需要执行同级财政部门的规定。

4. 收入上缴

少数非财政补助收入超过支出较多的事业单位，可以实行收入上缴的管理办法。适应采取“收入上缴”管理办法的事业单位，应当是：

(1)因占有较多国有资产或者国家资源而收入超过正常支出较多的事业单位；

(2)因享有国家特殊政策或者经国家特许从事特殊业务而收入超过正常支出较多的事业单位；

(3)由于收支配比不清等原因而收入超过正常支出较多的事业单位。

实行收费还贷业务的政府收费高速公路管理单位由于特殊原因在还清贷款或者集资本息后仍然继续收费的，由于通行费收入远远超过支出的需要，也可以采取“收入上缴”的管理办法。但应当指出，这种做法与现行规定不符，只能作为一种特例，不应当普遍推行。

收入上缴可采取以下两种方式进行：

(1)定额上缴，即在核定预算时，确定上缴的数额；

(2)按比例上缴，即根据收支情况，将上缴数额折合为事业单位收入的一定比例。

(二)实行“核定收支，定额或者定项补助，超支不补、结转和结余按规定使用”财务预算管理办法的意义

1. 有利于加强事业单位收支管理，保证事业单位各项资金合理使用

对事业单位实行核定收支，即对事业单位的全部收入(包括财政补助收入和非财政补助收入)及其安排的各项支出(包括事业支出和其他支出)进行核定，改变了过去那种只是核定财政拨款收支、不核定事业单位自身组织的收入及其支出的做法。将事业单位全部收入纳入预算，有利于加强对收入的有效管理；将事业单位各项支出全部纳入预算，有利于提高资金使用效益，保证支出安排合理，资金使用得当；也有利于掌握事业单位收支总体规模。

2. 进一步明确了国家与事业单位之间的关系，有利于改变国家包办事业的传统格局

根据事业单位不同的经费自给率水平，中国曾经分别采取三种预算管理形式：无经常性收入或者经常性收入很少的事业单位，实行全额预算管理办法；对于有一定的稳定经常性收入(一般占单位经常性支出的30%以上)、但还不足以解决本单位经常性支出、需要国家预算补助收支差额的事业单位，实行差额预算管理的办法；有稳定的经常性收入、可以抵补本单位经常性支出、但尚未具备企业管理条件的事业单位，实行自收自支管理办法。按照这三种预算管理方式，对事业单位的拨款也分别采取全额拨款、差额拨款和专项补助的方式进行。根据市场经济条件下事业单位收入逐步呈现多元化的基本格局，有必要通过改革将三种预算管理形式统一为一种预算管理办法，即国家对事业单位一律采取定额或者定项补助的办法。财政部门根据事业特点、事业发展计划和工作任务、国家财政政策和财力水平核定补助标准，这有利于充分体现国家对事业单位的发展政策。按照公共财政理论，对符合“社会共同需要”和国家重点支持的事业单位和发展项目，财政补助金额较大；而对其他单位，则应逐步推向市场，财政补助将逐步减少甚至不补助。同时，实行财政补助办法，也有利于财政工作方式由被动转向主动，可以充分利用财政分配的杠杆作用。

3. 强化了预算约束性，进一步增强了事业单位的预算管理责任

新的财务预算管理办法有一个明显的特点，即事业单位预算核定后，应当自求平衡，这有

利于增强单位的预算管理责任。事业单位为了保证预算平衡,就要积极组织收入,努力节约支出,提高资金的使用效益;这有利于事业单位转变观念,逐步形成自我约束、自我发展、自我完善的社会主义市场经济条件下事业单位的运行机制。

(三)确定事业单位财政补助的原则和办法

在社会主义市场经济条件下,政府参与公共事业服务方面的作用是不可替代的。举办公共事业是政府的一项重要职能,财政应当据此提供必要的资金。因此,中国应当保持一定的对公共事业资金支持的力度,并随着财政状况的好转、财政收入的不断增加扩大对公共事业资金的投入,并确保必要的增长速度。在市场经济的作用下,国家可以把那些经济效益较为理想的事业交给社会力量或者个人来兴办,而将有限的财政资金重点投入那些社会效益好、但经济效益不够理想或者需要国家控制的事业项目。所以,财政对事业单位的补助应当遵循以下原则。

1. 按照“社会共同需要”确定财政资金对事业单位的补助范围

公路事业属于国民经济发展重要的公益性事业;公路养护具有重要的社会效益和理想的宏观经济效益。在公路养路费属于公路事业单位事业收入的管理体制下,公路事业单位实际上属于实行自收自支预算管理办法的事业单位。实行成品油税费改革后,公路事业单位实际上已经基本没有非财政补助收入了。因此,通过给予公路事业单位必要的财政补助以满足公路养护与改建的需要,应当作为财政资金对事业单位补助的重要方面。

2. 保证重点和兼顾一般相结合

公路事业发展对国民经济发展和人民群众生活的重要影响使得公路事业单位应当作为财政补助的重点支持行业。虽然由于当前财政状况不佳使得财政对公路事业单位的资金补助仅限于成品油税费改革专项资金分配形成的专项收入,但随着财政状况的好转财政有必要进一步加大一般财政预算资金对公路事业发展的资金投入力度。

3. 结合事业单位的经费自给水平确定具体的财政补助额度

实行成品油税费改革后,除了较少的经营收支活动以外,公路事业单位已不可能通过收费来取得维持事业单位正常运转所需的非财政补助收入。因此,财政补助已成为公路事业单位取得收入的主要来源。公路事业单位也应当通过加强内部管理,建立和健全单位内部的经济责任制,减少在岗人数,提高工作效率,提高公路养护的质量,使有限的财政资金发挥更大的作用。

三、编制财务预算的原则

由于事业单位财务预算在财务管理具有重要的作用,事业单位必须重视和加强预算编制工作,按照一定的原则合理编制预算。根据事业单位的特点和事业单位财务制度的要求,事业单位在编制预算时应当遵循以下原则。

1. 合法性原则

依据合法性原则,事业单位在预算编制时要符合《中华人民共和国预算法》和国家其他法律法规,充分体现国家有关方针、政策和规章制度。具体体现在:收入要合法合规以及支出预算要结合单位的事业发展目标和计划。

2. 真实性原则

依据真实性原则,事业单位应以单位发展计划和履行单位职能的需要为基础,对收支项目的数字指标认真测算,对每一收支项目的数字指标要运用科学合理的方法,依据充分确实的资料和收支规律进行计算,力求各项资料真实正确,不得任意编造。机构、编制、人员、资产等基础数据资料应按照实际情况填报;不得随意夸大或隐瞒收入;支出要按照规定的标准,不得随意虚列;各项收入支出要符合单位的实际情况,不能凭主观印象或人为提高开支标准编制预算。

3. 重点性原则

事业单位在编制预算时要做到合理安排各项资金。根据重点性原则,要先保证基本支出,后安排项目支出;先重点、急需项目,后一般项目。事业单位支出中的基本支出是维持单位正常运转所必需的开支,如人员经费支出;为满足业务工作正常进行所必不可少的支出,例如公务费、业务费、设备购置支出等,这些都是事业单位支出的重点。在编制预算时,应当按照保证重点、兼顾一般的原则,优先确保重点支出,同时妥善安排好其他各项支出。

4. 完整性原则

根据完整性原则,事业单位的各项财务收支,都必须纳入单位预算进行管理。因此,在编制预算时,必须将单位的一切财务收支全部反映在预算中,不得打埋伏,在预算以外另留收支项目。

5. 稳妥性原则

执行稳妥性原则,要求事业单位编制的预算应当稳妥可靠,量入为出,收支平衡,并略有结余。收入预算要留有余地,对没有把握的收入项目和数额,不能列入预算,以避免在收入预算不能实现的情况下对平衡收支预算造成压力;必要的支出在预算中必须打足,不能预留硬缺口,以避免在预算核定以后,不断调整支出预算。项目预算的编制要量力而行,有多少钱办多少事。

四、编制财务预算的方法

事业单位财务预算由收入预算和支出预算构成。事业单位应当参考以前年度预算执行情况,根据预算年度的收入增减因素和措施,以及以前年度结转和结余情况,测算编制收入预算;根据事业发展需要与财力可能,测算编制支出预算。

(一)收入预算的编制

事业单位收入预算由财政补助收入和非财政补助收入两部分内容组成。财政补助收入应根据财政部门核定的定额和补助标准编列;非财政补助收入部分,要根据制度规定的收入分类要求,编列各有关项目收入预算。

收入预算编制需注意以下三个问题。

1. 应按定额标准或补助标准编制财政补助收入预算

公路事业单位取得的车辆购置税交通专项资金和成品油税费改革交通专项资金以及地方财政一般预算资金,一般是财政部门按照规定的定额标准或补助标准拨付的。对此,有必要按照国家或地方同级财政规定的定额标准或补助标准编制财政补助收入预算。

2. 应划分事业收入和经营收入编制预算

根据划分事业收入和经营收入的要求,应当将事业单位开展专业业务活动及其辅助活动取得的收入,列入事业收入;将事业单位在专业业务活动及其辅助活动以外开展非独立核算经营活动取得的收入列入经营收入。

3. 应按照预计交通量和收费标准编制通行费预算

政府收费高速公路管理单位对有明确收费标准的车辆通行费收入项目,应当根据预计的标准收费交通量与收费标准的乘积计算;对于没有明确收费标准的项目,则要根据上年执行情况,结合本年度相关因素变动的影响编列。

(二)支出预算的编制

事业单位的支出预算由事业支出、经营支出、对附属单位补助支出、上缴上级支出和其他支出构成。为了贯彻执行预算法,加快中国预算管理改革的步伐,中国从2000年开始进行以编制部门预算为主要内容的改革。根据部门预算管理的要求,事业单位的事业支出预算,划分为基本支出预算和项目支出预算。

1. 基本支出预算

基本支出预算是指事业单位为保障机构正常运转、完成日常工作任务而编制的年度基本支出计划,其内容包括人员经费和日常公用经费两部分。人员经费包括政府收支分类中支出经济分类科目的“工资福利支出”和“对个人和家庭的补助”;日常公用经费包括政府收支分类中支出经济分类科目的“商品和服务支出”和“其他资本性支出”中属于基本支出内容的支出。

2. 项目支出预算

项目支出预算是指事业单位为完成其特定的行政工作任务或事业发展目标,在基本支出预算之外编制的年度项目支出计划,包括基本建设、有关事业发展专项计划、专项业务费、大型修缮、大型购置、大型会议等项目支出。

事业单位在编制支出预算时,要根据财务制度规定的支出划分的有关要求,正确地编制各支出项目的预算。属于开展专业业务活动及其辅助活动发生的支出,应当计入事业支出;属于开展专业业务活动及其辅助活动以外开展非独立核算的生产经营活动发生的支出,应当列入经营支出。同时应当注意,事业单位的事业收入和事业支出之间不是配比关系;而经营收入与经营支出之间属于配比关系,以正确反映经营收支成果。这意味着,除了经营收入以外,单位的各项收入都可以用于事业支出。各项具体的支出项目,用于人员开支的,应当根据人员定编标准和人均工资(以及其他人员经费)标准编制。属于公用经费的,有支出定额标准的,按定额标准编制;没有支出定额标准的,应当根据实际需要测算编制。

五、财务预算编制和审批程序

根据《事业单位财务规则》的规定,事业单位应当采取“两上两下”的预算编制与审批程序。其具体程序如下。

1. 单位提出预算建议数

事业单位在正式编制预算前,要根据上年预算执行情况及本预算年度事业发展目标和计划以及预算编制规定,分析各项增减因素对单位收支的影响,提出本单位本年度全部收入、支出预算建议数,其中包括申请财政补助建议数,经主管部门审核后报同级财政部门(一级预算单位直接报送财政部门,下同)。

2. 财政部门下达预算控制数

财政部门在接到经各主管部门报送的事业单位预算建议数后,要进行审核。首先审核事业单位预算建议数是否编报合理;收入是否已按照有关规定全部列入预算;支出是否按照有关的支出标准编列。然后结合本预算年度财政可供经费,经平衡后下达预算控制数。财政补助指标数也应当包括在内。

3. 事业单位依据预算控制数编报正式预算

事业单位要根据财政部门和主管部门下达的预算控制数,分别轻重缓急,对相关支出项目进行调整,编制正式预算经主管部门审核汇总后报财政部门。

4. 财政部门正式批复预算

财政部门在收到事业单位主管部门报送的事业单位预算并进行审核后,对符合预算编制要求的,在规定期限内批复下达。事业单位预算经主管部门和财政部门审批后,即成为预算执行的依据。

六、财务预算调整

1. 涉及财政补助收入追加追减的预算调整

根据国家规定,除非以下情况发生,财政补助收入预算和财政专户管理资金的预算一般不予调整:

(1)上级下达的事业计划有较大幅度的调整。

(2)根据国家有关政策增加或者减少支出、对预算执行影响较大。例如,国家因经济管理体制改革的需要对税收政策、外汇管理政策、职工工资制度、物价政策等作大调整而使得事业单位的相关支出明显增加。事业单位可以据此报请上级主管部门或者财政部门追加财政补助收入预算。

2. 不涉及财政补助收入变动、只涉及非财政补助收入部分的预算调整

事业单位非财政补助收入增加或者减少时,可以相应调整收入预算。在这种情况下,《事业单位财务规则》允许事业单位根据预算收支平衡的原则自行调整收支预算并报主管部门和财政部门备案。

第二节 公路管理与养护单位财务预算管理

一、公路管理与养护单位财务预算管理的意义和作用

公路管理及养护单位财务预算是指单位根据事业发展目标和计划编制的年度财务收支计划。公路管理与养护单位编制财务预算的主要目的是在完成既定业务的前提下有效地控制各

项支出。为了做到这一点,单位内部所有职能部门和基层单位必须相互配合,协调工作。应当通过编制预算使各职能部门和基层单位明确单位支出控制总的奋斗目标以及为实现这一目标各自应尽的职责。单位的预算应保证单位内部各级管理人员为实现总体目标和谐地工作,并保证个体目标与总体目标相一致。

(一)公路管理与养护单位财务预算管理体制

目前中国的政府财政划分为中央、省、市、县、乡镇五级财政;不同的公路事业单位,隶属于不同的地方预算单位。

目前公路管理与养护单位的财务预算管理体制,在不同的省市自治区,大体上可划分为纵向管理体制和横向管理体制两种类型。

1. 纵向预算管理体制

采取纵向预算管理体制,承担养护与管理普通干线公路职责的事业单位,一般属于省级预算单位;养护与管理农村公路职责的事业单位,一般属于县级预算单位。

(1)省级交通运输主管部门作为省级一级预算管理单位,负责所属各级公路管理与养护预算单位收入预算和支出预算的审核、平衡与管理工作。

省级公路管理单位作为省级二级预算单位和一级公路管理单位,主要负责全省范围内普通干线公路的养护与管理,收入预算与支出预算的编制、汇总、申报和管理工作。

市级公路管理单位作为省级三级预算单位和二级公路管理单位,负责本区域范围内普通干线公路的养护与管理工作,本单位收入预算和支出预算的编制、汇总以及对预算的执行、控制与管理工作。

具有独立法人资格的县级公路管理单位作为四级预算单位和三级公路管理单位,负责本行政区域普通干线公路的养护与管理工作,本单位收入预算和支出预算的编制以及对预算的执行、控制与管理工作。

如果县级公路管理单位不具有法人资格,则不属于基层预算单位,而是市级公路管理单位的内部单位。

(2)县级交通运输部门作为县级财政的一级预算单位,负责所属各农村公路管理与养护预算单位收入预算和支出预算的审核、平衡与管理工作。

县级公路管理单位作为县级二级预算单位,具体负责本县行政区域内农村公路建设、养护与管理,以及本单位收入预算和支出预算的编制以及对预算的执行、控制与管理工作。

2. 横向预算管理体制

采取横向预算管理体制,省、市、县级交通运输部门作为同级财政部门的一级预算管理单位,负责所属各公路管理与养护预算单位收入预算和支出预算的审核、平衡与管理工作。

省、市、县级公路管理与养护单位作为同级财政的二级预算管理单位,具体负责本单位的财务收支预算管理工作,包括收入预算和支出预算的编制、汇总以及对预算的执行、控制与管理等。

根据现行体制和财务预算管理的需要,公路管理与养护单位还有可能包括其他预算管理层次。

（二）财务预算管理的意义和作用

一般来说，单位内部各职能部门和基层单位的个体目标与单位的总体目标是一致的，总体目标通过个体目标的建立而具体地体现出来；但个体目标之间则有可能出现不和谐的局面，以致对总体目标的顺利实现带来阴影。因此，有必要协调各职能部门和基层单位的工作，解决可能出现的矛盾，以确保总体目标的顺利实现，争取获得理想的资金使用效益。要统筹这些活动，就需要编制财务预算。

单位在计划期内的奋斗目标以及实现目标的具体方法和措施通过财务预算的编制而确定。各职能部门和基层单位为实现总体目标应尽的职责通过责任预算的编制而得以明确后，还必须按照预算的要求对实际执行过程进行有效的控制，才有可能实现目标。对公路养护与管理过程中的支出进行控制，主要是通过计量、实际执行过程与预算的对比、对可能出现的差异进行计算与分析、寻找产生差异的原因以及解决问题的方法与措施来体现的。通过差异分析也许会发现，差异率是在正常范围内变动的，没有必有大惊小怪，分散管理人员的注意力。这里按例外管理的原则发挥着重要的作用；也许差异的出现反映了工作环节上存在的问题，应及时解决纠正；也许差异反映了外界影响的变更，单位管理部门对此无能为力，已尽了最大的主观努力。在这种情况下，就应及时地修正目标。此外，预算也是考核内部责任中心和职工工作成绩的准绳。预算应当影响管理人员和基层工作人员的行为，能够调动广大职工的工作积极性，为完成共同的奋斗目标而协调一致地工作。

综上所述，编制财务预算的作用可概括为以下几点：

(1)明确单位计划期内的奋斗目标以及为实现目标应采取的具体方法和措施，并根据情况的变更及时地修正目标。

(2)使单位的各级人员明确为实现单位的总体目标各自应尽的责任或应实现的个体目标，明确各项经济活动之间的相互联系，便于协调工作。

(3)对单位的公路养护与管理活动按照预算的要求进行有效控制，通过实际执行情况与预算的对比分析，来揭示矛盾，发现问题，并进一步寻找造成差异的原因，以便采取行之有效的措施纠正偏差。

(4)以预算为基础对实际工作进行评价与考核，这样，职工业绩的优劣，可以通过与预算的比较反映出来。这有利于贯彻落实以责权利为中心的经济责任制，调动职工的生产积极性，协调各职能部门之间的工作，为完成单位控制支出的总体目标而共同努力。

二、公路养护支出预算编制的方法

（一）固定预算与弹性预算

根据编制预算基础的不同，可将编制预算的方法分为固定预算法与弹性预算法两种类型。

1. 固定预算

固定预算又称为静态预算，是指根据固定的活动水平，不受计划期业务量变动的影响或不考虑预算期内可能发生的单位业务决策方面的变动而编制的一种预算。如果公路交通量水平较为固定或变动较小，公路养护支出一般呈固定性，因而公路养护单位可采取固定预算的方法编制支出预算。

2. 弹性预算

如果计划期的公路交通量难以确定,并且不同的交通量水平对公路养护支出有较大影响时,有必要采用一种能适应各种不同交通量的支出预算编制方法,以反映实际应达到的支出水平。按这种预算编制方法,预算数不再是一个固定的数字,而是随交通量的增减作机动调整,具有弹性。这种方法,就是弹性预算法。

(二)增量预算与零基预算

由于编制预算的依据不同,可将编制预算的方法分为“增量预算法”和“零基预算法”两种类型。

1. 增量预算

政府部门和事业单位中编制预算最普遍的方法,是以当年预算的具体数字为基础,根据实际执行情况和计划期各项业务的可能增减变动情况来确定下一年度预算比上年预算的增减变动额。因为这种预算方法是以现行预算为基础并预测变动量来编制的,所以称为“增量预算”或“减量预算”。

2. 零基预算

与传统的增量预算法截然不同,零基预算对于任何一个预算期,任何一种费用项目的开支数,不是从现有的基础出发,也不考虑目前的费用开支水平,而是一切从零出发,以零为起点,即以无费用、无服务、无成本、无收益作为预算的起点,从根本上考虑各费用项目的必要性与规模。

零基预算法具有以下特点:

(1)增量预算法从原有的基础出发来考虑各费用项目的增减变动,而零基预算法则是在零的基础上考虑各项费用支出是否合理。

(2)增量预算法要求对新的、未进行过的经济业务活动在列入预算时,必须首先进行成本效益分析;而对目前正进行的经济业务活动则视为当然,不再进行分析。与增量预算法不同,零基预算法要求对一切经济业务,无论是否进行过,一律要求重新进行成本效益分析。

(3)增量预算法从预算金额角度考虑问题。一般是先大致确定预算数,如果不需削减也不能增加,则无须分析其业务工作。而零基预算法则是从业务角度考虑问题,不管预算有无增减的必要,都要根据各部门的职责范围,考虑业务工作的主次安排。

(4)对新增加的经济业务活动,增量预算法只从新增加业务本身考虑问题。其处理原则是,在原有的预算数以外,预算不增加,新业务不开展。零基预算法则不同。它要求对于所有的业务活动,无论是新业务还是老业务,都必须从整体利益考虑,按照业务的重要程度来分别对待。是否对经济业务进行增减,不在于预算是否增减,而在于是否有利于提高单位业务活动的经济效益。

应当指出,采用零基预算法,是以零为起点来观察分析事业单位的一切业务活动的。它没有现成的费用预算开支项目作参考,一切取决于成本效益分析的结果。因此,编制零基预算工作量相当繁重,并且对各项费用效益的正确估计与判断在一定程度上决定了预算的结果是否科学。但零基预算没有框框,不受现行预算的束缚,能充分发挥各级生产人与管理人员的工作积极性与创造性,合理安排与使用有限的资金来源,最大限度地提高资金的使用效果。

三、公路管理与养护单位收入预算与支出预算的编制

公路管理与养护单位财务预算应当由收入预算和支出预算所构成。公路管理与养护单位的收入，主要是同级财政按照支出预算的安排拨付的成品油税费改革专项资金和其他财政资金。这些财政资金，形成公路管理与养护单位的财政补助收入。虽然公路单位仍需要将有可能取得的事业收入、经营收入和其他收入纳入本单位的收入预算，但公路管理与养护单位的预算显然是以支出预算为主体的预算。

公路管理与养护单位的支出预算划分为基本支出预算和项目支出预算两部分。

(一)收入预算

2008 年 12 月底以前，公路管理与养护单位的收入主要来自于由公路养路费构成的行政事业性收费拨款；2009 年 1 月 1 日起实行成品油价税费改革后，公路管理与养护单位的收入主要来自于成品油税费改革交通专项资金分配形成的公路养护资金。除此以外，公路管理与养护单位的事业收入、上级补助收入、经营收入、对外投资收入、利息收入、固定资产租赁收入等也应当纳入本单位的收入预算。

1. 财政补助收入预算的编制

财政补助收入预算应当按照同级财政规定的补助标准进行编制。财政补助收入预算的编制应主要取决于财政补助支出预算的需要，包括基本支出预算和项目支出预算。

2. 其他收入预算的编制

除了所属教育事业单位以外，公路管理与养护事业单位在预算年度可能取得的事业收入和经营收入，主要取决于对面向市场提供产品和服务业务开展的预期。应当根据提供产品和服务的数量和金额编制事业收入和经营收入预算。

上级补助收入、所属单位上缴收入和其他收入预算，一般需要结合上年度实际取得的收入和各影响因素的可能变化进行编制。

(二)基本支出预算

基本支出预算的基本特征是按照定额标准编制预算。公路管理与养护单位的基本支出预算可进一步划分为公路小修保养支出预算和经费支出预算。

1. 公路保养小修支出预算[1]

公路保养小修支出包括公路养护职工的工资及福利费、公路小修保养材料费、工具费以及其他方面的支出。

公路养护单位职工的工资和福利费支出预算可按照经核定的不同等级公路的养护定员标准和人均工资(包括福利费，下同)标准确定。其计算公式为：

人员经费预算数 = $\sum$(计划期养护公路总里程 × 平均每公里定员标准 × 人均工资标准)

公路养护单位的公路养护材料费和工具费预算可按照经核定的不同等级公路的材料用量

[1] 在公路事业单位管理实务中，由于各方面的影响和制约，一些单位将公路小修保养支出预算纳入了项目支出预算的范畴。但按照部门预算管理的基本原理和相关规定，应当将公路小修保养支出界定为基本支出。

标准和材料价格标准确定。其计算公式为:

养护材料费预算数 = ∑(计划期养护公路总里程 × 平均每公里材料用量标准 × 材料价格标准)

2. 公路管理单位经费支出预算

公路管理与养护单位的经费支出包括单位管理机构所发生的行政管理经费支出以及路政管理支出和其他支出。

(1)行政管理经费支出预算

行政管理经费是指省级公路管理单位(例如 × × 省公路局)、地市级公路管理单位(例如 × × 市公路管理局)和县级公路管理单位(例如 × × 县公路局)管理机构所发生的工资支出、职工福利费支出、社会保障支出等人员经费支出,以及公务支出、业务支出、设备购置支出、设备修缮支出等公用经费支出。

由于行政管理经费支出的多少与所养护公路的等级和数量没有直接联系,所以一般采取固定预算的方式编制。编制的依据主要是单位上年度行政管理经费的实际支出情况以及计划年度影响经费支出高低的有关因素变动的可能性以及对经费支出的影响程度。

(2)路政管理经费支出预算

路政管理经费属于公路事业单位为保障公路路产、路权专项业务活动所发生的管理支出。该项支出也可以进一步划分为人员经费支出和公用经费支出。可根据从事业务活动的需要和单位对经费控制的要求编制支出预算。

(3)其他支出预算

其他支出是指公路事业单位进行科学研究、技术开发、交通量调查及宣传教育、职工继续教育培训等活动所发生的支出。应当根据开展这些活动的实际支出需要编制支出预算。

各类基本支出还需要进一步划分为人员支出、对个人和家庭的补助支出以及日常公用经费支出。

(三)项目支出预算

公路管理与养护单位的项目支出预算,包括公路基本建设支出预算,公路大中修、抢修和改建工程支出预算以及其他支出预算。

1. 基本建设支出预算

基本建设支出预算是指按照国家关于基本建设管理的规定,用基本建设资金安排的项目支出预算,包括公路基本建设项目支出预算和其他基本建设项目支出预算。

2. 公路大中修、抢修和改建工程支出预算

公路大中修支出预算可根据预算年度公路大中修的计划里程以及大中修的具体内容确定所需耗用的人工和材料;然后根据人工用量标准和工资标准、材料用量标准和材料价格标准以及其他一些必需的支出项目综合编制而成。

3. 其他支出预算

其他支出包括固定资产购置支出、对新建公路的补助支出、对县乡公路的补助支出以及可列入公路养护工程支出的其他支出。其他支出预算应当根据具体支出项目支出的需要酌情编制确定。

四、公路管理与养护单位财务预算管理的基本要求

根据公路事业单位财务预算管理的作用以及社会主义市场经济条件下公路事业发展进程中对提高有限资金使用效益的要求，公路管理与养护单位应当通过做好以下工作来加强对财务预算的有效管理。

1. 逐步建立、健全并不断完善单位财务预算管理制度

具有健全、完善的单位预算管理制度是公路管理与养护单位保持良好财务状况、实现稳定持续发展的前提条件。

公路管理及养护单位应逐步推行具有综合性、效益性及相对独立性三大基本特征的广义单位预算，逐步形成公路管理及养护单位全方位财务收支的计划（预算）管理。

2. 坚持“量入为出、收支平衡”的财务预算编制原则

公路管理及养护单位编制预算必须坚持“量入为出、收支平衡”的原则。收入预算要做到积极稳妥；支出预算安排应注重支出结构的优化，坚持统筹兼顾、保证重点、勤俭节约等原则，使有限的资金发挥最大的效用。

3. 实行“核定收支、定额或定项补助、超支不补、结转和结余按规定使用”的财务预算管理办法

根据国家有关事业单位预算管理的有关规定，公路管理及养护单位应当实行“核定收支、定额或定项补助、超支不补、结转结余按规定使用”的预算管理办法。

4. 逐步推行“零基预算”的财务预算编制方法

目前，公路管理与养护单位的财务预算一般采取增量预算的编制方法。这意味着公路管理及养护单位的财务预算，是在参考以前年度预算执行情况的基础上，根据预算年度事业发展计划和任务与财力可能，以及年度收支增减因素进行编制的。这样编制的财务预算简便易行，单位容易接受，与现行管理水平相适应；缺陷是不能反映根据预算年度事业发展计划和任务与财力可能应当达到的支出水平。“零基预算”能够较好地解决这一问题。但是，实行零基预算法要求预算单位具有较高的业务素质和管理水平；能够提供真实、详细的财务预算所需资料，使得零基预算能够真正发挥控制支出、提高有限资金使用效益的作用。也许目前中国绝大多数公路管理与养护单位还不具备实行“零基预算”的主客观条件；但既然零基预算具有增量预算所不可比拟的优势，公路管理与养护单位有必要在一些基层单位和支出项目上进行零基预算的积极试点，在具备条件的前提下逐步推广零基预算法。

5. 逐步完善公路管理与养护单位财务预算编制、审批与管理程序

公路管理及养护单位预算由单位财务机构根据单位事业发展的计划和任务，提出预算建议方案，经单位最高财务决策机构审议通过后，按照国家预算支出分类和管理权限分别上报各有关主管部门，审核汇总报财政部门核定预算控制数（一级预算单位直接报财政部门、下同）。公路管理及养护单位根据预算控制数编制预算，由各有关主管部门汇总报财政部门审核批复后执行。具体而言，收支计划（预算）依照下列程序编审：

（1）在本会计年度终了之前，二（三）级公路管理单位应当根据下年度工作计划和收支增减因素，提出本单位养路收支预算，报送一（二）级公路管理单位。

（2）一级公路管理单位应当认真审核各所属二级公路管理单位报送的财务收支预算，并

在此基础上编制本单位年度财务收支预算,在规定时间内报送作为一级预算单位的交通运输主管部门。

(3)交通运输主管部门在审核同意年度财务收支预算后,报送同级财政部门审批。

(4)交通运输主管部门根据同级财政部门批复的年度财务收支预算,下达一级公路管理单位执行。

(5)一级公路管理单位应根据同级财政部门下达的公路养路收支预算并结合公路工作年度目标,编制切实可行的年度养护收支执行计划,包括本单位各职能部门和所属单位支出计划数。

(6)一级公路管理单位各职能部门应以计划部门编制的执行计划为依据,编制本部门负责管理的经费执行计划,具体明确项目,经单位办公会议讨论通过后执行。

(7)各级公路管理及养护单位应当严格执行预算,依法、合理、及时收取和使用资金。在预算执行过程中,对财政补助收入和财政专户管理资金的预算一般不予调整;如果因特殊情况,如国家有关政策或事业计划有较大调整等,对收支预算影响较大,确需调整时,要按规定程序逐级报送交通运输主管部门审批,并报同级财政部门备案。重大计划调整需经同级财政部门审批。

(8)收入预算调整后,相应调增调减支出预算。

(9)年度终了规定期限内,各级公路管理及养护单位应将养路收支预算执行情况逐级汇总,编制、上报年度收支决算,经交通运输主管部门审核后,报同级财政部门审批。

(10)对于公路改、扩建等工程项目竣工,应及时编报竣工财务决算,经过竣工决算审计后,按规定程序报批。

①中央级小型项目竣工财务决算报国务院公路主管部门审批。

②中央级大、中型项目竣工财务决算报省级财政监察专员专事机构签署意见后,由国务院公路主管部门报财政部审批。

③地方级项目竣工财务决算由省公路主管部门签署意见后,报省级财政部门审批。

县级以上公路管理及养护单位年度决算报批前,需经有资格的会计师事务所审验,报批决算时需附审验报告。对于县级公路管理单位,其年度决算需经过同级财政部门审批,或者经过上一级审计部门审验。

第三节　政府收费高速公路管理单位财务预算管理

一、政府收费高速公路管理单位财务预算管理的作用和基本要求

政府收费高速公路管理单位财务预算管理是指对通行费收支的预算管理。政府收费高速公路管理单位编制财务预算的主要作用是为了科学规划年度通行费收入并为有效控制通行费支出提供依据。

2009 年底以前,车辆通行费属于纳入地方财政专户管理的行政事业性收费。从 2010 年初以后,按照财政部的规定,政府收费高速公路收取的车辆通行费作为行政事业性收费,上缴地方国库,纳入地方财政预算管理。对此可以认为,政府收费高速公路收取的车辆通行费收

入，在性质上是国家预算资金的重要组成部分，所以应当按照国家对财政预算资金管理的基本要求管好通行费收入。根据国家有关收取通行费的管理规定，政府收费高速公路管理单位应当严格依法设置收费站点，执行经批准的收费标准；不得随意在公路上设点收费，也不得擅自改变收费标准。对此，政府收费高速公路管理单位应当根据预计的收费交通量和规定的分车型收费标准编制通行费收入预算。

根据国家规定，政府收费高速公路所收取的通行费收入，只能用于政府收费高速公路自身养护支出和收费管理支出以及用于偿还建路贷款和集资本息。在理论和制度规范上，不允许将通行费收入作为新建公路项目的资金来源，更不允许将通行费收入用于职工宿舍和楼堂馆所项目。在还清全部贷款和集资本息后，应当停止收费。在规范车辆通行费支出的用途方面，预算具有重要的作用。

政府收费高速公路管理单位有义务、有责任在保证完成专业工作所需的正常支出的前提下，严格并有效地控制通行费支出，使有限的通行费资金发挥最大的使用效益。对此，有必要根据公路养护和收费管理的具体业务制定科学合理的支出定额标准，作为控制支出、考核责任人业绩的基本依据。在各项科学定额标准基础上编制的支出预算，能够发挥控制与降低通行费支出的重要作用。

二、政府收费高速公路管理单位财务预算的编制

政府收费高速公路管理单位的财务预算应当包括收入预算与支出预算两部分。

（一）收入预算

政府收费高速公路管理单位的收入主要是通行费收入。除此以外，高速公路实行独立核算的服务区经营单位上缴的收入、实行非独立核算的服务区的经营收入和其他经营收入，以及租赁收入、对外投资收入等均属于单位收入的组成部分。

1. 通行费收入预算

单位的通行费收入预算应当根据预算年度预计的分车型交通量和政府批准的收费标准测算。其计算公式为：

$$\text{通行费收入预算} = \sum(\text{某种车型全年收费交通量} \times \text{该车型的收费标准})$$

如果收费交通量按全路平均每昼夜全程交通量预测，按车公里制定收费标准，则通行费收入预算的计算公式可改写如下：

$$\text{通行费收入预算} = \sum(\text{某种车型的收费交通量} \times \text{公路全长} \times 365 \times \text{该车型的收费标准})$$

例：如果某公路事业单位负责管理全长为250km的政府收费高速公路，则根据政府规定的分车型收费标准和预测的分车型收费交通量所编制的通行费收入预算如表13-1所示。

通行费收入测算表 表13-1

车型分类	收费交通量（辆次/日）	所占比重（%）	公路总里程（km）	收费标准（元/车公里）	收入预算总额（万元）
一类车型	6 500	48.08	250	0.40	23 725
二类车型	3 250	24.04	250	0.80	23 725
三类车型	2 210	16.35	250	1.20	24 200

续上表

车型分类	收费交通量（辆次/日）	所占比重（%）	公路总里程（km）	收费标准（元/车公里）	收入预算总额（万元）
四类车型	1 040	7.69	250	1.60	15 184
五类车型	520	3.84	250	2.00	9 490
合计	13 520	100.00	—	—	96 324

如果预测的收费交通量属于按分车型收费系数换算的标准收费交通量，则通行费收入预算的计算公式又可以改写如下：

通行费收入预算 = 标准收费交通量 × 公路全长 × 365 × 小型车的收费标准

2. 其他收入预算

其他收入包括政府收费高速公路管理单位所管辖下的高速公路服务区的收入、其他经营收入和单位对外固定资产出租收入、对外投资收益、存款利息收入和其他收入。需要明确的是，单位所管辖的高速公路服务区如果实行独立核算，应当预算的是独立核算单位上缴的收入；如果实行非独立核算，则服务区所取得的全部收入均应当作为经营收入纳入单位收入预算。

（二）支出预算

政府收费高速公路管理单位的支出主要由政府收费高速公路的养护支出和收费管理支出所构成。在一定的条件下，路政管理支出和交通安全管理支出等也形成单位支出的组成部分。

1. 公路养护支出预算

公路养护支出又可以进一步划分为公路日常保养与小修支出、公路大中修支出、公路专项工程支出以及其他支出等。其中公路小修保养支出是指对路基、路面、桥梁、涵洞等公路构筑物正常保养和日常维修所发生的各项支出；公路大中修支出是指对路基、路面、桥梁、涵洞等公路构筑物进行大中修工程所发生的各项支出；公路专项工程支出是指公路因水毁及灾害性事故抢修所发生的各项支出。其他支出一般包括：

（1）公路安全设施的维护支出。指防撞栏、隔网、标志、标线、灯杆、灯具、配电控制柜等安全设施保养、维修和更新所发生的支出。

（2）通信和监控设施的维护支出。指为保证电话机及线路、监控设施及线路等通信和监控设施正常使用所发生的各项保养与维修支出。

（3）公路绿化支出。指公路线路上各种绿化植物所发生的各项支出。

公路养护支出预算可采取综合定额预算和专项预算相结合的方式进行，即根据公路正常养护支出的需要通过核定各项支出的综合定额进行支出预算，根据预算年度公路大中修计划安排预算根据对可能发生的灾害抢修需要安排该项支出预算，某政府收费高速公路管理单位管理的高速公路养护支出预算情况如表 13-2 所示。

如果该单位预算年度养护的高速公路总里程为 120km；预算年度计划安排 20km 高速公路的大修，每公里大修费用 600 万元；另外根据历史经验安排 6 000 万元的公路抢修资金。则全年支出预算总额为 19 740 万元（表 13-3）。

公路养护支出预算表(一)(单位:元/年公里)　　表 13-2

公路养护支出项目	支出定额	备注
公路小修保养支出(四车道)	50 000	包括养护材料费、人工费、机械使用费等
公路安全设施维护支出	30 000	包括安全设施的更新费用
通信和监控设施维护支出	30 000	包括设施的日常保养、小修和大修理费用
公路绿化支出	35 000	
合计	145 000	

公路养护预算表(二)　　表 13-3

支出项目	养护工作量(公里)	定额标准(元/km)	预算总额(万元)
公路日常保养小修支出	120	145 000	1740
公路大修支出	20	6 000 000	12 000
公路抢修工程			6 000
合计			19 740

2. 收费管理支出和其他支出预算

收费管理支出包括收费站收费人员的工资和福利费支出以及其他人员经费支出和公务支出、收费处和政府收费高速公路一级管理单位的行政管理支出等;其他支出包括路政管理支出、交通安全管理支出以及其他支出。

收费站收费人员经费一般可以将工资支出、福利费支出、其他人员经费支出和公务支出合并在一起制定综合人员经费定额;然后根据收费站的定员标准编制收费站经费预算。

例如,某政府收费高速公路管理单位经过测算,预计预算年度收费人员的平均工资和福利费为每人每月 4 000 元;其他人员经费和公务支出按平均每人每年 15 000 元估计,则综合人员经费定额为每人每年 63 000 元。如果该单位收费站收费人员的定额数字 600 人,则这部分经费支出预算额为 3 780 万元(600 × 63 000 ÷ 10 000)。

收费处和政府收费高速公路一级管理单位行政管理费用预算可根据上年度实际执行情况,结合预算年度有关因素变动的影响调整编制;也可以根据通行费收入预算额的一定比例作为经费控制的依据。

路政管理支出和交通安全管理支出预算通常按人员定额数和经审定的人员经费标准进行编制。例如,如果上述单位路政管理人员定额编制为平均每公里 1.2 人,交通安全管理人员定额编制数为平均每公里 1 人;人员经费标准为平均每人每年 50 000 元;该单位管理政府收费高速公路 120km;则该单位上述支出预算额应当为 1 320 万元[120 × (1.2 × 50 000 + 1 × 50 000) ÷ 10 000]。

三、政府收费高速公路管理单位财务预算管理的一般程序

政府收费高速公路管理单位收取的车辆通行费,属于应纳入财政预算管理的行政事业性收费项目。为了切实加强对通行费收支的有效管理,保证预算的统一性和严肃性,车辆通行费收支预算一般由省级交通运输主管部门实行统一安排,经省级财政部门审查批准后交由省级交通运输主管部门下达各收费管理单位。

政府收费高速公路管理单位应当在参考以前年度预算执行情况、并根据预算年度的收入增减因素和措施的基础上,测算编制收入预算;根据还贷和公路养护与收费管理的需要以及财力可能编制支出预算。

预算编审一般可采取"两上两下"的程序进行,具体说明如下。

(1)本会计年度终了之前,各收费站和收费管理处应当根据预算年度分车型收费交通量的预测数和经批准执行的分车型收费标准,结合有关因素变动对通行费收入的影响,编制本单位的通行费收入预算;根据上年度通行费实际支出情况并结合预算年度有关因素变动对支出项目和支出金额的影响,编制通行费支出预算。通行费收入预算和支出预算应当在规定期限内报送省级政府收费高速公路管理单位。

(2)省级政府收费高速公路管理单位在审核所属单位上报的收支预算基础上,结合自身管理经费的支出需要,汇总编制本地区年度收支预算,并于规定期限内报送省级交通运输主管部门。

(3)省级交通运输主管部门在审核同意全省年度收支预算后,报送省级财政部门审批。

(4)省级交通运输主管部门根据省级财政部门批复的全省年度收支预算,下达省级政府收费高速公路管理单位执行。

(5)年度预算经审批后,必须严格按预算项目和金额执行,一般不予调整;如果遇到特殊情况需要调整预算的部分,应重新办理报批手续,具体由省级交通运输主管部门审批,并报省级财政部门备案;重大计划调整需要经过省级财政部门审批。

(6)在年度终了规定期限内,各级政府收费高速公路管理单位应当将通行费收支预算执行情况逐级汇总,编制、编报通行费年度收支决算,经省级交通运输主管部门审核后,报送省级财政部门审批。

四、案例分析

以下是某政府收费高速公路管理单位在单位财务管理规定中对财务预算行为规范的案例。

××省高速公路管理局承担本省政府收费公路管理职责,为省级政府收费高速公路管理单位。该省实行省高速公路管理局、收费管理处和收费站三级管理,省高速公路管理局和收费管理处二级核算的财务管理体制。为了适应全省高速公路建设、收费还贷与管理的需要,有效规范政府收费高速公路管理单位的收费管理行为,加强财务管理和经济核算,根据《中华人民共和国公路法》、财政部发布的《事业单位财务规则》并参照财政部印发的《基本建设财务管理规定》以及其他有关规定,结合高速公路投资建设、收费还贷管理一体化的特点和内部管理要求,在省政府收费公路财务管理规定中明确了财务预算管理有关的规定。规定的具体内容如下。

(1)政府收费高速公路预算管理,是指省高速公路管理局根据加强对车辆通行费收入和支出计划管理的要求对所属各收费处和各收费站车辆通行费资金实行的"收支两条线"管理。局本部财务预算由通行费收入预算与通行费支出预算两部分构成。支出预算主要包括用通行费收入偿还贷款利息的预算、高速公路养护经费预算、收费机构和局管理部门的管理费用预算等。

(2)根据××省高速公路现行管理体制和加强管理、提高资金使用效益的原则要求,管理局对车辆通行费收支实行两级预算管理的体制。

①管理局为实行一级预算管理的独立法人单位,负责对各收费处车辆通行费收支预算的审批与管理;负责各收费处的成本费用定额管理,并接受省财政部门的监督管理。

②各收费处为实行二级预算管理的非独立法人单位,向管理局解缴所收取的车辆通行费收入;根据支出预算向管理局领拨预算资金,并在管理局批准的预算范围内合理安排使用。

各收费处对所属收费站的预算管理由各收费处自行确定,并报管理局备案。

(3)管理局对所属收费处实行成本费用定额包干的预算管理方式。包干结余部分全部由收费处留用。其中,20%用于职工福利支出;30%用于职工奖励;50%作为风险基金用于弥补以后年度的费用超支。包干结余在实际使用时列报各支出项目。经费超支部分由各收费处自行弥补。

(4)管理局年度通行费收支预算采取自下而上和自上而下相结合的方法确定,然后由管理局在综合平衡的基础上下达各收费处执行,并对其执行情况实行严格考核与监督。

①每年11月30日以前,各收费处应当根据预期的收费交通量和公路养护计划以及影响车辆通行费收支的各项因素的可能变动情况编制本处下一年度的车辆通行费收支预算,上报管理局审批。

②管理局在接到各收费处上报的通行费收支预算后,应当认真审核,及时提出修改意见;并于当年12月31日以前将审核批准的通行费收支预算下达各收费处执行。

③各收费处应当严格执行预算,依法、合理、及时收取和使用资金。在年度预算执行过程中因特殊情况需调整预算的,应当按照规定程序报管理局批准后实施。

④各收费处应当及时进行实际通行费收支和预算收支的对比,揭示可能出现的差异,分析导致差异出现的主客观原因,提出解决问题的有效措施;并将以上分析以报告形式于年度终了一个月内上报管理局。

(5)通行费收支预算应根据国家的方针、政策、法令,结合管理局建设与收费还贷任务,贯彻执行勤俭建国、勤俭办一切事业和厉行节约的方针,本着积极可靠、保证还贷、加强养护、统筹兼顾、收支平衡、留有余地的精神编制。通过财务预算的编制和实施,正确处理各部门在通行费收支活动中的财务关系,合理组织收入,保障资金供给,严格控制支出,降低各项费用,确保各项经费目标顺利实现。

(6)费用支出预算由以下三部分构成:

①固定资产购建支出预算,由收费站、收费处根据本单位固定资产购建的实际需要编制并逐级汇总上报管理局审核批准后拨专款执行;

②政府收费高速公路大修、扩建与技术改造支出预算,由管理局有关职能部门根据各处费处所管辖高速公路大修、扩建以技术改造的实际需要编制上报管理局审核批准后拨专款实施;

③收费站、收费处经常性经费预算,根据管理局确定的成本费用定额下拨并实行经费包干管理。

(7)经费包干总额根据实际需要进行调整。调整的依据是:

①所在地区的前两年平均物价上涨率;

②国家对事业单位职工工资标准调整的决定;

③管理局确认的其他影响经费支出的因素。

【本章小结】

事业单位财务预算管理贯穿了事业单位预算编制和执行的全过程,是事业单位进行各项财务活动的前提和依据。事业单位财务预算是指事业单位根据事业发展计划和任务编制的年度财务收支计划。事业单位财务预算由收入预算和支出预算构成。

目前,国家对事业单位实行“核定收支、定额或者定项补助、超支不补、结转结余按规定使用”的财务预算管理办法。这有利于加强对事业单位收支管理,保证事业单位各项资金合理有效使用。

编制财务预算应当遵循的原则有:合法性原则,真实性原则,重点性原则,完整性原则和稳妥性原则。

根据财务预算编制基础的不同,预算编制方法有固定预算法和弹性预算法;根据预算编制依据的不同,预算编制方法有增量预算法和零基预算法。

公路事业单位财务预算管理包括公路管理与养护单位的预算管理以及政府收费高速公路管理单位的预算管理。应当根据不同公路事业单位业务工作的具体要求做好预算编制和管理工作。

【复习思考题】

1. 什么是财务预算?事业单位财务预算管理的主要目的是什么?

2. 事业单位财务预算的概念是什么?都包括哪些具体内容?

3. 与传统财务预算管理办法相比,目前中国对事业单位实行“核定收支、定额或者定项补助、超支不补、结转结余按规定使用”的财务预算管理办法有何特点和积极意义?

4. 事业单位编制财务预算应当遵循哪些原则?

5. 什么是固定预算?什么是弹性预算?两者各自的特点是什么?

6. 什么是增量预算?什么是零基预算?两者各自的特点是什么?相对于增量预算,零基预算有何优势?

7. 为什么要将事业支出预算划分为基本支出预算和项目支出预算?基本支出预算和项目支出预算各包括哪些具体内容?

8. 公路管理与养护单位财务预算管理都包括哪些具体内容?

9. 政府收费高速公路管理单位财务预算管理包括哪些具体内容?

10. 政府收费高速公路管理单位财务预算管理有哪些基本要求?对收费公路养护支出和收费业务支出实行定额管理是否为控制支出的有效做法?为什么?

第十四章

公路事业单位收入管理

第一节　公路事业单位收入管理概述

一、公路事业单位收入的概念

(一)事业单位收入的概念

根据修订后的《事业单位财务规则》的规定,收入是指事业单位为开展业务及其他活动依法取得的非偿还性资金。

(二)事业单位收入的特征

事业单位的收入具有区别于企业收入的特征。事业单位的收入一般具有以下特征。

1. 事业单位的收入是开展业务活动以及其他活动所取得的

由于一般事业单位所从事的活动具有非生产性的特点,因此,其开展业务活动所发生的耗费,需要通过财政部门、主管部门或者上级单位取得补助收入予以补偿。事业单位还可以通过开展有偿服务活动获得事业收入和经营收入。

2. 事业单位的收入是依法取得的

事业单位取得收入,必须符合国家有关法律、法规和规章的规定。例如,公路事业单位的通行费收入,应当按照国家批准的收费标准收取,并按照规定上缴地方财政,不得随意提高标准。按照预算安排取得的通行费资金拨款,确认为本单位的财政补助收入。公路事业单位的事业收入和经营收入,也要符合国家的有关规定才能取得。

3. 事业单位的收入是通过多种渠道、多种方式取得的

在现行财政体制下,公路事业单位的收入主要来自于成品油税费改革专项资金拨款和车辆通行费。除此以外,还可以从主管部门或者上级单位取得一定的收入;通过对外提供有偿服务来取得收入。财政补助收入、上级补助收入、事业收入、经营收入、附属单位上缴收入、投资收益、利息收入、租金收入、捐赠收入等各类收入的取得,使事业单位的收入来源渠道和方式呈现多元化发展的趋势。

4. 事业单位的收入是非偿还性资金

事业单位所取得的各类收入,均不需要偿还,可用于开展业务活动以及其他活动。事业单位取得的需偿还的资金,应当作为负债处理,不能列入收入的范畴。

二、公路事业单位收入的构成

根据中国现行管理体制,公路事业单位的收入,由财政补助收入、财政专户返还收入、上级补助收入、事业收入、经营收入、其他收入等构成。

(一)财政补助收入

财政补助收入是指事业单位从同级财政部门取得的各类财政拨款。公路事业单位的财政补助收入主要包括以下内容。

1. 成品油税费改革交通专项资金

2009 年开始推行的交通税费改革,新增的成品油消费税以及相应增加的增值税、城市维护建设税和教育费附加等通过适当分配形成了对公路建设与养护进行专项补助的财政资金。这部分资金由中央财政专项转移支付到地方财政后,应主要用于普通公路养护。其中一部分根据需要可以安排用于普通公路建设。

2. 车辆通行费收入

公路事业单位的车辆通行费收入,是指由政府收费高速公路管理单位面向过往车辆收取并上缴同级财政、并按照预算的安排从同级财政获取的财政专项补助资金。这部分收入应当专项用于政府收费高速公路收费管理与养护,以及政府收费高速公路建设贷款本息的偿还。

3. 车辆购置税交通专项资金

这部分资金主要以专项补助的方式用于普通公路基础设施的建设。

4. 同级财政部门拨入的一般预算支出补助资金

由于地方财政状况仍有待改善,这部分资金形成的财政补助收入目前在公路事业单位的财政补助收入中所占比重较少。

(二)财政专户返还收入

财政专户返还收入是指根据批准的经费使用计划由财政专户返还的、纳入财政专户管理的预算外资金。2009 年底以前,公路事业单位的财政返还收入主要是政府收费高速公路管理单位依法收取并纳入财政专户管理的车辆通行费收入。

交通运输部 2009 年 2 月 6 日印发的《关于加强高速公路服务设施建设管理工作的指导意见》(交公路发[2009]31 号)规定,对小卖部、餐厅、加油站等具有经营性质的服务设施,所得收益,属政府收费公路的,按规定上缴财政专户,纳入年度预算并按规定用途安排使用。

2010 年以后,公路事业单位可能取得的财政专户返还收入,除了附属教育事业单位的教育收费以外,主要是地方财政部门设置的纳入财政专户管理的行政事业性收费,所占比重很少。

(三)上级单位补助收入

公路事业单位的上级补助收入是指从主管部门和上级单位所取得的非财政补助收入。伴随着财政管理体制的不断变革,这部分收入目前在公路事业单位收入构成中所占比例较少。

(四)事业收入

事业收入是指事业单位开展专业业务活动及其辅助活动取得的非财政性资金收入。公路事业单位从非同级财政取得的财政资金,以及面向市场提供与专业业务活动及其辅助活动有关的产品和劳务所取得的收入,属于事业收入。例如,某市公路管理局隶属于市交通运输局,市公路局从省公路管理局取得的车辆购置税补助资金,应确认为一项事业收入;经委托,由公路事业单位从事经营性高速公路养护业务所取得的收入,属于事业收入。

(五)经营收入

公路事业单位的经营收入是指公路事业单位在从事与公路建设、公路养护、公路管理等业务活动及其辅助活动以外开展非独立核算经营活动所取得的收入。

公路事业单位面向社会提供除了公路养护以外的其他工程业务取得的收入,应当确认为一项经营收入。

(六)附属单位上缴收入

附属单位上缴收入是指公路事业单位附属独立核算单位按照有关规定上缴的收入,包括附属独立核算的医院、中小学等单位上缴的收入和附属产业上缴的利润。

应当注意区分事业单位所属产业和事业单位利用自身拥有的固定资产、流动资产和无形资产独立兴办或者与其他单位联合兴办的独立经营实体。

(1)前者与事业单位之间的关系属于上下级之间的关系;后者与事业单位之间的关系属于被投资者与投资者之间的关系。

(2)前者属于事业单位内部独立核算单位或者事业单位的二级法人单位;后者则属于独立的市场竞争主体和法人实体。

(3)前者与事业单位之间在人事管理、资产使用、工资福利、后勤服务、离退休人员管理等方面有着千丝万缕的关系。作为附属产业,所进行的成本费用核算只是部分成本费用核算,因而在计算所得税时需要依法进行纳税调整;后者则一般属于按照现代企业制度的规范要求组建的公司制企业。

(4)事业单位属于所属产业的唯一投资者;而对于后者,事业单位可以独资兴办,也可以和其他单位联合投资兴办。

附属单位返还的、事业单位在事业支出中垫支的工资、水电费、房租、住房公积金、福利费等各项费用,应当冲减相关支出,不能作为上缴收入对待。

(七)其他收入

公路事业单位的其他收入包括投资收益、利息收入、接收捐赠收入、出租固定资产的租金收入以及其他收入。其中:

投资收益包括购买债券所取得的债券利息收入以及对外经营投资所取得的利润和股利收入。

利息收入是指银行存款利息收入。

接受捐赠的收入一般反映了事业单位接受现金、存货等流动资产所形成的收入,不包括接受捐赠的固定资产、无形资产等非流动资产。接受捐赠的固定资产和无形资产价值应当计入非流动资产基金,不计入其他收入。

三、事业单位收入管理的基本要求

1. 充分利用现有条件积极组织收入

随着国民经济和社会的发展,各项事业需要较快发展,以满足人们不断增长的物质和文化生活需要。在社会主义市场经济条件下,各项事业若要获得较快发展,除了政府财政部门积极给予支持以外,有条件的事业单位还需要按照市场经济的客观要求,充分利用人才、技术、设备等条件,拓宽服务范围,开展各种组织收入活动,不断扩大财源,增强自我发展能力。

2. 正确处理社会效益与经济效益的关系

事业单位开展业务和其他活动的领域主要是社会公益性领域。因此,在此领域开展组织收入活动,必须将社会效益放在首位,必须有利于事业发展,有利于丰富人民群众的物质文化生活,有利于社会主义精神文明建设。同时,事业单位组织收入活动又要按照市场经济的一般规律办事,要讲究经济效益。所以,事业单位要把经济效益与社会效益统一起来,在获得社会效益的同时努力提高经济效益;但不能为追求经济效益而忽视了社会效益。

3. 保证收入的合法性和合理性

在收入管理中,要特别强调收入的合法性和合理性,将事业单位组织收入活动纳入正确轨道。所谓合法性,就是要依法办事。例如,对于各种事业性收费,国家都有明确的收费政策和管理制度,事业单位必须严格遵守。制定和调整收费项目和收费标准,必须按照规定程序报经国家有关部门批准。非经批准不得自立章程擅自收费。所谓合理性,就是要从中国实际出发,取之得当,用之合理。

4. 收入管理工作中应当注意的几个问题

(1)对财政补助收入,要严格按照国家规定的事业经费科目、内容、程序,进行申报、领拨、使用、核销,并按照预算级次和预算科目进行明细反映。

(2)对按规定应当上缴财政预算的收入要及时上缴,不能直接作为单位收入处理。

(3)对于从事应税业务取得的收入,需要依法纳税。

(4)应当注意划清以下界限:

①划清基建投资和事业经费的界限。现行体制下,公路事业单位取得的用于公路基本建设的资金和用于事业发展的各项收入,需要执行不同的财务管理规定。

②划清财政补助收入和上级补助收入的界限。公路事业单位从主管部门和上级单位取得的非财政补助资金,才能界定为上级补助收入。

③划清事业收入和经营收入的界限。伴随着事业体制改革的进展,对这两类收入管理的要求将进一步趋于一致,两者之间的界限将越来越模糊。

④划清经营收入与附属单位上缴收入的界限。附属单位按照预算规定上缴的收入,不属于公路事业单位自身面向市场提供产品和服务取得的收入,不应当将其界定为经营收入。

第二节　公路事业单位车辆通行费收费管理

2009年以前,公路事业单位有行业特色的收入管理,包括养路费征收管理和政府收费高速公路车辆通行费收费管理。由于2009年1月1日开始推行成品油价格与税费改革,征收公路养路费的行为退出了历史舞台。这样,有公路行业特色的收入管理,主要涉及的是车辆通行费的收费管理。

一、车辆通行费收费管理概述

根据国家的有关规定,公路事业单位可以利用银行贷款以及需偿还的社会集资修建、改建、扩建公路和对公路进行技术改造;建成后通过向公路用户收取车辆通行费用于偿还贷款或集资的本息。根据财政部有关规定,到2009年底为止,政府收费高速公路收取的车辆通行费,属于应纳入地方财政专户管理的行政事业性收费项目。

财政部《关于印发2009年全国性及中央部门和单位行政事业性收费项目目录的通知》(财综[2010]20号)中,第一次将政府收费高速公路收取的车辆通行费界定为应当上缴地方国库的行政事业性收费。

财政部2009年12月4日印发的《关于将按预算外资金管理的全国性及中央部门和单位行政事业性收费纳入预算管理的通知》(财预[2009]79号)中,要求从2010年1月1日起,将政府收费公路收取的车辆通行费暂作为政府性基金,上缴国库,纳入财政预算管理。

财政部于2014年10月印发的《全国性及中央部门和单位行政事业性收费项目目录清单》中,再次将政府收费高速公路收取的车辆通行费作为纳入地方国库管理的行政事业性收费。

1987年10月13日国务院发布的《中华人民共和国公路管理条例》第一次明确规定,公路主管部门对利用集资、贷款修建的高速公路、一级公路、二级公路和大型的公路桥梁、隧道、轮渡码头,可以向过往车辆收取通行费,用于偿还集资和贷款。

二、收取车辆通行费的有关规定

收取车辆通行费的管理涉及收费条件、收费车型分类、收费标准确定、收费期限确定、收费标准调整、通行费征收环节以及收入解缴等管理问题。

(一)对收费条件的规范

1988 年 1 月 5 日交通部、财政部、国家物价局发布的《贷款修建高等级公路和大型公路桥梁、隧道收取车辆通行费规定》中,将收费条件规范为:高速公路、10km 以上的一级公路、20km 以上的二级公路以及 300m 以上独立桥梁和 500m 以上的隧道。该文已于 2007 年被《关于废止 47 件交通规章的决定》(交通部令 2007 年第 9 号)宣布废止。

1994 年 7 月 18 日交通部、国家计委、财政部发布的《关于在公路上设置通行收费站(点)的规定》中,将收费条件进一步规范为:封闭(包括部分封闭)型汽车专用公路、平原微丘区超过 40km 和山岭重丘区超过 20km 的一般二级公路。同时规定,实行"开放式"收费的公路,在同一公路主线上,中间收费站的间距平原微丘区不得少于 40km;山岭重丘区不得少于 20 公里;采用"封闭式"收费的汽车专用公路,除了两端出入口外,禁止在主线上设置收费站(点)。

1997 年 7 月 3 日发布的《中华人民共和国公路法》规定,县级以上人民政府利用贷款或者向企业、个人集资建成的公路,可以向过往车辆收取车辆通行费,用于偿还贷款或者集资本金和利息。

2000 年 10 月 22 日国务院批转的《交通和车辆税费改革实施方案》中规定,交通部门贷款或者按照国家规定有偿集资修建路桥、隧道收取车辆通行费,收费项目由省级财政部门会同物价、交通部门审核;收费标准由省级物价部门会同财政、交通部门审核后,报同级人民政府审批。收费时要按照有关规定到指定的价格主管部门申请收费许可证,使用省级财政部门统一印(监)制的收费票据,所收取的资金全额纳入财政专户,实行"收支两条线"管理,不缴纳营业税等税收。

2004 年 9 月 13 日国务院公布的《收费公路管理条例》规定,建设收费公路,应当符合下列技术等级和规模:

(1)高速公路连续里程 30km 以上。但是,城市市区至本地机场的高速公路除外。

(2)一级公路连续里程 50km 以上。

(3)二车道的独立桥梁、隧道,长度 800m 以上;四车道的独立桥梁、隧道,长度 500m 以上。技术等级为二级以下(含二级)的公路不得收费。但是,在国家确定的中西部省、自治区、直辖市建设的二级公路,其连续里程 60km 以上的,经依法批准,可以收取车辆通行费。

2015 年修订的《收费公路管理条例》将收费公路的技术等级和规模做出了以下调整:

(1)高速公路;

(2)一级公路连续里程 50km 以上;

(3)独立桥梁、隧道,长度 1 000m 以上。

(二)对收费车型分类的规范

2003 年 4 月 23 日交通部交科教发[2003]143 号发出《关于发布交通行业标准收费公路车辆通行费车型分类的通知》。根据该行业标准,收费车型划分为以下五类:

一类车型包括小于 7 座(包括 7 座)的客车以及小于 2t(包括 2t)的货车。

二类车型包括 8 ~ 19 座的客车以及 2 ~ 5t(包括 5t)的货车。

三类车型包括 20 ~ 39 座的客车以及 5 ~ 10t(包括 10t)的货车。

四类车型包括 40 座以上(包括 40 座)的客车以及 10 ~ 15t(包括 15t)的货车以及 20 英尺集装箱车。

五类车型包括 15t 以上的货车和 40 英尺集装箱车。

当单车拖曳另一辆挂车时,该组合车辆的车型按照高于主车一个类别的车型分类标准执行。

该标准从 2003 年 10 月 1 日起执行。

(三)对收费期限的规范

《收费公路管理条例》(2004)规定:"政府还贷公路的收费期限,按照用收费偿还贷款、偿还有偿集资款的原则确定,最长不得超过 15 年。国家确定的中西部省、自治区、直辖市的政府收费公路收费期限,最长不得超过 20 年"。

收取公路车辆通行费的主要目的是为了按期偿还为修建公路发生的贷款或者集资本息。因此,所收取的通行费应当以还贷需要为限。政府收费高速公路管理单位没有理由随意延长公路的收费期限;公路使用者也没有义务为非还贷性资金需求缴纳车辆通行费。

在联网收费的状况下,某特定公路的通行费收入也许难以确定。为了维护公路使用者的合法权益,防止政府收费高速公路管理单位随意收费,国家有必要确定公路的收费期限。

政府收费公路还清全部贷款或者集资本息,或者国家规定的收费期限届满,应当停止收费,拆除收费站(点)设施,保障公路畅通无阻。

2015 年修订的《收费公路管理条例》中对政府收费公路的收费期限有了新的规定。按其要求,政府收费公路的偿债期限,应当按照用收费偿还债务的原则确定。其中,高速公路由省级人民政府按照统借统还核定,其他收费公路最长不得超过 15 年,但是国家确定的中西部省、自治区、直辖市最长不得超过 20 年。

(四)对收费标准的规范

《贷款修建高等级公路和大型桥梁、隧道收取车辆通行费规定》([88]交公路字 28 号)第 5 条规定:应按桥梁、隧道、公路长度,还款额度,收费期限,交通量大小,车辆负担能力和便利通行等因素综合考虑,定出合适的收费标准。具体标准由省级公路主管部门会同省级财政部门、物价部门,按上述原则提出方案,报省级人民政府批准。

2004 年 9 月 13 日国务院发布的《收费公路管理条例》(国务院令第 417 号)第 16 条规定:车辆通行费的收费标准,应当根据公路的技术等级、投资总额、当地物价指数、偿还贷款或者有偿集资款的期限和收回投资的期限以及交通量等因素计算确定。对在国家规定的绿色通道上运输鲜活农产品的车辆,可以适当降低车辆通行费的收费标准或者免交车辆通行费。

有以下三个问题需要讨论。

1. 确定收费标准不再考虑公路用户的负担

按照《收费公路管理条例》的规定,车辆负担能力不再作为确定收费标准需要考虑的因素。这是因为,与原有的低等级公路相比,高速公路为公路用户提供了运行成本降低、运行里程缩短、运行时间节约、减少拥挤等级差效益。如果收费标准不超过高速公路提供的级差效益,没有理由认为,高速公路收费增加了公路用户的经济负担。

如果公路用户对级差效益存在质疑,认为缴纳通行费不堪重负,完全可以选择使用与其平行的不收费公路。

2. 政府收费公路和经营性公路确定收费标准的依据,应当区别对待

政府收费高速公路收取车辆通行费的主要目的是为了偿还建设贷款本息,因此收费标准应当取决于贷款总额和偿还贷款的期限;经营性公路收费的主要目的是为了收回投资并获得合理回报,所以收费标准应当取决于投资总额和特许经营期限。

针对这一问题,2015 年修订的《收费公路管理条例》中做出了新的规定:

(1)政府收费公路偿债期的收费标准,应当根据债务规模、利率水平、养护运营管理成本、当地物价水平、偿债期限以及交通流量等因素计算确定;

(2)特许经营公路经营期的收费标准,应当根据社会资本投资规模、合理回报、养护运营管理成本、当地物价水平、经营期限以及交通流量等因素计算确定;

(3)高速公路的养护管理收费标准,应当低于偿债期和经营期的收费标准,根据实际养护运营管理成本、当地物价水平以及交通流量等因素计算确定。

3. 免收、减收车辆通行费的规定值得商榷

《收费公路管理条例》中涉及的免收车辆通行费车辆的规定,值得进一步商榷。

如果由于某些客观原因在规定的贷款偿还期内或规定的收费期限内不能够偿还全部贷款或集资本息,可在一定范围内调整收费标准。

三、通行费收入日常管理

(一)收费管理的原则

政府收费高速公路收费行为属于行政事业性收费行为;所收取的车辆通行费属于交通规费的范畴,是财政预算资金的重要组成部分,是用于政府收费高速公路正常运转和偿还修建政府收费高速公路贷款本息的专项资金。因此,可以认为,它具有政策性、强制性、有偿性、稳定性、专用性和时效性等特征。为了保证政府收费高速公路通过收取车辆通行费来维持公路的正常运转和按期偿还贷款本息,收费管理一般应当遵循以下原则。

1.“统一领导、分级负责”原则

依据这一原则,收费管理工作应当在财政部、交通运输部等政府部门的统一领导下,按照国家和省级政府及其交通运输主管部门有关规定,合理划分各级政府及其有关职能部门和收费管理单位各自的执行职责,实行分级负责。

2.“收支两条线”原则

遵循这一原则,政府收费高速公路车辆通行费的征收、管理和使用一般都应当由政府收费高速公路的主管部门统一负责管理。在各级交通运输主管部门的领导下,单独设置的、负责政府收费高速公路管理的公路事业单位应当把所收取的车辆通行费按照规定程序纳入同级财政预算。财政部门或者交通运输主管部门根据政府收费高速公路养护和收费管理对经费的实际需求,按计划、分线路拨给有关使用单位。用车辆通行费偿还贷款本息工作可由财政部门或者

交通运输主管部门统一进行;也可以根据实际情况交由政府收费高速公路管理单位承担。

3."应征不漏、应免不收"原则

根据这一原则,应当重点加强对免征车辆的核查工作,避免假冒免征车辆、偷逃车辆通行费的现象发生,防止国有资产流失。

(二)收费管理的方法

1.运用行政手段进行管理

采取行政手段进行收费管理,意味着公路事业单位应当在收费管理过程中严格贯彻执行各级政府及其交通运输主管部门有关收费管理的方针、政策,运用行政监督、行政处罚以及"权力下放"等有效措施,对车辆通行费的收取进行强制性管理。

2.运用法治手段进行管理

采取法治手段进行收费管理,意味着公路事业单位应当严格执行国家已颁布的有关收费还贷的法律、法规和规章,并在此基础上建立与健全单位内部收费管理制度体系,实行依法收费、依法管理。

3.运用经济手段进行管理

在国家经济政策允许的条件下,可运用经济手段建立一定的奖励激励机制和制约机制,调动广大职工依法、合理增加收入的积极性,增强其严格把关的责任感,做好收费管理工作。例如,采取"统收统支、收支挂钩、超收分成、经费包干"的经济管理办法,有利于主管部门统一集中全部收入,实行统筹兼顾、综合平衡;也有利于调动收费管理单位的积极性,以达到增收节支的目的。

(三)收费管理制度

公路事业单位为了加强收费管理工作,有效结合行政管理手段、法治管理手段和经济管理手段,不断提高管理的效益,有必要结合自身的特点和实际情况,建立与健全一整套有效的收费管理规章制度,使得单位对收费管理的各项要求能够通过规章制度得以体现。一般来说,收费管理制度应当包括以下内容:

(1)通行费专用票据印制、使用与管理制度;

(2)通行费收费结算管理规定;

(3)通行费收入稽查管理规定;

(4)通行费收费社会监督制度;

(5)收费站岗位责任制度;

(6)通行费收费奖惩管理规定;

(7)其他有关通行费收费的管理规定。

(四)通行费收入管理的基本要求

(1)车辆通行费收入是公路事业单位在收费期间依法收取的用于还本付息的专项资金。管理单位所属各级基层收费单位应当严格按照国家规定的收费标准积极组织收取,不得擅自提高或降低标准,不得随意减免,切实做到"应收不漏,应交不欠"。

(2)公路事业单位收取车辆通行费,必须使用财政部门统一印制的车辆通行费专用票据,不得使用其他任何票据。

(3)各收费站收取的车辆通行费票款应按日存入银行通行费收入专户,定期解缴上级单位。

(4)公路事业单位所属的基层各级收费单位要建立健全票据管理制度,对票据运作全过程进行严格管理与监督。票据要指定专人管理,专库保管。要按照统一格式设置账册、报表、凭证,按时编报票据报表。要按规定办理领发缴销手续。有价票证必须进行数量和金额双轨核算。要定期清查、盘点、稽查,做到票、款、账、证、表五相符。

(五)通行费收费稽查管理

在政策法规不健全,收费管理措施不得力,通行费征收手段不完善、不先进的情况下,往往会出现一些特权部门的车辆闯关逃费,出现一些假冒免征车辆,出现一些车辆跑长途买短途票等现象;出现一些收费人员利用各种手段贪污票款,漏收、错收、少收或者不收的现象;出现收费站不能坚持按规定按时清缴收取的通行费票款等现象。为了维护收费公路的正常收费工作秩序,保证各种应当交费的车辆按规定交费,防止收费人员违纪违法,贪污舞弊,对过往车辆的交费情况以及收费人员的工作进行监督和审查是完全必要的。收费稽查管理作为行政执法管理工作和作为收费管理工作中的经济监督手段,已经成为目前中国收费公路管理的一项重要内容。

通行费稽查管理一般包括外部稽查和内部稽查两部分。

1. 外部收费稽查

外部收费稽查主要采取路检、路查形式,检查、拦截、处理违反规定不交费的车辆。稽查地点一般设在各收费站、停车场、服务区等处。

2. 内部收费稽查

内部收费稽查是目前收费站内部收费管理的重要内容。内部收费稽查的对象主要是收费员以及票务管理人员等。内部收费稽查一般采取“三结合”的方式进行,即定期稽查与不定期稽查相结合;稽查与自查相结合;专业稽查与兼职稽查相结合。应当在进行收费稽查的同时,做好收费人员的政治思想工作,开展学习和教育,促使收费人员遵纪守法,防止违法乱纪现象发生。

内部稽查的内容一般有以下几方面:

(1)收费人员着装是否整齐,文明服务是否符合要求。

(2)收费亭有无闲杂人员;有无在收费亭内聚集聊天现象;有无随意离岗现象;收费票证、用具、通信设备、警械等是否按规定摆放和完好。

(3)检查收费人员是否按规定执行收费标准,有无违纪舞弊行为,有无利用工作之便向驾乘人员索要财物等问题。

(4)收费人员下岗后备用金是否超出规定限额;票证管理工作、票款、账目是否日清月结;票据领发、保管、使用、核销等手续是否齐全,有无涂改现象;各种账目报表是否准确及时;退票、退款是否按规定的手续办理。

(5)收取的车辆通行费是否按规定存入银行收入专户,有无挪用现象。

(6)各项安全保卫工作措施是否得以落实。

(7)检查收费速度是否符合规定的要求;收费人员有无卖旧票现象等。

【本章小结】

事业单位的收入是指事业单位为开展业务及其他活动依法取得的非偿还性资金。事业单位的收入包括财政补助收入、财政专户返还收入、上级补助收入、事业收入、经营收入、附属单位上缴收入和其他收入。其中,事业单位收到的、需要上交财政预算和财政专户管理的资金,不属于单位的收入;待同级财政将这些资金按照预算的安排拨付本单位使用后,才能计入单位收入。

公路事业单位具有行业特色的收入一般有成品油税费改革交通专项资金补助收入、车辆购置税交通专项资金补助收入、车辆通行费收入等。

公路事业单位应当加强对车辆通行费的收费管理工作。通行费收费管理的具体内容包括确定收费管理的原则和方法、建立与健全收费管理的规章制度、加强对通行费收费的稽查管理工作等。

【复习思考题】

1. 什么是收入?与企业收入相比,事业单位的收入有何特点?

2. 什么是财政补助收入?为什么说公路事业单位的收入主要是由成品油税费改革专项资金和车辆通行费收入等构成的财政补助收入?

3. 什么是上级补助收入?公路事业单位可能取得的上级补助收入一般有哪些?

4. 什么是事业收入?公路事业单位从非同级财政取得的财政资金应当如何确认?

5. 什么是经营收入?如何认识经营收入与事业收入的区别和联系?

6. 什么是成品油税费改革交通专项资金?成品油税费改革交通专项资金与公路养护资金的关系如何?

7. 现行体制下公路事业单位取得的车辆购置税交通专项资金主要是按照怎样的支出预算安排获取的?

8. 什么是车辆通行费收入?公路事业单位向公路用户收取公路车辆通行费应当遵守哪些制度规范?

9. 你认为应当如何合理确定政府收费高速公路的收费期限?

10. 公路事业单位的日常收费管理工作一般都包括哪些内容?

第十五章

公路事业单位支出管理

第一节　公路事业单位支出管理概述

一、事业单位支出的概念

修订后的《事业单位财务规则》规定，“支出是指事业单位开展业务及其他活动发生的资金耗费和损失。”

二、事业单位支出的分类

事业单位的支出包括事业支出、经营支出、对附属单位补助支出、上缴上级单位支出和其他支出。

（一）事业支出

事业支出是指事业单位开展专业业务活动及其辅助活动发生的基本支出和项目支出。基本支出是指事业单位为了保障其正常运转、完成日常工作任务而发生的人员支出和公用支出。项目支出是指事业单位为了完成特定工作任务和事业发展目标，在基本支出之外所发生的支出。按照政府收支分类改革的要求，事业支出一般包括政府收支分类科目中的工资福利支出、商品和服务支出、对个人和家庭补助和其他资本性支出。

1. 工资福利支出

工资福利支出反映单位支付给在职职工和临时聘用人员的各类劳动报酬,包括基本工资、各项津贴、奖金、社会保险缴费、伙食补助费、其他工资福利性支出,具体如下。

(1)基本工资:核算国家统一规定的事业单位工作人员的固定工资和国家规定比例的工资性补贴等,包括事业单位工作人员的岗位工资、薪级工资。

(2)津贴补贴:核算单位在基本工资之外按国家、自治区统一规定开支的津贴。公路事业单位津贴如政府特殊津贴、艰苦边远地区津贴等和各类补贴如综合补贴、夏季防暑降温补贴、职工上下班交通费补贴等(不含提租补贴)。

(3)奖金:核算单位按国家规定开支的各类奖金,包括国家及自治区统一规定的公路事业单位年终一次性奖金等(实行超收分成的单位除外)。

(4)社会保障缴费:核算单位为职工缴纳的基本养老、医疗、失业、工伤等社会保险费。

(5)伙食补助费:核算单位发给职工的伙食补助费,如误餐补助等。

(6)其他工资福利性支出:核算单位上述项目未包括的人员支出,包括各种加班工资、病假两个月以上期间的人员工资、编制外长期聘用人员、长期临时工工资等。

2. 商品和服务支出

商品和服务支出反映单位购买商品(不包括按财务会计制度规定纳入固定资产管理范围的用品)和劳务的支出,具体如下。

(1)办公费:核算单位购置并且依照事业单位财务会计制度规定不纳入固定资产管理范围的书报杂志和一般性办公用品(如钢笔、铅笔、公文夹、订书器、电话机、档案袋、信封、账表、纸张、计算器、计算机软盘、硒鼓等办公用品)书报杂志等支出。

(2)印刷费:核算单位大宗账簿、表册、票证、规章制度、资料等印刷支出。

(3)咨询费:核算单位咨询方面的支出。

(4)手续费:核算单位支付的各类手续费支出。

(5)水费:核算单位支付的管理用水费(包括饮用水、卫生用水、绿化用水、中央空调用水等)、污水处理费等支出

(6)电费:核算单位支付电费(包括照明用电、空调用电、电梯用电、食堂用电、取暖加压用电、计算机办公设备用电等)支出。

(7)邮电费:核算单位开支的信函、包裹、货物等物品的邮寄费及电话费、电报费、传真费、网络通信费等。

(8)物业管理费:核算单位开支的办公用房、职工及离退休人员宿舍等的物业管理费,包括综合治理、绿化、卫生等方面的支出。

(9)交通费:核算单位开支车船等各类交通工具的租用费、燃料费、维修费、过桥过路费、保险费、行车安全奖励费等。

(10)差旅费:核算单位工作人员出差的交通费、住宿费、伙食补助费,因工作需要开支的杂费,调干随行家属旅费,调动干部及大中专学生调遣费。

(11)出国费:核算单位工作人员出国的住宿费、旅费、伙食补助费、杂费等支出。

(12)维修费:核算单位日常开支的固定资产(不包括车船等交通工具)修理和维护费用,

网路信息系统运行与维护费用以及按规定提取的修购基金。

(13)租赁费:核算单位租赁办公用房、宿舍、专用通信网以及其他设备等方面的费用。

(14)会议费:核算单位会议中按规定开支的房租费、伙食补助费以及文件资料的印刷费、会议场地租赁费等。

(15)培训费:核算单位职工学习培训和业务培训支出。按规定提取的"职工教育经费"也在本科目反映。

(16)招待费:核算单位开支的各类接待(含外宾接待)费用。

(17)专用材料购置费:核算单位购置并且依照事业单位财务会计制度规定不纳入固定资产管理范围的专用材料支出,如试验室用品及小型设备,管理人员劳保用品,胶片、录音和录像带,专用工具和仪器等。

(18)专用燃料费:核算用作业务工作设备的车、船设施等的油料支出。

(19)劳务费:核算单位支付给其他单位和个人的劳务支出,如临时聘用人员、钟点工工资,咨询评审费,翻译费等。

(20)工会经费:核算单位按规定提取的工会经费。

(21)福利费:核算单位按规定提取的福利费。

(22)委托业务费:核算单位因委托外单位办理业务而支付的委托业务费。

(23)其他商品和服务支出:核算上述未包括的日常公用支出。如行政赔偿费和诉讼费、会员费、来访费、广告宣传费、其他劳务费及离休人员特需费、公用经费等。

3. 对个人和家庭的补助

对个人和家庭的补助反映单位用于对个人和家庭的补助支出,具体如下。

(1)离休费:核算未参加基本养老保险的单位离休人员的离休费及规定发放给离休人员的护理费和其他补贴。

(2)退休费:核算未参加基本养老保险的单位退休人员的退休费及按规定发放给退休人员的护理费和其他补贴。

(3)退职(役)费:核算单位退职(役)人员的生活补贴,一次性支付退职(役)职工的退职(役)补助。

(4)抚恤金和生活补助费:核算单位规定开支烈士家属、牺牲病故人员遗属的一次性的定期抚恤金,伤残人员的抚恤金,离退休人员等其他人员的各项抚恤金。

(5)生活补助:核算单位按规定开支的优抚对象定期定量生活补助,因公负伤等住院治疗、疗养期间的伙食补助费、长期赡养人员补助费等。

(6)医疗费:核算未参加职工基本医疗保险的单位人员的医疗费支出,以及参保人员在医疗保险基金开支范围之外,按规定应由单位负担的医疗补助支出。

(7)奖励金:核算政府各部门的奖励支出,如独生子女父母奖励、单位实行征收目标管理办法的超收分成奖励等。

(8)住房公积金:核算单位按在职职工工资总额的一定比例为职工交纳的住房公积金。

(9)提租补贴:核算单位按房改政策规定的标准向职工发放的租金补贴。

(10)购房补贴:核算单位按房改政策规定的标准向职工发放的购房补贴。

(11)其他对个人和家庭的补助支出:核算未包括在上述支出的单位对个人和家庭补助支出,如独生子女保健费、职工探亲旅费、退职人员及随行家属路费等。

4. 其他资本性支出

其他资本性支出包括以下几项。

(1)房屋建筑物购建:核算单位用于购买、自行建造办公用房、仓库、职工生活用房、食堂等建筑物(含附属设施,如电梯、通信线路、水气管道等)的支出。

(2)办公设备购置:核算单位购置并按规定纳入固定资产核算范围的办公家具和办公设备的支出。

(3)专用设备购置:核算单位购置具有专门用途并按规定纳入固定资产核算范围的各类专用设备支出。

(4)交通工具购置:核算单位购置各类交通工具(如小汽车、职工交通车等)的支出(含车辆购置税)。

(5)基础设施建设:核算纳入国家基础设施建设范围内的各类基础设施建设的支出。

(6)大型修缮:核算按财务会计制度规定允许资本化的各类设备、建筑物、公共基础设施等大型修缮的支出。

(7)信息网络购建:核算单位用于信息网络化方面的支出,如计算机硬件、软件购置、开发、应用支出等。如果购建的计算机硬件、软件等不符合财务会计制度规定的固定资产确认标准的,不在本项核算。

(8)其他资本性支出:核算著作权、商标权、专利权等无形资产购置支出,以及未包括在上述项目的资本性支出,例如娱乐、文化和艺术院作的使用权、购置图书等。

按照国家的规定,需要将事业支出划分为基本支出和项目支出两个二级科目。其中:

基本支出科目核算工资福利支出、对个人和家庭的补助以及商品和服务支出、其他资本性支出中属于基本支出的内容。

项目支出科目核算商品和服务支出、其他资本性支出中属于项目支出的内容。

事业支出包括用财政补助收入安排的支出和用除了经营收入以外的其他收入安排的支出,即非财政专项资金支出和其他资金支出。非财政补助支出是否也按照政府收支分类的要求进行明细分类,取决于非财政补助收支管理的需要。

(二)经营支出

经营支出是指事业单位在专业活动及其辅助活动之外开展非独立核算的经营活动发生的支出。经营支出也可进一步划分为人员支出、对个人和家庭的补助支出以及公用经费支出。事业单位非独立核算经营活动所发生的支出,都应当纳入经营支出核算反映。对独立核算经营活动所发生的支出,应当按照企业财务制度独立核算,不包括在经营支出中。

(三)对附属单位补助支出

对附属单位补助支出是指事业单位用财政补助收入之外的收入对附属单位补助发生的支出。

(四)上缴上级单位支出

上缴上级单位支出是指实行收入上缴办法的事业单位按照规定的定额或者比例上缴上级单位的支出。

(五)其他支出

其他支出是指除了以上支出项目以外的支出,包括利息支出、对外捐赠支出等。

三、公路养护与管理单位的事业支出

根据公路养护与管理单位的业务特点,事业支出可进一步划分为工程支出、经费支出和其他支出。

(一)工程支出

工程支出是指公路事业单位在公路养护、改建、改造过程中发生的实际支出。工程支出项目如下。

1. 公路小修保养支出

公路小修保养支出是指县级以上干线公路在小修保养过程中发生的实际支出;其成本项目包括人工费、材料费、机械使用费、工具费、民工建勤费和其他费等。

2. 公路大中修、抢修和改建支出

公路大中修支出是指公路大中修过程中发生的实际支出;公路抢修支出是指公路水毁抢修过程中发生的实际支出;公路改建支出是指公路改建过程中发生的实际支出。

如果公路事业单位自行组织从事这些工程项目,则其工程成本可进一步划分为人工费、材料费、机械使用费、其他直接费、施工管理费和其他支出等成本项目。

按照国家有关规定,公路大中修、抢修和改建工程支出由于工程支出较大,应当按照《中华人民共和国政府采购法》《中华人民共和国招标投标法》等的规定采取招标方式由社会施工机构承担。这样,这些公路工程支出可进一步划分为建筑安装工程支出和其他工程支出。

3. 新建公路补助

新建公路补助是指交通运输主管部门和公路管理单位按规定拨付的由中央或者地方计划安排的新建干线公路(包括大型独立桥梁、隧道)的补助支出。

4. 渡口支出

渡口指出是指公路渡口的设施费和人员经费的实际支出。

5. 绿化支出

绿化支出是指公路事业单位为公路绿化所发生的实际支出,包括栽植费和苗圃育苗费等。

按照交通运输部有关公路养护工程管理的规定,绿化应当纳入公路养护的范畴;这样绿化支出也可以按照工程量的大小分别并入公路小修保养支出、公路大中修支出中。

6. 道(渡)班房建设支出

道(渡)班房建设支出是指在公路原有线路或者渡口新建道班房和渡班房所发生的实际支出。

7. 农村公路补助支出

农村公路补助支出是指公路事业单位按规定拨付的农村公路建设和养护补助资金和对农村扶贫公路补助所发生的实际支出。

8. 工程前期支出

工程前期支出是指为进行公路改建项目所发生的前期可行性研究、勘测设计等实际支出。

9. 机械设备修购费

机械设备修购费是指公路事业单位按规定提取的修购基金。

10. 生产房屋建设支出

生产房屋建设支出是指公路事业单位为购建生产和业务用房发生的实际支出,包括公路规费征收用房、通行费收费亭、仓库、办公楼等。

11. 职工宿舍建设支出

职工宿舍建设支出是指公路事业单位为购建职工宿舍、食堂等非生产性用房发生的实际支出。

12. 大桥看守费支出

大桥看守费支出是指为看守大型桥梁发生的实际支出。

13. 其他支出

其他支出是指公路事业单位所发生的、除了以上项目以外的其他工程性实际支出,包括征用土地及迁移补偿费、科学研究试验费、施工机构迁移费、临时设施费等支出。

(二)经费支出

公路事业单位的经费支出,是指为履行路政管理、行政管理等职能所发生各项经费的实际支出。经费支出项目如下。

1. 行政经费支出

行政经费支出是指公路事业单位管理机构发生的各项管理费用,包括人员经费支出和公用经费支出。

2. 路政管理经费支出

路政管理经费支出是指路政管理事业单位为履行路政管理职能所发生的管理费用,包括人员经费支出和公用经费支出。

3. 科教经费支出

科教经费支出是指公路事业单位为进行科研、试验、技术开发、交通量调查、职工教育培训以及有关宣传活动发生的实际支出。

4. 其他经费支出

其他经费支出是指公路事业单位发生的、除了以上项目以外的其他经费支出。

(三)其他支出

公路养护与管理单位的其他支出,是指所发生的除了工程支出、经费支出以外的其他项目的实际支出,包括以下项目。

1. 劳动保险费

劳动保险费是指公路事业单位离退休人员的离退休金、医药费、活动经费等,职工丧葬补助费和抚恤费,六个月以上病假人员的工资和补助工资等劳动保险费用支出。

2. 其他支出

其他支出是指公路事业单位所发生的、除了以上项目以外的其他支出。

四、公路事业单位养路支出的构成

实行成品油价格与税费改革后,国家没有出台新的规范公路养路支出的规定。参照原国家计委、国家经委、交通部、财政部于1987年2月3日发布的《公路养路费使用管理规定》❶,可考虑将公路养路支出分类如下。

1. 养护工程费

养护工程费包括公路小修保养费,大中修工程费,水毁抢修及修复工程费,改建工程费,新建工程补助费,公路渡口费,绿化费,道(渡)班房修建费,农村公路补助费,养护改善工程测设费以及养护机械、车辆设备购置费。

2. 养护事业发展费

养护事业发展费包括行政管理费,养护专用机械、构件、材料厂(场、库)建设费,养护管理技术进步开发费,养护科研、教育费,路况及交通量情况调查费,养路职工宿舍和养路段、站必需的生产房屋修建费,路政管理费。

3. 养护其他费

养护其他费包括劳动保险,非固定职工福利、奖励、医药抚恤费、退职、退休、离休人员费,边远地区养路职工子弟学校经费,国家规定要缴纳、支付的其他税费等。

2009年以后,成品油税费改革交通专项资金分配形成的公路养护专项资金,用于养护工程方面的费用比例,应不低于80%,同时,要首先确保公路小修保养和大中修工程费的需要,然后,再根据经费的可能,安排其他工程项目。不得挤掉正常养护经费而安排新、改建工程和其他支出。

第二节　公路事业单位成本管理

公路事业单位进行成本核算和管理,是公路事业单位支出管理的显著特点。加强公路事业单位的成本管理工作,不仅有利于降低成本,提高资金使用效益,而且可以为公路事业单位向企业管理转化积累经验,创造条件。

公路事业单位的成本费用管理,就是对公路养护过程中所发生的各项成本和费用,有组织、有系统地进行预测、计划、决策、控制、核算、考核和分析等一系列科学管理工作的总称。它的主要内容包括:成本费用预测、成本费用计划与决策、成本费用控制、成本费用考核、成本费用核算、成本费用分析等。

---

❶ 该规定已于2009年2月19日被交通运输部令2009年第2号废止。但到2015年6月30日为止,国家尚未出台新的规范公路养护支出行为的规定。

一、公路事业单位成本费用管理的基本要求

1. 全员性成本费用管理

全员性成本费用管理是指公路事业单位的全体人员包括各级行政领导、工程技术人员、各级管理人员和直接业务人员共同参与成本费用管理,使单位的成本费用管理具有在管理空间上的全面性。

2. 全过程成本费用管理

全过程成本费用管理是指公路事业单位对业务成本费用形成过程所进行的管理,具有管理时间上的全面性。

3. 预防性成本费用管理

预防性成本管理是指为防止未来成本的上升所采取的预防性措施。对公路进行定期保养具有明显的经济效益。世界银行公路项目评估专家认为,道路养护的效益一般是养护成本支出的4倍至几十倍。如果对道路状况恶化置之不理,每节约1元养护成本将导致车辆运行成本至少增加2~3元。欧盟道路联合会认为,投入公路养护的每元资金,最多可避免15元在未来为从事公路修缮发生的支出。由于公路养护的作用在于防止未来成本的上升,而不是在现有基础上降低成本,因而降低成本的效益往往被人们所忽视。政府管理中的短期化行为使得人们往往更重视新建公路,特别是新建高速公路;因而公路养护投资不足不仅是中国公路行业所面临的突出问题,在国际上这一问题也普遍存在。欧盟道路联合会认为,用于公路养护的资金应当占公路资产价值的1.5%。而目前欧盟各国对公路养护的投入仍不到1%[1]。因此,公路事业单位应当重视预防性成本费用管理工作。

强调对公路事业单位实行预防性成本费用管理,首先应当采取科学的方法来衡量养护的经济效益。

其次,应当树立公路保养作业属于强制性作业、为保养公路所发生的支出属于必须发生的支出、不应当追求保养成本节约的观念,并且在制度上和资金上保证公路保养作业按期、按要求进行。

4. 建立与健全单位内部成本费用管理责任制

公路事业单位应当通过建立与健全内部成本费用管理责任制,科学制定能够较理想反映单位业务技术与管理工作综合质量的成本费用管理指标,并且将指标逐级落实到各职能部门、内部基层单位和全体员工身上,与内部单位和员工的业绩考核紧密结合,调动全体人员和各个方面加强成本费用管理的积极性和责任感,努力提高公路事业单位的成本费用效益。

二、公路小修保养成本管理

(一)公路小修保养成本项目

参考1987年11月19日交通部印发的《公路养护单位成本核算办法》,公路小修保养成本计算对象分为水泥路面、黑色路面和沙石路面三种路面种类。如果有土路面或者公路特大构

---

[1] EURF:Road Asset Management:A Manifesto to Keep the Europe moving, March, 2014。

筑物(如大桥、隧道)可根据需要单独计算小修保养成本。公路小修保养成本项目包括:人工费、材料费、机械使用费、工具费、民工建勤费和其他费。

1. 人工费

人工费是指从事公路小修保养的道班工人(包括桥梁、隧道维修工人)的标准工资、误餐补助、各种工资性补贴、提取的职工福利费以及公路小修保养临时雇用的临时工的费用等。

2. 材料费

材料费是指在公路小修保养过程中直接用于路线、构造物的经常性维修保养的各种材料,以及材料运费、建勤车备料(沙石料)补助费、沥青、渣油加温燃料费等。

3. 机械使用费

机械使用费是指在公路小修保养过程中使用养路机械和使用固定划归道班管理的运输设备所发生的费用,包括租用养路机械的台班费用,道班自有养路机械和运输设备的燃料、保养维修等费用。

4. 工具费

工具费是指在公路小修保养过程中使用的各种养路工具的购置、摊销和修理费用。

5. 民工建勤费

民工建勤费是指采用民工建勤方式对公路进行小修保养所发生的补贴费、医药费、自带工具修理补偿费等。

6. 其他费

其他费是指不属于以上项目的其他费用,包括按道班工人的工资总额和规定标准提取的工会经费、劳动保护费、办公费、差旅交通费、取暖费等。

(二)公路小修保养成本的作用

公路保养业务属于预防性业务,它在成本控制上的主要作用在于防止未来由于道路或者路面状况恶化所导致的养护和维修成本的上升。

(三)公路小修保养成本预测

1. 公路小修保养成本预测的意义

公路小修保养成本属于可比成本,可以按照可比成本预测的方法进行公路小修保养成本预测。

对未来公路小修保养成本水平进行预测的主要目的是为了预测有关因素变动可能对未来成本水平的影响;预测的结果可为公路事业单位制定成本降低计划和各项成本费用定额或者标准提供依据。

2. 公路小修保养成本预测的方法

公路小修保养成本预测可根据以下步骤进行。

(1)预测按上年实际每公里平均成本计算的计划期的总成本

$$预测总成本 = \sum(计划养护里程 \times 上年单位里程成本)$$

(2)测算各因素变动对成本的影响程度

某成本项目变动影响的成本降低率 = 该项成本变动的% × 该项成本占总成本的%

(3)测算全部成本降低率

全部成本降低率 = Σ某成本项目变动影响的成本降低率

全部成本降低额 = 预测总成本 × 全部成本降低率

或： = Σ某成本项目的预测成本总额 × 该项成本变动的百分比(%)

(四)公路小修保养成本分析

1. 公路小修保养成本分析概述

公路日常保养与小修成本属于可比成本的范畴;可比成本的比较分析可具体表现为以下四方面:

(1)实际成本与上期成本的比较分析,反映为实际降低额和降低率;

(2)实际成本与计划成本的比较分析,反映为计划完成情况的降低额和降低率;

(3)计划成本与上期成本的比较分析,反映为计划要求的降低额和降低率;

(4)成本实际降低与计划降低的比较分析,反映了计划降低任务的实际完成情况。

如果进行计划成本与上年成本的比较,则:

成本降低额 = Σ计划养护里程 ×(上年单位成本 - 计划单位成本)

成本降低率(%) = 成本降低额 ÷ Σ计划养护里程 × 上年单位成本

如果进行实际成本与上年成本的比较,则:

成本降低额 = Σ实际养护里程 ×(上年单位成本 - 实际单位成本)

成本降低率(%) = 成本降低额 ÷ Σ实际养护里程 × 上年单位成本

如果要反映成本降低计划完成情况的分析,则:

成本差异额 = 实际降低额 - 计划降低额

成本差异率 = 实际降低率 - 计划降低率

2. 影响成本变动的因素分析

一般来说,影响成本变动的因素有三个。

(1)业务量数量变动对成本降低计划完成的影响;公路养护单位的业务量数量是指所养护的公路总里程。随着中国公路建设事业的快速发展,中国每年所需保养的公路总里程将不断增加。

(2)业务量结构变动对成本降低计划完成的影响;公路事业单位的业务量结构是指所养护公路由不同的道路等级和路面种类等所形成的结构。随着中国道路条件的不断改善,高等级公路、高级和次高级路面的公路在全部公路总所占比重在不断提高;这意味着公路结构也在不断地变化着。

(3)单位业务量成本变动对成本降低计划完成的影响。公路事业单位的单位业务量成本是指某等级公路或者某路面级别公路的平均每公里小修保养成本。公路养护机械化程度的提高、养护用材料价格的变动以及养护工人工资水平的提高等,都会影响单位业务量成本发生变动。

3. 各因素变动对成本降低计划任务完成的影响分析

(1)业务量数量变动对成本降低计划完成的影响

数量变动影响的成本降低额 = [Σ(实际养护里程 - 上年养护里程) × 上年单位成本] × 计划成本降低率

(2)业务量结构变动对成本降低计划完成的影响

结构变动影响的成本降低额 = Σ实际养护里程 ×(上年单位成本 - 计划单位成本) - [Σ(实际养护里程 × 上年单位成本) × 计划成本降低率]

结构变动影响的成本降低率 = 结构变动影响的成本降低额 ÷ Σ(实际养护里程 × 上年单位成本)

(3)单位业务量成本变动对成本降低计划完成的影响

单位成本变动影响的成本降低额 = Σ实际养护里程 ×(计划单位成本 - 实际单位成本)

单位成本变动影响的成本降低率 = 单位成本变动影响的成本降低额 ÷ Σ(实际养护里程 × 上年单位成本)

【例15-1】 某公路养护单位2014年公路小修保养成本表(按路面等级反映)所列的本年累计实际总成本为4 550万元,按上年实际每公里平均小修保养成本计算的本年累计总成本为5 000万元,按本年计划每公里平均小修保养成本计算的本年累计总成本为4 580万元。该单位2014年公路小修保养成本的计划降低额为340万元,计划降低率为8.5%。要求:

(1)计算该单位公路小修保养成本的实际降低额和实际降低率;

(2)确定小修保养成本降低计划的执行结果;

(3)采用因素分析法,计算分析数量、结构和单位成本变动对成本降低计划执行情况的影响程度。

小修保养成本分析的计算结果如下:

(1)小修保养成本降低额 = 5 000 - 4 550 = 450(万元)

小修保养成本降低率 = (450 ÷ 5 000) × 100% = 9%

(2)小修保养成本降低额计划执行结果:450 - 340 = 110(万元)

小修保养成本降低率计划执行结果:9% - 8.5% = 0.5%

(3)影响程度分析

保养里程变动影响的降低额 = 5 000 × 8.5% - 340 = 85(万元)

保养里程变动影响的降低率 = 0

路面结构变动影响的降低额 = (5 000 - 4 580) - 5 000 × 8.5% = -5(万元)

路面结构变动影响的降低率 = (-5 ÷ 5 000) × 100% = -0.1%

道路单位成本变动影响的降低额 = 450 - (5 000 - 4 580) = 30(万元)

道路单位成本变动影响的降低率 = (30 ÷ 5 000) × 100% = 0.6%

4. 公路养护成本项目分析

公路小修保养成本项目包括:人工费、材料费、机械使用费、工具费、民工建勤费和其他费。进行小修保养成本项目分析的主要目的是揭示影响成本变动的因素以及各因素变动对成本的影响程度,为成本控制工作提供可靠的依据。

(1)人工成本分析。人工成本包括支付给养护工人的工资和按工资总额一定比例计提的职工福利费。人工成本的一般计算公式为:

人工成本 = 工资总额 + 职工福利费总额

= 工资总额 ×(1 + 职工福利费计提比例)

=养护工人人数×人均工资×(1+职工福利费计提比例)

如果将工资和福利费合并,可以看到,影响人工成本高低的因素主要有职工人数和平均工资水平。因职工人数变动产生的差异叫做人工效率差异;平均工资水平变动产生的差异叫做工资率差异。

人工效率差异和工资率差异的计算公式如下:

人工效率差异=(实际人数-定员标准)×人均工资标准

工资率差异=(实际人均工资-人均工资标准)×实际人数

(2)材料成本分析。材料成本包括公路养护用沥青、水泥、砂石等材料的采购成本。材料成本的一般计算公式如下:

材料成本=∑(材料用量×材料价格)

可以进一步分析出,影响材料成本高低的因素应当包括材料的消耗数量和材料的价格水平。因耗用材料数量变动产生的差异叫做材料用量差异;材料价格水平变动所产生的差异属于价格差异。

材料用量差异和材料价格差异的计算公式如下:

材料用量差异=(实际用量-标准用量)×标准价格

材料价格差异=(实际价格-标准价格)×实际用量

可根据人工成本、材料成本的分析方法进一步对机械使用费、工具费、民工建勤费等成本项目进行分析。

三、公路大中修、水毁抢修与改建工程成本管理

(一)公路大中修、抢修与改建工程成本项目

按照国家有关规定实行发包的公路大中修、抢修与改建工程成本项目,可进一步划分为建筑安装工程支出和其他工程支出。

1. 建筑安装工程支出

公路事业单位支付给工程承包单位的工程结算价款,计入建筑安装工程支出。

2. 其他工程支出

其他工程支出包括设备支出和其他支出。

(1)设备支出是指按照项目概算内容发生的各种设备的实际成本,包括需要安装设备、不需要安装设备和为生产准备的不够固定资产标准的工具、器具的实际成本。

(2)其他支出是指按公路工程项目概算内容发生的,按照规定应当分摊计入工程成本的各项费用支出,包括进行公路大中修与改扩建工程所发生的项目管理费、土地征用及迁移补偿费、土地复垦及补偿费、勘察设计费、研究试验费、可行性研究费、临时设施费、设备检验费、合同公证及工程质量监理费、(贷款)项目评估费、社会中介机构审计(查)费、招投标费、经济合同仲裁费、诉讼费、律师代理费、土地使用税、耕地占用税、车船使用税、报废工程损失、坏账损失、借款利息、固定资产损失、器材处理亏损、设备盘亏及毁损等。

(二)公路大中修、抢修与改建工程成本管理与控制

公路大中修工程具有公路局部更新的作用;公路一般通过局部轮番大修实现整体更新。

公路抢修工程与改建工程的主要作用在于恢复原有的规模和通行能力。抢修一般属于原地恢复;改建一般属于易地恢复。上述工程成本管理与控制的侧重点应当主要体现在以下两方面。

1. 工程成本控制应与工程项目的投资决策相结合

公路大中修、抢修和改建工程属于工程投资的范畴;工程投资应当在可行性论证的基础上进行,以保证投资获得理想的投资效益。

2. 工程成本应当实行预算控制

工程成本属于不可比成本;不可比成本控制的主要方法是预算控制法。对工程成本实行预算控制,就是要求将实际工程成本控制在预算规定的限额内。这就要求:

(1)工程费用预算应当科学合理,才能作为控制的依据。

(2)在工程施工过程中,可能会出现诸多影响成本水平的因素。如果这些因素变动对工程成本的影响是客观的、不可避免的,应当及时调整工程预算;使预算能够真正发挥控制工程成本的作用。

(3)工程完工后,应当将工程预算成本与实际工程成本进行比较,揭示可能出现的差异;分析差异产生的主客观原因,应以此为依据对当事人的工作业绩进行考核,为今后实行有效的工程成本控制创造条件。

第三节　公路事业单位车辆通行费支出管理

一、车辆通行费支出的概念和分类

(一)车辆通行费支出的概念

政府收费高速公路收取车辆通行费属于行政事业性收费。根据现行规定,公路收费站(点)、通行费管理单位在规定的收费期间发生的用于政府收费高速公路养护、收费与路政管理、还贷等各项支出,构成了公路事业单位的车辆通行费支出。

严格地说,由于公路使用者已缴纳了成品油消费税,因而再支付的车辆通行费只应当用于还本付息以及因收费所产生的收费人员和收费机构的各项开支,本不应当用于与收费无关的公路养护、公路绿化、路政管理、交通安全管理等支出。

(二)车辆通行费支出的分类

车辆通行费支出一般可划分为以下费用项目。

1. 公路养护费

公路养护费是指公路事业单位在收费期间为养护政府收费高速公路发生的公路小修保养、大中修工程、公路改建、公路沿线设施维护支出以及水毁抢修工程的实际支出。

2. 公路运行费

公路运行费是指为保证公路、桥梁、隧道等基础设施正常使用所发生的照明、通风、用水等支出。

3. 管理经费

管理经费是指公路事业单位的收费管理机构在收费期间为管理政府收费高速公路所发生的实际支出,包括人员经费支出和公用经费支出。

4. 固定资产购建费

固定资产购建费是指公路事业单位在收费期间为购建与政府收费高速公路正常运行有关的固定资产所发生的实际支出,具体包括房屋购建支出、办公设备购置支出、专用设备购置支出、交通工具购置支出、信息网络购建支出。

5. 借款利息支出

借款利息支出是指公路事业单位在收费期间所发生的借款利息、建设债券利息、集资利息等的实际支出。

6. 归还贷款支出

归还贷款支出是指公路事业单位在收费期间为偿还贷款、建设债券或者集资本金所发生的实际支出。

7. 其他支出

其他支出是指公路事业单位在收费期间为养护与管理政府收费高速公路所发生的除了以上各项支出以外的其他支出,包括收费站设施费支出和其他支出。其中收费站设施费支出是指公路事业单位在收费期间为收费站建设(包括收费站道路加宽、收费棚、收费亭、防撞柱、隔离墩、收费监控以及其他设施建设)所发生的实际建设费用。

二、车辆通行费支出管理的基本要求

(一)车辆通行费支出管理的原则

车辆通行费支出管理应当遵循以下两个原则。

1. 专款专用原则

公路事业单位收取的车辆通行费属于用于偿还贷款或者集资本息的专项事业费。所以,按照国家现行规定,车辆通行费只能用于偿还贷款和集资本息以及与政府收费高速公路有关的养护、收费管理等方面的支出,不应当随意扩大车辆通行费的支出范围,侵犯公路用户的合法权益。

2. 效益原则

公路事业单位应当在按规定使用车辆通行费的基础上合理安排支出,以求提高有限通行费资金的使用效益。以下是与提高资金使用效益有关的决策选择事例。

(1)是否用通行费资金提前还贷的选择。如果按照贷款协议的规定,用通行费收入补偿各项公路养护与收费管理支出后的余额(还贷收入)偿还到期贷款本金和利息后仍然还有余额,并且债权人允许提前还贷,则公路事业单位面临的选择是:提前还贷还是用通行费余额资金投资以获取投资收益?影响这一决策的关键因素应当是投资收益率与贷款利率的比较。很明显,如果投资收益率高于贷款利率,将资金用于投资也许更理想一些。投资的风险是未来的投资收益具有不确定性。

(2)如果不能提前还贷,公路事业单位所面临的选择是:将资金按照还贷的时间差存入银行或者购买短期债券获利还是用于投资其他的收费公路,并用所取得的经营性公路的通行费收入偿还贷款本息?很明显,前一项选择风险较小,但获利程度也较小;后一项选择可能获利较高,但不确定因素所导致的财务风险较大。对于这样的问题没有明确的答案。

(二)目前在车辆通行费收支管理上存在的问题及其分析

1. 目前中国收费管理上存在的问题分析

收费还贷制度对中国的高速公路建设事业发展有重要的促进作用。但在看到"贷款修路,收费还贷"政策对中国公路建设起到巨大促进作用的同时,对政府收费高速公路发展中存在的突出问题,还有必要保持十分清醒的认识。

《中华人民共和国公路法》及其有关法规、规章明确规定,可以实行收费还贷制度的公路是利用贷款或社会集资修建的公路。政府收费高速公路所具有的特征是:

(1)新建的或是在原有公路基础上扩建或改造而成的高速公路;

(2)与原有公路相比,具有明显的级差效益;

(3)利用需偿还的资金修建的高速公路。

但是在收费实践中,一些已使用多年、尚未通过扩建或改造来改善其通行条件的公路或桥梁,却被强制性地设卡收费,严重地违背了国家的现行政策法规,也有悖于现代经济理论;一些车辆通行费收入被某些地方政府或交通运输主管部门挪作他用,同时不合理地提高收费标准或延长收费还贷年限,加大了公路使用者的经济负担;一些收费高速公路的贷款或集资本息业已还清,但仍在继续收费;将一些已还清贷款本息或已基本上还清贷款本息的政府收费高速公路的收费权转让给国内外经济组织实行收费经营,大大延长其收费年限,使公路用户增添了新的经济负担。应当指出,根据现代经济理论,在新建、扩建或改造的公路和桥梁能够为公路用户带来级差效益的前提下,公路用户可以缴纳车辆通行费的形式补偿为修建公路和桥梁所耗用的资金;但没有理由要求特定公路的用户承担为其他公路用户提供效益的公路的建设费用,更没有理由要求这些公路用户承担为修建办公大楼、职工宿舍等非公路建设项目所发生的费用。为了有利于维护公路使用者的合法权益,国家有责任在现代经济理论指导下科学地规范并有效地控制政府收费高速公路收费行为。

2. 应当进一步加强对车辆通行费的收支管理

要科学地规范并有效地控制公路收费行为,促使收费公路健康发展,应注重以下方面。首先,应进一步加大对公路收费理论的研究力度,明确为什么要收费以及应如何收费的理论依据,为进一步制定有关规范收费行为的政策法规奠定理论基础。在公路建设资金相对短缺的条件下,收取车辆通行费是公路建设事业、特别是高速公路建设事业为适应国民经济发展而较快发展的客观需要,不属于乱收费;但目前在收取车辆通行费实践中确实存在侵犯公路使用者合法权益的乱收费行为。因此,有必要在理论上划清合理收费与乱收费的界限,并通过加快制度法规建设的速度和加大执法的力度,有效地控制并逐步消除乱收费行为。

其次,应进一步完善有关公路收费的制度法规体系,并以此为依据来科学地规范公路收费行为。目前出台的有关对政府收费公路车辆通行费收支的规范,还只是原则性的规范;有关政府收费公路车辆通行费开支范围和开支标准的规范,有关政府收费公路施行"统贷统还"政策的规范,由于各种原因,至今尚未出台。制度建设还任重而道远。

第三,应当进一步加大执法力度。从1999年初开始,国务院已决定将清理整顿公路收费站点作为交通与车辆税费改革的一项重要的配套措施,交通运输部已就整顿工作制定了实施方案。其基本思路为:第一步,按新的标准对公路收费站进行清理整顿,要求政府收费公路必须在收费站张榜公布贷款金额和还贷期限,还清贷款本息后应立即停止收费;并规定了收费站点的最低间距。第二步,逐步取消普通公路上的所有收费站点,只允许高速公路、基本具备控制出入口的一级公路和二级公路实行政府收费还贷制度。按照2011年以来政府最新的政策导向,今后只有高速公路才可收取车辆通行费。

针对一些地方路桥收费仍存在严重违规和不合理现象,进入21世纪以来,国家陆续出台了国办发[2002]31号、交公路发[2006]654号、交公路发[2011]283号等规范性文件,分别提出了对路桥收费进行清理整顿的原则要求。

相信随着这些法律、法规和规章制度的严格贯彻实施,一定会有效促进中国政府收费公路事业健康、有序发展。

【本章小结】

事业单位的支出是指事业单位开展业务及其他活动发生的资金耗费和损失。事业单位支出一般包括事业支出、经营支出、对附属单位补助支出、上缴上级单位支出等。其中,事业支出可进一步划分为人员经费支出和公用经费支出两部分。

公路事业单位的事业支出可进一步划分为工程支出、经费支出、通行费支出和其他支出。其中,工程支出是指公路事业单位在公路养护、改建、改造过程中发生的实际支出;经费支出是指为履行路政管理、行政管理等职能所发生各项经费的实际支出;通行费支出是指收费站、通行费管理单位在收费期间发生的政府收费高速公路的养护、收费管理、还贷等各项支出;其他支出是指所发生的除了工程支出、经费支出、通行费支出以外的其他项目的实际支出。

用成品油税费改革专项资金安排的养路支出是公路事业单位支出的主要组成部分。养路支出范围包括:养护工程费;养护事业发展费;养护其他费。

实行成本核算与管理是公路事业单位支出管理的一个重要特点。公路事业单位的成本管理包括对公路小修保养成本的管理和对公路大中修、抢修与改建工程成本的管理。其中,公路小修保养成本属于可比成本的范畴,可采用可比成本管理的通用方法进行管理与控制,包括成本预测、成本分析等;公路大中修、抢修与改建工程成本属于不可比成本,一般应当采取预算控制的方式进行管理。

通行费支出管理是公路事业单位支出管理的另一重要方面。加强通行费支出管理的主要目的是为了维护公路用户的合法权益,同时通过有效控制通行费支出来提高政府收费高速公路管理单位的偿还贷款本息能力。目前在中国收费还贷实践中还存在一些亟待解决的问题;应当注重进行解决这些现实问题的理论研究和法规制度建设。

【复习思考题】

1. 什么是支出?事业单位支出与企业的成本费用相比有何特点?

2. 事业单位支出由哪些项目构成?各支出项目的具体内容是什么?为什么要将事业支出划分为人员经费支出和公用经费支出?

3. 与一般事业单位相比,公路事业单位的事业支出在构成上有何特点?

4. 参照国家有关规定,用成品油税费改革交通专项资金安排的公路养路支出的支出范围有哪些?

5. 公路事业单位购置公路养护用机械设备的支出能否列入工程支出?为什么?

6. 与一般企业相比,公路事业单位的成本管理有何特点?

7. 为什么说公路小修保养成本属于可比成本,公路大中修、抢修与改建工程成本属于不可比成本?与公路小修保养成本相比,公路工程成本管理与分析有何特点?

8. 根据国家现行规定,政府收费高速公路的通行费支出包括哪些具体内容?

9. 要维护好公路用户的合法权益,通行费支出管理应当注重解决好哪些问题?

10. 你认为目前中国在政府收费高速公路通行费收支管理实践中存在哪些亟待解决的问题?解决这些问题应当采取哪些有效措施?

第十六章

公路事业单位资产与负债管理

第一节　公路事业单位资产管理

一、事业单位资产的概念和特征

(一)事业单位资产的概念

根据修订后的《事业单位财务规则》中的规定,“资产是指事业单位占有或者使用的能以货币计量的经济资源,包括各种财产、债权和其他权利。”

(二)事业单位资产的特征

从资产这一概念可以看出,资产具有以下特征。

1. 资产必须是一种经济资源

这种经济资源具有为事业单位开展业务及其他活动提供或创造客观条件的某种经济权利或经济潜能。换言之,这种经济资源必须有用,必须具有使用价值,必须能够为事业单位创造社会效益和经济效益。只有具备这种条件的经济资源才能够作为资产存在或者得到确认。

2. 资产必须能够用货币来计量

在商品经济条件下,事业单位为开展业务及其他活动,所拥有的各种经济资源,如房屋、设备、仪器、材料、燃料、低值易耗品等,都应当可以用货币来表现和计量。货币计量成为事业单位会计核算和财务管理的一个基本前提。一种经济资源如果不能用货币计量,事业单位就难以确认和计量这种经济资源的价值;这种不能确认和计量的经济资源也就不能被确认为资产。

3. 资产必须为事业单位所占用或者使用

一项资产如果要被确认为是一个事业单位的资产,这个事业单位必须对其拥有占有权或者使用权。事业单位占有或者使用的资产基本上是国家通过不同方式拨入形成的;事业单位自行组织收入形成的资产,也应当属于国有资产。可以认为,事业单位对资产只有占有权或者使用权,而没有所有权。因此,事业单位不能以其所占用的全部资产对单位的债务承担责任;事业单位的资产报废或者产权转让事项,应当按规定报经国有资产管理部门批准后进行。

4. 资产包括各种财产、债权和其他权利

资产所包含的内容是十分广泛的。其中,有的资产以实物形态存在,如固定资产、存货等;有的资产则不具有实物形态,如无形资产、各种债权等。资产是否具有实物形态并不是对资产确认的必要条件;凡是有助于事业单位开展业务及其他各项活动、能够为事业单位创造经济效益和社会效益、事业单位拥有占用权或者使用权、并且能够用货币进行计量的经济资源,无论其存在形式如何,都应当作为事业单位的资产予以确认。

二、公路事业单位资产的构成

事业单位的资产划分为流动资产、固定资产、在建工程、无形资产和对外投资。

(一)流动资产

流动资产是指可以在1年以内变现或者耗用的资产,包括现金、各种存款、零余额账户用款额度、应收及预付款项和存货等。

对外投资中的短期投资,也应当属于流动资产的组成部分。

(二)固定资产

固定资产是指一般单位价值规定标准以上,使用期限在1年以上,并在使用过程中基本保持原有物质形态的资产。

1996年10月公布的《事业单位财务规则》曾将固定资产的标准界定为一般设备500元以上,专用设备800元以上。2012年2月修订后的《事业单位财务规则》将其标准分别提高到1 000元和1 500元。

对于单位价值虽然未达到规定标准,但是耐用时间在1年以上的大批同类物资,也需要作为固定资产管理。

(三)在建工程

2012年2月修订后的《事业单位财务规则》确立了在建工程的资产构成。

在建工程是指已经发生必要支出,但尚未达到交付使用状态的建设工程。

在建工程达到交付使用状态时，应当按照规定办理工程竣工财务决算和资产交付使用。

（四）无形资产

无形资产是指不具有实物形态而能为使用者提供某种权利的非货币性长期资产，包括专利权、商标权、著作权、土地使用权、非专利技术、商誉以及其他财产权利。

（五）对外投资

对外投资是指公路事业单位依法利用货币资金、实物、无形资产等方式向其他单位进行的投资。对外投资进一步划分为短期投资和长期投资。

1. 短期投资

公路事业单位的短期投资一般是指单位根据某种需要购买短期国债取得的投资。短期投资的基本特征是投资的回收期在 1 年以内。

2. 长期投资

长期投资包括公路事业单位购买长期国债取得的投资以及对其他企业的长期股权投资。

三、流动资产管理

流动资产是事业单位资产的重要组成部分。公路事业单位应结合《行政事业单位内部控制规范（试行）》的规定加强对流动资产的管理。

（一）现金及各种存款

1. 现金的概念

现金是指公路事业单位的库存现金。公路事业单位持有库存现金是为了满足日常零星开支的需要。公路事业单位应当按照 1988 年 9 月 8 日发布的《现金管理暂行条例》（国务院令第 12 号）中的有关规定管好现金。存款是事业单位存入银行和其他金融机构的货币资金；事业单位应当按照国家有关存款管理的规定管理好这项重要的流动资产。

在财务管理中，广义的现金概念包括库存现金和各种存款。在市场经济条件下，公路事业单位对现金的管理应当借鉴企业对现金管理的成功经验，即在保证支付所需的前提下，尽量减少现金资产的无效占用。

2. 现金管理

公路事业单位应当建立健全货币资金内部管理制度，确保货币资金的安全。具体措施包括[1]：

（1）建立货币资金业务的岗位责任制。严格明确相关部门和岗位的职责权限，确保办理货币资金业务的不相容岗位相互分离、制约和监督。出纳人员不得兼任稽核、会计档案保管和收入、支出、费用、债权债务账目的登记工作。单位不得由一人办理货币资金业务的全过程。

---

[1] 这些具体措施为陕西省交通运输厅和陕西省财政厅以陕交发［2014］24 号文联合发布的《陕西省公路养护事业单位财务管理办法（试行）》中的规定。

办理货币资金业务,应当配备合格的财会人员,并根据单位具体情况定期或不定期进行岗位轮换。

(2)建立严格的货币资金业务授权批准制度。严格明确审批人对货币资金业务的授权批准方式、权限、程序、责任和相关控制措施,规定经办人办理货币资金业务的职责范围和工作要求。

审批人应当根据货币资金授权批准制度的规定,在授权范围内进行审批,不得超越审批权限。

经办人应当在职责范围内,按照审批人的批准意见办理货币资金业务。对于审批人超越授权范围审批的货币资金业务,经办人员有权拒绝办理,并及时向审批人的上级授权部门报告。

(3)严格现金开支范围,加强对货币资金收支的管理。严格按照规定的程序办理货币资金支付业务。对于重要货币资金支付业务,应当实行集体决策和审批,并建立责任追究制度,防范贪污、侵占、挪用货币资金等行为。严禁未经授权的机构或人员办理货币资金业务或直接接触货币资金。超过库存限额的现金应及时存入银行。

严格执行国务院发布的《现金管理暂行条例》,切实加强现金管理。除日常零星开支及发放工资使用现金外,其他经济业务往来一律不得用现金结算;库存现金要严格控制在限额以内,不得坐支、套取现金;严禁白条抵库。单位借出款项必须执行严格的授权批准程序,严禁擅自挪用、借出货币资金。

定期和不定期地进行现金盘点,确保现金账面余额与实际库存相符。发现不符,及时查明原因,做出处理。

(4)严格按照《支付结算办法》等国家有关规定,加强对银行账户的管理。严格按照规定开立账户,办理存款、取款和结算;取得的货币资金收入必须及时入账,不得私设“小金库”,不得账外设账,严禁收款不入账;定期检查、清理银行账户的开立及使用情况,发现问题,及时处理;加强对银行结算凭证的填制、传递及保管等环节的管理与控制;严格遵守银行结算纪律,不准签发没有资金保证的票据或远期支票,套取银行信用;不准签发、取得和转让没有真实交易和债权债务的票据,套取银行和他人资金;不准无理拒绝付款,任意占用他人资金;不准违反规定开立和使用银行账户。

指定专人定期核对银行账户,每月至少核对一次,编制银行存款余额调节表,使银行存款账面余额与银行对账单调节相符。如调节不符,应查明原因,及时处理。银行对账单和银行存款余额调节表应纳入会计档案管理。

(5)加强与货币资金相关的票据管理。明确各种票据的购买、保管、领用、背书转让、注销等环节的职责权限和程序,并专设登记簿进行记录,防止空白票据的遗失和被盗用。

(6)加强银行预留印鉴的管理。财务专用章应由专人保管,个人名章必须由本人或其授权人员保管。严禁一人保管支付款项所需的全部印章。

按规定需要有关负责人签字或盖章的经济业务,必须严格履行签字或盖章手续。

(7)建立对货币资金业务的监督检查制度。明确监督检查机构或人员的职责权限,定期和不定期地进行检查。

(二)应收及预付款项

1. 应收及预付款项的内容

事业单位的应收款项、暂付款项和预付款项包括应收票据、应收账款、预付款项、其他应收款等。

(1)应收账款,是指公路事业单位对外承接各项工程、对外销售商品、物资或者提供劳务所形成的应收款项。

(2)应收票据,是指公路事业单位对外承接各项工程、对外销售商品、物资或者提供劳务所收到的商业汇票,包括银行承兑汇票和商业承兑汇票。

(3)预付账款,是指公路事业单位按照工程合同规定预付给承包单位的款项,包括预付工程款和预付备料款;以及按照购料、劳务合同的规定预付给供应单位的款项。

(4)其他应收款,是指公路事业单位除了应收账款、应收票据和预付账款以外的其他应收、暂付款项,包括备用金、差旅费借出款、赔款、应收内部单位款、保证金以及应向单位职工收取的各种垫付款项等。

2. 应收及预付款项的管理

应收及预付款项属于事业单位对其他单位和个人的一种债权。在市场经济条件下,业务赊欠是一种不可避免的经济现象。赊欠将导致事业单位的资金占用;也有可能使单位出现坏账损失。因此,应当做好以下应收款项的管理工作:

(1)建立应收款项的台账管理制度;

(2)建立应收款项的催收责任制度;

(3)建立应收款项的年度清查制度;

(4)建立必要的坏账核销管理制度;

(5)严格坏账损失内部处理程序;

(6)明确单位应收款项管理的责任。

(三)存货

1. 存货的界定

存货是指事业单位在开展业务活动及其他活动中为耗用而储存的资产,包括材料、燃料、包装物和低值易耗品。

2. 存货成本及其构成

公路事业单位存货的采购成本由以下部分构成。

(1)买价:是指公路事业单位为购买各种材料物资所支付的价款。

(2)运杂费:是指各种大宗材料物资的长途运费、装卸费和其他杂费,以及可以分清负担对象、直接计入存货采购成本的市内运杂费。

(3)采购保管费:是指在存货采购、供应与保管过程中发生的各种耗费,包括采购保管人员的工资、社会保障费、公务费、固定资产使用费、工具用具使用费、检验试验费(减检验试验收入)、材料整理费、零星运费、材料物资盘亏及毁损(减盘盈)等。其中,零星运费是指不能或者难以分清负担对象、需要通过分摊计入存货采购成本的运杂费。

3. 存货的分类

公路事业单位的各种存货根据管理的要求可作以下进一步的分类。

(1)主要材料:指用于公路养护工程并构成工程实体的各种材料,包括用于公路养护的沥青、水泥、木材、钢材、砂石等物资。

(2)结构件:指经过拼装、吊装和安装构成公路构造物实体的各种钢筋混凝土的结构物、构件、砌块、水泥管道等。

(3)机械配件:指施工机械、生产设备、运输设备等各种机械设备替换、维修用的各种零件和配件。

(4)其他材料:指不构成工程实体、但有助于工程实体形成和便于施工进行的各种材料,包括燃料、润料、电器材料、辅助材料等。

(5)周转材料:指在公路养护施工过程中能够多次使用、基本保持原有形态的各种周转性材料,包括模板、挡板、架料及其他周转材料等。

(6)低值易耗品:指使用年限较短或者价值较低、不作为固定资产管理的各种工具、器具、用具等。

4. 存货的管理

(1)公路事业单位应当加强对存货的管理。对于品种多、数量大、价值较高的存货,应进行分类管理;应对存货进行定期和不定期的清查盘点,保证账实相符;对于盘盈、盘亏、报损的存货,应及时查明原因,按规定程序报经批准后,进行调账处理。

(2)公路事业单位应加强对低值易耗品的分类管理,应当通过建立完善的单位内部控制制度,明确低值易耗品的使用期限、报废审批权限和程序等管理要求,加强对低值易耗品的实物管理;公路事业单位应当通过建立科学的低值易耗品购入登记制度,加强对低值易耗品采购与保管环节的管理;公路事业单位应当通过建立有效的低值易耗品领用与保管制度,明确领用人科学使用和有效保管低值易耗品的责任,加强对低值易耗品使用过程的管理;公路事业单位应当通过建立严格的低值易耗品报废审批制度,加强对低值易耗品处置过程的管理。

四、固定资产管理

(一)固定资产的分类

事业单位的固定资产一般分为以下六类。

1. 房屋及构筑物

房屋及建筑物是指事业单位拥有占有权和使用权的房屋、建筑物及其附属设施。公路事业单位的房屋及构筑物主要包括办公用房、服务区房屋、管理控制房屋、道班房、业务用房、职工宿舍用房、职工食堂、道路、水塔、围墙、油库、车库、房屋建筑物内的通信线路、输电线路、水气管道等。

2. 专用设备

专用设备是指事业单位根据业务工作的实际需要购置的各种具有专门性能和专门用途的设备。公路事业单位的专用设备包括如下内容。

(1)通信监控设施:包括数据传输设备、业务电话系统、指令电话系统、紧急电话系统、电缆光缆外线路以及路网监控、收费站、治超站、交通流量调查站等专用监控通信设备。

(2)试验检测设备:包括公路桥隧养护用试验测量仪器、路面平整度和弯沉检测设备、桥梁隧道专用检测设备等。

(3)养护施工设备:包括压路机、挖土机、装载机、混凝土摊铺机、搅拌机、清扫车、洒水车、路缘机、除草机等。

(4)专用车辆:包括公路路况检测车、路政执法车、应急通讯车等。

3. 通用设备

通用设备是指事业单位用于业务工作的通用性设备,如办公用家具、交通工具、电子计算机、复印机、打印机等。

4. 文物和陈列品

文物及陈列品是指博物馆、展览馆、纪念馆等文化事业单位的各种文物和陈列品,如古物、字画、纪念物品等。

5. 图书、档案

图书、档案是指专业图书馆、文化馆贮藏的书籍和档案,以及事业单位贮藏的统一管理使用的业务用书和档案,如单位图书馆(室)、阅览室的图书,档案室保存的档案等。

6. 家具、用具、装具及动植物

家具、用具、装具是指一般事业单位拥有的办公用家具、用具、装具等。特殊事业单位拥有的达到规定价值标准的动植物,也应当确认为固定资产。

由于事业单位固定资产种类繁多、规格不一,特别是不同类型的事业单位占有和使用的固定资产具有较大的差别,在管理上势必有不同的侧重点和要求。因此,各业务主管部门可以根据本系统的具体情况制定各类固定资产明细目录。

(二)固定资产报废与转让

1. 固定资产报废

事业单位的固定资产经过一段时间使用后,由于自然磨损和机械磨损等原因导致无法继续使用,或者由于技术进步形成的无形磨损使得固定资产失去继续使用的价值时,应当予以报废;用新的、技术性能和经济性能更优越的固定资产予以更新。

《事业单位财务规则》规定,事业单位资产处置应当遵循公开、公平、公正和竞争、择优的原则,严格履行相关审批程序。

2. 固定资产转让

事业单位所占有或者使用的固定资产如果处于闲置状态或者不适用,可以按照有关规定进行产权转让。国有事业单位固定资产转让包括无偿转让和有偿转让两种:无偿转让属于国家或者主管部门将固定资产在两个不同的独立核算国有事业单位之间的调拨;有偿转让反映了事业单位在转让固定资产使用或者占有权的同时,相应地取得转让收入的一种资产处置方式。

为了维护国家的合法权益,防止国有资产流失,国有事业单位进行固定资产有偿转让,特别是转让给非国有企事业单位,应当在对所需转让的固定资产进行价值评估的基础上进行。

委托进行国有资产价值评估的中介机构以及评估结果均需报经有关部门审批同意后才能进行资产转让。

转让取得的固定资产变价收入应当按照同级财政的规定处理。

(三)固定资产维修与更新

固定资产维修可进一步划分为固定资产保养、固定资产日常维修和固定资产大修理。固定资产大修理在性质上属于固定资产的局部更新。一般事业单位固定资产维修费和固定资产购置费可直接在事业支出中列支,也可以在专用基金中的修购基金中列支。

固定资产维修与更新管理需注意解决的主要问题是如何有效地提高固定资产维修与更新资金的使用效益。一般来说,固定资产保养属于预防性作业,其主要作用在于维护固定资产现有的技术性能和经济性能,防止由于固定资产过度使用所引起的性能降低,失去进一步使用的价值从而导致固定资产提前报废的经济损失;或者在于防止未来使用成本和维修成本的上升。对此,应当定期对固定资产实行强制性保养管理。

固定资产维修属于恢复性作业,其主要作用在于恢复固定资产原有的技术性能和经济性能。如何通过强化对固定资产的保养管理以有效地减少维修次数,降低维修费用,是固定资产维修管理需关注的重要问题。

固定资产大修理应当同固定资产更新结合在一起考虑。固定资产是进行大修理,进行技术改造,还是进行整体更新,取决于固定资产投资决策分析的结果。在这一方面,成本效益分析方法或者成本效果分析方法在管理上具有重要的作用。

(四)固定资产日常管理

固定资产的日常管理包括价值管理和实物管理两部分。财务管理的重点是固定资产价值管理;但是也应当通过建立与健全有关规章制度促使有关部门做好固定资产的实物管理工作。固定资产的日常管理一般包括以下内容。

1. 设置固定资产管理的专门机构

设置专门机构或者指定专人负责对固定资产进行日常管理。应当建立固定资产登记卡片和明细账;应当明确资产管理部门、实物使用部门和财务部门管理固定资产各自的权责。

2. 固定资产清查

对固定资产进行定期或者不定期的清理工作;每年至少盘点清查一次,做到“账、卡、物”三相符,并按规定对盘盈或者盘亏的固定资产进行账务处理。

3. 建立与健全事业单位内部固定资产管理制度

公路事业单位应当按照《事业单位财务规则》《事业单位国有资产管理暂行办法》的有关规定并结合本单位的特点,通过建立并逐步完善本单位内部固定资产管理制度,按照法制的要求逐步加大对固定资产有效管理的步伐。

(五)公路事业单位固定资产管理的特点

实行企业化管理的公路事业单位,包括公路养护单位、政府收费公路管理单位以及从事非独立核算经营业务的内部单位,在固定资产分类以及管理上有其特殊性。主要表现在以下方面。

1. 固定资产构成的特点

公路事业单位的固定资产，一般没有文物和陈列物。公路事业单位的业务特点，要求参照企业做法进行固定资产的分类，即：

(1)业务用固定资产，是指用于公路养护、收费与行政管理的房屋及建筑物、施工机械、运输设备、业务及动力设备、仪器及实验设备和其他业务用固定资产。

(2)非业务用固定资产，是指用于公路事业单位职工集体福利和其他非业务用各类设施，包括职工宿舍、招待所、职工培训中心、学校、食堂等固定资产。

(3)租出的固定资产，是指公路事业单位以经营租赁方式对外出租的各类固定资产。

(4)未使用的固定资产，是指公路事业单位所拥有的、目前尚未投入使用的固定资产。

(5)不需用的固定资产，是指公路事业单位所拥有的、目前闲置不用的固定资产。

(6)融资租入的固定资产，是指采用融资租赁方式从专业租赁公司租入的房屋及建筑物、车辆、公路养护机械设备以及其他固定资产。

2. 公路基础设施不确认为固定资产

通过建造交付给公路事业单位用于养护与管理的普通公路和政府收费高速公路，包括公路事业单位管理的公路基础设施(公路构筑物和安全设施)、收费设施、监控设施、房屋建筑物、公路养护机械设备、车辆等。其中的公路基础设施由于不符合事业单位固定资产确认的条件，没有确认为一项固定资产。

3. 计提固定资产折旧

到 2014 年底，公路事业单位一般可划分为以下两类：

(1)仍执行 1987 年交通部印发的《公路养护单位会计制度》的公路事业单位，按照其要求计提固定资产折旧，并计入公路养护成本。

(2)出台了地方公路事业单位会计核算办法的公路事业单位，按照 20 世纪 90 年代推行的事业单位财务与会计制度改革的要求，不再计提固定资产折旧，但按照固定资产折旧的要求计提固定资产修购基金，并计入公路养护成本。

修订后的《事业单位财务规则》和《事业单位会计准则》开始施行后，公路事业单位是否计提固定资产折旧，取决于财务制度的规定。2014 年 1 月 10 日，陕西省交通运输厅、陕西省财政厅以陕交发[2014]24 号文联合发布的《陕西省公路养护事业单位财务管理办法(试行)》就明确规定，公路养护事业单位不实行固定资产折旧制度。

五、无形资产管理

(一)无形资产的概念

无形资产目前没有公认一致的定义。事业单位的无形资产通常代表单位所拥有的一种法定权或优先权，或者是单位所拥有的高于一般水平的获取经济效益的能力。修订后的《事业单位财务规则》对无形资产的表述是：“无形资产是指不具有实物形态而能为使用者提供某种权利的资产，包括专利权、商标权、著作权、土地使用权、非专利技术、商誉以及其他财产权利”。这可以认为是一种比较具有权威性的表述。

(二)无形资产的内容

1. 专利权

专利权是指政府批准并赋予的有独家使用或者控制某项发明创造的专门权利。专利权依据《中华人民共和国专利法》和《中华人民共和国专利法实施细则》等有关法律法规确立。

2. 商标权

商标权是指经政府核准注册的、专门在某种商品或者劳务上使用特定标记的专门权利。商标权依据《中华人民共和国商标法》等有关法律法规确立。

3. 著作权

著作权又叫做版权,是指文学、艺术和科学作品等著作人依法对其作品所拥有的专门权利。著作权依据《中华人民共和国著作权法》等有关法律法规确立。

4. 土地使用权

土地使用权是指土地使用者对依法取得的土地在一定期间内拥有进行利用、开发和经营等活动的权利。土地使用权依据《中华人民共和国土地管理法》等有关法律法规确立。

5. 非专利技术

非专利技术又叫做专有技术,是指运用先进的、未公开的、未申请专利、可以带来经济效益的技术或者资料。事业单位的非专利技术一般是指单位在组织事业收入和经营收入过程中取得有关生产、经营和管理等方面的知识、经验和技巧。非专利技术不受法律保护,但可以进行转让和投资。

6. 商誉

由于按照国家有关规定,交通事业单位也可以面向市场开展组织事业收入和经营收入的活动。当其组织收入的能力超过了同行业一般水平时,就内含了商誉的因素。当国家允许事业单位进行整体产权转让时,进行产权转让的事业单位就有可能发生和确认商誉的价值。

(三)无形资产的特点

无形资产是一种特殊形态的资产。与固定资产、流动资产等有形资产相比较,无形资产具有如下特点。

1. 无形资产无独立的实物形态

这点包括了两层含义:其一,无形资产无实物形态,这是相对于有形资产(如房地产、机器设备、原材料等)而言的,是看不见的。没有被人们的感观可感触的物质形态,但又是客观存在的,因而称之为无形资产。其二,无形资产虽然无独立实体,但又往往依托于某一特定的实体,如商誉依托在单位整体资产之中,土地使用权的依托是土地等。

2. 无形资产属于长期资产

无形资产对单位业务活动发挥的作用具有持续性,并不是偶然发挥作用,它实际上是一种投资形成的长期使用资产。固定资产是有形的长期使用的硬件资产,而无形资产属无形的长期使用的软件资产。

3. 无形资产具有收益性和排他性

无形资产除了能对单位业务活动持续的发挥作用外,还必须为其带来经济利益,否则不称其为无形资产;另外,无形资产对一定的依托来说还必须具有排他性地控制,若人人都可获得,如普遍技术、政府发布的经济信息等,也不是无形资产。

4. 无形资产和有形资产共同存在于单位之中,两者融为一体,共同发挥作用

有形资产为无形资产发挥作用创造条件,无形资产促进了有形资产更有效地运营。离开有形资产,无形资产只是一种抽象的存在,并不能产生实际的作用。

5. 无形资产具有价值上的不确定性

人们可以采取各种方法评估无形资产的价值,但无法确认无形资产的价值。

公路事业单位所拥有的无形资产,主要应当是土地使用权。由于目前尚未对土地使用权评估入账管理,所以在资产构成中一般没有无形资产。

公路事业单位转让无形资产,应当按照有关规定进行资产评估,取得的收入按照国家有关规定处理。公路事业单位取得无形资产发生的支出,应计入有关事业支出。

可以认为,如果是由于事业单位从事经营活动的需要取得无形资产,则所发生的支出应当计入经营支出;那么转让该项无形资产取得的收入,则应当计入经营收入。

六、对外投资管理

(一)公路事业单位对外投资的概念和构成

1. 对外投资的概念

修订后的《事业单位财务规则》对对外投资的表述是:对外投资是指事业单位利用货币资金、实物、无形资产等方式向其他单位的投资。“其他单位”包括:

(1)公路事业单位所属独立核算的生产经营单位;

(2)其他独立核算的生产经营单位。

2. 对外投资的构成

公路事业单位的对外投资包括长期股权投资和债券投资。

(1)长期股权投资是指公路事业单位利用自身拥有的固定资产、流动资产和无形资产独立兴办或者与其他单位联合兴办独立经营实体的投资行为。

交通运输主管部门在政府职能转换过程中将原持有的对一些交通企业的股权,委托给相关公路事业单位持有,形成了这些公路事业单位的长期股权投资。

(2)债券投资是指公路事业单位通过购买各种国债持有的对外投资,包括短期国债和长期国债。

公路事业单位对外出租固定资产、对本单位依法兴办的附属非独立核算生产经营单位拨款,不属于对外投资行为。

(二)公路事业单位对外投资的目的

显然,公路事业单位对外投资也是为了取得投资回报。由于公路事业单位不以营利为目

的,所以公路事业单位的对外投资必须以保证完成公路养护等事业任务为前提。因此可以认为,公路事业单位的对外投资是为了避免资产闲置损失、提高资金使用效率所采取的一种管理措施。

(三)公路事业单位对外投资收益

(1)对外投资收益包括利润收益、股利收益、债券利息收益和其他收益;

(2)投资收益是公路事业单位其他收入的组成部分;

(3)公路事业单位附属非独立核算生产经营单位上缴的收入,属于附属单位上缴收入的范畴,不构成投资收益。

(四)公路事业单位对外投资管理的基本要求

根据修订后的《事业单位财务规则》的规定:事业单位应当严格控制对外投资。在保证单位正常运转和事业发展的前提下,按照国家有关规定可以对外投资的,应当履行相关审批程序。事业单位不得使用财政拨款及其结余进行对外投资,不得从事股票、期货、基金、企业债券等投资,国家另有规定的除外。

可以认为,公路事业单位加强对外投资管理的主要目的是为了规范投资行为,防止国有资产流失,提高有限资金的使用效益。参照交通运输部2010年9月26日印发的《交通运输部部属事业单位对外投资管理暂行办法》(交财发[2010]483号),公路事业单位对外投资管理应当符合以下基本要求:

(1)公路事业单位对外投资,应当按照国家有关规定报经主管部门、国有资产管理部门和财政部门批准或者备案。

(2)以实物、无形资产对外投资的,应当按照国家有关规定进行资产评估。

(3)公路事业单位对外投资中,将非经营性资产转为经营性资产的投资,应当按照国家颁布的《事业单位非经营性资产转经营性资产管理实施办法》中的有关规定办理。

(4)公路事业单位取得的用于公路养护的各项财政补助收入,收取的用于还贷的通行费收入以及其他为维持公路事业正常发展所需的收入,都不应当用于对外投资。公路事业单位可以用于对外投资的资产,包括:

①闲置的(不需用的)各类实物资产和对外投资后不影响公路事业任务完成的无形资产。

②暂时不用的货币资金。暂时不用的货币资金只适用于对外的短期投资,包括短期债券投资、上市股票投资等。

(5)公路事业单位对外投资应以不影响本单位完成正常事业计划为前提,以确保国家规定的各项事业任务的完成。

(6)公路事业单位进行对外投资应当遵循"同股同权、同股同利"的原则,与其他投资方共同投资,共同经营,共享收益,共担风险。

(7)存在下列情况之一者,公路事业单位不应增加新的对外投资项目:

①上年末单位对外投资总额超过净资产50%的;

②上年末单位的资产负债率超过50%的;

③本单位对外投资项目最近两年三分之一以上存在亏损的;

④违规设立对外投资项目尚未纠正的;

⑤其他规定不得对外投资的。

(8)公路事业单位应当建立与健全投资决策机构,全面负责本单位对外投资的宏观管理与项目决策,组织制定各项对外投资管理制度,编制对外投资规划,并负责对外投资立项审核、项目筹组与协调、项目运营管理与监督等工作。

投资决策机构的负责人由单位法定代表人担任,其成员一般由业务、计划、经营、财务、监察和审计等部门的负责人组成。

(9)公路事业单位投资决策机构应加强对决策过程各个环节的管理,做好决策记录和相关会议纪要。对投资项目的决策实行联签制度,投资机构负责人及其成员对所投资项目的投资效果负责。对于在对外投资过程中违反规定的投资决策程序,或者由于决策失误造成重大经济损失的,应当按照有关规定追究有关责任人的责任。

第二节　公路事业单位负债管理

一、公路事业单位负债的概念和构成

(一)事业单位负债的概念

根据修订后《事业单位财务规则》中的规定,"负债是指事业单位所承担的能以货币计量、需要以资产或者劳务偿还的债务。"

(二)公路事业单位负债的构成

事业单位的负债包括借入款项、应付款项、暂存款项、应缴款项等。

1. 借入款项

公路事业单位的借入款项包括向银行以及其他金融机构借入的用于建设政府收费公路的款项、经有关部门批准通过发行公路建设债券筹措的公路建设资金、从社会上筹集的有偿使用款项以及借入或者筹集的其他有偿使用款项。

借入款项可进一步划分为短期借款和长期借款。

公路事业单位的长期债务,一般包括以下三个方面的内容:

(1)公路建设单位在将建成的政府收费高速公路移交给管理单位的同时,移交的公路建设债务。这些债务一般需要用政府收费高速公路收取的车辆通行费予以偿还。

(2)收费管理单位向银行借款,用于所管理政府收费高速公路的大修与技术改造。这些借款,一般也需要用政府收费高速公路收取的车辆通行费予以偿还。

(3)公路事业单位还有可能从银行借款用于普通公路的大修理与技术改造。这些借款偿还的资金来源一般为成品油税费改革专项资金分配形成的公路养护专项资金。

2. 应付款项

公路事业单位的应付款项包括应付账款、应付票据、预收账款和其他应付款。其中,应付账款是指公路事业单位因购买养护和其他方面使用的材料、物资和接受劳务供应等应付给供应单位的款项以及采取出包方式养护公路应付给承包人的工程价款;应付票据是指公路事业单位对外发生债务时所开具承兑的商业汇票,包括银行承兑汇票和商业承兑汇票;预收账款是指公路事业单位在对外承包工程等其他经营活动中预收的发包单位款项,包括预收工程款和预收备料款,以及按照合同规定向接受劳务单位预收的款项。其他应付款是指公路事业单位除应付账款、应付票据、预收账款、应付工资、各种应缴款以外的各种应付和暂收其他单位和个人的款项,包括应付租金、应付内部单位款等。

3. 暂存款项

暂存款项是指公路事业单位从其他单位和个人收到的代为保管或者尚未确定性质的款项。

4. 应缴款项

经过 2001 年车辆购置税改革和 2009 年成品油税费改革以后,现行体制下公路事业单位收取的应当上缴财政预算的款项,主要是政府收费高速公路收取的车辆通行费。除此以外,公路事业单位面向市场提供产品和劳务应当依法缴纳的各种税费,也构成单位的应缴款项。

二、公路事业单位负债的特点

1. 公路事业单位举债筹资的作用

与公路经营企业不同,公路事业单位举债筹资,不是单位自身的意愿,也不是为了追求筹资效益。公路事业单位举债筹资的主要目的是根据国家对公路网建设的规划和非偿还性公路基本建设资金相对短缺的现实,有计划地引入债务资金从事公路建设,为公路建设事业发展服务。可以认为,公路事业单位借债修建公路,实际上是对未来公路基本建设资金的一种透支行为。

公路事业单位的负债,一部分是本单位有意识地举债筹资的结果;另一部分是公路建设单位在将已建成的政府收费高速公路移交公路事业单位时一并转入的。

2. 事业单位负债的特点

事业单位负债一般具有以下共同的特征:

(1)事业单位是用未来的收入、而不是单位的资产对债权人承担责任。

(2)事业单位的负债主要表现为结算性质的负债,包括应付票据、应付账款、预收账款、应缴税费等,一般没有融资性质的负债。

一些事业单位从银行等金融机构借入的期限在 1 年以上的借款,基本上适用于本单位的基本建设项目,应当纳入基本建设财务进行管理。

现行体制下事业单位利用短期借款或长期借款开展非独立核算经营业务活动,应当谨慎从事。

(3)事业单位的结算性质的负债一般表现为流动负债或者短期负债,即需要在 1 年内偿还的各种负债。

3. 公路事业单位负债的特点

公路事业单位为修建与改造公路所发生的各类借入款项,包括向银行以及其他金融机构借入的用于建设政府收费高速公路的款项、经有关部门批准通过发行公路建设债券筹措的公路建设资金、从社会上筹集的有偿使用款项以及借入或者筹集的其他有偿使用款项，是公路事业单位负债的主要组成部分。对此，与一般事业单位相比，公路事业单位的负债还具有以下行业特点：

(1)由于建路贷款和集资本息需要根据车辆通行费收入情况分年度偿还，因而公路事业单位的负债应当包括流动负债和长期负债。

(2)公路事业单位的负债应当随建路贷款和集资本息的逐步偿还呈逐年减少的趋势。如果负债长期居高不下，则意味着在还贷方面出现了问题：不是由于通行费收入偏低导致缺乏还贷能力，就是有可能将通行费挪作他用影响了还贷的正常进行。

(3)由于公路事业单位不是以其资产，而是用未来的收入对债权人承担责任的，并且公路事业单位是针对特定的政府收费高速公路项目举债筹资的，因而公路事业单位的举债筹资行为具有项目融资的特征。

三、公路事业单位负债管理的要求

为了加强对单位债务的有效管理，公路事业单位应当注重做好以下工作：

(1)根据国家规定，公路事业单位应当对不同性质的负债分别管理，及时清理并按照规定办理结算，保证各项负债在规定期限内归还。

(2)公路事业单位应当注意根据未来通行费收入所体现的偿债能力严格控制负债规模，保证按期偿还建路贷款和集资本息。

(3)公路事业单位应当建立健全财务风险控制机制，规范和加强借入款项的管理。

【本章小结】

资产是指事业单位占有或者使用的能以货币计量的经济资源，包括各种财产、债权和其他权利。国有事业单位对其占有的资产只拥有使用权，没有所有权；所以国有事业单位不能以其资产对债务承担责任。

事业单位的资产包括流动资产、固定资产、无形资产和对外投资。

事业单位的流动资产，是指可以在1年以内变现或者耗用的资产，包括现金、各种存款、零余额账户用款额度、应收及预付款项和存货等。事业单位的固定资产，是指一般单位价值在1 000元以上、专用设备单位价值在1 500元以上，使用期限在1年以上，并在使用过程中基本保持原有物质形态的资产。单位价值虽未达到规定标准，但耐用时间在1年以上的大批同类物资，作为固定资产管理。事业单位的无形资产，是指不具有实物形态但能为使用者提供某种权利的资产，包括专利权、商标权、著作权、土地使用权、非专利技术、商誉以及其他财产权利。事业单位的对外投资，是指事业单位利用货币资金、实物、无形资产等方式向其他单位的投资。

公路事业单位在现金管理、存货构成、固定资产标准和分类以及对外投资管理等方面具有明显的行业特征。

事业单位的负债，是指事业单位所承担的能以货币计量、需要以资产或者劳务偿还的债务。事业单位的负债一般表现为结算性负债和流动负债。与此不同，公路事业单位的负债主要是为了修建政府收费高速公路而筹集的,所以公路事业单位的负债具有融资性负债和长期负债的特征。由于公路事业单位是用未来的通行费收入对债权人承担责任的,因而公路事业单位的举债筹资行为具有项目融资的特征。

【复习思考题】

1. 什么是资产?事业单位资产与企业资产相比有何特点?

2. 什么是流动资产?与企业的流动资产相比,事业单位流动资产有何特点?

3. 公路事业单位的车辆通行费作为行政事业性收费实行财政预算管理。那么公路事业单位是否有可能因收取车辆通行费而持有较多的、可用于对外投资的现金?为什么?

4. 国家为什么要对事业单位固定资产的报废和转让的审批权限进行规范?

5. 事业单位固定资产一般划分为哪几类?公路事业单位在固定资产标准和分类上有何特点?

6. 事业单位对外投资的主要作用是什么?为什么?

7. 现行体制下公路事业单位能否用政府收费高速公路作价对外投资?有何明确的制度规范?

8. 什么是负债?与企业负债相比,事业单位负债有何特点?与一般事业单位相比,公路事业单位的负债有何特点?

9. 公路事业单位向银行借款修建政府收费高速公路为什么要用公路收费权质押担保而不能用单位的资产抵押担保?

10. 公路事业单位在负债资金管理方面应当注重做好哪些方面的工作?为什么?

第十七章

公路事业单位结余及其分配和专用基金管理

第一节　公路事业单位结转结余及其分配管理

一、公路事业单位结转结余的概念和内容

结转结余是事业单位特有的财务概念。根据修订后的《事业单位财务规则》的规定，“结转结余是指事业单位年度收入与支出相抵后的余额。”由于事业单位实行了各项收入与支出的统一核算、统一管理，所以应当用事业单位的全部收入与全部支出相抵，来计算事业单位的结转结余。事业单位结转结余的一般计算公式为：

$$结转结余 = \sum收入 - \sum支出$$

其中：结转资金是指当年预算已执行但未完成，或者因故未执行，下一年度需要按照原用途继续使用的资金。结余资金是指当年预算工作目标已完成，或者因故终止，当年剩余的资金。

与企业利润可以较好体现企业经营成果所不同，事业单位的结转结余，既有在完成事业计划的前提下因节约开支而形成的结余，也有因事业计划未完成或者项目需要跨年度进行而结

转下年度使用的资金结存。所以,结转结余不能直接反映为事业单位的净收入。

与企业活动以营利为目的所不同,事业单位的业务活动不以营利为目的,因此在理论上事业单位只是核算结转结余,而不应当追求结转结余。事业单位的收入应当以满足补偿从事各项业务活动所需的支出为限。但是在社会主义市场经济条件下,事业单位财务改革与发展的目标是要改变由财政包办事业的传统体制,逐步将事业单位推向市场,建立自我发展、自我约束的新机制。具备条件的事业单位,要逐步向企业化管理转轨。这意味着在市场化的新形势下,事业单位也有必要追求非财政补助结余,增强事业单位自我发展的后劲。

伴随着事业单位改革的逐步推行,完全公益性的事业单位则不应当再追求结余。对此,财政部对事业单位提出了考核预算支出完成率的要求。

事业单位的结转结余划分为财政补助结转结余和非财政补助结转结余。

(一)财政补助结转结余

财政补助结转结余反映了事业单位取得的财政补助收入减去事业支出中的财政补助支出后的余额。其一般计算公式如下:

财政补助结转结余 = 财政补助收入 - 事业支出(财政补助支出)

财政补助结转结余需要按照财政部门的有关规定管理和使用。

1. 财政补助结转

财政补助结转由以下两部分构成:

(1)基本支出结转。基本支出结转是指用于基本支出的财政补助收入减去实际发生的财政性资金基本支出后的余额。基本支出结转不属于结余,不能用于分配,只能按照财政部门的规定使用。

(2)项目支出结转。项目支出结转是指尚未执行,或者已执行但尚未完成的项目收入与支出相抵后的余额。按照规定,这部分余额应当结转下年度继续使用,以保证项目完成。

2. 财政补助结余

现行体制下的财政补助结余为项目支出结余。

项目支出结余是指已完成的项目收入与支出相抵后的余额。项目支出结余应当按照财政部门的规定进行处理。

(二)非财政补助结转结余

非财政补助结转结余进一步分为非财政补助结转资金和非财政补助结余资金。

1. 非财政补助结转

非财政补助结转,是指事业单位取得的财政补助以外的专项收入与其相关支出相抵后、历年滚存的、须按规定用途使用的结转资金。其一般计算公式如下:

财政补助结转 = 事业收入(专项资金收入) + 上级补助收入(专项资金收入) + 附属单位上缴收入(专项资金收入) + 其他收入(专项资金收入) - 事业支出(非财政专项资金支出)

2. 非财政补助结余

非财政补助结余划分为事业结余和经营结余。

(1)事业结余是指公路事业单位的除财政补助收支、非财政专项资金收支和经营收支以外的各项收支相抵后的余额。

(2)经营结转结余是指公路事业单位经营收入与经营支出相抵后的余额。经营结转结余应当单独反映。经营收支结余在按照国家有关规定弥补以前年度经营亏损后,并入公路事业单位的非财政补助结余。

(三)公路事业单位的财政补助结转结余

按照构成内容划分,公路事业单位有行业特色的财政补助结转结余,应包括养路补助结转结余、通行费结转结余、车购税补助结转结余和其他财政补助结转结余。

1. 养路补助结转结余

养路补助结转结余是指同级财政预算拨入的养路专项资金形成的财政补助收入与用该专项资金安排的公路养护支出和经费支出相抵后的余额。

(1)公路小修保养支出结转。如果将公路小修保养支出计入基本支出,则公路小修保养支出属于基本支出,基本支出只能形成结转,不能形成结余。

如果将公路小修保养支出计入项目支出,则按照相关规定,小修保养支出可形成结余。

(2)公路大中修与改建工程支出结转结余。公路大中修与改建工程支出属于项目支出。在项目尚未完工之前形成的资金余额,应当确认为结转;项目完工后形成的资金余额,应当确认为一项结余。

(3)经费支出结转。经费支出属于基本支出。基本支出只能形成结转,不能形成结余。

2. 通行费支出结转

通行费支出结转是指财政补助收入中的通行费收入与通行费支出相抵后的余额。

公路事业单位具有收取车辆通行费、养护与管理政府收费高速公路以及用通行费收入偿还贷款和集资本息的业务职责。公路事业单位的通行费收入补偿通行费支出后的余额,形成了公路事业单位特有的结转内容——通行费结转。

由于收取车辆通行费的主要目的是为了偿还贷款和集资本息,而用于偿还贷款和集资本息的资金是通行费收入弥补收费公路养护和收费管理费用后的余额;在偿清全部贷款和集资本息后应当停止收费;所以在原理上公路事业单位本不应当有通行费结余,但在具体实务操作上,由于通行费收入的取得和贷款或者集资本息的支付也许不在同一会计期间;由于受贷款协议的限制,公路事业单位也许无法或者难以提前偿还贷款;因而在客观实务中也有可能产生通行费结转。公路事业单位应当努力做好对通行费结转的管理工作,防止将通行费结转挪作他用,以保证按期还本付息。还清贷款或者集资本息后应停止收费,维护好公路用户的合法权益。

3. 车购税补助结转结余

车购税补助结转结余是指财政预算拨入的车购税补助收入与车购税补助支出相抵后的余额。

根据现行体制,车购税补助主要用于新建公路项目,因此,车购税补助收入与支出相抵后的余额主要体现为项目支出结转结余。

4. 其他财政补助结转结余

其他财政补助结转结余是指财政预算拨入的其他财政补助收入与其他财政补助支出相抵后的余额。

二、公路事业单位结转结余管理

(一)养路补助结转结余的管理

由于养路补助资金既要用于公路养护工程也要用于单位的经费支出,因此需要明确养路补助收入中属于用于基本支出的补助和用于项目支出的补助,养路补助支出需要分清用于基本支出的支出和用于项目支出的支出,才能正确反映出基本支出结转和项目支出结转结余。

公路事业单位属于地方事业单位,故公路事业单位的财政补助结转结余管理,应当符合同级地方财政部门出台的相关规定。

(二)通行费结转的管理

由于车辆通行费收入具有专款专用的性质,事业单位收取的车辆通行费,只能专项用于政府收费高速公路的收费管理、养护以及贷款本息的偿还,故车辆通行费收入超过车辆通行费支出的差额,只能界定为结转,不能形成结余。

公路事业单位形成的通行费结转需要按照同级财政的规定进行处理,或者上缴同级财政,或者留在本单位专款用于满足以后年度通行费支出的需要。

(三)车购税补助结转结余的管理

车购税补助也具有专款专用的性质。所以公路事业单位的车购税补助收入超过其支出的余额,也应当界定为结转结余,按照财政的规定进行处理。

(四)其他财政补助结转结余的管理

(1)对项目完成、中止或撤销形成的项目结余资金,实行审批管理。单位应当向财政主管部门提出项目结余资金安排使用申请,经审批后方可动用。

单位在编制下年度支出预算时,应当首先用项目结余资金安排本单位项目支出,并优先安排新增项目支出。在年度预算执行中,需要追加项目支出的,应当首先用本单位项目结余资金安排。

(2)对项目当年已执行但尚未完成,和项目因故当年未执行需要推迟到下年执行而形成的结转资金,实行财政主管部门审核备案管理。

(五)非财政补助结转结余的管理

1. 非财政补助结转的管理

根据修订后的《事业单位财务规则》的规定:非财政补助结转按照规定结转下一年度继续使用。非财政补助结余可以按照国家有关规定提取职工福利基金,剩余部分作为事业基金用于弥补以后年度单位收支差额;国家另有规定的,从其规定。

2. 事业结余和经营结余的管理

公路事业单位的事业结余和经营结余,应先按规定缴纳所得税,结余部分可按照国家有关规定提取职工福利基金,剩余部分作为事业基金用于弥补以后年度单位收支差额。

如果经营项目出现支出大于收入的现象,其差额不能转入结余分配,应当用以后年度的经营结余弥补。所以,公路事业单位的经营结余首先应当用于弥补以前年度经营活动所发生的亏损,剩余部分才能用于当年度的结余分配。

事业基金是事业单位净资产的重要组成部分,是没有限定用途的资金。事业基金的主要作用在于平衡单位收支预算。由结余分配形成事业基金后,事业基金不再直接安排各项支出,而是用于弥补以后年度的收支差额。在事业单位资金运动过程中,事业基金发挥的是"蓄水池"的作用,用来调节和平衡年度之间的收支。如果以后年度收入大于支出,则继续通过结余分配转入事业基金;如果支出大于收入,则用以往年度结余分配形成的事业基金弥补差额。在年初安排预算时,如果收支安排出现缺口,也可以直接安排一部分事业基金用于弥补差额。

第二节　公路事业单位专用基金管理

一、事业单位专用基金的概念和特点

(一)事业单位专用基金的概念

根据修订后的《事业单位财务规则》的规定,"专用基金是指事业单位按照规定提取或者设置的有专门用途的资金。"事业单位设置或者提取的专用基金主要有修购基金、职工福利基金和其他基金。

专用基金管理应当遵循"先提后用、收支平衡、专款专用"的原则。先提后用,意味着事业单位应当量入为出,根据专用基金的额度安排支出项目,不准编制赤字使用计划或账面出现赤字,应当注重基金的积累。收支平衡,意味着应当按照专用资金收入的规模来安排使用,支出不应当超过基金规模。专款专用,意味着具有特定来源的专用基金只能用于规定的,或者专门的用途,不允许将专用基金挪作他用。此外,专用基金的提取,国家有规定的,按国家规定执行;没有规定的,由主管部门会同同级财政部门确定。

(二)事业单位专用基金的特点

专用基金按规定一般不直接参与单位的事业活动,其运动过程具有相对独立的特点。

(1)专用基金应当按照有关规定提取或者形成;

(2)专用基金具有专门的用途和使用范围;

(3)专用基金支出不存在补偿问题,其资金运动不构成完整的循环与周转。

二、事业单位专用基金的构成以及设置专用基金的作用

(一)修购基金

根据修订后的《事业单位财务规则》的规定,事业单位的修购基金包括以下内容。

1. 修购基金的概念

修购基金是指按照事业收入和经营收入的一定比例提取,并按照规定在相应的购置和修缮科目中列支(各列50%),以及按照其他规定转入,用于事业单位固定资产购置和维修的资金。不计提固定资产折旧的事业单位,可按照有关财务制度的规定计提固定资产修购基金。

事业收入和经营收入较少的单位可以不提取修购基金,实行固定资产折旧的事业单位不提取修购基金。

2. 事业单位设置修购基金的作用

长期以来,因事业单位自身组织收入较少,基本不搞成本核算,不计提固定资产折旧,因而单位自身很难形成固定资产维修和更新改造的资金来源;固定资产修缮和更新一般靠财政拨款解决。由于国家财力有限,对事业单位的修缮和设备更新给予的财力支持有限,很难满足事业单位的需要,在一定程度上影响了各项事业活动的正常开展。随着科学技术的发展,新技术、新工艺、新设备不断投入运用,加速了原有设备的老化和技术的陈旧和落后。为了保证事业单位业务活动和经营活动的正常开展,提高业务技术水平和质量,降低消耗,提高工作效率,需要适时地修缮房屋,更新设备,这需要支付较大数额的资金。因此,客观上存在固定资产更新维护资金需要与来源之间的矛盾。在现行条件下,仅靠国家有限的财力很难从根本上解决问题。

市场经济的发展使得事业单位开展经营活动和有偿服务的规模不断扩大,收入不断增加,使得事业单位的收入呈现多样化的格局。事业单位开展有偿服务和经营业务,本身利用的还是原有的房屋和设备;这意味着,从事业单位自身组织的收入中拿出一部分建立专用基金,专项用于固定资产的更新与修缮,就成为缓解上述矛盾的有效途径之一。对此,财政部做出规定,允许事业单位从自身组织的收入(事业收入和经营收入)中提取一定比例的修购基金,专项用于本单位固定资产维修与更新。

事业单位设置修购基金的作用可体现为以下方面:

(1)为事业单位固定资产购置和维修提供相对稳定的资金来源;

(2)增强事业单位的经济核算和成本费用意识;

(3)为逐步推行企业化管理创造条件。

(二)职工福利基金

1. 职工福利基金的概念

职工福利基金是指按照非财政拨款结余的一定比例提取以及按照其他规定提取转入,用于单位职工的集体福利设施、集体福利待遇等的资金。

2. 事业单位设置职工福利基金的作用

享受福利是现代事业单位职工的基本权利;搞职工福利必须要有稳定的资金来源作保证。

事业单位设置职工福利基金是为了使单位向职工提供必要的福利待遇具有相对稳定的资金来源。

(三)其他基金

其他基金是按照其他有关规定提取或者设置的其他专用资金。事业单位可根据需要设置医疗基金和住房基金;高等学校可根据需要设置学生奖助基金;经批准公路事业单位也可以设置用于偿还公路建设贷款的专用基金项目。

三、事业单位专用基金提取与使用管理

(一)修购基金

1. 修购基金的来源

根据修订后的《事业单位财务规则》的规定,事业单位修购基金的来源为事业收入和经营收入的一定比例,并按照规定在事业支出和经营支出中的设备购置费和修缮费各列 50%。

若同级财政对单位固定资产的变价收入不要求上交国库并规定作为修购基金来源的,事业单位则可以按照规定进行处理。

2. 修购基金提取比例的确定

事业单位应当分别按照事业收入和经营收入确定提取修购基金的比例。确定事业收入的计提比例时,应当以从事业收入计提修购基金的能力为主,以固定资产保养、维修和更新的需要为辅;确定经营收入的计提比例时,应当主要考虑单位用于经营活动的固定资产保养、维修和更新的资金需要。

3. 公路事业单位修购基金提取比例或者提取额的确定

公路事业单位在确定修购基金提取比例问题上具有以下特点:

(1)公路事业单位实行企业化管理,因此公路事业单位需要根据固定资产保养、维修和更新对资金的需要确定提取修购基金的数额。

(2)实行内部成本核算的公路养护单位,经批准可以模拟企业管理的做法直接以固定资产折旧和固定资产维修需要为尺度提取修购基金。

这样,年度固定资产修购基金提取额可按下列公式确定:

$$\text{修购基金提取额} = \sum\left[\frac{(\text{固定资产原值} - \text{预计净残值}) + \text{预计维修费用总额}}{\text{使用年限}}\right]$$

在此基础上,可进一步确定修购基金的提取率。

例如,某公路养护单位拥有公路养护设备一台,购价 50 万元,预计经济寿命 10 年;期末净残值 5%;设备经济寿命期维修费用总额为 40 万元。则该设备每年应提取的修购基金可计算如下:

$$\text{修购基金提取额} = [50 \times (1 - 5\%) + 40] \div 10 = 8.75(\text{万元})$$

如果该养护单位全部固定资产每年应提取的修购基金为 250 万元,预计每年养路费拨款为 3 000 万元,则修购基金提取比例可计算如下:

$$修购基金提取率 = (250 \div 3\,000) \times 100\% = 8.33\%$$

如果2015年该单位的事业收入和经营收入为3 400万元,则应当提取修购基金283万元(3 400×8.33%)。

公路事业单位作为实行企业化管理的事业单位,提取修购基金的意义不仅在于为本单位固定资产的购置和维修提供新的资金来源,而且通过运用权责发生制的原理合理分摊固定资产的使用费,使公路养护成本真实可靠,以利于加强公路事业单位的成本管理,为公路事业单位向企业化管理发展创造条件。

4. 修购基金的使用管理

事业单位提取和形成的修购基金只能用于以下两方面:

(1)用于单位固定资产购置,主要是现有固定资产的更新;

(2)用于单位固定资产保养和维修。

事业单位提取修购基金后,购建和维修固定资产所发生的支出,除了基本建设以外,可在以下四方面列支:

(1)在国家财政专项购置固定资产的资金拨款中列支;

(2)在修购基金中列支;

(3)直接在事业支出或者经营支出中的设备购置费和修缮费中列支;

(4)用财政专项资金和修购基金等多项资金合并使用。

由于固定资产购置和维修所需资金较多,对事业单位的业务活动和事业发展影响较大,所以应当加强对事业单位修购基金使用的有效管理,主要有以下两点要求。

(1)对修购基金使用实行计划管理。对设备的正常保养应当按计划强制实施,充分发挥固定资产保养的经济效益;对设备维修、特别是大中修要进行经济上是否有利的可行性论证,防止"复制古董"的现象发生;应当注重对那些磨损严重、精度差、科技含量低、使用效益不理想的设备进行更新安排,并且做好大修、技术改造与更新方案经济性的比较,促使有限的修购基金发挥较大的作用。

(2)对修购基金使用实行项目管理,促使使用效益不断提高。对大中型设备的购置和设备的大修理作业要按项目进行核算与管理,做好设备购置、特别是大型设备购置前的可行性论证,分析取得设备可发挥的经济效益和社会效益,比较购买、租赁等不同取得方式的效益;对已完工的大修工程,应组织有关人员进行技术鉴定和验收,以保证维修质量,提高有限资金的使用效益。

(二)职工福利基金

1. 职工福利基金的提取管理

根据修订后的《事业单位财务规则》的规定,单位职工福利基金主要来源于单位年度非财政拨款结余分配形成。从单位结余分配中形成可调动单位职工节约开支、提高资金使用效益的积极性。

按结余提取职工福利基金的提取数可按下列公式计算:

$$职工福利基金提取额 = 非财政拨款结余 \times 提取比例$$

财政部2012年4月23日印发的《关于事业单位提取专用基金比例问题的通知》(财教

[2012]32号)中提出,事业单位职工福利基金的提取比例,在单位年度非财政拨款结余的40%以内确定。国家另有规定的,从其规定。

2.职工福利基金的使用管理

职工福利基金的支出范围一般包括:

(1)集体福利设施建设支出;

(2)单位福利部门(职工浴室、理发室、幼儿园、职工食堂等)人员的工资和其他支出;

(3)公费医疗支出;

(4)其他支出。

职工福利基金管理应当坚持按规定提取,量入为出,实行计划管理。由于职工福利基金的支出直接关系到单位职工的切身利益,所以其重大的开支项目、支出计划和支出决算都应当充分发扬民主,接受群众监督;必要时可通过职工代表大会讨论通过。

(三)其他基金

在公路事业单位深化改革的进程中,根据需要,也可以设置医疗基金、住房基金等专用基金。

1.医疗基金

(1)医疗基金的提取管理。事业单位的职工医药费一般采取以下三种方式管理:

①实行医疗保险制度;

②纳入当地公费医疗开支范围,由地方政府拨医疗费专款解决;

③由单位提取医疗基金,用于职工医疗支出。公费医疗制度改革的方向是建立社会医疗保险制度。

目前实行医疗基金制度的单位的医疗基金应当按照当地公费医疗标准提取,在事业支出和经营支出中的社会保障费项目中列支。

(2)医疗基金的使用管理。医疗基金的开支范围包括:可以由公费支付的职工就诊的药费、检查费、治疗费、住院床位费、外地就诊交通费以及其他按规定可在医疗基金中列支的医疗支出。

2.住房基金

(1)住房基金提取管理。住房基金应按照国家政策法规和财务制度规定筹集。

按照1998年12月29日财政部财综字[1998]168号《行政事业单位住房基金财务管理办法》的规定,住房基金的来源一般有:财政预算和预算外资金专户拨付的住房公积金、住房补贴和住房建设资金;自管住房出租收入;留归单位使用的售房收入;按规定提取的职工住房公积金和其他建房资金;从单位售房收入提取的住宅共用部位共用设施设备维修基金;划转的住房折旧、维修和大修理资金;上级主管部门拨付的住房资金;住房方面的其他资金;利息收入。

随着事业单位财务改革的逐步进行,住房基金的来源也发生了一定的变化。根据财政部2003年9月30日以财会[2003]28号印发的《财政部关于事业单位住房补贴会计处理补充规定的通知》,财政预算拨入的住房补贴(包括住房公积金、提租补贴、购房补贴等),作为财政补助收入管理;财政专户拨入的住房补贴,作为事业收入管理,不再通过住房基金管理。这样,住房基金的主要来源就调整为:自管住房出租收入;留归单位使用的售房收入;提取的住房公积金;住房资金利息收入等。

(2)住房基金使用管理。按照《行政事业单位住房基金财务管理办法》的规定,住房基金必须专项用于本单位的住房制度改革和住房建设支出。对此,住房基金的适用范围包括:缴交职工住房公积金;发放职工住房提租补贴或住房补贴;已售住房共用部位共用设施设备维修;自管住房维修、管理和改造;住房建设;住房方面的其他支出。

【本章小结】

结转和结余是事业单位特有的财务概念,是指事业单位年度收入与支出相抵后的余额。结转结余分为财政补助结转结余和非财政补助结转结余。事业单位的财政补助结转结余反映了事业单位取得的财政补助收入减去事业支出中的财政补助支出后的余额。事业单位的非财政补助结余可进一步划分为事业结余和经营结余。公路事业单位业务的特点决定了其具有结余的特定内容——通行费结余。

事业单位的财政补助结转结余需要按照同级财政的规定处理。

事业单位的非财政补助结余可以按规定提取职工福利基金;剩余部分转为事业基金。事业基金是事业单位净资产的重要组成部分;是没有限定用途的资金。事业基金的主要作用在于平衡单位的收支预算。

经营收入低于经营支出的差额不能转入结余分配,而应当用以后年度的经营结余弥补;公路事业单位的通行费结余不能进行分配。

专用基金是指事业单位按照规定提取或者设置的有专门用途的资金。公路事业单位的专用基金包括修购基金、职工福利基金和其他基金。

【复习思考题】

1. 什么是结转结余?事业单位的结转结余和企业的利润有何区别?事业单位的结转结余为什么要划分为财政补助结转结余和非财政补助结转结余?

2. 结转与结余有何不同?事业单位结余为什么需要进一步划分为事业结余和经营结余?

3. “公路事业单位的事业收入超过事业支出的余额叫做事业结余”。你认为这一表述是否正确?为什么?

4. 与一般事业单位相比,公路事业单位的结转结余有何特点和管理要求?

5. 你认为在社会主义市场经济条件下,事业单位是否应当追求结余?为什么?

6. 经营结余分配与事业结余分配有何不同之处?为什么?

7. 什么是事业基金?事业单位设置事业基金的主要作用有哪些?

8. 什么是专用基金？公路事业单位的专用基金都由哪些项目构成？都有哪些特定的资金来源和专门的用途？

9. 公路事业单位的修购基金具有哪些特定的来源和专门的用途？应当如何加强对修购基金的有效管理？

10. 公路事业单位的职工福利基金具有哪些特定的来源和专门的用途？应当如何加强对职工福利基金的有效管理？

第十八章

公路事业单位清算与财务分析

第一节　公路事业单位清算管理

一、事业单位清算的意义

在社会主义市场经济条件下，随着不断深化事业管理体制和事业单位财务管理体制的改革，事业单位划转撤并分立的可能性相比增多，在客观上要求对事业单位清算所涉及的财务行为进行必要的规范，并在此基础上加强事业单位清算过程中的财务管理。

根据修订后的《事业单位财务规则》的规定，事业单位发生划转、撤销、合并、分立时，应当进行清算。

划转：包括划拨和转变两部分内容。划拨意味着事业单位行政隶属关系的改变。例如，某公路事业单位原来隶属于交通运输部管理，深化改革改变隶属关系后，现划归北京市管理。

转变是指事业单位转变为企业或者事业单位由执行事业单位财务制度转为执行企业财务制度。前者反映了事业单位性质的转变；后者仅反映事业单位财务管理体系的转变，又叫做"事业单位企业化管理"。

撤销：是指事业单位被宣布撤销，属于事业单位的解体或者终止。例如，2009 年 1 月 1 日起实行成品油税费改革后,原来负责征收公路养路费等交通规费的事业单位被撤销,许多单位被成建制地转为路政管理机构。

合并:是指两个或者两个以上的事业单位合并为新的事业单位,或者将某事业单位并入某企业集团,属于事业单位的改造或者重组。

分立:是指根据事业单位深化改革的需要,将原来独立设置事业单位分立为两个或两个以上的独立设置的事业单位。

当上述情况发生时,应当对事业单位的财产、债权、债务等进行清算。

二、事业单位清算财务处理的有关规定

根据修订后的《事业单位财务规则》,事业单位清算应当在主管部门和财政部门的监督指导下,对单位的财产、债权、债务等进行全面清理,编制财产目录和债权、债务清单,提出财产作价依据和债权、债务处理办法,做好国有资产的移交、接收、划转和管理工作,并妥善处理各项遗留问题。

事业单位清算结束后,经主管部门审核并报财政部门批准,其资产分别按照下列办法处理:

(1)因隶属关系改变,成建制划转的事业单位,全部资产无偿移交,并相应划转经费指标。

(2)转为企业管理的事业单位,全部资产扣除负债后,转作国家资本金。需要进行资产评估的,按照国家有关规定执行。

(3)撤销的事业单位,全部资产由主管部门和财政部门核准处理。

(4)合并的事业单位,全部资产移交接收单位或者新组建单位,合并后多余的资产由主管部门和财政部门核准处理。

(5)分立的事业单位,资产按照有关规定移交分立后的事业单位,并相应划转经费指标。

三、事业单位财务清算的基本要求

事业单位的财务清算工作应按以下要求进行:

(1)单位应按规定处置有关国有资产,划转事业经费指标,清理债权债务等财务工作。

(2)提出解决遗留问题及善后工作方案,拟定债权、债务处理方法。对单位的债权,积极催收、追索;对单位的债务要及时、足额偿还。

(3)加强清算期间的资产管理,防止资产损失和流失。未经有关部门批准,单位不得擅自处置本单位的资产。

(4)单位在宣布中止前6个月至终止之日期间内,下列行为无效,财务清算机构有权追回其财产作为清算财产入账:

①隐匿私分或者无偿转让资产;

②非正常压价处理财产;

③对原来没有财产担保的债务提供财产担保;

④对未到期的债务提前清偿;

⑤放弃自己的债权。

第二节　公路事业单位财务分析

一、公路事业单位财务报告

根据修订后的《事业单位财务规则》的规定,财务报告是反映事业单位一定时期财务状况和经营成果的总结性书面文件。事业单位报送的年度财务报告包括资产负债表、收入支出表、财政补助收入支出表、固定资产投资决算报表等主表,有关附表以及财务情况说明书等。

事业单位的资产负债表,是反映事业单位某一特定时点财务状况的报表,又叫做财务状况表。资产负债表反映事业单位在某一时点占有或者使用的经济资源和负担的债务状况,是目前世界各国普遍使用的通用型财务报表。

公路事业单位的资产负债表可以为报表使用者提供以下财务信息:

(1)事业单位所掌握的经济资源以及这些资源的分布和结构;

(2)事业单位的债务状况;

(3)事业单位的基金情况。在此基础上对报表进行分析,可进一步获得反映事业单位财务状况、偿债能力以及未来财务状况发展趋势的信息资料。

公路事业单位的收入支出表,是反映事业单位某一定时期内各项收入、支出和结转结余情况,以及年末非财政补助结余的分配情况的报表。通过收入支出表,可以反映事业单位的业务成果,并作为评价业绩、预测未来的重要依据。

公路事业单位的财政补助收入支出表,是反映公路事业单位某一会计年度财政补助收入、支出、结转及结余情况的报表。

公路事业单位的附表,在现行体制下,包括应上缴财政的车辆通行费收入预算执行情况表、公路事业收入和其他收入预算执行情况表、公路事业支出预算执行情况表、公路建设与养护投资情况表等,分别反映公路事业单位各类纳入预算资金管理的收入预算执行情况以及公路事业支出的预算执行情况。

财务情况说明书,主要说明事业单位收入及其支出、结转、结余及其分配、资产负债变动、对外投资、资产出租出借、资产处置、固定资产投资、绩效考评的情况,对本期或者下期财务状况发生重大影响的事项,以及需要说明的其他事项。

二、公路事业单位财务分析

财务分析是单位经济活动分析的一种形式,是单位财务管理内容的重要组成部分。事业单位财务分析运用事业计划、财务报告、有关统计资料和其他相关资料,对一定时期内单位的财务活动进行比较、分析和研究,在此基础上对单位财务活动的成败得失做出正确评价。通过财务分析,可以客观地总结事业单位财务管理的经验,揭示存在的问题,逐步认识和掌握财务活动的客观规律,为改进财务管理工作、提高资金使用效益创造条件。

(一)事业单位财务分析的作用和内容

1. 事业单位财务分析的作用

事业单位财务分析的作用可体现在以下方面:

(1)促进事业单位严格、认真执行国家财税制度,保证事业计划的顺利完成;

(2)促进事业单位加强预算管理,保证单位收支预算的圆满实现;

(3)促进事业单位挖掘潜力,努力增收节支,提高资金使用效益;

(4)促使事业单位不断完善内部财务管理规定。

2. 事业单位财务分析的内容

根据修订后的《事业单位财务规则》的规定,财务分析的内容包括预算编制与执行、资产使用、收入支出状况等。

(1)分析单位预算的编制与执行情况。首先,公路事业单位的财务预算具有很强的政策性,这意味着公路事业单位预算的编制应当符合国家有关财政金融政策和财务制度的规定,并以保证完成事业计划为宗旨。其次,预算编制是否科学可靠,能否作为控制单位财务收支的依据,关系到能否以预算和实际执行情况比较的结果为依据对当事人的业绩进行考核并做出相应的奖惩。如果因特殊情况的变化导致实际财务收支脱离预算,应当对预算作相应调整后再进行比较分析。

(2)分析资产、负债的构成及其资产使用情况。首先,应当分析资产结构合理与否。公路事业单位的资产应当主要由固定资产和流动资产构成;对外投资应当主要利用闲置的资产;公路事业单位一般不需要无形资产。如果在对外投资和无形资产上占用了较多的资金,则有必要特别分析资金占用是否合理。其次,应当注重分析负债的情况及其结构。公路事业单位负债的主要组成部分应当是因贷款修路形成的借入款项。随着收费还贷的正常进行,这项负债应当逐年减少。如果负债常年居高不下,就需要认真分析其原因:是由于贷款修路决策失误所导致还贷资金短缺,是由于收费人员严重超编所导致还贷收入被过多的人员“吃掉”,还是通行费收入被不适当用于他处而导致还贷计划失控。第三,分析资产的使用情况,包括固定资产利用率有多高,存货储备是否合理,资产有否流失问题等。通过分析,及时发现存在的问题,有针对性地提出解决问题的措施,对提高单位资产使用效益非常重要。

(3)分析收入、支出情况以及预算收入支出的完成情况。收入分析的主要内容是收入计划的完成情况以及收入取得的合法合理性;支出分析的主要内容包括支出范围、支出标准是否符合有关财务规定,支出结构是否合理,如果实际支出超预算,其主要原因有哪些等。公路事业单位的支出分析应当同成本分析有效结合起来。成品油税费改革后公路事业单位的收入主要靠财政补助,通行费收入也需要专款专用,这些特点对其财务分析具有重要的影响。

(4)分析定员定额情况。对公路事业单位的各项支出实行定额管理,是减少支出、提高效益的有效途径。所以应当在实行定额管理的前提下认真分析各项支出定额的制定与执行情况。公路事业单位的人员经费是事业支出的重要组成部分。人员支出由在编人员和人均经费构成。显然,人均经费也需要控制,但不是管理的主要方向;随着国家逐年提高工资标准和其他人员经费开支标准,人均经费有可能呈逐年上升趋势。因此,在完成既定事业任务的前提下,通过实行“满负荷工作制”来提高工作效率,减少在编人数,应当作为公路事业单位控制人员经费的主要措施。

(5)分析单位财务管理制度规范情况。公路事业单位财务管理是否能够取得成效,关键的一点,就是要有一个较为健全、完善的财务制度体系,使得单位进行财务管理“有法可依”。其次,要做到“有法必依”,用财务制度来规范单位的各项财务行为,逐步变“人治”为“法治”,应当作为市场经济条件下公路事业单位财务管理的努力方向。

(二)事业单位财务分析指标体系

修订后的《事业单位财务规则》规定的一般事业单位财务分析的指标包括预算收入和支出完成率、人员支出与公用支出分别占事业支出的比率、人均基本支出、资产负债率等。

除了以上财务指标以外,公路事业单位还可采用收入增长率、总资产增长率等指标来评价事业单位的财务效益状况、财务结构状况和发展能力状况。有关指标的计算公式及其解释说明如下。

1. 预算收入和支出完成率

预算收入和支出完成率是衡量事业单位收入和支出总预算及分项预算完成程度的指标。其计算公式为:

$$预算收入完成率 = 年终执行数 \div (年初预算数 \pm 年中预算调整数) \times 100\%$$

年终执行数不含上年结转和结余收入数。

$$预算支出完成率 = 年终执行数 \div (年初预算数 \pm 年中预算调整数) \times 100\%$$

年终执行数不含上年结转和结余支出数。

2. 人员支出、公用支出占事业支出的比率

人员支出、公用支出占事业支出的比率用于衡量事业单位的事业支出结构。其计算公式为:

$$人员支出比率 = (人员支出 \div 事业支出) \times 100\%$$

$$公用支出比率 = (公用支出 \div 事业支出) \times 100\%$$

3. 人均基本支出

人均基本支出用于衡量事业单位按照实际在编人数平均的基本支出水平。其计算公式为:

$$人均基本支出 = (基本支出 - 离退休人员支出) \div 实际在编人数$$

4. 资产负债率

资产负债率用于衡量事业单位利用债权人提供资金开展业务活动的能力,以及反映债权人提供资金的安全保障程度。其计算公式为:

$$资产负债率 = (负债总额 \div 资产总额) \times 100\%$$

应当指出,与企业不同,事业单位的资产负债率并不能反映债权人提供资金的安全保障程度。事业单位并不以其全部资产对单位的负债承担责任;不大可能变卖国有资产来偿还债务;也不会因“资不抵债”而被迫破产清算。实际上,能够反映债权人资金保障程度的应当是事业单位组织的收入,包括事业收入、经营收入、附属单位上缴收入和其他收入。

5. 收入增长率

收入增长率指标反映了公路事业单位自身组织收入的增长情况,是指事业单位当年所取

得的非财政和上级补助收入的增长额与上年度非财政和上级补助收入合计数之间的比率。该比率的计算公式如下：

$$收入增长率=[(当年总收入-上年总收入)\div 上年总收入]\times 100\%$$

其中，总收入是指非财政和上级补助收入，包括事业收入、经营收入、附属单位上缴收入和其他收入。

6. 总资产增长率

总资产增长率是指公路事业单位本年总资产增长额与年初资产总额的比率。总资产增长率衡量事业单位本期资产规模的增长情况，评价事业单位业务规模总量上的扩张程度。总资产增长率的计算公式如下：

$$总资产增长率=(本年总资产增长额\div 年初资产总额)\times 100\%$$

其中：

$$本年总资产增长额=本年年末总资产-本年年初总资产$$

事业单位可以根据本单位的业务特点增加财务分析指标。例如，根据事业单位债务基本上属于流动负债的特点，可以用年末累计债务总额与事业收入、经营收入、附属单位上缴收入和其他收入之和进行比较，以反映单位因负债承担财务风险的程度。

7. 净资产增长率

净资产增长率是指事业单位本年净资产增长额与年初净资产的比率。净资产增长率衡量事业单位当年净资产的积累能力，是评价事业单位发展能力的重要指标。净资产增长率的计算公式如下：

$$净资产增长率=[(本年年末净资产-本年年初净资产)\div 本年年初净资产]\times 100\%$$

8. 不良资产比率

不良资产比率是公路事业单位年末不良资产总额占年末资产总额的比重。不良资产比率是从事业单位资产管理角度对单位的资产运营状况进行的修正。不良资产比率的计算公式如下：

$$不良资产比率=(年末不良资产总额\div 年末资产总额)\times 100\%$$

（三）公路事业单位专用财务分析指标

除了以上通用财务指标以外，公路事业单位还可以根据其业务的特点，设置反映业务特色的财务分析指标。根据《交通部行业财务指标管理办法》中的有关规定，公路养护与管理单位和政府收费高速公路管理单位还可以设置各自的专用型财务分析指标，为公路事业单位加强财务分析工作创造条件。

1. 政府收费高速公路管理单位专用型财务指标

根据其业务特点，政府收费高速公路管理单位可设置以下专项财务分析指标。

(1)收入债务比率

收入债务比率反映了特定年份用还贷收入偿还到期债务的能力。其计算公式如下：

$$收入债务比率=\frac{年内到期债务本金和利息}{年还贷收入}\times 100\%$$

其中，还贷收入是指公路事业单位收取的通行费收入抵补公路养护支出和收费管理支出后的余额。显然,如果这一比率低于100%,表明公路事业单位具有偿债能力;这一比率越低,表明公路事业单位偿还到期债务的能力越强。

(2)债务偿还比率

债务偿还比率反映了特定年度终了累计已偿还债务本金占全部债务本金的比例关系。其计算公式如下:

$$债务偿还比率 = \frac{累计已偿还债务本金}{全部债务本金} \times 100\%$$

应当将债务偿还比率与还贷计划结合在一起分析,以反映还贷是否按计划正常进行。

2. 公路养护与管理单位专用型财务指标

根据其业务特点,公路养护与管理单位可设置以下专项财务分析指标。

(1)公路养护单位成本和成本降低率

小修保养单位成本是指按照不同道路等级(高速公路、一级公路、二级公路和其他公路)以及路面条件(水泥路面、黑色路面、砂石路面、改良土路面等)所计算的公路小修保养成本总额与小修保养公路总里程的比值。单位小修保养成本的计算公式如下:

某路面种类单位成本 = 某路面种类的实际小修保养总成本 ÷ 该路面种类实际小修保养总里程

其中,某路面种类的实际小修保养总成本,包括公路小修保养过程中发生的人工费、材料费、机械使用费、工具费、民工建勤费和其他费支出。

小修保养成本实际降低率的计算公式如下:

某路面种类成本降低率 = [(上年实际单位成本 - 本年实际单位成本) ÷ 上年实际单位成本] × 100%

(2)公路大修单位成本

公路大修单位成本是指某等级的公路按照规定进行大修理平均每公里支付的大修理成本。该指标反映了当某公路小修保养单位所管理的公路在大修期来临时,应当通过筹措多少资金满足公路大修理的资金需求。公路大修理单位成本的计算公式如下:

某道路等级的公路大修单位成本 = 某道路等级的公路大修理成本总额 ÷ 该等级公路大修总里程

其中,公路大修理工程成本总额包括公路小修保养单位实际支付的人工费、材料费、机械使用费、其他直接费和施工管理费。

(3)业务用固定资产比率

业务用固定资产比率反映了在公路事业单位全部固定资产中,业务用固定资产和融资租入固定资产所占的比重。其计算公式如下:

$$业务用固定资产比率 = \frac{年末业务用固定资产和融资租入固定资产总额}{年末固定资产总额} \times 100\%$$

以上公式的假定条件是,融资租入固定资产全部用于单位业务。在市场经济条件下,公路事业单位应当尽可能将固定资产用于与单位业务和事业发展有关的方面,不断提高业务用固定资产在全部固定资产重的比重。目前,应当尽量控制和减少未使用和不需用固定资产在全部固定资产中所占比重,以提高资产的使用效率;随着社会保障体系的逐步形成,非业务用固定资产也将呈逐步减少的趋势。

(4)固定资产增长率

固定资产增长率反映了公路事业单位固定资产的增长速度。由于公路事业单位资产中固定资产占有较大的比重,这意味着该指标也在一定程度上反映了公路事业单位资产的增长速度。固定资产增长率的计算公式如下:

$$固定资产增长率=\frac{年末固定资产总额-年初固定资产总额}{年初固定资产总额}\times 100\%$$

公路事业单位随着业务发展,固定资产应当逐年增加,以保证单位承担公路养护及其他业务的能力不断提高。但当固定资产增长速度较快、超过单位业务发展速度时,也有可能意味着固定资产的利用效率在降低。

(5)养护设备利用率

养护设备利用率指标反映了公路事业单位的公路养护设备实际使用时间与该类设备在正常使用条件下所可能提供的使用时间的比率。该指标的计算公式如下:

$$养护设备利用率=\frac{养护设备实际使用时间}{养护设备可提供使用时间}\times 100\%$$

显然,这一比率越高,意味着公路养护设备的利用效率越理想。在正常情况下,设备利用率不应当超过100%。设备利用率超过100%的情况可能有以下两种:

①由于某些原因导致设备超负荷使用;

②对养护设备提供使用的能力估计有误。

公路事业单位财务分析应当结合本单位业务的具体情况进行。可根据加强管理、提高资金使用效益的要求,建立与本单位财务管理特定要求相适应的财务分析指标体系,以促使单位财务分析工作科学、有序地进行。

【本章小结】

公路事业单位清算是指在发生划、转、撤、并时,对本单位的财产、债权、债务等所进行的清理、移交、接收、划转和管理等财务工作的总和。与企业不同,事业单位不存在因资不抵债而破产清算的问题。

公路事业单位的财务报告是反映单位一定时期财务状况和经营成果的总结性书面文件,包括资产负债表、收入支出表、财政拨款收入支出表、固定资产投资决算报表、有关附表以及财务情况说明书。

公路事业单位的财务分析是单位经济活动分析的一种形式,是单位财务管理内容的重要组成部分。公路事业单位通过运用事业计划、财务报告、有关统计资料和其他相关资料,对一定时期内单位的财务活动进行比较、分析和研究,在此基础上对单位财务活动的成败得失做出正确评价。通过财务分析,可以客观地总结事业单位财务管理的经验,揭示存在的问题,逐步认识和掌握财务活动的客观规律,为改进财务管理工作、提高资金使用效益创造条件。

公路事业单位一般采取比率分析的财务分析方法,常用的财务分析指标一般有预算收入和支出完成率、人员支出与公用支出分别占事业支出的比率、人均基本支出、资产负债率、收入债务比率、债务偿还比率等。

【复习思考题】

1. 什么是清算? 在什么情况下事业单位需要进行清算?

2. 事业单位清算有哪些具体要求?

3. 什么是事业单位的财务报告? 事业单位财务报告由哪些部分构成?

4. 什么是财务分析? 事业单位财务分析有何作用? 与一般事业单位相比,公路事业单位财务分析有何特点?

5. 计算事业单位的预算收入和支出完成率有何作用? 这一项财务指标是高一些好还是低一些好? 为什么?

6. 计算事业单位的人员支出比率有何作用? 这一项财务指标是高一些好还是低一些好? 为什么?

7. 什么是"收入债务比率"? 这一财务比率有何作用? 为什么说"这一比率越低,表明公路事业单位偿还到期债务的能力越强"?

8. 什么是"债务偿还比率"? 某公路事业单位某年末的这一财务指标只有25%,这是否意味着该单位偿还建路贷款的能力较差? 为什么?

9. 如果事业单位不能用单位的资产对债务承担责任,那么计算公路事业单位的资产负债率有何意义?

10. 你认为还应当设置哪些财务指标来评价公路事业单位的财务效益?

附录

复利现值系数表

期数	1%	2%	3%	4%	5%	6%	7%	8%	9%	10%
1	0.990 1	0.980 4	0.970 9	0.961 5	0.952 4	0.943 4	0.934 6	0.925 9	0.917 4	0.909 1
2	0.980 3	0.961 2	0.942 6	0.924 6	0.907 0	0.890 0	0.873 4	0.857 3	0.841 7	0.826 4
3	0.970 6	0.942 3	0.915 1	0.889 0	0.863 8	0.839 6	0.816 3	0.793 8	0.772 2	0.751 3
4	0.961 0	0.923 8	0.888 5	0.854 8	0.822 7	0.792 1	0.762 9	0.735 0	0.708 4	0.683 0
5	0.951 5	0.905 7	0.862 6	0.821 9	0.783 5	0.747 3	0.713 0	0.680 6	0.649 9	0.620 9
6	0.942 0	0.888 0	0.837 5	0.790 3	0.746 2	0.705 0	0.666 3	0.630 2	0.596 3	0.564 5
7	0.932 7	0.870 6	0.813 1	0.759 9	0.710 7	0.665 1	0.622 7	0.583 5	0.547 0	0.513 2
8	0.923 5	0.853 5	0.789 4	0.730 7	0.676 8	0.627 4	0.582 0	0.540 3	0.501 9	0.466 5
9	0.914 3	0.836 8	0.766 4	0.702 6	0.644 6	0.591 9	0.543 9	0.500 2	0.460 4	0.424 1
10	0.905 3	0.820 3	0.744 1	0.675 6	0.613 9	0.558 4	0.508 3	0.463 2	0.422 4	0.385 5
11	0.896 3	0.804 3	0.722 4	0.649 6	0.584 7	0.526 8	0.475 1	0.428 9	0.387 5	0.350 5
12	0.887 4	0.788 5	0.701 4	0.624 6	0.556 8	0.497 0	0.444 0	0.397 1	0.355 5	0.318 6

续上表

期数	1%	2%	3%	4%	5%	6%	7%	8%	9%	10%
13	0.878 7	0.773 0	0.681 0	0.600 6	0.530 3	0.468 8	0.415 0	0.367 7	0.326 2	0.289 7
14	0.870 0	0.757 9	0.661 1	0.577 5	0.505 1	0.442 3	0.387 8	0.340 5	0.299 2	0.263 3
15	0.861 3	0.743 0	0.641 9	0.555 3	0.481 0	0.417 3	0.362 4	0.315 2	0.274 5	0.239 4
16	0.852 8	0.728 4	0.623 2	0.533 9	0.458 1	0.393 6	0.338 7	0.291 9	0.251 9	0.217 6
17	0.844 4	0.714 2	0.605 0	0.513 4	0.436 3	0.371 4	0.316 6	0.270 3	0.231 1	0.197 8
18	0.836 0	0.700 2	0.587 4	0.493 6	0.415 5	0.350 3	0.295 9	0.250 2	0.212 0	0.179 9
19	0.827 7	0.686 4	0.570 3	0.474 6	0.395 7	0.330 5	0.276 5	0.231 7	0.194 5	0.163 5
20	0.819 5	0.673 0	0.553 7	0.456 4	0.376 9	0.311 8	0.258 4	0.214 5	0.178 4	0.148 6
21	0.811 4	0.659 8	0.537 5	0.438 8	0.358 9	0.294 2	0.241 5	0.198 7	0.163 7	0.135 1
22	0.803 4	0.646 8	0.521 9	0.422 0	0.341 8	0.277 5	0.225 7	0.183 9	0.150 2	0.122 8
23	0.795 4	0.634 2	0.506 7	0.405 7	0.325 6	0.261 8	0.210 9	0.170 3	0.137 8	0.111 7
24	0.787 6	0.621 7	0.491 9	0.390 1	0.310 1	0.247 0	0.197 1	0.157 7	0.126 4	0.101 5
25	0.779 8	0.609 5	0.477 6	0.375 1	0.295 3	0.233 0	0.184 2	0.146 0	0.116 0	0.092 3
26	0.772 0	0.597 6	0.463 7	0.360 7	0.281 2	0.219 8	0.172 2	0.135 2	0.106 4	0.083 9
27	0.764 4	0.585 9	0.450 2	0.346 8	0.267 8	0.207 4	0.160 9	0.125 2	0.097 6	0.076 3
28	0.756 8	0.574 4	0.437 1	0.333 5	0.255 1	0.195 6	0.150 4	0.115 9	0.089 5	0.069 3
29	0.749 3	0.563 1	0.424 3	0.320 7	0.242 9	0.184 6	0.140 6	0.107 3	0.082 2	0.063 0
30	0.741 9	0.552 1	0.412 0	0.308 3	0.231 4	0.174 1	0.131 4	0.099 4	0.075 4	0.057 3
35	0.705 9	0.500 0	0.355 4	0.253 4	0.181 3	0.130 1	0.093 7	0.067 6	0.049 0	0.035 6
40	0.671 7	0.452 9	0.306 6	0.208 3	0.142 0	0.097 2	0.066 8	0.046 0	0.031 8	0.022 1
45	0.639 1	0.410 2	0.264 4	0.171 2	0.111 3	0.072 7	0.047 6	0.031 3	0.020 7	0.013 7
50	0.608 0	0.371 5	0.228 1	0.140 7	0.087 2	0.054 3	0.033 9	0.021 3	0.013 4	0.008 5

期数	11%	12%	13%	14%	15%	16%	17%	18%	19%	20%
1	0.900 9	0.892 9	0.885 0	0.877 2	0.869 6	0.862 1	0.854 7	0.847 5	0.840 3	0.833 3
2	0.811 6	0.797 2	0.783 1	0.769 5	0.756 1	0.743 2	0.730 5	0.718 2	0.706 2	0.694 4
3	0.731 2	0.711 8	0.693 1	0.675 0	0.657 5	0.640 7	0.624 4	0.608 6	0.593 4	0.578 7
4	0.658 7	0.635 5	0.613 3	0.592 1	0.571 8	0.552 3	0.533 7	0.515 8	0.498 7	0.482 3
5	0.593 5	0.567 4	0.542 8	0.519 4	0.497 2	0.476 1	0.456 1	0.437 1	0.419 0	0.401 9
6	0.534 6	0.506 6	0.480 3	0.455 6	0.432 3	0.410 4	0.389 8	0.370 4	0.352 1	0.334 9
7	0.481 7	0.452 3	0.425 1	0.399 6	0.375 9	0.353 8	0.333 2	0.313 9	0.295 9	0.279 1
8	0.433 9	0.403 9	0.376 2	0.350 6	0.326 9	0.305 0	0.284 8	0.266 0	0.248 7	0.232 6
9	0.390 9	0.360 6	0.332 9	0.307 5	0.284 3	0.263 0	0.243 4	0.225 5	0.209 0	0.193 8
10	0.352 2	0.322 0	0.294 6	0.269 7	0.247 2	0.226 7	0.208 0	0.191 1	0.175 6	0.161 5
11	0.317 3	0.287 5	0.260 7	0.236 6	0.214 9	0.195 4	0.177 8	0.161 9	0.147 6	0.134 6
12	0.285 8	0.256 7	0.230 7	0.207 6	0.186 9	0.168 5	0.152 0	0.137 2	0.124 0	0.112 2
13	0.257 5	0.229 2	0.204 2	0.182 1	0.162 5	0.145 2	0.129 9	0.116 3	0.104 2	0.093 5

续上表

期数	11%	12%	13%	14%	15%	16%	17%	18%	19%	20%
14	0.232 0	0.204 6	0.180 7	0.159 7	0.141 3	0.125 2	0.111 0	0.098 5	0.087 6	0.077 9
15	0.209 0	0.182 7	0.159 9	0.140 1	0.122 9	0.107 9	0.094 9	0.083 5	0.073 6	0.064 9
16	0.188 3	0.163 1	0.141 5	0.122 9	0.106 9	0.093 0	0.081 1	0.070 8	0.061 8	0.054 1
17	0.169 6	0.145 6	0.125 2	0.107 8	0.092 9	0.080 2	0.069 3	0.060 0	0.052 0	0.045 1
18	0.152 8	0.130 0	0.110 8	0.094 6	0.080 8	0.069 1	0.059 2	0.050 8	0.043 7	0.037 6
19	0.137 7	0.116 1	0.098 1	0.082 9	0.070 3	0.059 6	0.050 6	0.043 1	0.036 7	0.031 3
20	0.124 0	0.103 7	0.086 8	0.072 8	0.061 1	0.051 4	0.043 3	0.036 5	0.030 8	0.026 1
21	0.111 7	0.092 6	0.076 8	0.063 8	0.053 1	0.044 3	0.037 0	0.030 9	0.025 9	0.021 7
22	0.100 7	0.082 6	0.068 0	0.056 0	0.046 2	0.038 2	0.031 6	0.026 2	0.021 8	0.018 1
23	0.090 7	0.073 8	0.060 1	0.049 1	0.040 2	0.032 9	0.027 0	0.022 2	0.018 3	0.015 1
24	0.081 7	0.065 9	0.053 2	0.043 1	0.034 9	0.028 4	0.023 1	0.018 8	0.015 4	0.012 6
25	0.073 6	0.058 8	0.047 1	0.037 8	0.030 4	0.024 5	0.019 7	0.016 0	0.012 9	0.010 5
26	0.066 3	0.052 5	0.041 7	0.033 1	0.026 4	0.021 1	0.016 9	0.013 5	0.010 9	0.008 7
27	0.059 7	0.046 9	0.036 9	0.029 1	0.023 0	0.018 2	0.014 4	0.011 5	0.009 1	0.007 3
28	0.053 8	0.041 9	0.032 6	0.025 5	0.020 0	0.015 7	0.012 3	0.009 7	0.007 7	0.006 1
29	0.048 5	0.037 4	0.028 9	0.022 4	0.017 4	0.013 5	0.010 5	0.008 2	0.006 4	0.005 1
30	0.043 7	0.033 4	0.025 6	0.019 6	0.015 1	0.011 6	0.009 0	0.007 0	0.005 4	0.004 2
35	0.025 9	0.018 9	0.013 9	0.010 2	0.007 5	0.005 5	0.004 1	0.003 0	0.002 3	0.001 7
40	0.015 4	0.010 7	0.007 5	0.005 3	0.003 7	0.002 6	0.001 9	0.001 3	0.001 0	0.000 7
45	0.009 1	0.006 1	0.004 1	0.002 7	0.001 9	0.001 3	0.000 9	0.000 6	0.000 4	0.000 3
50	0.005 4	0.003 5	0.002 2	0.001 4	0.000 9	0.000 6	0.000 4	0.000 3	0.000 2	0.000 1

期数	21%	22%	23%	24%	25%	26%	27%	28%	29%	30%
1	0.826 4	0.819 7	0.813 0	0.806 5	0.800 0	0.793 7	0.787 4	0.781 3	0.775 2	0.769 2
2	0.683 0	0.671 9	0.661 0	0.650 4	0.640 0	0.629 9	0.620 0	0.610 4	0.600 9	0.591 7
3	0.564 5	0.550 7	0.537 4	0.524 5	0.512 0	0.499 9	0.488 2	0.476 8	0.465 8	0.455 2
4	0.466 5	0.451 4	0.436 9	0.423 0	0.409 6	0.396 8	0.384 4	0.372 5	0.361 1	0.350 1
5	0.385 5	0.370 0	0.355 2	0.341 1	0.327 7	0.314 9	0.302 7	0.291 0	0.279 9	0.269 3
6	0.318 6	0.303 3	0.288 8	0.275 1	0.262 1	0.249 9	0.238 3	0.227 4	0.217 0	0.207 2
7	0.263 3	0.248 6	0.234 8	0.221 8	0.209 7	0.198 3	0.187 7	0.177 6	0.168 2	0.159 4
8	0.217 6	0.203 8	0.190 9	0.178 9	0.167 8	0.157 4	0.147 8	0.138 8	0.130 4	0.122 6
9	0.179 9	0.167 0	0.155 2	0.144 3	0.134 2	0.124 9	0.116 4	0.108 4	0.101 1	0.094 3
10	0.148 6	0.136 9	0.126 2	0.116 4	0.107 4	0.099 2	0.091 6	0.084 7	0.078 4	0.072 5
11	0.122 8	0.112 2	0.102 6	0.093 8	0.085 9	0.078 7	0.072 1	0.066 2	0.060 7	0.055 8
12	0.101 5	0.092 0	0.083 4	0.075 7	0.068 7	0.062 5	0.056 8	0.051 7	0.047 1	0.042 9
13	0.083 9	0.075 4	0.067 8	0.061 0	0.055 0	0.049 6	0.044 7	0.040 4	0.036 5	0.033 0
14	0.069 3	0.061 8	0.055 1	0.049 2	0.044 0	0.039 3	0.035 2	0.031 6	0.028 3	0.025 4

续上表

期数	21%	22%	23%	24%	25%	26%	27%	28%	29%	30%
15	0.057 3	0.050 7	0.044 8	0.039 7	0.035 2	0.031 2	0.027 7	0.024 7	0.021 9	0.019 5
16	0.047 4	0.041 5	0.036 4	0.032 0	0.028 1	0.024 8	0.021 8	0.019 3	0.017 0	0.015 0
17	0.039 1	0.034 0	0.029 6	0.025 8	0.022 5	0.019 7	0.017 2	0.015 0	0.013 2	0.011 6
18	0.032 3	0.027 9	0.024 1	0.020 8	0.018 0	0.015 6	0.013 5	0.011 8	0.010 2	0.008 9
19	0.026 7	0.022 9	0.019 6	0.016 8	0.014 4	0.012 4	0.010 7	0.009 2	0.007 9	0.006 8
20	0.022 1	0.018 7	0.015 9	0.013 5	0.011 5	0.009 8	0.008 4	0.007 2	0.006 1	0.005 3
21	0.018 3	0.015 4	0.012 9	0.010 9	0.009 2	0.007 8	0.006 6	0.005 6	0.004 8	0.004 0
22	0.015 1	0.012 6	0.010 5	0.008 8	0.007 4	0.006 2	0.005 2	0.004 4	0.003 7	0.003 1
23	0.012 5	0.010 3	0.008 6	0.007 1	0.005 9	0.004 9	0.004 1	0.003 4	0.002 9	0.002 4
24	0.010 3	0.008 5	0.007 0	0.005 7	0.004 7	0.003 9	0.003 2	0.002 7	0.002 2	0.001 8
25	0.008 5	0.006 9	0.005 7	0.004 6	0.003 8	0.003 1	0.002 5	0.002 1	0.001 7	0.001 4
26	0.007 0	0.005 7	0.004 6	0.003 7	0.003 0	0.002 5	0.002 0	0.001 6	0.001 3	0.001 1
27	0.005 8	0.004 7	0.003 7	0.003 0	0.002 4	0.001 9	0.001 6	0.001 3	0.001 0	0.000 8
28	0.004 8	0.003 8	0.003 0	0.002 4	0.001 9	0.001 5	0.001 2	0.001 0	0.000 8	0.000 6
29	0.004 0	0.003 1	0.002 5	0.002 0	0.001 5	0.001 2	0.001 0	0.000 8	0.000 6	0.000 5
30	0.003 3	0.002 6	0.002 0	0.001 6	0.001 2	0.001 0	0.000 8	0.000 6	0.000 5	0.000 4
35	0.001 3	0.000 9	0.000 7	0.000 5	0.000 4	0.000 3	0.000 2	0.000 2	0.000 1	0.000 1
40	0.000 5	0.000 4	0.000 3	0.000 2	0.000 1	0.000 1	0.000 1	0.000 1	0.000 0	0.000 0
45	0.000 2	0.000 1	0.000 1	0.000 0	0.000 0	0.000 0	0.000 0	0.000 0	0.000 0	0.000 0
50	0.000 1	0.000 0	0.000 0	0.000 0	0.000 0	0.000 0	0.000 0	0.000 0	0.000 0	0.000 0

年金现值系数表

期数	1%	2%	3%	4%	5%	6%	7%	8%	9%	10%
1	0.990 1	0.980 4	0.970 9	0.961 5	0.952 4	0.943 4	0.934 6	0.925 9	0.917 4	0.909 1
2	1.970 4	1.941 6	1.913 5	1.886 1	1.859 4	1.833 4	1.808 0	1.783 3	1.759 1	1.735 5
3	2.941 0	2.883 9	2.828 6	2.775 1	2.723 2	2.673 0	2.624 3	2.577 1	2.531 3	2.486 9
4	3.902 0	3.807 7	3.717 1	3.629 9	3.546 0	3.465 1	3.387 2	3.312 1	3.239 7	3.169 9
5	4.853 4	4.713 5	4.579 7	4.451 8	4.329 5	4.212 4	4.100 2	3.992 7	3.889 7	3.790 8
6	5.795 5	5.601 4	5.417 2	5.242 1	5.075 7	4.917 3	4.766 5	4.622 9	4.485 9	4.355 3
7	6.728 2	6.472 0	6.230 3	6.002 1	5.786 4	5.582 4	5.389 3	5.206 4	5.033 0	4.868 4
8	7.651 7	7.325 5	7.019 7	6.732 7	6.463 2	6.209 8	5.971 3	5.746 6	5.534 8	5.334 9
9	8.566 0	8.162 2	7.786 1	7.435 3	7.107 8	6.801 7	6.515 2	6.246 9	5.995 2	5.759 0
10	9.471 3	8.982 6	8.530 2	8.110 9	7.721 7	7.360 1	7.023 6	6.710 1	6.417 7	6.144 6

续上表

期数	1%	2%	3%	4%	5%	6%	7%	8%	9%	10%
11	10.3676	9.7868	9.2526	8.7605	8.3064	7.8869	7.4987	7.1390	6.8052	6.4951
12	11.2551	10.5753	9.9540	9.3851	8.8633	8.3838	7.9427	7.5361	7.1607	6.8137
13	12.1337	11.3484	10.6350	9.9856	9.3936	8.8527	8.3577	7.9038	7.4869	7.1034
14	13.0037	12.1062	11.2961	10.5631	9.8986	9.2950	8.7455	8.2442	7.7862	7.3667
15	13.8651	12.8493	11.9379	11.1184	10.3797	9.7122	9.1079	8.5595	8.0607	7.6061
16	14.7179	13.5777	12.5611	11.6523	10.8378	10.1059	9.4466	8.8514	8.3126	7.8237
17	15.5623	14.2919	13.1661	12.1657	11.2741	10.4773	9.7632	9.1216	8.5436	8.0216
18	16.3983	14.9920	13.7535	12.6593	11.6896	10.8276	10.0591	9.3719	8.7556	8.2014
19	17.2260	15.6785	14.3238	13.1339	12.0853	11.1581	10.3356	9.6036	8.9501	8.3649
20	18.0456	16.3514	14.8775	13.5903	12.4622	11.4699	10.5940	9.8181	9.1285	8.5136
21	18.8570	17.0112	15.4150	14.0292	12.8212	11.7641	10.8355	10.0168	9.2922	8.6487
22	19.6604	17.6580	15.9369	14.4511	13.1630	12.0416	11.0612	10.2007	9.4424	8.7715
23	20.4558	18.2922	16.4436	14.8568	13.4886	12.3034	11.2722	10.3711	9.5802	8.8832
24	21.2434	18.9139	16.9355	15.2470	13.7986	12.5504	11.4693	10.5288	9.7066	8.9847
25	22.0232	19.5235	17.4131	15.6221	14.0939	12.7834	11.6536	10.6748	9.8226	9.0770
26	22.7952	20.1210	17.8768	15.9828	14.3752	13.0032	11.8258	10.8100	9.9290	9.1609
27	23.5596	20.7069	18.3270	16.3296	14.6430	13.2105	11.9867	10.9352	10.0266	9.2372
28	24.3164	21.2813	18.7641	16.6631	14.8981	13.4062	12.1371	11.0511	10.1161	9.3066
29	25.0658	21.8444	19.1885	16.9837	15.1411	13.5907	12.2777	11.1584	10.1983	9.3696
30	25.8077	22.3965	19.6004	17.2920	15.3725	13.7648	12.4090	11.2578	10.2737	9.4269
35	29.4086	24.9986	21.4872	18.6646	16.3742	14.4982	12.9477	11.6546	10.5668	9.6442
40	32.8437	27.3555	23.1148	19.7928	17.1591	15.0463	13.3317	11.9246	10.7574	9.7791
45	36.0945	29.4902	24.5187	20.7200	17.7741	15.4558	13.6055	12.1084	10.8812	9.8628
50	39.1961	31.4336	25.7298	21.4822	18.2559	15.7619	13.8007	12.2335	10.9617	9.9148

期数	11%	12%	13%	14%	15%	16%	17%	18%	19%	20%
1	0.9009	0.8929	0.8850	0.8772	0.8696	0.8621	0.8547	0.8475	0.8403	0.8333
2	1.7125	1.6901	1.6681	1.6467	1.6257	1.6052	1.5852	1.5656	1.5465	1.5278
3	2.4437	2.4018	2.3612	2.3216	2.2832	2.2459	2.2096	2.1743	2.1399	2.1065
4	3.1024	3.0373	2.9745	2.9137	2.8550	2.7982	2.7432	2.6901	2.6386	2.5887
5	3.6959	3.6048	3.5172	3.4331	3.3522	3.2743	3.1993	3.1272	3.0576	2.9906
6	4.2305	4.1114	3.9975	3.8887	3.7845	3.6847	3.5892	3.4976	3.4098	3.3255
7	4.7122	4.5638	4.4226	4.2883	4.1604	4.0386	3.9224	3.8115	3.7057	3.6046
8	5.1461	4.9676	4.7988	4.6389	4.4873	4.3436	4.2072	4.0776	3.9544	3.8372
9	5.5370	5.3282	5.1317	4.9464	4.7716	4.6065	4.4506	4.3030	4.1633	4.0310
10	5.8892	5.6502	5.4262	5.2161	5.0188	4.8332	4.6586	4.4941	4.3389	4.1925
11	6.2065	5.9377	5.6869	5.4527	5.2337	5.0286	4.8364	4.6560	4.4865	4.3271

续上表

期数	11%	12%	13%	14%	15%	16%	17%	18%	19%	20%
12	6.492 4	6.194 4	5.917 6	5.660 3	5.420 6	5.197 1	4.988 4	4.793 2	4.610 5	4.439 2
13	6.749 9	6.423 5	6.121 8	5.842 4	5.583 1	5.342 3	5.118 3	4.909 5	4.714 7	4.532 7
14	6.981 9	6.628 2	6.302 5	6.002 1	5.724 5	5.467 5	5.229 3	5.008 1	4.802 3	4.610 6
15	7.190 9	6.810 9	6.462 4	6.142 2	5.847 4	5.575 5	5.324 2	5.091 6	4.875 9	4.675 5
16	7.379 2	6.974 0	6.603 9	6.265 1	5.954 2	5.668 5	5.405 3	5.162 4	4.937 7	4.729 6
17	7.548 8	7.119 6	6.729 1	6.372 9	6.047 2	5.748 7	5.474 6	5.222 3	4.989 7	4.774 6
18	7.701 6	7.249 7	6.839 9	6.467 4	6.128 0	5.817 8	5.533 9	5.273 2	5.033 3	4.812 2
19	7.839 3	7.365 8	6.938 0	6.550 4	6.198 2	5.877 5	5.584 5	5.316 2	5.070 0	4.843 5
20	7.963 3	7.469 4	7.024 8	6.623 1	6.259 3	5.928 8	5.627 8	5.352 7	5.100 9	4.869 6
21	8.075 1	7.562 0	7.101 6	6.687 0	6.312 5	5.973 1	5.664 8	5.383 7	5.126 8	4.891 3
22	8.175 7	7.644 6	7.169 5	6.742 9	6.358 7	6.011 3	5.696 4	5.409 9	5.148 6	4.909 4
23	8.266 4	7.718 4	7.229 7	6.792 1	6.398 8	6.044 2	5.723 4	5.432 1	5.166 8	4.924 5
24	8.348 1	7.784 3	7.282 9	6.835 1	6.433 8	6.072 6	5.746 5	5.450 9	5.182 2	4.937 1
25	8.421 7	7.843 1	7.330 0	6.872 9	6.464 1	6.097 1	5.766 2	5.466 9	5.195 1	4.947 6
26	8.488 1	7.895 7	7.371 7	6.906 1	6.490 6	6.118 2	5.783 1	5.480 4	5.206 0	4.956 3
27	8.547 8	7.942 6	7.408 6	6.935 2	6.513 5	6.136 4	5.797 5	5.491 9	5.215 1	4.963 6
28	8.601 6	7.984 4	7.441 2	6.960 7	6.533 5	6.152 0	5.809 9	5.501 6	5.222 8	4.969 7
29	8.650 1	8.021 8	7.470 1	6.983 0	6.550 9	6.165 6	5.820 4	5.509 8	5.229 2	4.974 7
30	8.693 8	8.055 2	7.495 7	7.002 7	6.566 0	6.177 2	5.829 4	5.516 8	5.234 7	4.978 9
35	8.855 2	8.175 5	7.585 6	7.070 0	6.616 6	6.215 8	5.858 2	5.538 6	5.251 2	4.991 5
40	8.951 1	8.243 8	7.634 4	7.105 0	6.641 8	6.233 5	5.871 3	5.548 2	5.258 2	4.996 6
45	9.007 9	8.282 5	7.660 9	7.123 2	6.654 3	6.242 1	5.877 3	5.552 3	5.261 1	4.998 6
50	9.041 7	8.304 5	7.675 2	7.132 7	6.660 5	6.246 3	5.880 1	5.554 1	5.262 3	4.999 5

期数	21%	22%	23%	24%	25%	26%	27%	28%	29%	30%
1	0.826 4	0.819 7	0.813 0	0.806 5	0.800 0	0.793 7	0.787 4	0.781 3	0.775 2	0.769 2
2	1.509 5	1.491 5	1.474 0	1.456 8	1.440 0	1.423 5	1.407 4	1.391 6	1.376 1	1.360 9
3	2.073 9	2.042 2	2.011 4	1.981 3	1.952 0	1.923 4	1.895 6	1.868 4	1.842 0	1.816 1
4	2.540 4	2.493 6	2.448 3	2.404 3	2.361 6	2.320 2	2.280 0	2.241 0	2.203 1	2.166 2
5	2.926 0	2.863 6	2.803 5	2.745 4	2.689 3	2.635 1	2.582 7	2.532 0	2.483 0	2.435 6
6	3.244 6	3.166 9	3.092 3	3.020 5	2.951 4	2.885 0	2.821 0	2.759 4	2.700 0	2.642 7
7	3.507 9	3.415 5	3.327 0	3.242 3	3.161 1	3.083 3	3.008 7	2.937 0	2.868 2	2.802 1
8	3.725 6	3.619 3	3.517 9	3.421 2	3.328 9	3.240 7	3.156 4	3.075 8	2.998 6	2.924 7
9	3.905 4	3.786 3	3.673 1	3.565 5	3.463 1	3.365 7	3.272 8	3.184 2	3.099 7	3.019 0
10	4.054 1	3.923 2	3.799 3	3.681 9	3.570 5	3.464 8	3.364 4	3.268 9	3.178 1	3.091 5
11	4.176 9	4.035 4	3.901 8	3.775 7	3.656 4	3.543 5	3.436 5	3.335 1	3.238 8	3.147 3
12	4.278 4	4.127 4	3.985 2	3.851 4	3.725 1	3.605 9	3.493 3	3.386 8	3.285 9	3.190 3

续上表

期数	21%	22%	23%	24%	25%	26%	27%	28%	29%	30%
13	4.362 4	4.202 8	4.053 0	3.912 4	3.780 1	3.655 5	3.538 1	3.427 2	3.322 4	3.223 3
14	4.431 7	4.264 6	4.108 2	3.961 6	3.824 1	3.694 9	3.573 3	3.458 7	3.350 7	3.248 7
15	4.489 0	4.315 2	4.153 0	4.001 3	3.859 3	3.726 1	3.601 0	3.483 4	3.372 6	3.268 2
16	4.536 4	4.356 7	4.189 4	4.033 3	3.887 4	3.750 9	3.622 8	3.502 6	3.389 6	3.283 2
17	4.575 5	4.390 8	4.219 0	4.059 1	3.909 9	3.770 5	3.640 0	3.517 7	3.402 8	3.294 8
18	4.607 9	4.418 7	4.243 1	4.079 9	3.927 9	3.786 1	3.653 6	3.529 4	3.413 0	3.303 7
19	4.634 6	4.441 5	4.262 7	4.096 7	3.942 4	3.798 5	3.664 2	3.538 6	3.421 0	3.310 5
20	4.656 7	4.460 3	4.278 6	4.110 3	3.953 9	3.808 3	3.672 6	3.545 8	3.427 1	3.315 8
21	4.675 0	4.475 6	4.291 6	4.121 2	3.963 1	3.816 1	3.679 2	3.551 4	3.431 9	3.319 8
22	4.690 0	4.488 2	4.302 1	4.130 0	3.970 5	3.822 3	3.684 4	3.555 8	3.435 6	3.323 0
23	4.702 5	4.498 5	4.310 6	4.137 1	3.976 4	3.827 3	3.688 5	3.559 2	3.438 4	3.325 4
24	4.712 8	4.507 0	4.317 6	4.142 8	3.981 1	3.831 2	3.691 8	3.561 9	3.440 6	3.327 2
25	4.721 3	4.513 9	4.323 2	4.147 4	3.984 9	3.834 2	3.694 3	3.564 0	3.442 3	3.328 6
26	4.728 4	4.519 6	4.327 8	4.151 1	3.987 9	3.836 7	3.696 3	3.565 6	3.443 7	3.329 7
27	4.734 2	4.524 3	4.331 6	4.154 2	3.990 3	3.838 7	3.697 9	3.566 9	3.444 7	3.330 5
28	4.739 0	4.528 1	4.334 6	4.156 6	3.992 3	3.840 2	3.699 1	3.567 9	3.445 5	3.331 2
29	4.743 0	4.531 2	4.337 1	4.158 5	3.993 8	3.841 4	3.700 1	3.568 7	3.446 1	3.331 7
30	4.746 3	4.533 8	4.339 1	4.160 1	3.995 0	3.842 4	3.700 9	3.569 3	3.446 6	3.332 1
35	4.755 9	4.541 1	4.344 7	4.164 4	3.998 4	3.845 0	3.702 8	3.570 8	3.447 8	3.333 0
40	4.759 6	4.543 9	4.346 7	4.165 9	3.999 5	3.845 8	3.703 4	3.571 2	3.448 1	3.333 2
45	4.761 0	4.544 9	4.347 4	4.166 4	3.999 8	3.846 0	3.703 6	3.571 4	3.448 2	3.333 3
50	4.761 6	4.545 2	4.347 7	4.166 6	3.999 9	3.846 1	3.703 7	3.571 4	3.448 3	3.333 3

参考文献

[1] 中华人民共和国公路法(2004 年 8 月 28 日中华人民共和国主席令第 19 号).

[2] 中华人民共和国公司法(2013 年 12 月 28 日中华人民共和国主席令第 8 号).

[3] 收费公路管理条例(2004 年 9 月 13 日中华人民共和国国务院令第 417 号).

[4] 国务院关于创新重点领域投融资机制鼓励社会投资的指导意见(2014 年 11 月 16 日国发[2014]60 号).

[5] 事业单位财务规则(2012 年 2 月 7 日财政部令第 68 号).

[6] 收费公路权益转让办法(2008 年 8 月 20 日交通运输部、国家发展和改革委员会、财政部令 2008 年第 11 号).

[7] 基本建设财务管理规定(2002 年 9 月 27 日财政部财建字[2002]394 号).

[8] 高速公路公司财务管理办法(1997 年 3 月 26 日财政部、交通部财工字[1997]59 号).

[9] 公路经营企业会计制度(1998 年 6 月 10 日财政部、交通部财会字[1998]19 号).

[10] 交通基本建设资金监督管理办法(2009 年 12 月 24 日交通运输部交财发[2009]782 号).

[11] 交通部行业财务指标管理办法(2002 年 9 月 24 日交通部交财发[2002]446 号).

[12] 公路工程基本建设项目概算预算编制办法[M].北京:人民交通出版社,2007.

[13] 车辆购置税补助地方资金管理暂行办法(2014 年 11 月 6 日财政部、交通运输部、商务部财建[2014]654 号).

[14] 关于规范政府和社会资本合作合同管理工作的通知(2014 年 12 月 30 日财政部财金[2014]156 号).

[15] 基础设施和公用事业特许经营管理办法(2015 年 4 月 25 日国家发展改革委、财政部、住房城乡建设部、交通运输部、水利部、中国人民银行令第 25 号).

[16] 周国光. 公路经营企业财务会计学[M]. 北京:人民交通出版社股份有限公司,2014.

[17] 亚洲开发银行项目组. 中国收费公路公司化发展策略[M],北京:中国物资出版社,2009.

[18] 周国光,倖芳. 公路基础设施会计核算研究[M]. 西安:西安出版社,2009.

[19] 广东省高速公路发展股份有限公司、安徽皖通高速公路股份有限公司、深圳高速公路股份有限公司、江苏宁沪高速公路股份有限公司、海南高速公路股份有限公司、重庆路桥股份有限公司、延边公路建设股份有限公司、现代投资股份有限公司、厦门路桥股份有限公司、江西赣粤高速公路股份有限公司、东北高速公路股份有限公司、华北高速公路股份有限公司、五洲交通股份有限公司、福建发展高速公路股份有限公司、山东基建股份有限公司、河南中原高速公路股份有限公司、湖北楚天高速公路股份有限公司、成渝高速公路股份有限公司年度报告(2001 ~ 2014), http://www. cninfo. com. cn.

[20] 沪杭甬高速公路股份有限公司年度报告(2008 ~ 2014),www. zjec. com. cn.

[21] 巴黎—莱因河—罗纳高速公路公司年度报告(2008 ~ 2014),www. aprr. com.

[22] 法国南方高速公路公司年度报告(2008 ~ 2014),www. asf. fr.

[23] 澳大利亚麦考里阿特拉斯公路集团年度报告(2009 ~ 2014),www. macquarieatlasroads. com.

[24] 和合公路基建有限公司年度报告(2010 ~ 2014),www. hopewellhighway. com.

[25] 华昱高速集团有限公司年度报告(2011 ~ 2014),www. hhuayu. com. hk.

[26] 越秀交通基建有限公司年度报告(2010 ~ 2014),www. gzitransport. com. hk.

[27] 意大利米兰至都灵高速公路股份有限公司年度报告(2009 ~ 2014),www. astm. it.

[28] 西班牙阿伯迪斯基础设施股份有限公司年度报告(2010 ~ 2014),www. abertis. com.